Education & Study

"教与学的革命"珞珈论坛

推进专业内涵发展
提升专业建设质量

武汉大学2021年"教与学的革命"珞珈论坛优秀论文集

周叶中　主编

武汉大学出版社

图书在版编目(CIP)数据

推进专业内涵发展 提升专业建设质量:武汉大学2021年"教与学的革命"珞珈论坛优秀论文集/周叶中主编. —武汉:武汉大学出版社,2022.10
"教与学的革命"珞珈论坛
ISBN 978-7-307-23268-6

Ⅰ.推… Ⅱ.周… Ⅲ.高等学校—课堂教学—教学改革—文集
Ⅳ.G642.421-53

中国版本图书馆 CIP 数据核字(2022)第 154435 号

责任编辑:龚英姿 责任校对:汪欣怡 版式设计:马 佳

出版发行:**武汉大学出版社** (430072 武昌 珞珈山)
(电子邮箱:cbs22@whu.edu.cn 网址:www.wdp.whu.edu.cn)
印刷:武汉中远印务有限公司
开本:787×1092 1/16 印张:23.75 字数:545 千字 插页:2
版次:2022 年 10 月第 1 版 2022 年 10 月第 1 次印刷
ISBN 978-7-307-23268-6 定价:88.00 元

推进专业内涵发展 提升专业建设质量

武汉大学2021年"教与学的革命"珞珈论坛优秀论文集

编 委 会

主　　编　周叶中

副主编　张绍东　姜　昕

编　　委（以姓氏拼音为序）

白　玉　陈学敏　傅功成　姜　昕

邱　超　吴　丹　吴　奕　胥青山

张绍东　周叶中　朱智敏

序

"十四五"时期,是我国乘势而上开启全面建设社会主义现代化国家新征程、向第二个百年奋斗目标进军的第一个五年。面对新的历史发展阶段和新挑战,中国高等教育作为人才培养的主阵地,也面临着更高质量的发展要求。习近平总书记在2021年中央人才工作会议上强调,"国家发展靠人才,民族振兴靠人才。我们必须增强忧患意识,更加重视人才自主培养,加快建立人才资源竞争优势。"总书记从党和国家事业发展全局的战略高度,进一步指明了做好人才工作的方向,也为高校提高人才自主培养能力,提升人才培养质量,构建具有国际竞争力的高等教育体系和人才培养体系提供了根本遵循。

面对新形势和新任务,高校须坚定走好人才自主培养之路,进一步健全人才自主培养体系,加大原始创新人才培养力度,提高拔尖创新人才自主培养能力,这些都离不开对本科人才培养模式的创新,对本科教育教学改革工作的进一步深化与推动。特别是专业作为本科人才培养的基本单元,直接关系高校办学水平和人才培养质量。加强专业建设,是适应新时代对人才的多样化需求,推动高校高标准、高质量建设,实现高等教育内涵式发展的必然路径。因此,高校在坚定走好人才自主培养之路的新时代背景下,需进一步聚焦国家科技前沿和关键领域,深化专业建设改革,优化专业结构布局,深入促进学科专业交叉融合,着力培养宽口径、厚基础、重交叉、强创新的高水平复合人才。

为进一步优化人才培养模式,推进专业高质量发展,2021年武汉大学举办了第二届"教与学的革命"珞珈论坛。围绕"推进专业内涵发展,提升专业建设质量"这一主题,在学校和各学院搭建交流平台。通过学习交流、专题报告、座谈研讨、师生访谈、撰写论文等多种形式,组织师生深入探讨专业建设对学科发展、教学质量、人才培养等方面的重要作用与影响,总结各专业在建设发展中的特色优势、问题短板与经验做法,推动专业建设内涵式、高质量、创新性发展,打造专业建设新高地。通过本届论坛活动,学校和各学院进一步凝聚共识,为优化人才培养顶层设计,改造升级专业结构,促进学科交叉融合,进一步做强一流本科、建设一流专业、培养一流人才奠定了厚实基础,有力推动了我校本科教学高质量发展。

为了更好地加强论坛优秀成果学习,促进与兄弟高校之间的经验分享,本书特收录了本届论坛获奖的优秀师生论文,从"教"和"学"两个层面深入分析和探讨如何建设一流本科专业,如何充分发挥专业特色与优势;如何以新工科、新医科、新农科、新文科建设为着力点,打通学院、学科、专业之间的壁垒,开展更大跨度的学科专业交叉;如何根据社会对人才的需求进一步优化培养方案,培养更具时代性和前瞻性的高素质人才等,为我校进一步加强专业建设提供了宝贵经验与资源，营造出重视教学、重视创新的良好氛围。衷心希望本书的出版能进一步促进对本科教育教学工作的研究与交流，提高对本科教育教学工作的重视程度，积极推动构建高质量拔尖创新人才培养体系。

周叶中

目　录

教 师 编

学 生 编

教师编

基于学习获得感的大学生通识课教学评价研究

赵俊华　童华丹

（武汉大学　哲学学院，湖北　武汉　430072）

【摘　要】学习获得感以结果为导向来指导教学、评价教学效果，是学生客观获得和主观感受的统一体。通识教育强调的学习获得感主要包含知识、批判性思维、价值观和兴趣的获得感，它们是通识教育落实教育目的的抓手，也是通识教育结果的反映。实证研究发现，在通识课教学过程中，教师依据学习获得感来进行教学设计和实施，引导学生定期撰写反映学习获得感的学习心得，并根据学生学习获得感的表现改进教学，这样的教学处理可以促进学习获得感的提升，也能提高学生的课程论文写作水平。

【关键词】通识教育；学习获得感；评价方式；学习心得

【作者简介】赵俊华（1975—　），男，河南汝南人，博士，武汉大学哲学学院副教授，主要从事面孔和言语情绪感知的行为特征或认知神经机制研究，E-mail：zhaojh417@sina.com；童华丹（1997—　），女，浙江金华人，武汉大学哲学学院硕士研究生。

【基金项目】本文受武大通识 3.0 课程项目"知心的艺术"（20172004）支持。

通识教育（General Education）概念最早出现在 1829 年的《北美评论》中，它主张在多学科中构建一种通才教育模式，让学生在大学里获得广博的见识、心灵的触动与拓展。[1]民国时期，蔡元培、梅贻琦、潘光旦等老一辈教育家将通识教育引入中国，[2]2000 年以后，通识教育在我国文化素质教育理念的推动下获得较高认同。[3]随着 2017 年《国家教育事业发展"十三五"规划》明确提出要探索"通识教育和专业教育相结合的人才培养方式"，以及 2018 年全国教育大会的召开，以"立德树人"为总目标的通识教育在我国大学得到全面确立。

通识教育目标的落实体现在通识课的教学上，但是在实际的教学中，通识课的教学效果还有待进一步提高。有研究指出，大学生对于高校通识课的质量满意度较低，其负面评价主要集中于教学方式单一以及考核方式不合理等方面。[4]之所以产生这样的问题，与老师对通识课的理解不到位和执行有偏差存在关系。比如在教学层面"有的教师把通识课上成导论课、科普课，或者是延续专业课教学方式"，[5]学生面对这样的课程，尽管容易接受一些新知识，但是没有了深入思考，没有了灵魂的升华，久而久之，通识课在学生的心目中就会失去吸引力，学生也就表现出"缺乏学习的主动性与积极性，获得感较低"。[6]当然，这种对通识课的理解不到位、执行有偏差的现象也直接体现在通识教学的评价方式上。

一、通识教学的效果评价

(一)通识教学评价方式的发展现状

与专业教育不同,通识教育的基本特点是基于教育结果而非教育内容来描述其教育目标并指导其教学。[7]有研究者总结,对通识课教学效果的评价主要有三方面:教师对学生学习结果的评价,学生对教师教学效果的评价,以及大学教育管理部门对通识课实施情况的评估。[8]对学生学习结果的评价一般是指通过收集学生对学习时间、知识、经历、资源的运用情况来衡量通识课的教学效果,[9]这体现了通识教育基于教育结果来描述教育目标的特点。但是在实际开设通识课时,由于教师对通识课的教育目标理解不够透彻,或者不愿花费更多的精力来设计教学,通识课往往会演变成简版的或浅显的专业课,所以通识课对学生学习结果的评价方式也基本借鉴专业课,表现为以考试或撰写课程论文为主,同时结合一些学生的平时表现如出勤率、课堂提问、小组讨论、平时作业等。这种评价方式虽然已尽可能综合考察了学生的学习结果,但它主要反映的是学生对教学内容的掌握情况或对学习任务的完成情况,学生作为教学活动的参与者常常处于被动之中,评价结果难以及时反馈到教学之中使学生受益,难以引发学生的思考、共鸣和触动,难以使学生领悟到通识教学要传达的真正内容,最终偏离通识课的开设初衷。

鉴于此,目前学界对通识课的教学评价有了更具针对性的认识:一是要明确通识课的评价内容,让学生明白通识课到底要学什么;二是要强调教师主导学习过程,以评促学,在反馈中实现"评也是教";三是要突出学生对学习获得感的自我评价,希望在描述客观的学习收获之余,展现更深入的主观体悟。

(二)基于学习获得感的通识课教学评价

使用学习获得感来评价通识课的教学效果,体现了对学生主体的重视和对学习结果的进一步理解。国内已经有研究将学生对学习收获的自我评估作为教育质量评估的主要内容,[10]但是学习获得感和学习收获在概念内涵上有所不同。"获得感"一词,自 2015 年习总书记提出后,逐渐被人们熟知。[6]单从字面看,获得感由客观的"获得"和主观的"感"组成,[11]表示获取某种利益后所产生的满足感,强调的是实实在在地得到。[12~13]之后,"获得感"被引入教育领域,便有了"学习获得感"一说。在通识课建设过程中,我国复旦大学明确提出要在通识教育中提升学生的获得感。[14]但对于学习获得感的定义,学术界还未有非常准确清晰的表述。不过,有研究从学生视角提出,学生期望从学习中获得的不仅仅有知识,还有在学习过程中体验到的各种感受,能力的提升,内心的升华。[15~17]这已经涉及学习获得感的内涵问题。学习获得感强调不但要在学习的某一方面有所收获,还要能够用自己的想法去内化它,或者产生思想的开悟,同时也会伴随情感之喜。

在通识课教学领域，对于学习获得感的评价具体应包含哪些方面，目前尚有不同的参考依据。从通识教育模式来看，以哈佛大学为代表的强调通过系统讲解，让学生对所有人类知识有精到的认识和理解，以哥伦比亚大学为代表的强调通过经典阅读，让学生学习伟大思想者独特的思维角度和思维方法。[18]从具体教育目标来看，特定领域的知识掌握、批判性思维、创新意识、写作能力、阅读理解、有效推理能力、问题解决能力、沟通交流能力、道德和社会责任、价值观等在通识教育中受到的关注较多，但是不同的课程侧重点有所不同。[19~22]对通识教育模式和具体教育目标的不同认识反映了学校或课程的不同需求，所以不同的学校或课程在制定具体的通识教育目标时，并不是照抄照搬，而是要根据实际情况来决定。不过其中有一些核心内容具有普遍适用性，比如丰富知识、开拓视野、兼顾思维就是美国众多大学所认同的，[18]这对构建通识课学习获得感的评价内容具有较高的参考价值。

此外，确定通识课学习获得感的评价内容还需要结合开设通识课的初衷。大学通识教育是一种"启发心智、唤醒心灵"的教育。[23]通识教育一方面通过不同领域知识的学习来增长见识、训练思维，另一方面思维的批判性又可增强学生对社会、历史与自身的反思意识。[14,19,24~26]反思意识作为触发心灵觉醒的动力，可以深化学生在求知过程中的乐趣，即提高学生的求知欲或学习兴趣。当然，通识课还需"注重做人和做公民的教育"，[27]这是"立德树人"的基本要求。让学生懂得为学做人的道理，最重要的是帮助学生树立正确的世界观、人生观和价值观。[28]其中价值观回答了"世界观、人生观怎么样"的问题。[29]只有拥有正确的价值观，才能明辨是非，进而把握好求知过程中的思维导向。因此，价值观教育应当渗透于通识课的教学过程中，而价值观的形成"需要通过我们的感觉和情感来体验"，[30]这恰好与学习获得感的含义一致。

综合以上分析，本文认为通识课学习获得感的评价内容至少应包括知识的获得感、批判性思维的获得感、价值观的获得感。另外，求知欲或学习兴趣的获得感可以反映心灵受触动之后，能够持续学习的动力问题，也将纳入学习获得感的评价内容中。

(三)利用学习获得感评价促进通识课教学

学习获得感不仅是用来衡量通识课教学效果的一个尺度，它的价值还可体现在获得感的评价过程。学生应当以学习获得感的评价为反馈，逐步提升学习的效果；教师也应当以学习获得感的评价为依据，指导教学的改进。

在通识教育研究领域，对将教学评价作为改善教学的手段，学者们早有认识，[31]甚至主张由教师而不是管理部门来驱动对通识教育的评价和改进，[32]使通识教育评价成为促进学生学习成就提高的手段。[26]当然，要想及时发挥学习获得感评价的教学促进作用，就需要在教学过程中进行评价，通过评价发现问题，通过问题的解决促进教学，进而逐步提升学生的学习获得感。如此，学习获得感不仅可以作为教学的果衡量教学效果，还可以作为教学的因指导新一段教学的开展。

二、教学实践与效果分析

(一) 改革思路

根据以上研究，本文确立了通识课教学改革的基本思路：以通识课的总体教育目标、具体教育目标、代表性教育模式来确定学习获得感的主要评价内容；以实际的课程教学需要来选择相应的学习获得感评价内容；以评价内容来指导教学设计；以评价结果来改进教学。评价手段采取撰写学习心得的办法。学习心得是学生学完某一教学内容之后的收获和感悟，可以让学生根据教师提示的教学目标和评价内容，有感而发，反思自己在各方面的获得感。已有研究指出，学生通过撰写反映自己学习心路历程的学习心得报告能够培养学生主动规划和反思自我的能力，使其不断明确自己的学习目标，增强学习责任感，调整学习策略，提高学习效果，[25] 且 Kahangamage 与 Leung[33] 在重塑工程设计学科课程时，采用的撰写反思报告的方式也被证明可以提高学生的学习效果。因此，我们预期，将学习心得作为反映学习获得感的方式也可以提高通识课的教学效果。

(二) 教学实施

在实施通识课教学评价改革的过程中，本研究采用方便取样的方法选取 2019 年开设通识课的教学班作为实验对象，同时以 2018 年开设通识课的教学班为对照班。所有学生接受 11 周、每周 3 课时的知心的艺术的通识课教学。对照班的考核方式是较为传统的课堂笔记、小组研讨、课程论文。实验班在第 1 周上课时被告知本课程的总体教学目标和评价方式，学习获得感的 4 项评价内容及其表现，然后在每周上课之始，教师也会结合具体的教学内容和学习获得感向学生提出学习的目标，在教学过程中借助学生对教学内容的理解，启发学生的思考和感想。实验班的课程考核方式包括学习心得和课程论文。其中，学习心得作为平时成绩，占总成绩的 15%，要求学生围绕学习获得感的具体内容实事求是地谈一下自己上课的收获感；课程论文作为期末考核成绩，延续以往的通识课教学做法，要求学生围绕本课程相关的某一主题，撰写一篇评论性文章。具体而言，学生分别在第 2、5、8、11 周教学之后针对当周教学内容写一篇 800 字左右的学习心得。学习心得的评价根据知识获得感、批判性思维获得感、价值观获得感、兴趣获得感 4 项内容进行评分，每项 20 分，满分 80 分，得分越高，表示学习获得感越好，另外在评分之余，教师会写出文字性评价反馈给学生，同时教师也会针对学生表现不足的地方改进教学设计；课程论文的评价按照本课程以往的学习要求，制定评价的依据，包括论文结构、语言逻辑、问题提出与解决、创新性、现实意义，每项 20 分，满分 100 分，得分越高，表示成绩越好。

(三) 效果分析

(1) 样本描述。本研究选取了 2 个教学班共计 134 名有效被试实施教学改革。其中实验班男生 35 人，女生 33 人；对照班男生 35 人，女生 31 人。样本性别分布均匀。

（2）评分者一致性。学习心得与课程论文的撰写比较主观，其答案的开放性可能导致评分者在判断时会掺杂主观因素。为减少该类误差，由授课教师和经过专门培训的助教对学习心得和课程论文进行双人评价。考察两位评分者的评分一致性，4 次学习心得评分的皮尔逊相关系数在 0.879 ~ 0.917，课程论文评分的皮尔逊相关系数为 0.734，评分较为一致。

（3）学习获得感的发展变化。本研究将学习获得感在整个通识课教学过程中的动态变化作为评价实验班教学效果的一个尺度。通过分析两位评分者给出的评价分数的平均分（见图 1），每次学习获得感的总得分在四个时间维度上差异显著（$F = 31.345$，$p < 0.001$）。具体而言，被试首次提交的学习获得感评分均值为 62.42；经过教学反馈与指导学习，第 5 周时学习获得感已得到显著提升（$p < 0.01$），均值为 64.50；第 8 周在第 5 周的基础上，又有显著增长（$p < 0.001$），学习获得感均值为 67.18；此后，学习获得感得分逐渐稳定（第 11 周与第 8 周差异不显著，$p > 0.05$），均值保持在 67.03 左右。

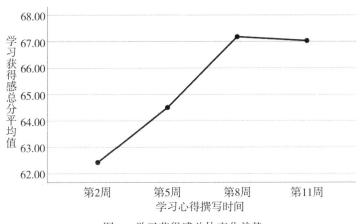

图 1　学习获得感总体变化趋势

以上学习获得感的总体变化趋势大致可描述为先不断提高，后保持稳定，但具体到学习获得感的各个成分时，其动态变化又不尽相同。如图 2 所示，在初次评估时，各方面的学习获得感得分存在一定差异（$F = 68.835$，$p < 0.001$），表现为批判性思维获得感水平最低，与知识、价值观、兴趣的获得感均差异显著（$p < 0.001$，$p < 0.001$，$p < 0.001$），而兴趣获得感水平最高，与知识、价值观的获得感也存在显著差异（$p < 0.05$，$p < 0.05$）。在此后的阶段性评估过程中，各获得感水平存在显著的动态变化，且变化趋势也有所差异（见表 1）。具体而言，知识获得感在第 5 周时相对第 2 周无显著提升（$p > 0.05$），但在第 8 周时相对之前得分，提升较大（$p < 0.01$），在第 11 周时相对第 8 周，无明显变化（$p > 0.05$）。与之相似的是批判性思维获得感的发展变化，只不过在第 5 周时相对第 2 周，批判性思维获得感已有较明显的增强（$p < 0.05$）。而价值观获得感与兴趣获得感的水平变化主要表现为第 5 周相对第 2 周的显著提升（$p < 0.01$），随后二者的

变化基本保持稳定($p>0.05$)。

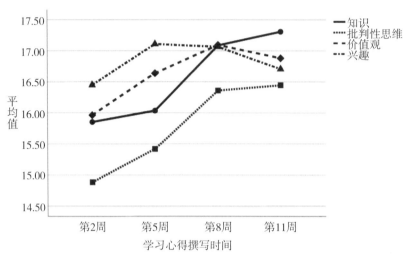

图 2　不同学习获得感内容的变化趋势(学习心得)

表 1　　学习获得感各成分得分及单因素重复测量方差分析(M 为平均分, D 为标准差)

获得感	第 2 周		第 5 周		第 8 周		第 11 周			
	M	D	M	D	M	D	M	D	F 值	P 值
知识	15.85	1.59	16.04	1.89	17.09	1.65	17.31	0.83	25.018	0.000
批判性思维	14.88	1.35	15.42	1.72	16.36	1.49	16.44	1.05	42.922	0.000
价值观	15.96	1.10	16.64	1.43	17.10	1.81	16.88	1.13	12.489	0.000
兴趣	16.45	1.14	17.11	1.65	17.07	1.75	16.71	1.01	5.355	0.002

(4)实验班和对照班课程论文得分差异。本研究对实验班与对照班的课程论文成绩进行了独立样本 t 检验, 考察实验班所接受的学习获得感评价方式是否可以提高课程论文成绩。分析结果显示, 实验班和对照班在课程论文得分上方差齐性($F=1.517$, $p>0.05$), 两组学生组内差异不显著, 符合正态分布。组间分析发现, 接受过学习获得感评价方式实验处理的学生, 他们的课程论文得分好于没有接受过该实验处理的学生(详情见表 2)。

表 2　　　　　　　　实验班对照班课程论文得分情况

	组别	被试数	平均值	标准差	t	P
课程论文	实验班	68	84.48	5.21	2.352	0.020
	对照班	66	81.99	6.92		

三、结果与讨论

以上研究探讨了如何基于学习获得感对大学生通识课教学进行评价，同时也考察了其对通识教学的促进作用。学习获得感可以从学生主体和学习结果的角度反映通识教育要实现的人才培养目标，是进行教学设计和实施的依据。培养什么样的人，就要进行什么样的教学与评价。围绕"培养什么人"的首要问题，本研究选定的学习获得感评价内容包括知识、批判性思维、价值观和兴趣，目的在于引导学生求知问学、增长见识、悟道理、明事理、勇于奋斗、乐观向上、成为有大爱大德大情怀的人，[34]进而实现通识课的教育目标。

(一)学习获得感的增长趋势与教学促进

学习获得感既是教学实施的结果，也是教学实施的出发点。考察学习获得感评价在教学实施中的作用主要是对比分析学习获得感形成过程的变化。研究结果显示，学习获得感总体上有一个逐渐上升的趋势，尤其是在开始和中间阶段。这说明，教师根据通识课的教学目标和学生每次在学习获得感上的表现，从中发现存在的问题及可取之处，反馈给学生与教师，落实了"以评促学、评也是教"的教学评价理念。而学习获得感评价对教学的促进不仅反映在其水平的动态变化上，也反映在传统的通识课考核方式中。研究结果显示，采用学习获得感评价方式的实验班期末课程论文成绩优于采用传统教学方式的对照班。对学习获得感的评估，本文采用的是学习心得撰写与评分的方式。撰写学习心得对学习效果的提高作用在已有研究中有所提及。[25,33]撰写学习心得之所以能够促进课程论文成绩提高，是因为它本身也是对知识、思维和人生价值观的提炼过程，可以锻炼写作能力，提高学术研究素养。

(二)批判性思维获得感与知识教学

对比分析学习获得感评价的不同内容可知，尽管批判性思维获得感也有前后阶段明显提升的表现，但是和其他获得感内容相比，其得分较低。批判性思维是一种合理的、反省的思维，[35]国内多项调查研究也发现，大学生批判性思维总体较弱。[36~37]学生撰写的学习心得内容中，更容易谈到获得了哪些知识，有没有兴趣感，但却不习惯于体会这些知识形成背后的思维过程，尤其是缺乏跟自身联系起来的反省感受。有研究指出，大学生批判性思维养成的主要影响因素是对知识的认知，[38]从本次通识课学习获得感的评价结果来看，批判性思维获得感和知识获得感的变化趋势最为相关，这说明通识课知识教学对批判性思维获得的重要性。如何借力知识教学促进批判性思维获得感，仍然是未来通识课教学的重点及难点。

(三)价值观获得感与兴趣培养

在学习获得感评价中，价值观获得感和兴趣获得感总体上好于其他两种获得感，但是存在中后期增长不再明显的现象。价值观获得感是指学生能够体会到和他们相关的学习、生活和做人的价值所在。价值观获得感水平或许与大学生群体特点有关。大学生正处于立学、立德、立志的关键阶段，他们的价值观状况总体积极健康，呈现出奋发向上、崇德向善的发展态势。[39]而且，大学阶段的青年是非感比较强，有理想，有追求，容易受到一些积极事件或信息的感染，他们对教学内容中的价值观体验敏感，也更容易产生情感共鸣。为了进一步增加价值观获得感，教师在进行通识课教学时，除了要引导学生体验知识形成的思维过程外，也要有意识地展现当中积极健康的价值观，增强学生的价值观体验。另外，为了增加兴趣获得感，教师也可以借助价值观的情感体验来激发学生兴趣。价值观和兴趣存在一定的相关性，因为兴趣是情趣的构成成分，而情趣也是一种价值观情感。[40]当学生产生价值观的情感共鸣后，就会唤起学习的动机，增加兴趣获得感。

(四) 基于学习获得感评价的可推广性

目前通识教育在实践中存在的一个关键问题是怎样方便地把它的教育理念和目的落到实处。当大量的通识课开始在高校开设时，必然会有质量上的隐患。通识课的教育理念和总体目标往往是比较抽象的，不能简单地认为只要开设通识课就可实现，教师需要突破"最后一公里的瓶颈"。对于经验不足的老师来说，基于学习获得感的教学评价可以在最后的落实阶段作为一种上好通识课的抓手，因为它尊重了学生主体，以结果为导向，在获得感构成方面体现了通识教育的理念和目的，更重要的是，教师可以根据学习获得感评价的不同内容，构思自己担负的通识课应怎样进行教学设计和实施；学生可以根据教学中提示的学习目标，在自己原有的认知层面通过反思性学习体验自己的获得感。此外，学习获得感评价内容也具有跨学科的适用性。通识课的知识视野拓展并不是简单地学习某学科的系统知识或更深入的学科知识点，而是要以该学科知识为核心，融入跨学科的知识，有逻辑有比较地展现一个宽广的系统的知识视野。这种综合性的知识视野把我们对世界的认识贯穿起来，当中蕴藏着思维的严谨性和人生哲理，可以有效地发展学生的批判性思维，帮助学生树立正确的价值观，学生在这种获得感的感召下，也必然会表现出愉悦的兴趣感。这也是通识教育的基本要求。

总之，基于学习获得感评价的大学生通识课教学促进了学生在知识、批判性思维、价值观和兴趣方面的获得感发展，提高了学生的课程论文写作水平，实践了通识课以学生为主体进行"立德树人"的教育目标，具有广泛的指导意义。

◎ 参考文献

[1] 马曦，孙乐强. 哈佛大学通识教育建设的理念、特征及其理论启示[J]. 重庆大学学报(社会科学版)，2018，24(4)：224-231.

[2] 杨东平. 大学精神[M]. 沈阳：辽海出版社，2000：225.

[3] 庞海芍，郇秀红. 中国高校通识教育：回顾与展望[J]. 高校教育管理，2016(1)：12-19.

[4] 王军，王彩霞. 高校通识课教学质量影响因素及提升路径研究——基于学生评教文本的分析[J]. 中国高教研究，2020(8)：98-103.

［5］孙春．普通高校通识课教育的现状、问题及对策分析［J］．文化创新比较研究，2020（10）：3-4.

［6］吴一凡，穆惠涛．从"存在感"到"获得感"：新时代高校育人理念的价值转向［J］．吉林省教育学院学报，2020(3)：69-72.

［7］Association of American Colleges and Universities. Liberal education outcomes：a preliminary report on student achievement in college［M］. Washington，DC：Association of American Colleges and Universities，2005：1.

［8］杨征铭．论大学教学评价的变革：基于评价主体视角［J］．福建广播电视大学学报，2020(3)：50-54.

［9］Walvoord B E. Assessment clear and simple：a practical guide for institutions，departments，and general education［M］. Hoboken：JohnWiley & Sons，2010：186-187.

［10］陆一．通识教育核心课程质量监测诊断："高能课"与"吹水课"的成因分析与甄别［J］．复旦教育论坛，2017，15(3)：53-60.

［11］彭文波，吴霞，谭小莉．获得感：概念、机制与统计测量［J］．重庆师范大学学报（社会科学版），2020(2)：92-100.

［12］孙和平．语文课堂要增强学生的获得感［J］．语文教学通讯，2020(11)：21-23.

［13］王晓莹，卜骥．"观察？支持"学生学习获得感的教学策略研究［J］．小学教学参考，2019(2)：58-59.

［14］孙向晨，刘丽华．如何让通识教育真正扎根中国大学——中国大学通识教育的挑战与应对［J］．中国大学教学，2019(Z1)：41-46.

［15］李菊英，颜州．获得感：思想政治理论课实效性的重要生成要素［J］．思想理论教育导刊，2018(1)：85-89.

［16］李艳娥．谈基于学生获得感的课程改革［J］．广州城市职业学院学报，2018(4)：1-5.

［17］杨东杰，胡锐，夏振国．提升大学生党课学习获得感的路径［J］．集美大学学报，2018(3)：19-27.

［18］赵炬明，高筱卉．关注学习效果：建设全校统一的教学质量保障体系——美国"以学生为中心"的本科教学改革研究之五［J］．高等工程教育研究，2019(3)：5-20.

［19］Allagui B，Academy R，Dhabi A. A course redesign to redefine students learning outcomes：What's all the hype？［C］. London：International Conference on Information and Education Innovations，2018：21-25.

［20］Al-thani S B J，Abdelmoneim A，Cherif A，et al. Assessing general education learning outcomes at Qatar University［J］. Journal of Applied Research in Higher Education，2016，8(2)：159-176.

［21］Yu L，Shek D T L，Zhu X Q. General education learning outcomes and demographic correlates in university students in Hong Kong［J］. Applied Research in Quality of Life，2019，14(5)：1165-1182.

［22］兰利琼，赵云．通识教育课程教学目标的确立、实施与达成——以"社会热点中的生物学"为例［J］．高等工程教育研究，2019（4）：84-89．

［23］黄俊杰．全球化时代的大学通识教［M］．北京：北京大学出版社，2006：48．

［24］王红雨，张瑞中．通识课程如何面向职业素养？——斯坦福大学通识课程的目标、实践与生成逻辑［J］．现代大学教育，2019（6）：47-55，112．

［25］赵炬明．关注学习效果：美国大学课程教学评价方法述评——美国"以学生为中心"的本科教学改革研究之六［J］．高等工程教育研究，2019（6）：9-23．

［26］马星，国兆亮．基于学习结果的美国通识教育评价［J］．高教发展与评估，2017（6）：35-42，2-3．

［27］朱镜人．现代大学通识教育的特征和发展趋势［J］．高等教育研究，2018（7）：66-71．

［28］孙利天．让学生懂得为学做人的大道理［J］．高校理论战线，2005（5）：28-29．

［29］袁贵仁．价值观：从理论研究到教育实践——访袁贵仁教授［J］．哲学动态，2005（12）：3-7．

［30］联合国教科文组织国际教育和价值观教育亚太地区网络．学会做事：在全球化中共同学习与工作的价值观［M］．余祖光，译．北京：人民教育出版社，2006：9．

［31］Resnick L B, Resnick D P. Assessing the thinking curriculum: New tools for educational reform［M］. Berlin: Springer Netherlans, 1992: 37-75.

［32］Gerretson H, Golson E. Synopsis of the use of course-embedded assessment in a medium sized public university's general education program［J］. The Journal of General Education, 2005, 54（2）: 139-149.

［33］Kahangamage U, Leung R C K. Remodeling an engineering design subject to enhance students' learning outcomes［J］. International Journal of Technology and Design Education, 2020, 30（4）: 799-814.

［34］坚持中国特色社会主义教育发展道路［N］．人民日报，2018-09-13（10）．

［35］Ennis R. Critical thinking: a streamlined conception［J］. Teaching Philosophy, 1991, 14（1）: 15-24.

［36］张梅，茹婧斐，印勇．大学生批判性思维现状及成因研究［J］．重庆大学学报（社会科学版），2016（3）：202-207．

［37］李娜，韩清恩，钟文先．大学生批判性思维素质现状及差异分析——基于山东省的调查研究［J］．中国高教研究，2019（2）：49-52．

［38］夏欢欢，钟秉林．大学生批判性思维养成的影响因素及培养策略研究［J］．教育研究，2017（5）：67-76．

［39］王丹．当代大学生价值观与价值选择状况的调查分析［J］．思想理论教育，2018（2）：95-99，105．

［40］朱小蔓，钟晓琳．情趣教育：一种有意义的情感教育探索［J］．中国教育学刊，2014（4）：1-5．

汉语国际教育"专业思政"体系构建的必要性与可行性分析

欧阳晓芳

（武汉大学　文学院，湖北　武汉　430072）

【摘　要】鉴于服务国家战略的紧迫性、专业培养目标的契合性和专业内涵式发展的内驱性，汉语国际教育构建专业思政体系势在必行。本文通过全面分析武汉大学文学院汉语国际教育专业学生的群体特征、师资的思政教育潜力以及专业点已具备的思政教育条件，对构建专业思政体系的可行性进行了论证。在此基础上，综合考虑高校思政教育工作的总体要求、专业人才培养目标的特殊指向以及学生的成长发展需求，建立起一个多层次、多角度、分学段、有特色的德育目标体系，为打造汉语国际教育专业立体育人格局作出初步探索。

【关键词】汉语国际教育；专业思政；课程思政；德育目标体系

【作者简介】欧阳晓芳（1981—　），女，湖南平江人，研究生学历，博士学位，武汉大学文学院，副教授，主要研究方向包括汉语国际教育、汉语语言学等，E-mail：bbrirao@ 126. com。

【基金项目】武汉大学 2019 年教学研究项目"面向语言学课程的表现性评估方式研究"（2019JG020）。

作为新时代高校课程改革与思政工作新的生长点，"课程思政"获得了全国高等教育实践者和研究者的密切关注。但目前相关研究主要集中在理论探讨层面，包括课程思政的价值本源、内涵要义、内在机理、核心问题与思路策略等，在实践探索方面相对薄弱，虽然也有针对具体课程进行思政元素挖掘和教学方法改革的实例研究，但成果碎片化、浅表化，从总体来看，呈现出思政融合度低、教师参与度低以及学生覆盖率低等问题。课程思政的育人目标无法通过单一课程来实现，必须贯穿教育教学全过程，现阶段应侧重以专业为切入点进行统筹规划，制定与专业人才相匹配的立德树人总目标，系统挖掘相关思政元素，根据各门课程的特点和师资，进行合理的分工和配置，彼此协同、相互配合，形成系统合力，才能更高效地实现立德树人总目标。同时，也有助于推动专业本身的内涵化、可持续发展。因此，本文拟对汉语国际教育"专业思政"体系构建的必要性和可行性展开论证，并在此基础上建立起专业德育目标体系，为打造立体育人格局作出初步探索。

一、构建汉语国际教育专业思政体系的必要性

(一) 服务国家战略的紧迫性

汉语国际教育作为一个新兴专业,在国际中文教育事业蓬勃发展中应运而生。从 1983 年初设"对外汉语教学"本科专业至今,已形成汉语国际教育人才的本、硕、博完整培养体系,该专业的发展始终服务于推动中文和中华文化走向世界的国家战略。尤其是当前面临着百年未有之大变局,要实现新时代"构建人类命运共同体"的宏伟目标,以"语言相通"和"文化理解"来助推中外"民心相通"是关键,而汉语国际教育则进一步被赋予了促进多元文化平等交流、增信释疑、互学互鉴,进而推进"人类命运共同体"建设的重任。因此,加快汉语国际教育专业思政建设进程,培养德才兼备的专门人才,具有服务国家战略的紧迫性。

(二) 专业培养目标的契合性

由于汉语国际教育专业肩负着培养中文和中华文化传播者、中外民心相通推动者的重任,其人才培养方向必须符合国家全方位高水平对外开放和时代的需要,因此,其培养目标有着非常明确且丰富的思政内涵,包括理想信念、政治认同、文化自信、家国情怀、国际视野、人文精神、心理素质、职业素养等多个方面,与立德树人理念高度契合,这为构建专业思政体系提供了坚实的基础。同时,这也说明统筹开展思政体系建设是汉语国际教育专业发展的必由之路。

(三) 专业内涵式发展的内驱性

汉语国际教育是一个年轻的专业,但因其服务于国家重大战略需求,而且具有学科交叉优势和国际化特色,近年来全国各高校纷纷申请开设该专业。目前已有将近 400 所高校设置了汉语国际教育本科专业,具备汉语国际教育专业硕士学位授权点的高校达 196 所,还有 21 所高校获得了汉语国际教育领域教育博士培养资质。在"双一流"建设新形势下,在全国专业学位水平评估的大环境下,只有真正具有优势、特色和亮点的专业和学位点才能在竞争中脱颖而出。对于综合性大学的汉语国际教育专业来说,既要面对语言类、师范类和侨务类高校的"强敌环伺",还要确保能在强势学科林立的内部学科生态圈中冲出重围。因此,以评促建已是迫在眉睫,而对标寻找内涵式发展的突破口是关键。

2020 年 10 月,中共中央、国务院印发了《深化新时代教育评价改革总体方案》,强调把立德树人成效作为根本标准。与之相应,《教育部办公厅关于实施一流本科专业建设"双万计划"的通知》和《全国专业学位水平评估实施方案》都把立德树人成效作为检验学校一切工作的根本标准,传达出了非常明确的政策导向。尤其是《全国专业学位水平评估实施方案》,通过对 3 个一级指标下的 9 个二级指标明确落实立德树人内涵,并根据各专业学位特点进一步细化设置了 15~16 个三级指标,以确保聚焦立德树人的主要成效。这也

为汉语国际教育专业实现内涵式发展指明了方向。

因此，无论是从服务国家发展战略的外部需求，还是从专业自身天然的思政属性以及内涵式发展的内部需求来看，汉语国际教育开展专业思政体系建设都势在必行。

二、构建汉语国际教育专业思政体系的可行性

构建专业思政协同育人体系是一项长期艰巨的系统工程，应遵循思政工作规律、教书育人规律和青年学生认知规律，在全面分析专业人才培养的各种主客观条件、综合考虑各种可能的改革措施的基础上形成最适合的建设方案。该方案需对培养目标、内容体系、执行原则、实现途径，乃至教师分工和对教师的要求等进行宏观设计，以便指导后续的内容梳理、教学转化和评估监督，使各个环节成为一个互相衔接、统一的整体，使师资力量实现合理调配和分工协同。因此，全面分析主客观条件是确保专业思政建设方案可行的前提。

(一)对象分析

大学生作为高校专业思政体系直接服务的对象，同时也是思政教育活动中的主体，在充分了解本专业学生特点的基础上分析其群体共性，是我们进行思政体系设计的基本依据。总体来看，汉语国际教育专业学生既有新时代大学生的普遍共性，又有本专业学生的自有特性。

在心理状况方面，大学生群体正处于认知能力增强，求知欲望强烈，自我意识凸显的"拔节孕穗期"，他们渴望自立、被认可，不喜欢被说教和被干涉。他们既有成熟、乐观、自信的一面，却又不乏稚嫩、迷茫与自卑，甚至存在心理问题隐患。尤其是现阶段逐渐占据在校本科生主力的"00后"中少数人自控能力、情绪管理能力与抗压能力相对较弱，缺乏自我长期规划意识，对未来充满迷茫，个别学生存在沉迷网络、狂热追星的情况。

在价值观方面，大学生比较认同社会主义核心价值观，但部分学生日常对理论信息了解的主动性较低，对核心价值观的情感认同、践行意愿及实际行动选择的积极性也相对较低。[1~2]当代大学生们成长于互联网时代，不同思想理念、价值观念、社会思想等正通过网络源源不断地影响着他们。由于社会经历浅薄、鉴别能力较弱，当他们面对多种价值观冲突和交锋的时候，有时很难辨别清晰，并做出正确取舍。据调查，"00后"大学生的思想价值观念主流是积极健康的，但也有少数人逐渐表现出个人中心和功利主义的价值取向。此外，拜金主义、享乐主义、消费主义等不良社会思潮也对部分大学生产生了较大影响。[3~4]

在普遍共性之外，本专业学生的特性也是明确思政教育着力点的关键。

首先，在生源构成方面呈现出明显特色。(1)性别比不均：汉语国际教育作为典型的文科专业，学生女多男少。武汉大学文学院2018级到2020级汉教本科生男女比例为1：6.25。(2)生源地复杂：近年来均有少量我国港澳地区学生及东南亚华裔学生，占比为8.8%。

其次，选择汉语国际教育专业的原因也各有不同。武汉大学文学院本科实行大类招生，大一下学期末再进行专业分流，有汉语言文学和汉语国际教育两个专业，前者为传统优势专业，选择人数较多，后者为新兴专业，实行小班教学。据了解，学生选择汉语国际教育专业的原因非常多样，主要有以下几种：（1）有志于从事国际中文教育或基础教育事业。（2）该专业所涉学科知识体系丰富，有国际视野。（3）该专业应用性和实践性较强。（4）对跨文化交际、语言学、小语种等课程感兴趣。（5）该专业的出国机会较多。（6）想获得更高层次的学历文凭，该专业硕士招生人数较多、难度相对较小。（7）偏爱小型班集体。

根据相关调研，性别、学历层次、学科类别、政治面貌和学生干部经历等大学生的群体特征，都是影响大学生价值观形成的重要因素。汉语国际教育专业学生情况的复杂性，给思政教育提出了特殊要求，这既是挑战，也是优势。如果充分关注学生的群体共性和差异，并巧妙加以利用，推动师生、生生良性互动，将有助于构建具有跨学科特色、高度隐性化、国际化的专业思政育人体系。

（二）师资分析

高校专业教师与大学生有着最直接的沟通交流，对大学生思想言行和成长影响最大，因而是立德树人的第一责任人，也是开展课程思政的主要力量。对专业师资进行客观全面分析，有助于专业思政力量的前期规划布局，这直接关系到立体育人格局的建设成效，可确保打造高质量、集成化的协同共育专业思政体系。

武汉大学文学院在 2007 年设立"对外汉语"本科专业（2013 年更名为"汉语国际教育"）并获得全国首批汉语国际教育硕士专业学位授权资格。为此，学院特从汉语言文字教研室和语言学及应用语言学教研室抽调精英组建了对外汉语教研室，并集全院优秀师资共同承担汉语国际教育专业课程的教学工作。近年来经过人才引进和现有师资培育，已经打造出一支师德高尚，业务精湛，教学成效显著，适应国际中文教育事业发展需求的高素质专业化教师队伍。

（1）师资结构专业化、国际化。选聘专任教师和研究生导师以德为先、以汉教从业经验和能力为重，专业核心课程由具有丰富海外汉语教学经验的教师负责讲授，还聘请国际中文教育行业的专家学者讲授专业课程、举办系列讲座。通过开设"行业发展前沿讲座"课程，将行业大家请来为学生授课。

（2）教师队伍师德高尚、爱岗敬业。本专业无论是资深教授还是青年教师，皆爱岗敬业，积极投身教学一线，以立德树人为己任。他们在教学过程中将积极的价值追求贯穿于教学实践活动之中，在知识积累与学术探究上为学生引路，也以自身的道德修养在心灵的成长和精神世界的扩充上为学生导航。多位教师获评国家级、校级优秀教师的荣誉称号。

（3）教学团队名师汇聚、梯队结构合理。目前已建成多个由国家级教学名师领衔、国字号领军人才主导、骨干型专业教师参与的金牌教学团队，形成校级慕课课程立项、省部级精品课程打磨、国家级一流课程认定的梯级课程建设体系。

在"厚德笃学，继武日新"的精神引领下，本专业教师谨守"学为人师，行为世范"高尚师德,都发自内心地尊重学生、爱护学生,在思想上引导学生,在学术上指点学生,在生活上关心学生,坚持以师风带动学风,与学生一起构建和谐共进的师生关系。在厚重学统的熏陶下,学生成人成才取得佳绩。虽然本专业教师都在各自岗位上积极探索育人方式、践行育人使命,但有些人在思想认识和实际行动上仍存在误区。

(1)思想认识误区:一是将课程思政简单理解为政治教育,认为专业课程内容与政治无关,从而对课程思政建设采取消极态度;二是受考评导向影响,更重视可量化的教学科研成果,虽有育人本心,但并不执着。

(2)实际行动误区:一是虽有育人意识,但未能围绕明确的育人目标充分挖掘课程中的思政元素,并将其恰当融入教学,仍处于模糊、零碎、自发状态,无法充分发挥育人效力;二是单兵作战,在目标制定和开展过程中都缺乏沟通协作,各行其是,没有形成合力,从而影响育人实效。

总体来看,武汉大学汉语国际教育专业师资力量雄厚,师德师风建设卓有成效,只需在思政意识上加以强化,在机制导向上作出适当调整,就能够成为课程思政的有力践行者。而做好专业思政统筹规划布局,让教师们实现目标一致和行为统一,才能更好地推动德育教研课题的深度开发以及教学实践的充分协作,最终实现共同发展。

(三)教学条件分析

这里所说的教学条件是指影响课程思政教育活动的全部条件。从专业点本身的教学条件来看,除了上文提及的师资条件外,武汉大学文学院汉语国际教育专业近年来致力于多元协同育人,为打造立体育人格局奠定了坚实的基础。

(1)在课堂教学中,已有部分课程内容紧扣国际中文教育事业的重要意义和重大使命展开。比如,"汉语国际教育概论"课程在梳理汉语国际教育发展历程中融入家国情怀,激发学生职业理想,通过分享海内外汉语教学状况的多样性来培养学生创新意识,立足国际视野、多学科角度来认识和看待汉语作为第二语言教学;通过"古代汉语""中国古代器物文化"等课程,帮助学生深刻理解并积极弘扬中华优秀传统文化,引导学生坚定文化自信;将"中外文明互鉴"的思想渗透在"跨文化交际""第二语言课堂教学"等课程中,培养学生的国际视野和多元文化意识,引导学生树立"推动多样文明互通、共建人类命运共同体"的远大理想。

(2)在实习实训中,已在一定程度上摸索出将思政教育与实习实践相结合的新模式。比如利用暑期田野调查,带领学生深入民间,体察民情,感受"乡村振兴""脱贫攻坚"所带来的巨大变化,在对中国方言悠久文化历史的调查中,激发学生对中华文化的感情;依托美国匹兹堡大学孔子学院、中南财经政法大学国际教育学院等多个实践育人基地开展职业道德、家国情怀和人类命运共同体意识教育。尤其重视海外实习中的思想政治工作和社会责任教育,密切结合实习进程分阶段进行:①岗前:通过行前培训举办主题讲座,开展爱国主义教育和理想信念教育。②岗中:通过岗中培训及定期聚会,由中方院长组织座谈以及个别谈心,密切关注学生的思想动态并进行正向引导。③回国:举办回国考核与经验交流会,重点考察思想汇报。

（3）在课外活动中，注重引导学生学以致用，开展社会服务，实现人生价值。比如，依托国家语委科研基地中国语情与社会发展研究中心，指导学生开展语情观测分析并撰写咨询报告，为国家语言文字事业发展建言献策，2020年与北京语言大学等高校联合成立"战疫语言服务团"，编写《抗击疫情湖北方言通》，帮助援鄂医疗队解决医患沟通的方言障碍问题，孙春兰副总理在2020年全国语言文字会议讲话中给予了高度赞扬。此外，学生们还积极为援鄂医疗队及武汉医务人员子女提供义务家教服务，个人累计志愿服务时长多达1500小时，还有很多学生在疫情期间奔赴抗疫一线参与社区志愿者服务工作，得到社区工作人员和广大群众的高度认可。本专业本科生创立的"声音树"公益志愿服务团队致力于帮助言语障碍儿童更好发音，主持的"声音树——儿童言语障碍康复训练"志愿服务项目荣获2020年第五届中国青年志愿者大赛银奖、湖北省青年志愿者大赛银奖。

虽然本专业点已经具备专业思政建设的基础，但缺乏整体规划，在课堂情境资源和行业实践资源的开发与利用方面也有待加强。

三、汉语国际教育专业思政体系的德育目标设定

构建汉语国际教育专业思政体系势在必行，本专业点相关主客观条件虽有欠缺，但已具备强有力的建设基础，通过综合考虑高校思政教育工作的总体要求、专业人才培养目标的特殊指向以及学生的成长发展需求，我们可以迅速建立起多层次、多角度、分学段、有特色的德育目标体系。

首先，从高校思政教育的总体要求来看，习近平总书记提出的"四个正确认识"①以及中共中央、国务院和中共教育部党组先后印发的《关于加强和改进新形势下高校思想政治工作的意见》和《高校思想政治工作质量提升工程实施纲要》为新时代大学生思想政治工作指明了努力方向，即以社会主义核心价值观为引领，帮助学生树立正确的世界观、人生观、价值观，并形成与此相关的正确立场观点、思维方式和行为习惯，具体表现为政治认同、家国情怀、文化自信、法治意识、责任意识、科学精神、道德品质等方面。

其次，从专业人才培养目标来看，根据汉语国际教育本科和硕士专业学位培养方案及基本要求，合格的汉语国际教育人才应该扎根中国、面向世界，这就决定了中国立场和国际视野在德育目标体系中的特殊地位，应切实提升学生的"四个自信"，培养其树立起构建人类命运共同体的意识，以推动国际理解和文明互鉴为己任。此外，还应聚焦行业需求，加强对学生的职业素养教育。

再次，从学生的成长发展需求来看，应以促进学生个体性成长与社会性发展相统一为目标。从当下大学生的整体思政状况来看，心理健康、个性发展、理想信念和价值观养成等是契合学生道德品质成长的主要个体性诉求，而且伴随学业推进和年龄增长，呈现出一定的阶段差异性。此外，以人类命运共同体意识、爱国主义为核心的社会性发展诉求与这

---

① 即"正确认识世界和中国发展大势、正确认识中国特色和国际比较、正确认识时代责任和历史使命、正确认识远大抱负和脚踏实地"。

些个体性成长诉求密不可分，只有高度重视个体的情感、意志、信念、行为等素质的开发和培育，紧密联系青年学生的身心发展规律以及成人成才需求，才更易于消除年轻人的逆反心理，使学生在自觉接受中实现由知到行的转化，养成良好的道德品质。

基于以上分析，在内容上，我们以满足多方需求为指向，将汉语国际教育"专业思政"的德育目标体系分为以下三个层面：

（1）为人类进步：以树立人类命运共同体意识为核心，具有国际视野、多元文化意识和跨文化交际能力，热爱国际中文教育事业，深刻理解国际中文教师职业价值，具有高度的光荣感和使命感，尊重世界各地汉语学习者的文化与生活方式，以推动国际理解、中外文化融通与文明互鉴为己任。

（2）为国家发展：以铸牢中华民族共同体意识为核心，坚守中国立场和中华文化立场，能较好地理解、传承、阐释中华民族优秀传统文化和中国特色社会主义的核心思想理念，坚定"四个自信"，形成高度的政治认同和文化认同。

（3）为个人成才：以社会主义核心价值观为核心，健全人格，端正品行，崇尚科学精神、法治意识和辩证思维，富有责任意识、奉献精神和开拓创新意识，恪守学术道德和职业操守，形成远大理想，让个人成才与国家发展、人类进步实现同向同行。

以上三重目标之间并非界限分明，而是交织相融，整个"专业思政"体系的终极育人目标是力求推动学生成才与国家发展、人类进步同向同行。

此外，由于整个专业思政工作的受体是学生，青年学生在大学期间的成长呈现出一定的阶段性，因此，我们的德育目标体系也应遵循大学生成长规律，围绕其心理健康状况和思想发展动态来进一步细化学段目标。根据中国传统德育思想，德育过程就是知、情、意、行逐步推进与整合的过程，这在现代思政教育工作实践中也得到了很好的印证。据此，汉语国际教育"专业思政"育人目标体系可以分成四个阶段，大致对应本科四年：

第一阶段目标："致知"，深入了解并认同中华优秀传统文化、革命文化和社会主义先进文化，以及中国特色社会主义建设卓越成就，厚植家国情怀，正确理解百年未有之大变局，涵育科学精神。

第二阶段目标："育情"，坚定"四个自信"，高度认同实现中华民族伟大复兴的中国梦，将社会主义核心价值观内化于心，理解人类命运共同体的深刻内涵以及构建人类命运共同体的重大意义。

第三阶段目标："立意"，深刻理解国际中文教育事业的意义，进一步坚定职业理想，立志讲好中国故事、推动中外文化交流与文明互鉴，具有奉献精神和开拓、创新意识。

第四阶段目标："践行"，将对家国情怀、远大理想的认知、情感、意志转化为行为习惯，融入个人职业规划，并贯彻到实际行动中，做到脚踏实地、行稳致远。

以上四个阶段目标之间既各有侧重、逐级推进，又相互渗透、相得益彰，将逐步融入汉语国际教育专业人才培养方案，通过课程融入、课程统整以及特设专题课程等方式，实现隐性思政教育常态化、贯通式、循序性转向，潜移默化地引导学生达到知、情、意、行的统一，使优秀的思政素养和道德品质内化于心、外化于行。

◎ **参考文献**

［1］邢鹏飞．大学生社会主义核心价值观认同现状与培育对策调查研究［J］．高校教育管理，2018(2)：117-124.

［2］张俊涛．2019 年大学生价值观状况调查分析［J］．文化软实力研究，2021(2)：91-97.

［3］王海建．"00 后"大学生的群体特点与思想政治教育策略［J］．思想理论教育，2018(10)：90-94.

［4］王纪妹．新时代"00 后"大学生思想行为特点与思想政治教育策略探讨［J］．智库时代，2020(14)：92-93.

依托校园资源的地理实践力培养研究

李艳红　林爱文　郑永宏　李连营　陈奕云

（武汉大学　资源与环境科学学院，湖北　武汉　430079）

【摘　要】 在真实生动的校园情景中开展地理实践活动具有安全、便利、灵活的特点，是培养学生地理实践力的有效途径之一。本文以武汉大学为例，深入挖掘校园资源的地理实践价值，依托校园的山体、水体及植被资源，以野外数据采集、室内数据分析、专题要素表达为主线，进行了模块化的地理实践设计，构建了多样化的实践情景空间。学生课内与课外相结合，在校园内多时段灵活开展实践活动，采用"过程性评价"和"终结性评价"相结合的多元化评价方式，多渠道、全方位培养了学生的地理实践力。

【关键词】 地理实践力；校园资源；实践设计

【作者简介】 李艳红（1979—　），女，山东省聊城市人，博士，武汉大学资源与环境科学学院，高级实验师，研究方向为地理学实验教学与管理，E-mail：yanhongli1979@163.com；林爱文（1963—　），男，湖北黄冈人，博士，武汉大学资源与环境科学学院教授，博士生导师，研究方向为区域发展与土地利用，E-mail：awlin@whu.edu.cn；郑永宏（1978—　），男，河北唐山人，博士，武汉大学资源与环境科学学院副教授，研究方向为树轮气候学，E-mail：zhengyh@whu.edu.cn；李连营（1974—　），男，山东沧州人，博士，武汉大学资源与环境科学学院实验中心主任，副教授，研究方向为导航电子地图，E-mail：lily@whu.edu.cn；陈奕云（1983—　），男，福建泉州人，博士，武汉大学资源与环境科学学院副教授，研究方向为地理信息科学与可持续发展，E-mail：chenyy@whu.edu.cn。

【基金项目】 湖北省高等学校省级教学研究项目（2018011）；武汉大学本科教育质量建设综合改革项目（2021ZG143）；教育部产学合作协同育人项目（202002052060、202101096047）；2021年武汉大学研究生"课程思政"示范课程（地图历史与文化）。

地理实践力是指人们在考察、实验和调查等地理实践活动中所具备的意志品质和行动能力。[1]培养学生的地理实践力是提升地理学科人才培养质量的重要环节之一。地理实践力的培养是一个多维度的建构，不仅包含知识层面、技能层面，还强调兴趣、态度、情感、价值观等多个方面。[2]学校校园环境鲜活亲近、安全便利，可以为师生灵活开展地理实践活动提供极大的方便，成为培养学生地理实践力的有效途径之一。

武汉大学坐拥珞珈山，环绕东湖水，校园植被资源丰富多样，为师生开展地理实践活动提供了良好的场地。本文深入挖掘校园资源的地理实践价值，依托校园山体、水体、植被进行多模块的地理实践设计，让学生在真实生动的校园实践情景空间中观察、分析、探究地理现象及规律，对如何有效利用校园资源培养学生的地理实践力进行了有益的探索。

一、校园地理实践的原则

实践活动要体现知识性、趣味性、教育性和自主性相统一的原则。在进行校园地理实践活动时，要能体现现代教育教学思想，符合科学实验的基本规范和学生认知能力的发展规律；[3]要具有丰富的实践教学内涵和良好的实践环境氛围，能够激发学生的学习兴趣；要从学生日常学习生活和与大自然的接触中提炼出具有教育意义的实践主题，让学生从身边事物中寻找开展地理实践探索的灵感；[4]要突出学生的主体地位，调动学生的积极性和主动性，让学生在特定的实践情境中，积极地对知识进行亲身体验与主动建构，[5]以达到培养地理实践力的实践效果。

二、校园地理实践的内容

依托武汉大学校园的山体、水体及植被资源，以野外数据采集、室内数据分析、专题要素表达为主线，进行地质地貌、水体、植被三个模块的地理实践设计，实践主题涉及外业与内业、微观与宏观等方面。让学生在多样化的实践空间中扩充知识、扩大视野，通过多渠道培养学生的地理实践力。具体的校园地理实践内容框架见图1。

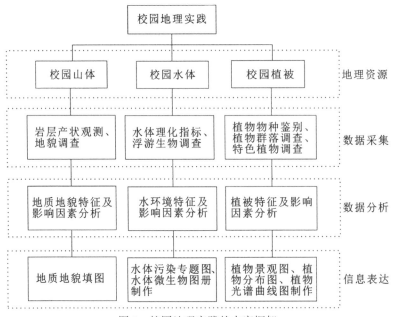

图1 校园地理实践的内容框架

（一）校园山体的地理实践

校园内分布有珞珈山、狮子山、侧船山和半边山等山体，地势蜿蜒起伏，具有丰富的地质地貌景观。以珞珈山为例，珞珈山山脊走向呈东西方向，山体属褶皱构造中的一翼受外力破坏后残留的猪背岭，在地貌类型上属丘陵地貌。其地貌的组成物质属沉积岩系，出露岩层种类多样，自老到新分别为中志留纪黏土页岩，上志留纪松砂岩，中、上泥盆纪的底砾岩与石英砂岩，石炭二叠纪的石灰岩，二叠纪的燧石层。珞珈山地区有断层发育，以平推断层为主，也可见逆断层痕迹。东湖南端、珞珈山东麓为一南北方向的平推断层，航海俱乐部附近湖滨燧石层低丘上有逆断层。

借助校园山体的地质地貌景观，引导学生对山体的地层、地质构造及地貌形态等开展实地调查，观察山体的组成成分、岩性特征及地质构造，对不同岩性及地质构造在地貌形态上所反映出的特征进行对比分析，填绘地质地貌剖面图，对不同地质地貌特征在地形图上的判读和表示进行实践训练，多渠道培养学生对地质地貌要素的调查能力。具体的地质地貌类实践设计如表1所示。值得指出的是，由于受学生认知特点以及知识特性等影响，仅通过一两次野外观察往往难以让学生深刻认识到区域地质地貌的本质和规律，[6]以校园山体作为研究对象，使实践活动变得更为亲近与灵活，学生有更多的探索时间，可以通过多次接触而达到对问题由浅入深、由表及里的螺旋式上升的认知效果，同时，也塑造了学生的开放性学习情怀。

表1　　　　　　　　　　　　　**校园地质地貌模块实践设计**

实践主题	实践内容	地理实践力培养
岩层性质与产状调查	观察珞珈山出露岩层的岩性，如颜色、矿物成分、结构与构造、胶结物等，使用地质罗盘仪测量岩层的走向、倾向、倾角，掌握野外地质调查的一般方法	培养学生的专业动手能力、对地理事物特征的识别能力
构造地貌调查	野外识别褶皱构造和断裂构造，判断山脊走向与褶皱构造轴向的关系，观察实习区的背斜谷、向斜谷、断层谷、溶蚀谷等谷地类型，由表及里分析不同构造地貌的形态、类型及成因上的关系	培养地质地貌野外调查技能，锻炼学生对地理事物特征的综合分析能力、地理因果关系的分析能力
地质地貌剖面图填绘	填绘珞珈山—狮子山地质地貌剖面图，确定地质现象在剖面图上的位置，按岩层产状把各地层界线填绘在地形剖面上，用岩层符号把岩层填绘清楚，标出地貌类型的名称	培养学生的地理空间定位能力、制作并使用地理图表的能力

（二）校园水体的地理实践

武汉大学坐落在东湖之畔，校园内有鉴湖、星湖、月湖等多个小型湖泊，校园凌波门外有一条长堤延伸至东湖湖心数十米，为开展水体调查提供了极大便利。在生物多样性和水环境问题日益突出的大社会背景下，可围绕校园湖泊选取有代表性的采样点，结合水体理化监测和生物监测手段，对校园水体的理化指标和浮游生物进行调查，对水体环境进行综合评价。具体的校园水体类实践设计如表2所示。在实践中，老师引导学生对水体环境进行全面综合分析，通过实践建立起浮游生物的群落结构与水体生态条件的响应关系，[7]使学生深入理解生物与环境的密切联系，增强其专业操作技能和综合分析能力。同时，实验结果为学校景观水环境建设提供参考和依据，对学生全面认识人类面临的环境危机，激发他们的环保意识，增强保护环境的责任感、使命感起到了积极的作用。

表2　　　　　　　　　　　　　　校园水体模块实践设计

实践主题	实践内容	地理实践力培养
校园水体水质监测	设计校园水体的监测断面和采样点，使用多参数水质分析仪等仪器，测定水体的浊度、酸碱度、溶解氧、电导率、化学需氧量等参数，对实验数据进行分析处理，制作水污染状况专题图，分析原因并提出保护措施	培养学生的专业观测技能和地理图表的制作运用能力，增强学生保护环境的责任感、使命感
校园水体浮游生物调查	对校园不同水体的浮游生物多时段定期取样，使用显微镜观察分析浮游生物的种类组成，基于优势度、丰度和多样性指数分析浮游生物群落结构特征，对比分析不同水体的生态条件和营养状况，研究浮游生物种类随季节、环境变化的规律	培养学生的观察能力、综合分析能力及对规律性知识的探索能力，培养学生用发展的眼光看待地理事物或现象的思维方式
校园水体微型生物图册制作	在进行水体浮游生物调查的基础上，将微观世界可视化，使用数码相机连接显微镜，对水样中观察到的各类微生物进行适度放大、拍照，并对微生物进行科学分类，制作水体微型生物图册	培养地理制作能力，激发学生由专业知识衍生科普作品的创造能力

(三) 校园植被的地理实践

校园所处的地理环境优越，校园内有高等植物800多种，形成了丰富的植物群落和季相分明的植被景观。校园内有樱园、桂园、枫园、梅园等植物专类园区，还有樟林、青冈林、侧柏林、石楠林、栾树林等其他成片分布的林木，形成了独具特色的植物景观空间格局；校园内有银杏、水杉、鹅掌楸、秤锤树等珍稀濒危植物11科15种，还有26株树龄在百年以上的古树名木。[8]校园丰富的植物资源应用于地理实践中，为实践活动提供丰富的实验素材，能有效激发学生探索自然奥秘的兴趣。围绕校园的植被资源，可以开展植物物种鉴别、植物群落分析、[9]特色植物调查、植物专题图/图册制作、植物光谱特征分析等实践活动，具体的校园植被类实践设计如表3所示。实践情景空间十分丰富，调查类实践活动既有针对物种层面的鉴别，也有针对群落层面的分析，还有针对特色植物的调查；信息表达类实践活动既有针对植物景观的表达，也有针对植物空间分布的可视化；另外，实践内容上还注重对学生多维思考的开放，运用遥感地学分析技术，分析不同植物的光谱特征，探讨"健康的叶片和枯萎的叶片的反射光谱有何异同"等类似问题，[10]拓展地理实践活动的广度和深度。

在真实生动的校园实践空间中，学生能够参与具体实践的自主思考和设计过程。要求不同小组选取不同的实验素材，既可以避免实验结果的雷同，还有效激发了学生的主观能动性。通过实践活动引导学生识别、表达、解析校园植物的类型、分布、物候变化及与其他地理环境要素的关系，通过要求学生完成实验数据的采集、处理、绘图、分析，在实践中拓展思维，运用信息技术进行数据分析与知识探索，培养了学生严谨的科研态度，增强了其地理综合思维能力。

表3　　　　　　　　　　　　　　　校园植被模块实践设计

实践主题	实践内容	地理实践力培养
校园植物物种鉴别	在校园内自主采集植物标本，仔细观察植物的器官形态，认真记录植物特征，使用植物检索表对植物种类进行鉴定，理解生物多样性及其意义	培养学生敏锐的观察力、严谨的科学态度和思维能力，增强保护生物多样性的意识
校园植物群落分析	在校园内不同地段制作植被样方，调查样方内的乔木、灌木、草本，记录各物种的定量数据，如密度、多度、频度、盖度等，确定群落乔、灌、草各层的优势种，分析植物群落特征，阐明植物与其他要素之间的联系和影响	培养野外实地调查的技能，加深理解植物群落分布与环境之间的相互关系，锻炼地理学综合思维能力
校园特色植物调查	对校园内的珍稀植物或古树名木的品种数量、分布情况、生长状况及周边环境进行全面调查，使用GPS和数码相机完成古树名木的地理坐标数据和多媒体信息的采集，建立校园特色植物档案	加强学生利用专业知识解决实际问题的能力，为校园职能部门制定特色植物的保护和管理措施提供科学依据
校园植被景观图册编制	利用手机或相机获取校园植被景观特征影像，在计算机环境下，贯穿色彩构成、形式构图规律等美学原理进行图面设计，对植被特性进行科学整理与分析，图片与文字相结合，集科学性与美观性于一体制作校园植被景观图册	培养学生对自然奥秘、自然美学的情趣，提升环境审美表现力和创造力，通过校园植被景观之美的感染，建立人与自然和谐共处的意识和情感

续表

实践主题	实践内容	地理实践力培养
校园植物分布图编制	对校园植物的空间分布进行可视化编辑，设计合适的符号、线条和颜色拟定图例，对图斑形状和内容进行简合，对图幅进行整饰，准确、美观地表达校园植物的空间分布特征	锻炼对地理空间格局的觉察力和空间信息的表达能力，增强运用地理图表表达地理事物的能力
植物叶片光谱分析	采集不同形状、不同颜色的植物叶片，使用地物波谱仪获取植物叶片光谱数据，进行数据的预处理和数据质量分析，绘制光谱反射率曲线，并进行综合对比分析	通过对陈述性知识和程序性知识的综合运用，培养学生创造性地使用新知识解决问题的能力，提升学生对知识的运用和迁移能力

三、校园地理实践的实施策略与评价

在实践活动的开展过程中，科学合理的实施策略尤为重要。本文依托校园资源开展地理实践活动时，紧密结合学生培养方案中的地理专业课程教学，把系列实践主题活动有机融入相关课程的实习计划。校园地质地貌模块的实践主题依托地质与地貌学课程，校园水体模块的实践主题依托水文与气象学课程，校园植被模块的实践主题依托土壤与生物地理学课程。教师根据依托课程的教学进度，及时提供实践主题活动供学生选择，结合学生兴趣及异质分组原则组建实习小组，[11]实践活动以实习小组为单位，采取课内与课外相结合的形式在校园内多时段灵活开展。

实践过程中突破传统的以教师为中心的教学模式，注重突出学生的主体地位。教师的任务是激发学生的学习兴趣，调动学生感官和思维，给学生提供广阔的交流和探索空间；[12]学生则在老师的指导下团结互助、分工协作，自主完成现场调查、方案设计、数据采集、数据分析与处理等一系列工作，使实践活动成为一种主动探索和积极创新的过程。实践过程中需要教师与学生多沟通交流，教师要持续跟进、密切关注各实习小组的进度和小组成员的参与状态，及时给出适当建议，指导并督促学生完成实践任务。

实践活动结束后，实习小组采取实习报告、图册、PPT、科研小论文等多种形式对实践成果进行总结展示。师生共同对实践活动进行综合评价，在评价主体上注重多元化，把师评、组评、自评相结合，教师对小组成员进行整体评价，小组成员之间进行互评和自评；在评价内容上涵盖知识与技能、过程与方法、情感态度与价值观等多个方面，把能够评价行动能力和意志品质的"过程性评价"和能够评价实践结果的"终结性评价"相结合，[13]对整个实践活动做出客观公正的质性评价和量化评价。

此外，我们还采取了将第一课堂与第二课堂打通的方式，鼓励有深入研究兴趣的学生组成研究团队，组织他们积极申报各种类型的大学生比赛活动。例如，我们学生团队的作品"武汉大学植物景观地图"，完成了以校园植物景观为特色的专题地图平台，在展现武汉大学植物景观分布的同时，还能呈现校园的赏花游览路线图等相关专题图，作品荣获第二届"四维图新"杯全国地图制图大赛团队三等奖。这样，既保证了第一课堂教学质量，又丰富拓展了第二课堂的活动内容，通过多种渠道激发学生的潜能，培养其地理实践力。

四、结语

以校园资源作为地理实践对象，构建多样化的校园实践情景空间，使实践活动变得更为亲近与灵活，学生在真实的校园实践空间中对地理环境进行直接观察、分析和感悟，有利于调动学生的主动性和积极性，激发学生的学习兴趣和求知欲；有利于学生建立人与自然和谐共处的意识和情感，增强学生的生态观和环境保护的责任感；有利于提高学生地理实验操作的基本技能，培养学生严谨的科学态度和地理学综合思维能力；有利于培养学生的团队协作能力和创新探索能力。依托校园资源开展地理实践活动，可以多渠道、全方位培养学生的地理实践力。今后笔者将对校园地理实践活动的开发进行深入拓展，增加人文地理模块实践研究，设计出更丰富的实践案例。

◎ 参考文献

[1] 张文军. 有效利用校园资源，培养学生地理实践力[J]. 地理教学，2019（18）：27-29.

[2] 罗棋仁，余茜茜. 地理实践力：概念、内涵和评价[J]. 地理教育，2018(6)：12-14.

[3] 李艳红，詹长根，肖玫."地理环境综合调查"开放实验教学的实践[J]. 实验技术与管理，2016(10)：185-187.

[4] 黄榕青. 本原地理——地理实践力的培养与评价[M]. 厦门：厦门大学出版社，2020：4-10.

[5] 秦耀辰，彭剑峰，张广花. 基于实践力培养的高校地理学野外实习改革与实践[J]. 地理教学，2020(20)：31-33.

[6] 肖宝玉. 地质地貌学开放性教学改革与实践[J]. 继续教育研究，2013(7)：129-131.

[7] 魏燕芳，王琼，池丽云. 高校校园景观水体浮游植物调查与水质评价[J]. 环境科学导刊，2013，32(6)：70-73.

[8] 汪小凡，黄双全. 珞珈山植物原色图谱[M]. 北京：高等教育出版社，2012：12-14.

[9] 马丹炜. 植物地理学实验与实习教程[M]. 北京：科学出版社，2009：65-77.

[10] 陈奕云，沈焕锋，徐璐，等. 面向地理科学一流本科专业的定量遥感"金课"的建设途径[J]. 中国地质教育，2020(1)：57-61.

[11] 李家清. 新理念地理教学技能训练[M]. 北京：北京大学出版社，2010：223-226.

[12] 葛艳，卢晓东."以学生为中心"的实践教学案例设计与实现[J]. 实验技术与管理，2020，37(2)：178-181.

[13] 李志伟. 地理主题活动的设计、实施与评价[M]. 广州：广东高等教育出版社，2014：101-113.

新工科背景下机器学习课程教学模式的改革与实践

曾园园　　江　昊[*]

（武汉大学　电子信息学院，湖北　武汉　430072）

【摘　要】新工科背景下，机器学习作为人工智能核心课程具有全新定位和趋势。本文提出了适应于新工科的机器学习课程"智慧型"教学模式，从多学科"融汇"课程体系、"导学"模式实施，以及"成果导向"课程反馈机制三个方面阐述了新工科机器学习教与学模式的阶段性改革方法和基于反馈机制的实践步骤，致力于形成复合专业培养模式，以学生为中心、成果导向的教学范式，提高课堂教学质量，推进专业内涵发展，提升专业建设质量。

【关键词】新工科；机器学习；教学模式；以学生为中心；成果导向

【作者简介】曾园园（1980—　），女，湖北武汉人，武汉大学电子信息学院副教授，博士/博士后，研究方向：大数据、机器学习、分布式计算，E-mail：zengyy @ whu. edu. cn；*通讯作者：江昊（1976—　），男，湖北武汉人，武汉大学电子信息学院教授，博士，博导，研究方向：人工智能、大数据，E-mail：jh@ whu. edu. cn。

【基金项目】武汉大学 2022 年本科教育质量建设综合改革项目（2022ZG146）。

一、引言

随着工业 4.0 时代的到来，在以人工智能等为代表的世界新一轮科技革命和全球产业革命背景下，高等教育也面临着巨大的转型变革和机遇。在这一历史机遇期，新技术创新和产业发展呼唤新工科，以培养具有较强工程实践能力的复合型人才为主要教育改革目标。[1]2017 年 2—6 月，短短半年时间内，"复旦共识""天大行动""北京指南"陆续推出，由"是什么"到"怎么做"，新工科逐渐有了清晰的实施路线图并成了教育圈的热词。[2~3]2017 年 6 月，教育部颁布了《教育部办公厅关于推荐新工科研究与实践项目的通知》，提出新工科建设应以工程类人才的培养为核心，以培养目标为导向，以学生为中心，注重提升人才培养的质量。2021 年 4 月，武汉大学本科生院发起了机器学习跨院系课程组建工作，在发展新工科背景下，旨在打造跨学科跨专业的机器学习公共基础课。该背景下，教师"教"和学生"学"都应当发生转变，产生新的教学范式。本文以笔者所承担的机器学习本科教学课程为例，具体探讨新工科背景下"教与学"的新范式，并探讨了致力于新工科的教学模式与方法。

二、新工科背景下的课程定位和新趋势

工业 4.0 时代下，人工智能等为代表的全新技术革命成为了建设"新工科"的主要动因，机器学习等课程成为了新工科的核心课程。与此同时，国家主席习近平在北京出席2014 年国际工程科技大会并发表题为《让工程科技造福人类，创造未来》的主题演讲，指出：工程科技进步和创新将成为推动人类社会发展的重要引擎。因此在新工科人才培养上需要调整相应结构，强调复合型、创新型的人才培养，从而主动适应新技术、新产业和新经济发展。

武汉大学电子信息学院自 2017 年来在全校率先创办了"人工智能特色班"，并于同年开设本科生机器学习课程，是全校乃至全国较早设立本科生人工智能方向机器学习专业课程的院系，已经积累了开设该课程的相关经验。当前新工科建设与人工智能专业和课程体系建设势在必行，机器学习作为人工智能的核心课程，其课程转型和新模式的建设至关重要。[4~5]近期，武汉大学本科生院提出了跨学院组建机器学习公共基础课程的要求，旨在打通学科专业限制，全面实施"以课堂为中心"的教育教学改革，通过学科专业教育的交叉融合，全面提升本科人才培养质量。

因此，新工科背景下机器学习本科生课程定位是：构建机器学习技术与多学科交叉融合的复合型人才培养体系，更强调学生理论联系实际的实践能力培养，尤其强调创新思维能力和创新实践能力的培养。相应地，新工科背景下课程的新趋势，主要表现在以下几个方面：

（1）"机器学习+X"的复合专业培养模式。通过跨学院组建机器学习公共基础课程，融合多个学科专业特点和师资，打破学科专业间的壁垒和限制，将人工智能方向机器学习等核心课程与电子通信、计算机、数学物理、自动控制、遥感遥测等多个领域融合交叉，促进和致力于复合型人才培养。

（2）"以学生为中心、以课堂为中心"的教学新范式。为积极适应当前新技术形势下的新工科教育，应当贯彻"以学生为中心、以课堂为中心"的教育理念。以学生为中心，使得教师的"教"转变为"导"，让学生的"被动学习"转变为"主动学习"；以课程教学质量为本，致力于培养复合创新型人才，形成中国教育特色的新工科教学范式。

三、机器学习课程"智慧型"教学模式构建

在新工科背景下，结合机器学习课程面临的新定位和新趋势，我们通过前期课程经验积累、跨院系机器学习课程组讨论意见、结合国内外相关课程调研、参考国内外其他高校新工科课程建设的实践探索等，对新工科机器学习课程建设进行了深入探索，提出了机器学习课程"智慧型"教学模式。

机器学习智慧型教学模式具体包括：以培养复合创新型人才为主要目标，融合多学科特点和应用背景，采用"智慧"的教与学模式，达到提升课堂质量的目的。这里的"智慧"

包含三个层面的内容：智慧型的多学科"融汇"，智慧型的"导学"，以发挥学生主动性和积极性；智慧型的"成果导向"，强调实践能力，以提升课程质量。机器学习课程智慧型教学模式的构建思路具体如下。

（一）智慧型的多学科"融汇"课程体系

武汉大学于 2021 年 4 月召开了跨学院公共基础课程建设启动会，对跨学院公共基础课程教学团队的建立及课程建设提出了相关要求，强调开课学院应重视此项工作，对相关课程教师给予支持。在该会议精神支持下，机器学习跨院网络课程群已经组建，并开展了初步的课程资源重组和课程建设的讨论，下一步工作将具体针对新工科特点深入进行课程体系改革，打造融合多学科特点、具有复合知识结构的机器学习课程体系，如图 1 所示。

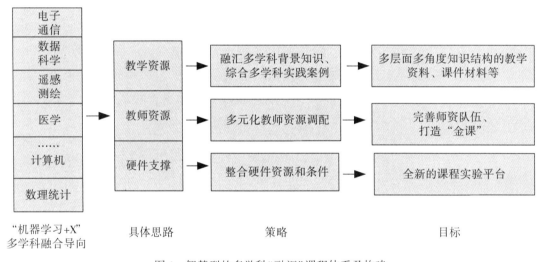

图 1 智慧型的多学科"融汇"课程体系及构建

考虑到机器学习是人工智能的核心课程，本身也属于交叉学科，涉及数学、统计学、优化理论、计算机、电子通信等多个学科专业知识领域。此外，应对新工科复合型人才培养体系，应深度融合多学科特点和方法，着力提升人才的复合创新能力。因此，智慧型的多学科"融汇"课程体系构建将着眼于多学科的融合发展，通过跨院系的课程建设和合作，结合各学科自身的理论和实践特点，以学科相关的应用问题为牵引，促进机器学习课程内容体系向多学科渗透融合。

首先，通过跨院机器学习课程组的构建，把计算机、电子信息、测绘、遥感、信息安全、医学等多院系学科结合起来，建立跨院机器学习网络平台，共同探讨和制定新工科机器学习课程大纲和范畴。在夯实学生专业的基础上，通过优质资源整合共享，致力于构建"机器学习+X"的多学科交叉课程结构。

其次，通过多院系多学科融合，打破学科专业间的壁垒，实现多学科机器学习课程资源整合，融合数理统计、数据科学、硬件技术、计算机等基础知识与基本技能，辅以传感网、物联网、遥感工程、测绘、医学等学科专业背景，设计融汇多学科背景知识、综合多学科实践应用案例，形成符合复合型发展需求的多层面多角度的教学资料、课件资料和课外材料。

再次，通过调配各院系学科的教师资源，完善师资队伍，多元化采用教师专题、学科专题等形式，实现各学科优势互补，完善机器学习知识体系的全面性和覆盖度，实现课堂资源的灵活调配，打造机器学习公共基础"金课"。此外，通过跨院系课程组合作，建立多学科的复合实践课程体系。

机器学习是一门实践性较强的课程，在机器学习课程中增加实验和实践学时势在必行。跨院系课程组建设，可通过多学科实验条件、实践条件的支撑，进一步完善课程实验实践体系的建设，通过整合各院系各学科的硬件实验条件，打造全新的机器学习实验平台。

(二) 智慧型的"导学"模式实施

智慧型的"导学"模式旨在突破传统的以教师为中心的授课方式，致力于以学生为中心，采用探究式教育模式，引导学生自主学习；以课堂为中心，聚焦课堂质量，打造机器学习金课。通过融汇多学科领域"机器学习+X"的交汇式专业知识，将"教"与"学"重新整合，智慧地将学生学习的零碎知识、单一体系知识转变为一个相互关联的多学科融汇的整体，消除和打破传统机器学习课程授课中过于理论化、公式化的教学方式，通过引入综合实践案例，使得各学科相关的知识逐渐构成关联体系，实现跨学科的探究式学习方法，进一步致力于学生综合型复合型的能力培养，提升课程教学质量。具体实施上共包括三大要素。

1. 教学手段的智慧化

近年来随着互联网技术的发展，"互联网+教育"模式应运而生，信息技术与教育得到了充分结合。此外，随着防疫常态化，各类型线上线下混合式教学模式得到了长足发展。相较于传统教学手段，线上线下混合教学模式和翻转课堂在机器学习等系列教学实践中展现了高效和卓越的效果。新工科教育更加强调实践创新能力，而线上线下混合教学模式和翻转课堂的引入，通过重新调配课堂内外时间比例、教师"教"与学生"学"的模式，将学习的主动权和决定权由教师转移到学生，这种模式智能化地调整了教学比例，提高了课堂教学效率，调动了学生学习积极性。在机器学习课程"导学"模式中，将采用课前提供课件、参考资料和视频的方式，提前通过课程群、网站向学生发布近期课程主题材料，引导学生预先了解相关内容、基础知识，有助于智慧化地聚焦问题，实现教学前移。课堂学习过程中，教师则"穿针引线"，高效采用讲授法和协作法，针对学生预先学习过程中遇到的问题针对性地答疑解惑，从而促成学生个性化的学习，实现因材施教、个性化教学，实实在在解决学生问题。此外，课堂上还将进一步发起新问题，引导学生分析、讨论和总结，使得学习更为灵活主动，提高课堂参与度，并有助于学生课后进一步针对自己兴趣开展研究拓展。

2. 引入情景学习模式

通过多学科"融汇"课程体系的构建，设计应用需求为牵引的机器学习课程实践案例，在该实践应用背景情境下，快速掌握解决实际问题所需的方法、原理和技巧，并了解如何通过机器学习模式和原理解决实际问题的步骤、实施过程和算法实现流程，使得学生切实了解机器学习理论、公式和模型如何应用于学科背景相关的应用情境中，达到"学与用相融合"。例如，当前机器学习课程已经设计了"手写数字图像识别""垃圾邮件过滤""网站论坛留言情感分析""良恶肿瘤分类"等多个涉及多学科知识点的情境案例。

3. 满足个性化学习需求

通过构建多学科"融汇"课程体系，建立多学科专业机器学习课程资源的共享机制，有助于教学资源建设的良性循环发展。通过优化学科间的教学资源，达到优化学习途径的目标，从而满足学生个性化学习需求。当前各院系部分专业已经具备了开设机器学习课程的资格，初步积累了一些经验，通过打通学科间限制，通过共建和合作，可构建统一的机器学习课程云平台，促成多类型数字化教学资源的数字化共享，累积适合于当前新工科背景和学生个性化需求的全新教学素材，促进教学内容交互，进一步提升课程特色和智能化特点，在满足师生教学过程中的基础性需求基础上，实现个性化需求的满足。

(三) 智慧型的"成果导向"课程反馈机制

成果导向教育(OBE)是当前美国、英国等发达国家教育改革的主流理念，主导对于教育投入的回报和实际产出的关注。[6] 机器学习课程具有极强的实践特点，强调培养学生动手解决实际问题的能力。智慧型的"成果导向"考核反馈机制将是整个机器学习课程"智慧型"教学模式构建最为关键和重要的一环，并通过自反馈和迭代促进智慧型的多学科"融汇"课程体系和"导学"模式实施的不断完善及进化，如图2所示。其主要的实施过程可分为以下几个阶段。

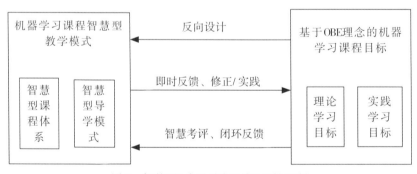

图2　智慧型"成果导向"课程反馈机制

第一阶段，从最终学习目标开始，进行反向设计，从而制订教学方案和计划。反向设计能确保最终目标与教学模式的适应性，摒弃"以教师为中心"的传统课程设计思路，从学生学习目标、学生需求出发，以学生为中心开展教学活动。具体而言，根据学生最终学习所需要具备的机器学习理论方法和实践能力，从机器学习模型算法和编程能力两个方面的掌握程度出发，分别提出相应的具体目标：如模型算法能力要求和编程要求，据此制定课程内容、大纲范围、学时等，并对课堂教学模式提出相应指标要求。例如：课堂参与度、上机与理论课学时比例、理论作业与实践项目比例，等等。

第二阶段，在第一阶段制定初步课程方案要求指引下，确定教学策略，开展相应教学活动。在 OBE 教育理念指导下，将在每周课程结束通过 QQ 群、课间/课后约谈等方式与学生沟通，了解学生的具体情况和进展程度，了解学生整体学习情况和个别学生学习困难之处。在掌握学生学习轨迹、个人基础和进度等具体情况下，有针对性地调整教学方案和策略，构建即时反馈、不断修正和实践机制，提供适应于多个学习等级的教学策略，真正做到个性化教学。

第三阶段，建立智慧型课程考核评价机制。课程考核将遵从成果导向的原则，更多聚焦在激发学生学习兴趣和能学以致用的学习成果上。课程的考核将改变传统的期末考试为主的模式，采用分散化、阶段化的灵活的考核制度，通过多元、多梯次的评价指标，以等级化的评定机制替代完全分数制的考评指标，评估学生的个性化学习状态，树立学生自信心，敦促学生不断进步，弱化学科、专业和基础的差异性。在学期结束后，将根据学生课程评价意见和总评成绩分布，进一步调整和完善课程体系和教学模式实施策略，形成一个大的闭环反馈。

四、初步实践探索

通过在机器学习课程中逐步开展适应于新工科的"智慧型"教学模式，笔者就所在专业课程开展情况进行了初步实践探索。根据成果导向反向教学设计思路，在课程结构上逐步融合计算机编程、信息论、数理统计、优化方法等多学科领域知识，由点到面，组建了新的课程大纲和内容，同时调整了课程机器学习理论和实践部分的教学内容比例，强调成果导向教学，提升实践课程内容比例，如图3、图4所示。此外，为了有效实现教学效果的即时反馈，引入了"1+e"的多元化教学手段和工具，充分运用课程网站、课程群、即时聊天、腾讯课堂、腾讯会议、微助教等工具提高教学沟通率和时效性，如图5所示。此外，在考评体制上，更为多元化和多梯次化，引入了课堂讨论、QQ 群问题接龙、应用案例研发和口头报告等多种形式的考核考察机制，针对学生学习不同程度，引入了基础版、进阶版和挑战版的上机实验练习，充分激发学生的学习兴趣，并满足学生个性化的学习需求。在智慧型课程评价体系中，建立了包括学生平均总评成绩、课程评价得分以及选课规模比例(原计划开课基础人数与学生实际选课数比例)三个指标的复合评价标准，拟从课堂教学效果、教学质量和激发学生学习兴趣等多层面进行度量，笔者将 2018—2020 年上述指标以 0.4、0.3、0.3 的系数加权并归一化后得到结果，如图6所示。学生对机器学习课程模式改革教学效果的反馈如图7所示。结果表明，近年来随着课程结构、内容、教学方法策略的不断反馈完善和调整，课程质量在课堂教学效果、课程教学质量和激发学生学习兴趣等层面都得到了一定提升，验证了智慧型机器学习课程教学模式的有效性和优越性。

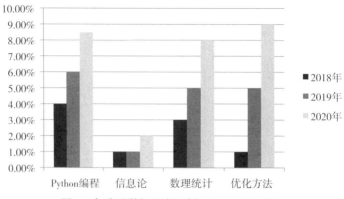

图 3　各跨学科知识点比例（2018—2020 年）

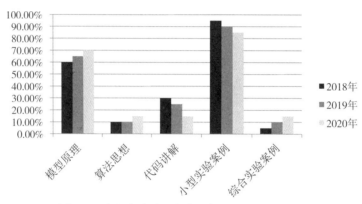

图 4　理论和实践课程内容比例（2018—2020 年）

图 5　"1+e"多元化教学手段的应用

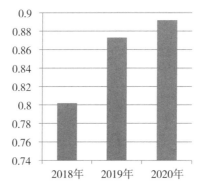

图 6　归一化的课程复合评价指标（2018—2020 年）

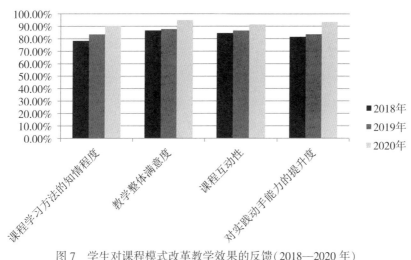

图 7　学生对课程模式改革教学效果的反馈（2018—2020 年）

五、结语

新工科呼唤新的机器学习课程模式。为积极适应当前新技术形势下的新工科教育，机器学习课程也应当贯彻"以学生为中心、以课堂为中心"的教育理念，致力于复合型、创新型的人才培养。本文提出了机器学习课程"智慧型"教学模式构建，通过多学科"融汇"课程体系建设、智慧型"导学"教学策略以及"成果导向"的课程反馈机制，充分发挥学生主动性和积极性，强调实践能力，提高课堂教学质量，推进专业内涵发展，提升专业建设质量，产生了积极效果。

◎ 参考文献

[1] 钟登华 . 新工科建设的内涵与行动[J]. 高等工程教育研究，2017(3)：1-6.

［2］吴爱华，侯永峰，杨秋波，等．加快发展和建设新工科 主动适应和引领新经济［J］. 高等工程教育研究，2017(1)：1-9.

［3］朱高峰．关于中国工程教育发展前景问题［J］.高等工程教育研究，2016(3)：1-4.

［4］陈琳．高校《机器学习》课程教学改革探索［J］.教育现代化，2018(6)：99-100.

［5］李勇．本科机器学习课程教改实践与探索［J］.计算机教育，2015(7)：63-66.

［6］王宇．新工科背景下程序设计类课程混合式教学实践［J］.计算机教育，2021(9)：143-147.

［7］顾佩华，胡文龙，林鹏，等．基于"学习产出"(OBE)的工程教育模式——汕头大学的实践与探索［J］.高等工程教育研究，2014(1)：27-37.

历史学本科生知行合一素质培养的必要性与途径

薛梦潇

（武汉大学　历史学院，湖北　武汉　430072）

【摘　要】历史学专业要注重培养学生知行合一的素质。在"知"与"行"两大层面，都要用新时代中国特色社会主义思想铸魂育人。针对目前武汉大学历史学院历史学专业大学生群体呈现出的普遍性问题，有必要以"行"促"知"，拓宽社会实践领域，丰富社会实践形式，提高社会实践质量。建议在"集体实践"基础上增设"分组实践"，鼓励学生参加能够发挥历史学专业知识的社会实践活动，引导学生深入基层。专业知识与社会实践相结合，既有助于将课堂历史教学引向深入，更能让青年学者发挥专业优势，服务于国家和人民。

【关键词】知行合一；社会实践；大学生；历史学

【作者简介】薛梦潇（1986— ），女，江苏无锡人，历史学博士，武汉大学历史学院副教授，秦汉史方向，E-mail：00030875@whu.edu.cn。

习近平总书记在全国高校思想政治工作会议上发表重要讲话时强调："青年要成长为国家栋梁之材，既要读万卷书，又要行万里路。社会实践、社会活动以及校内各类学生社团活动是学生的第二课堂，对拓展学生眼界和能力、充实学生社会体验和丰富学生生活十分有益。"[1]中国古代的学者作为不同于"劳力者"的"劳心者"，也非常重视实践的价值。早在《尚书》中就提到"非知之艰，行之惟艰"，《左传》亦曰"非知之实难，将在行之"，直到王阳明提炼出"知行合一"之说，认知与实践始终是中国传统哲学和史学探讨的话题。

史学工作者身为历史的记录者和研究者，也有必要将认知与实践相结合。古代史学家司马迁在《太史公自序》中就明确写道，在他少年时代"二十而南游江、淮，上会稽，探禹穴，窥九疑，浮于沅、湘；北涉汶、泗，讲业齐、鲁之都，观孔子之遗风，乡射邹、峄；厄困鄱、薛、彭城，过梁、楚以归。于是迁仕为郎中，奉使西征巴、蜀以南，南略邛、筰、昆明"。[2]《史记》之所以被称为"其文直，其事核，不隐恶，不虚美"的实录，[3]与司马迁"罔罗天下放失旧闻，王迹所兴，原始察终，见盛观衰"的涉猎广博有密切关系。

职是之故，大学历史学专业的本科生在完成课堂学习和阅读古今文献的同时，还需要加强社会实践。近几十年来，党和国家高度重视大学生社会实践活动，包括武汉大学在内的几乎所有高校，都将社会实践作为必修课程。如今在新形势下，大学生社会实践活动有必要在形式上、内容上和精神层面向更深层次发展。

一、历史学专业学生知行合一的培养方向

习近平总书记在全国高校思想政治工作会议上发表的重要讲话，深刻回答了高校培养什么样的人、如何培养人以及为谁培养人这个根本问题。在学校思想政治理论课教师座谈会上，习近平总书记又指出："用新时代中国特色社会主义思想铸魂育人，引导学生增强中国特色社会主义道路自信、理论自信、制度自信、文化自信，厚植爱国主义情怀，把爱国情、强国志、报国行自觉融入坚持和发展中国特色社会主义事业、建设社会主义现代化强国、实现中华民族伟大复兴的奋斗之中。"[4]大学生的认知、理念、道德履践和实际行动也应围绕这一宗旨予以培养和规范。总而言之，要坚持马克思主义指导地位，贯彻新时代中国特色社会主义思想，把立德树人作为中心环节，全面提升人才培养质量，为中国特色社会主义事业培养更多德才兼备、全面发展的建设者和接班人。

(一)"知"的层面

毫无疑问，历史学专业的学习和研究，必须以熟读大量典籍史料为基础，否则史学研究即成空中楼阁。掌握史料之后，由于古人去今日已有数千年之远，其时代之真相极难推知，而我们现今可依据的史料，可能不过是当时所遗存的最小之一部分，欲借此残余断片，以窥测研究对象的全部结构，就必须与立说之古人处于同一境界，"对于其持论所以不得不如是之苦心孤诣，表一种之同情"。[5]

然而，就史论史或仍只是史学研究的一般境界，形诸论著的文字背后似还应有历史观照。我们引以为据的史料，其实是记忆与遗忘之间不断竞争的结果。即使是被立为权威的正史，也无法摆脱当时环境的影响，甚至胁迫。因此，面对初入大学的本科生，教师在传授知识信息的同时，注意培养学生的史识，即史料分析与史料批判的能力，而不是对史籍记载盲目尽信。

与此同时，历史观照还应表现在通古今之变上。中华文明史具有多元一体、兼容并蓄、绵延不断的特征。我们今天的国家状态与制度、文化，都可以不同程度地溯及以往历史。古人已有言："以史为鉴，可以知兴替。"历史学专业的学生，"通古"是为了更好地"知今"。从古至今世界各国都曾先后为人类文明的推进作出贡献。在全球化的今天，更是已然形成人类命运共同体。因此，历史学专业的学生，不仅要"知己"，也要"知彼"；不仅美己之美，美人之美，而且也要通过中外历史，了解自身与他者的不足，既要打破天朝上国的盲目自大，更要消除近代屈辱史下的妄自菲薄，保持高度的道路自信、理论自信、制度自信、文化自信。

武汉大学历史学院设有中国史、世界史与考古学三个一级学科。新生入校之后，在本科阶段须完成中国通史、世界通史与考古学概论等必修课程，这些课程能有效地帮助学生通古知今、知己知彼。此外，历史学院还特别重视"四史"教育。习近平总书记指出："要把学习贯彻党的创新理论作为思想武装的重中之重，同学习马克思主义基本原理贯通起来，同学习党史、新中国史、改革开放史、社会主义发展史结合起来。"党史是中国共产

党的领导不断走向成熟的实践史，新中国史是中国共产党推进建设新中国的实践史，改革开放史是中国共产党推进社会主义制度自我完善和发展的实践史，中国共产党是引领世界社会主义发展的重要政治力量。"四史"内容各有侧重，但整体讲的就是中国共产党为人民谋幸福、为民族谋复兴、为世界谋大同的实践史，中国共产党的领导是"四史"的主线。[6]因此，历史学专业的本科生需要更深刻地学习"四史"。

(二)"行"的层面

初入高校的学生，此前近20年的成长环境，基本限于家庭和学校，读书升学几乎是唯一目标。而高等教育有必要改变学生一心只读圣贤书的状态，为学生踏入社会做好衔接工作。专家已指出立德树人是一项复杂的系统工程，其中学校是立德树人的主阵地，教师是立德树人的引路人，社会是立德树人的软环境。完成立德树人的根本任务，需要整合学校、教师、社会各方面的力量，形成协同育人的机制，实现全员育人、全过程育人、全方位育人。[7]大学生在指导下参与社会实践，就是学校、教师与社会协同最主要的方式。社会实践既能有助于促进大学生认识社会、了解国情民生，也是对高校课堂教学与专业学习的良好配合。

无论是为毕业后工作做准备而参加的企事业单位实习，还是由校团委、学生会组织的大学生三下乡、基层志愿活动，抑或由学工部组织的勤工俭学等活动，以及由学院组织的暑期社会实践，宗旨和总领都是实践中国特色社会主义核心价值观。大学生社会实践必须与时代主题同行，使"中国梦"与"我的梦"融为一体，使个人理想同社会发展相结合。[8]大学生社会实践也要体现为人民服务的精神，在公益事业中提升个人情怀，增强社会责任感、国家认同感、文化自豪感，并将社会主义的优越性无限扩大。

近期，"内卷"与"躺平"成为热门话题。青年大学生在考研、就业、生活上面临的社会压力较大，一些学生投入激烈的"内卷"中，而一些学生则主动或被迫选择"躺平"。无论哪一种处理方式，可以说确为个人选择。但从社会进步发展的角度看，"躺平"或许无法带来更多社会效益，但仅仅为竞争而竞争，令人看不到希望的"内卷"，同样不能促进社会进步。大学生在社会实践过程中，不能仅看到社会残酷的一面，也不应在浅尝社会残酷性后一味抱怨或就此"躺平"。如何让学生既意识到社会竞争的激烈，又能带着良好的心态及美好的憧憬投身实践，学校与教师必须给予他们正向的指引，在指引过程中贯彻服务国家、服务人民的精神。

综上所述，对于历史学专业本科生的培养，在知与行两大层面，都必须用新时代中国特色社会主义思想铸魂育人，鼓励学生将读书与实践有机结合，不负韶华，砥砺前行。这样才能培养出道德高尚、专业扎实、实践能力强的有益于国家和社会的知识群体。

二、关于历史学专业学生教学与社会实践形式的几点建议

笔者在2017—2021年，曾担任武汉大学历史学院2017级本科中国史班班主任。下文拟结合个人带班经历，提出关于本专业学生教学与社会实践形式的若干建议，以期能对大

学生知行合一素质培养略有些许助益。

(一)大学生中存在的主要问题

1. 部分学生学习兴趣不浓厚

班上共有学生 49 名,大部分是通过高考志愿调剂进入历史学专业,因此对历史学缺乏兴趣和了解。加之高中时期的学习方法已不适应于大学教学,不少学生出现焦虑烦躁情绪。大学一年级的两次期末考试中,均有少数学生出现成绩不及格现象,且多为专业必修课(如中国通史、古代汉语)成绩不合格。这直接影响到后来的硕士研究生推免资格,也使部分学生的学习信心受到打击。

2. 学习自觉性、自律性不强

大学一、二年级以必修课学习为主,课程量较大,课后需要完成任课教师布置的作业。这两年之中,学生基本能够跟上教学节奏。从三年级开始,由学生自主选修课程。此时,学生已走出高考的高压状态,距离大学毕业尚有两年时间,因此身心较为放松,部分学生开始丢失自觉性,无法自主妥当安排时间。

3. 自我预期和自身能力之间存在差距

几乎每一位学生都曾是高中学校里的佼佼者,进入大学之后,都怀有对未来的美好期许。但由于对历史学缺乏浓厚兴趣、学习方法不得当、课后研学不刻苦,并抱有得过且过的心理,不少学生并未能扎实掌握专业知识。在社交方面,少数学生也不甚积极,更多地沉浸于自我世界。专业技能和沟通能力的不足,加之新型冠状病毒肺炎疫情发生以后就业、考研形势均更为严峻,导致临近毕业时,无论在择业就业、考研升学方面,还是在学位论文写作方面,一些学生遇到挑战和困难。

4. 心理素质与受挫能力有待加强

极少数学生因个人遭遇或家庭因素,入学之前便有不同程度的心理问题。此外,大部分学生在高中阶段成绩优异,但进入大学新环境后重新"洗牌",曾被高中教师看重的学生,在大学学习中成绩不理想,内心产生不平情绪。跟随指导教师撰写学年论文和毕业论文时,有些学生无法达到导师要求,受到导师批评,无法控制自己的情绪,在学院领导、导师开解之后,其情绪逐渐恢复平静。

(二)以"行"促"知"的建议

前述问题具有一定普遍性,在学院其他年级学生中,也有不同程度的体现。其中,除高考专业调剂学院无法直接操控外,其余或尚有改进空间。对此,笔者建议,以"行"促"知"。目前,除学生个人自谋的就业实习和自主暑期社会实践项目之外,历史学院针对中国史专业学生的社会实践,主要是由班主任带队前往江苏南京第二历史档案馆整理资料，为期半个月。这一实践形式体现了专业性，对学生专业技能的培养有很大帮助。但笔者认为，仍有必要进一步加强历史学专业本科生社会实践训练，拓宽社会实践领域，丰富社会实践形式，最终提高社会实践质量。具体而言，建议如下。

1. 因材施教，在"集体实践"基础上增设"分组实践"

从大三开始，根据毕业论文写作需要，学生已选定不同历史时段、不同专题，并据此选定指导教师。集体前往第二档案馆实习，虽然便于统一管理，在交通、人身安全方面也面临较少风险，但对于研究方向、学习兴趣不一的学生而言，收获程度有大有小：对近现代史方向的学生帮助较多，对古代史方向的学生则没有太大帮助。鉴于此，似可探索分组实践模式，研究方向相近的学生组成一队，由该研究领域的教师带领，进行不超过一个星期的学术考察。例如，近代史方向的学生前往第二档案馆，中古史方向的学生前往洛阳汉魏时期遗址考察调研。或者，与课堂教学相穿插，联系学院考古系教师，带领学生到考古系主持的武汉盘龙城遗址、襄阳凤凰咀遗址等考古基地参观学习。这一举措有助于提高学生专业学习兴趣。当然，这一方式的实现，在带队师资、安全管理、经费划拨等方面，势必会增加风险和难度。

2. 鼓励学生参加能够发挥历史学专业知识的社会实践活动

2020年，受新型冠状病毒肺炎疫情影响，我所带班级未能像以往一样集体到南京第二档案馆实习，而改为各自在家乡县市自主参加社会实践。从提交的报告来看，70%以上的学生选择在图书馆实习，承担图书借阅归还和读者引导、咨询等服务工作。这一类工作不可谓简易、轻松，但似乎并不能充分发挥专业优势。此类实习报告所述心得，大多较为泛泛，社会实践意义未能很好体现。20%左右的学生选择在中小学、教育培训机构担任助教工作。不到10%的学生，前往县委、街道、社区、书店实习，直接面对群众。相比之下，后二者的心得体会明显充盈丰满。

令笔者印象特别深刻、也非常感动的是一位来自中国香港的学生X提交的实践报告。她的工作，是在中国香港一家运营了40年的二手书店整理书籍和做导购。书店出售文史类典籍，与X专业对口，店东Z先生对她在工作中表现的专业素养给予了充分肯定。在"实习单位评价意见"一栏，Z先生写道："本店最近设置新的陈列书柜，书本需分类上架，书本量多，且重量不轻，搬动费力。X身材并非壮硕，但仍尽力搬动书籍，十分勤快。此谓能武。当有人光顾，如欲购买文史书籍或中学教台读物，X就充分发挥其文史知识学问，当上导购员，向来客推荐合适书籍。此谓能文。此女亦文亦武，若经贵校悉心栽培，他朝定能报效家国，为祖国的发展作贡献!"在如此文雅又不失幽默的评价中，笔者为这位学生学有所用及武大的教学成果感到欣慰。

因此，笔者建议学院鼓励学生更多投身于文史教育相关岗位进行社会实践。在用人单位的肯定中，学生也能获得一定成就感，提升对本专业的信心。

3. 引导学生深入基层

中国的史书虽大多记载的是帝王将相的历史，但人民群众却是真正的历史创造者。专业教学中，教师经常指导学生透过历史看到人，看到这些历史创造者的艰辛、痛苦、智慧和伟大。如前所述，笔者班上10%的学生曾在基层各部门实习，他们亲身经历了基层公务员的辛苦工作，目睹了基层群众的纯朴。其中一位学生W在"心得体会"一栏提到，他在实习中方深刻感受到本学院L教授著作的内涵。同时，他也在实习中被基层工作者的尽职尽责所感动。另一位学生则表示，通过社区实习，他确立了服务基层的信念。

现今，扶贫脱贫、乡村振兴已取得了举世瞩目的成就。这些成就的取得，根源于中国共产党的领导、基层干部的付出和人民群众的拼搏。这是我们亲身经历的历史。课堂教学告诉学生中国文明曾经到达的高度，现实又告诉学生伟大的中国人民将获得更大的成功。大学生服务于国家、社会和人民正当其时。如果能创造更多机会，让学生接触基层群众、服务于基层群众，将有助于他们更好地理解历史，更有助于培养学生树立脚踏实地的作风、热爱国家的情怀，以及服务人民的信念，将论文写在祖国的大地上，将个人命运与国家前途相合轨。

以上建议举措，一是可以提高学生专业学习兴趣，使书本知识与历史遗物结合起来；二是可以增进同学间、师生间的友谊和团结，使其在社会实践中互相帮助、照顾；三是可以体察国情民生，拓展大学生的人生格局，让信念从口号转化为实际行动，使"我的梦"与"中国梦"相连共通。此外，各类社会实践活动也提供给大学生行走、奔跑、搬动、劳作的机会及挫折教育的机会，有助于他们增强体魄，锻炼意志，提高心理素质，成长为强大而有爱、有知识的青年。

综合上述，历史学专业要注重培养学生知行合一的素质，在知与行两个层面，都要坚持马克思主义指导地位，贯彻新时代中国特色社会主义思想，把立德树人作为中心环节，全面提升人才培养质量，为中国特色社会主义事业培养更多德才兼备、全面发展的建设者和接班人。通过加强社会实践，丰富实践活动形式，鼓励大学生深入基层，发挥专业优势，服务于国家和人民群众。

◎ **参考文献**

[1] 习近平在全国高校思想政治工作会议上强调：把思想政治工作贯穿教育教学全过程 开创我国高等教育事业发展新局面[N]. 人民日报，2016-12-09.

[2] 司马迁. 史记[M]. 北京：中华书局，1959.

[3] 班固. 汉书[M]. 北京：中华书局，1962.

[4] 习近平. 用新时代中国特色社会主义思想铸魂育人[M]//习近平谈治国理政（第三卷）. 北京：外文出版社，2020.

[5] 陈寅恪. 金明馆丛稿二编[M]. 上海：上海古籍出版社，1980.

[6] 陈胜云. 什么是"四史"？为什么要学"四史"？[N]. 东方网，2020-05-11.

[7] 靳诺. 坚持立德树人 培养优秀人才[N]. 光明日报，2017-04-10.

[8] 王振杰. 论特色社会实践对大学生价值观的塑造[J]. 教育理论与实践，2021（15）：39-40.

基于 KPIL-Spark 的平台课教学模式设计研究

——以运营与供应链管理课程为例

冯 华　张光明　蔡依依

（武汉大学　经济与管理学院，湖北　武汉　430072）

【摘　要】本文从课程背景、学生背景两个方面，探讨了运营与供应链管理平台课程进行教学模式改革的必要性和可行性。以立德树人与一流课程建设为目标，课程团队在教学实践中总结提出了 KPIL-Spark 平台课教学模式，建构了从知识体系架构（K）、课程思政建设（PI）、人才分层培养（L）到案例教学设计（Spark）的体系化改革思路。进而，从该教学模式的具体架构及其在课程中的嵌入方式展开探讨，以期为平台课程教学模式改革提供参考借鉴。

【关键词】KPIL-Spark 教学模式；供应链管理；人才分层培养；案例教学设计

【作者简介】冯华（1978— ），女，湖北荆门人，管理学博士，武汉大学经济与管理学院副教授，研究方向：供应链柔性化、服务运营管理，E-mail：fenghua@ whu. edu. cn。

【基金项目】湖北省级教改项目（2020004）、武汉大学教改重点项目：基于线上线下混合教学的平台课教学质量提升研究（ZD-5）；教育部物流教指委 2021 年物流教改教研课题（JZW2021018）。

一、引言

几乎所有运营活动都需要与其他企业职能进行协调。运营与供应链管理将单个企业的运营与整个供应网络各个环节的流程进行整合，符合竞争格局向供应链与供应链之间的竞争转变所需。顺应宏观和微观需求，武汉大学经济与管理学院为管理学大类本科生开设运营与供应链管理平台课程，课程以战略为导向，将运营管理和供应链管理有机整合，与营销、人力资源、财务、企业管理等专业联系密切。作为管理学大类的平台课程，该课程受众广泛。

课程旨在培养学生的运营与供应链管理思维、创新思维和灵活运用的能力，并进一步提高学生的学习兴趣。为了实现一流课程目标，课程团队在教学实践中总结提出了 KPIL-Spark（Knowledge，Politic-Ideological and Layered-Spark）平台课教学模式，建构了从知识体系架构（K）、课程思政建设（PI）、人才分层培养（L）到案例教学设计（Spark）的体系化改革思路。基于 KPIL-Spark 的体系化教改思路，以期将教学目标的可知性、课程思政与学生的创新性思维相结合，实现教学效果最优化。接下来，本文将详细介绍这门课程的背景、KPIL-Spark 教学模式在课程中的嵌入方式、具体实施办法以及改革效果。

二、课程教学模式改革背景介绍

(一)课程背景

2017 年 10 月 13 日，国务院办公厅发布了《关于积极推进供应链创新与应用的指导意见》，首次将供应链的创新与应用上升为国家战略，这既是一直强调降本增效的物流业获得跨越式发展的机遇，也是农业、制造业和服务业全面形成产业生态链从而获得全球竞争优势的机遇。随后 2020 年的中央经济工作会议又提出了要"增强产业链供应链自主可控能力"。可见，供应链及其供应链管理日益受到重视，并上升为国家层战略。基于此，主要强调运营与供应链管理之间的集成问题的运营与供应链管理课程受到更多关注，众多高校竞相设置运营管理(Operations Management，OM)、供应链管理(Supply Chain Management，SCM)或二者相结合的课程(见表 1)。

表1　　　　国内外知名学府在本科中开设 OM、SCM 课程的情况

学校名称	开设 OM、SCM 课程情况
密歇根州立大学	供应链管理简介、供应链应用与政策
宾夕法尼亚大学沃顿商学院	运营和信息管理概论
麻省理工学院斯隆管理学院	运营管理概论、制造系统与供应链设计、供应链规划
得克萨斯大学奥斯汀分校	运营管理简介与实验、战略供应链管理等
亚利桑那州立大学	供应链管理、全球供应链管理
迈阿密大学牛津分校	运营和供应链管理简介
俄亥俄州立大学哥伦布分校	供应链管理
马里兰大学帕克分校	供应链战略与网络设计、运营管理、国际供应链管理
清华大学	服务运作管理、物流与供应链管理
北京大学光华管理学院	供应链管理、物流与供应链管理
同济大学	生产运作与管理、供应链管理
上海交通大学	运营管理、供应链管理、运营风险管理

在此背景下，2013 年管理科学与工程系着手筹建教学团队，参考国内外知名高校当前的运营管理以及供应链管理开设情况，结合武汉大学"成人教育"的培养目标以及经管院管理类学生培养方案的结构，通过融合运营管理以及供应链管理两块知识体系，开始建设运营

与供应链管理平台课程,并确定了该课程的教学目标以及教学内容设计(具体见图1)。十个内容模块环环相扣,逐级深入,辅之以运营管理的分析能力、定性与定量相结合的分析方法,以及理论与实践相结合的教学内容设置,来帮助学生更深刻地理解相关知识。

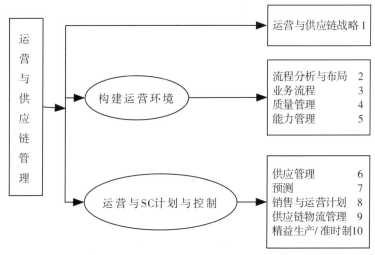

图1 运营与供应链管理课程框架

(二)学生背景

在提出改革的过程中,我们充分考虑了当前教育背景下的教育教学与学生个性发展,结合新时代的学生特点,因材施教。主要从以下三个方面进行分析:学生当前学习能力、学生对不同层次的知识需求以及内卷化背景下如何真正提升学生素养。

首先,因为该课程开设在大二下学期,这时候学生们已经学过大部分的基础学科,同时也处在对专业课更深入的学习当中,所以学生对于各个学科的交叉融合需求有所提高。如何把学过的知识相联系起来是对学生能力的要求,同时也是对授课模式的一大考验。

其次,大数据的发展和信息技术的快速普及无疑使学生对信息的捕捉更敏感,一旦其接收了各个方面的碎片化知识,学生也会对自身综合能力提出更高的期望,而且不同的学生因能力差别对课堂知识的需求层次不同,课程在保证大部分同学对基础知识的需求外还要满足部分同学的个性化需求,提升其战略能力及创新能力,这也是教学模式改革中需要重点思考的。

最后,"内卷化"现象在社会上的蔓延,导致学生之间出现不良竞争,个体"收益努力比"下降。内卷化一词最初由文化人类学家亚历山大·戈登威泽提出,用于描述社会文化模式的变迁规律,主要是指文化模式的固化从而不能发生进一步的发展,无法转化成新的文化形态。在中国当下的语境中,内卷化被网民热烈讨论,其主要聚焦在"没有发展的增长""无效努力"等内涵上,使得内卷的内涵进一步外溢,逐渐演变为个体在各种竞争之中投入更多的精力和努力,却得不到相对应的回报。张光明(2021)指出,"内卷化"看起来是一种学习的动力，但事后发现缺失了方向，对未来迷茫，对当下困惑，没有取得实质性的进步和收获，出现群体性的社会焦虑。部分学生缺乏职业规划，心理压力巨大，有的学生出现心理问题。在当前的学生"内卷化"背景下，课程思政的嵌入、融合就显得十分必要。

三、KPIL-Spark 在运营与供应链管理平台课程中的嵌入

(一) 基于 KPIL-Spark 的教学模式架构

面对受众规模化、教学多样化、学习差异化、思政引领化的平台课教学特点，该课程搭建基于 KPIL-Spark 的教学模式。

1. 知识体系架构(K)：强化全过程管理，聚焦学科交叉与深度融合

(1)在教学设计上强调理论知识体系、混合教学模式、分析工具及软件操作、后续课程衔接四个环节的整体架构，强调多学科思维融合、跨专业能力融合、多学科项目实践融合。(2)搭建基于线上线下混合教学模式的平台课教学质量提升模式。借助正在录制的 MOOC 视频、百蝶在线实操、软件实操、线上视频等，将信息技术与教育教学相融合，充分利用和发挥网络教学优势，实现知识学习的碎片化与整体化、学习/考核方式多样化与学习资源共享互通，全过程考核，全方位调动学习积极性。

2. 课程思政建设(PI)：聚焦立德树人，实现课程内容与核心价值、宏观政策相互融会贯通

从课程内容上体现社会主义核心价值观/宏观政策与学科理论融合的思政教育元素，通过价值取向引领坚定理想信念，培养爱国情怀。

3. 人才培养分层(L)：搭建理论知识与学习能力、研究与创新能力人才分层培养体系

(1)对课程知识体系进行模块化和进阶化设计，使 60% ~ 80% 的学生以理论知识与学习能力培养为主，20% 左右的学生进行进阶培养，探索相适应的个性化学习与混合式教学方法。(2)对学习行为进行动态评测，建立逐级淘汰与重新选拔制度，激发学习潜力。

4. 案例教学设计(Spark)：聚焦综合多学科知识的战略性思维能力训练，突出契合企业实际的解决方案制定和思想的碰撞以形成"火花"

SPARK 案例教学体系由团队成员张光明(2019)提出，"SPARK"方法，通过案例讨论、头脑风暴，碰撞出思想的"火花"(如图 2 所示)。(1)使案例与知识体系架构相匹配。通过案例选择与案例教学设计的规范化、配合相应的情景/实践操作等沉浸式学习来强调运营与供应链管理之间的集成问题，促进理论与实践的相互融合。(2)基于综合多学科知识的战略性思维能力训练和企业实际问题进行教学案例开发，实现课程应用与课程服务相

融通，并深化师生、生生互动交流，焕发课堂生机活力。

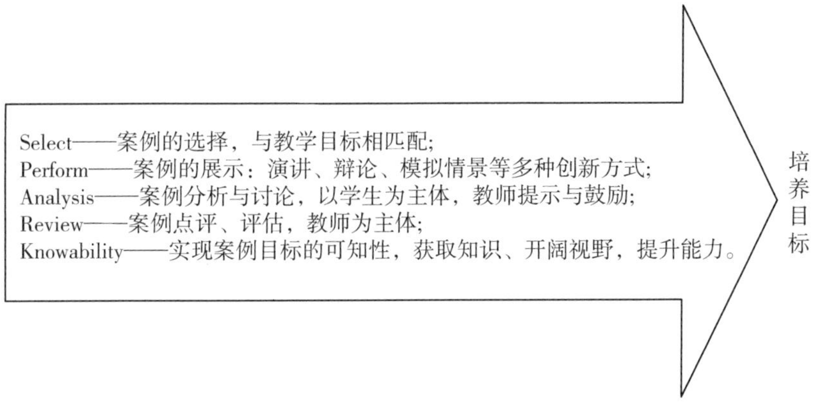
Select——案例的选择，与教学目标相匹配；
Perform——案例的展示：演讲、辩论、模拟情景等多种创新方式；
Analysis——案例分析与讨论，以学生为主体，教师提示与鼓励；
Review——案例点评、评估，教师为主体；
Knowability——实现案例目标的可知性，获取知识、开阔视野，提升能力。
培养目标

图 2　SPARK 案例教学体系

(二) KPIL-Spark 在平台课程中的嵌入

KPIL-Spark 教学模式在平台课教学实践中究竟能否发挥作用，能发挥多大作用，取决于其在课程中的具体嵌入方式(示例见图 3)。

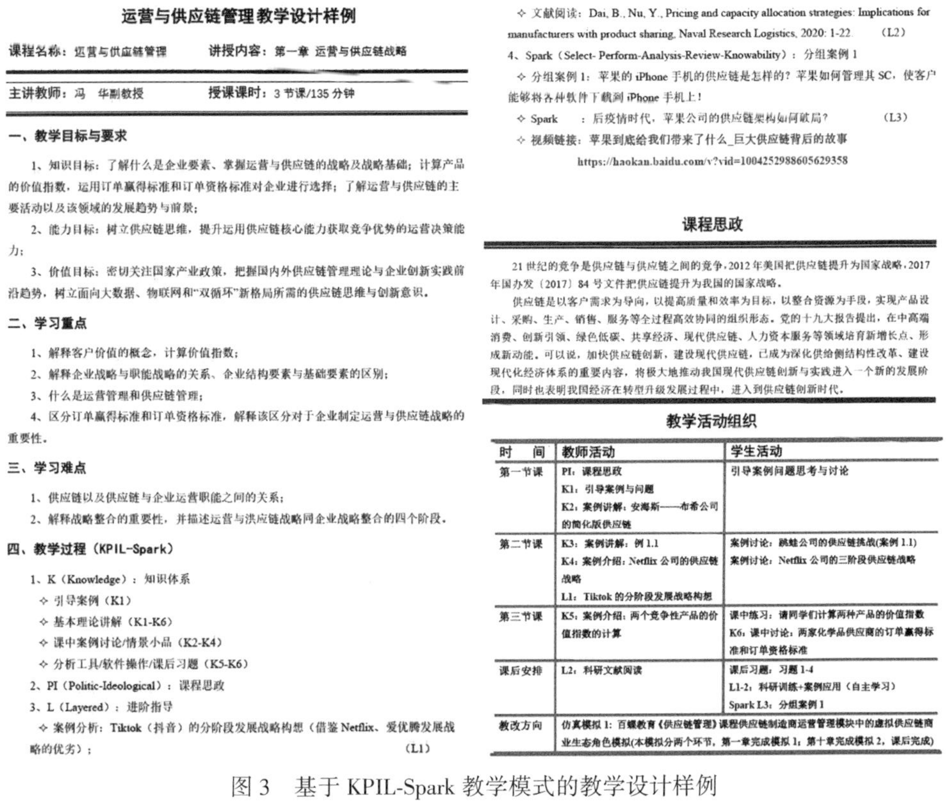

运营与供应链管理教学设计样例

课程名称：运营与供应链管理　　**讲授内容：**第一章 运营与供应链战略

主讲教师：冯　华副教授　　**授课课时：**3 节课/135 分钟

一、教学目标与要求

1、知识目标：了解什么是企业要素、掌握运营与供应链的战略及战略基础；计算产品的价值指数，运用订单赢得标准和订单资格标准对企业进行选择；了解运营与供应链的主要活动以及该领域的发展趋势与前景；

2、能力目标：树立供应链思维，提升运用供应链核心能力获取竞争优势的运营决策能力；

3、价值目标：密切关注国家产业政策，把握国内外供应链管理理论与企业创新实践前沿趋势，树立面向大数据、物联网和“双循环”新格局所需的供应链思维与创新意识。

二、学习重点

1、解释客户价值的概念，计算价值指数；

2、解释企业战略与职能战略的关系、企业结构要素与基础要素的区别；

3、什么是运营管理和供应链管理；

4、区分订单赢得标准和订单资格标准，解释该区分对于企业制定运营与供应链战略的重要性。

三、学习难点

1、供应链以及供应链与企业运营职能之间的关系；

2、解释战略整合的重要性，并描述运营与洪应链战略同企业战略整合的四个阶段。

四、教学过程（KPIL-Spark）

1、K（Knowledge）：知识体系

✧ 引导案例（K1）

✧ 基本理论讲解（K1-K6）

✧ 课中案例讨论/情景小品（K2-K4）

✧ 分析工具/软件操作/课后习题（K5-K6）

2、PI（Politic-Ideological）：课程思政

3、L（Layered）：进阶指导

✧ 案例分析：Tiktok（抖音）的分阶段发展战略构想（借鉴 Netflix、爱优腾发展战略的优劣）；（L1）

✧ 文献阅读：Dai, B., Nu, Y., Pricing and capacity allocation strategies: Implications for manufacturers with product sharing, Naval Research Logistics, 2020: 1-22.（L2）

4、Spark（Select- Perform-Analysis-Review-Knowability）：分组案例 1

✧ 分组案例 1：苹果的 iPhone 手机的供应链是怎样的？苹果如何管理其 SC，使客户能够将各种软件下载到 iPhone 手机上！

✧ Spark　：后疫情时代，苹果公司的供应链架构如何破局？（L3）

✧ 视频链接：苹果到底给我们带来了什么_巨大供应链背后的故事

https://haokan.baidu.com/v?vid=1004252988605629358

课程思政

21 世纪的竞争是供应链与供应链之间的竞争，2012 年美国把供应链提升为国家战略，2017 年国办发〔2017〕84 号文件把供应链提升为我国的国家战略。

供应链是以客户需求为导向，以提高质量和效率为目标，以整合资源为手段，实现产品设计、采购、生产、销售、服务等全过程高效协同的组织形态。党的十九大报告提出，在中高端消费、创新引领、绿色低碳、共享经济、现代供应链、人力资本服务等领域培育新增长点、形成新动能。可以说，加快供应链创新，建设现代供应链，已成为深化供给侧结构性改革、建设现代化经济体系的重要内容，将极大地推动我国现代供应链创新与实践进入一个新的发展阶段，同时也表明我国经济在转型升级发展过程中，进入到供应链创新时代。

教学活动组织

时　间	教师活动	学生活动
第一节课	PI：课程思政 K1：引导案例与问题 K2：案例讲解：安海斯——布希公司的简化版供应链	引导案例问题思考与讨论
第二节课	K3：案例讲解：例 1.1 K4：案例介绍：Netflix 公司的供应链战略 L1：Tiktok 的分阶段发展战略构想	案例讨论：跳蛙公司的供应链挑战(案例 1.1) 案例讨论：Netflix 公司的三阶段供应链战略
第三节课	K5：案例介绍：两个竞争性产品的价值指数的计算	课中练习：请同学们计算两种产品的价值指数 K6：课中讨论：两家化学品供应商的订单赢得标准和订单资格标准
课后安排	L2：科研文献阅读	课后习题：习题 1-4 L1-2：科研训练+案例应用（自主学习） Spark L3：分组案例 1
教改方向	仿真模拟 1：百蝶教育《供应链管理》课程供应链制造商运营管理模块中的虚拟供应链商业生态角色模拟(本模拟分两个环节，第一章完成模拟 1；第十章完成模拟 2，课后完成)	

图 3　基于 KPIL-Spark 教学模式的教学设计样例

1. 在知识体系架构方面(K)

在塞西尔最新版英文教材基础上对理论与实践进行模块化拓展与进阶设计。课程从运营与供应链战略入手，构造制造与服务系统的流程选择与布局、业务流程、质量管理、能力管理四大运营环境，进而从供应、预测、销售与运营计划、供应链物流管理、准时制/精益生产五个方面将运营与供应链决策相结合。十个内容模块环环相扣，逐级深入。

2. 在课程思政建设方面(PI)

课程思政的嵌入方式有很多，宋晟欣等(2020)提出了三种课程思政嵌入方式：案例嵌入式、讲解嵌入式和角色嵌入式。在我们的教学过程中不仅采用了上述三种嵌入方式，还采用了问题式嵌入、实践式嵌入和阅读式嵌入(张光明，2021)(如图4所示)。做好课程思政建设，首先需要强化教师本身的思政建设的意识和水平，从而使其能够在授课过程中潜移默化地将思政元素传递给学生。

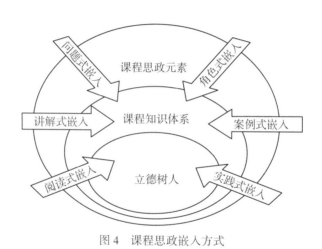

图4　课程思政嵌入方式

3. 在人才培养分层方面(L)

基于学科逻辑的个性化培养模式强调个性"广度"和共性"深度"，在普及供应链管理基础知识的同时，将理论知识进行深化，拓宽案例与实践教学，同时滚动更新科研文献集与案例集，精选顶级期刊文献进行科研训练，促进能力提高，丰富学生科研和实践成果。

4. 在案例教学设计方面(Spark)

搭建学与练一体化平台。其中，案例来自国内外知名企业，历史可溯且有同类竞争企业(如 Netflix 与优酷)，有助于纵横向对比；实践基地选取九州通、京东等供应链龙头企业，开拓视野、增强实践能力；工具软件与百蝶线上软件提供分析工具和实践操作训练；题库和视频资源库为理论、工具与能力三结合提供基础；院实验中心为线上软件实操和

MOOC 课程录制提供硬件支持和前期积累。

5. 课程效果检验

总评成绩由课堂参与(10%)、线上操作(20%)、案例分析(20%)、期末闭卷考试(50%)组成。线上操作考查学生对专业工具的掌握及应用能力;案例分析以团队形式,针对某一知识点提交解决方案,进行课堂展示、师生互动,该项成绩包括个人自评与组内互评,考虑五个方面:PPT 制作、演讲水平、解决方案、分析方法、理论基础。

课程评价主要从三方面进行:一是通过填写课程成绩评定表(AOL),分析培养目标是否达成;二是学生对教师课堂的教学评教;三是与优秀班级进行纵横向比较。

从 AOL 客观评分可见,与 2019 学期相比,2020 学期在三个培养目标中超出预期的人数比率明显上升,2020 学期学生评教分数也明显升高,该评教分数为该学期 8 个课堂班级的评教最高分。与其他优秀班级相比,该成绩也非常突出,改革成效显著。

四、KPIL Spark 平台课教学模式的特色与创新

(一)探索理论知识与学习能力、研究与创新能力人才分层培养模式,关注课程内容、学生动态分层两个方面

(1)对课程知识体系进行模块化和进阶设计,使 60%~80% 的学生以理论知识与学习能力培养为主;通过科研训练、参与教师课题、参加竞赛及创新创业实践问题导向学习,对 20% 左右的学生进行研究与创新、国际化能力进阶培养。(2)对学习行为进行动态评测,建立精选文献阅读—研究方法提升—实践演练逐级淘汰与重新选拔制度。

(二)将课程思政与供应链管理内容相结合,创新性地提出"BESIDE"内容框架

深挖课程教学中蕴含的弘扬核心价值观、契合宏观政策导向的思政元素,价值引领,培养创新性复合型优秀人才。团队成员张光明(2020)提出的"BESIDE"理论(如图 5 所示)从供应链理论基础(Basic)、知识拓展(Expand)、战略供应链思维(Strategy)、供应链创新意识(Innovation)、数据分析与定量模型(Data)、卓越的全球供应链视野(Excellent)来培养学生的战略思维,提升其社会责任感。

(三)基于全过程管理搭建立体化教学资源,滚动更新,强调学科交叉与深度融合

(1)全过程案例资源库,如:引导案例 10 个、课中案例/情景讨论 30 个、课后案例及案例 Spark10 个。(2)立体化教材资源,如:线上线下知识体系、线上线下习题库、工具应用、进阶文献集。(3)多样化实践资源,如:线上视频与软件、实践基地、课题研究。(4)软件资源,如:Excel、Python。

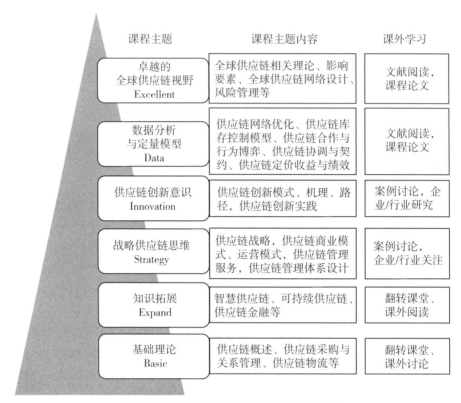

课程主题	课程主题内容	课外学习
卓越的 全球供应链视野 Excellent	全球供应链相关理论、影响要素、全球供应链网络设计、风险管理等	文献阅读，课程论文
数据分析 与定量模型 Data	供应链网络优化、供应链库存控制模型、供应链合作与行为博弈、供应链协调与契约、供应链定价收益与绩效	文献阅读，课程论文
供应链创新意识 Innovation	供应链创新模式、机理、路径，供应链创新实践	案例讨论，企业/行业研究
战略供应链思维 Strategy	供应链战略，供应链商业模式、运营模式，供应链管理服务，供应链管理体系设计	案例讨论，企业/行业关注
知识拓展 Expand	智慧供应链、可持续供应链、供应链金融等	翻转课堂、课外阅读
基础理论 Basic	供应链概述、供应链采购与关系管理、供应链物流等	翻转课堂、课外讨论

图 5　供应链管理课程"BESIDE"内容框架

(四)针对经管类学科特点，提出 SPARK 案例教学设计

SPARK(Select，Perform，Analysis，Review，Knowability)突出以案例教学为主，通过案例讨论、头脑风暴，碰撞出思想"火花"。教学中采用不同复杂性和开放性组合案例，涉及引导案例、课中案例、实践操作/情景讨论，强化教与学、线上与线下、理论与实践、知识学习与能力培养四结合，促使学生完成角色转变和进阶提升。

五、结语

运营与供应链管理平台课程作为管理大类本科生的一门基础课程，是启发学生对该领域产生兴趣的重要方式。教师们在注重研究教学模式改进、如何聚焦学科交叉与深度融合以及提升学生的战略性思维的同时，也要关注学生的兴趣培养。KPIL-Spark 教学模式强化全过程管理，聚焦学科交叉与深度融合，进而实现课程内容与核心价值、宏观政策相互融会贯通，在此基础上，尝试搭建理论知识与学习能力、研究与创新能力人才分层培养体系。教学设计中，聚焦综合多学科知识的战略性思维能力训练、突出契合企业实际的解决方案制定和思想的碰撞以形成"火花"。该教学模式将线上与线下教学模式、理论与实践、思政、分层教学与专业教育相结合，无疑是一大创新。但是，如何将这些要素通过合适的嵌入方式与课程知识体系、教学环节和手段、考核评价体系等相互融会贯通，实现"立德树人"、一流课程建设等目标，进而促进供应链管理学科向纵深化方向发展，还需要在教学管理实践中不断地进行探索。

◎ 参考文献

[1] 张光明. 课程思政嵌入方式与实施策略：以供应链管理课程为例[J]. 物流技术，2021（4）：149-152.

[2] 张光明. 新经济背景下的供应链管理课程内容框架研究[J]. 物流科技，2020（10）：171-173.

[3] 张光明. 基于案例分类的权变案例教学模式[J]. 物流技术，2019（2）：148-152.

[4] 宋晟欣，雷霞，李映霞. 应用型高校"课程思政"嵌入性教学模式分析：以管理学课程为例[J]. 产业与科技论坛，2020（11）：205-206.

"教与学革命"之电子商务专业"三创"教育实践

严炜炜

（武汉大学　信息管理学院，湖北　武汉　430072）

【摘　要】"互联网+"背景下，电子商务专业通过构筑专业"创新、创意、创业（三创）"教育体系贯彻"教与学革命"，从而树立以创新创业教育为特色的新文科教育标杆。本文提出电子商务专业人才培养和教学体系中需要凸显大数据赋能特色的专业课程培养体系，同时探索产学研协同育人导向下实习实训体系和竞赛培养体系的融合实践路径，构建"一轴、二翼、三创"的协同育人体系，形成"三创"复合型人才培养的成功模式。

【关键词】教与学革命；电子商务；三创；数据赋能

【作者简介】严炜炜（1987— ），男，湖北大悟人，博士，武汉大学信息管理学院，信息系统与电子商务系副主任，副教授，研究方向为网络用户信息行为，E-mail：yanww @ whu. edu. cn。

一、引言

在以信息化培育新动能，新动能推动新发展的时代契机下，随着数字中国成为我国全面贯彻新发展理念的重要战略方向，中国数字化进程已全面扩展到各行业领域。[1~2]在这一背景下，电子商务专业在拥抱互联网并全面实践专业数字化建设的同时，不仅强调对数据分析和数字化运营专业技能方面的基本培养要求，同时需要全面结合"互联网+"背景下的泛在创新场景，构筑专业"创新、创意、创业（三创）"教育体系，而这也正是电子商务专业贯彻"教与学革命"的重要途径，从而树立以创新创业教育为特色的新文科教育标杆。

大数据环境下，数字产业化和产业数字化齐头并推进是经济高质量发展的现实需要，[3]对电商专业"三创"复合型人才培养的需求也达到了前所未有的高度。不仅互联网和电商行业需要电子商务专业贯彻"三创"教育理念，传统行业的数字化运营对电商"三创"人才的需求量也急剧攀升。这也要求电子商务专业人才培养和教学体系中需要凸显大数据赋能特色的专业课程培养体系，同时探索产学研协同育人导向下实习实训体系和竞赛培养体系的融合实践路径，形成"三创"复合型人才培养的成功模式，并凝练教育实践各环节中的经验和典型案例，从而面向新文科创新创业教育与实践推广。

二、电子商务专业协同育人体系构建

武汉大学信息管理学院信息系统与电子商务系为发挥"互联网+"背景下电商专业"三创"教育实践建设优势，在课程建设、教学改革与实践基地建设、竞赛组织等多方面积极探索，形成了"一轴、二翼、三创"的协同育人体系，如图1所示。

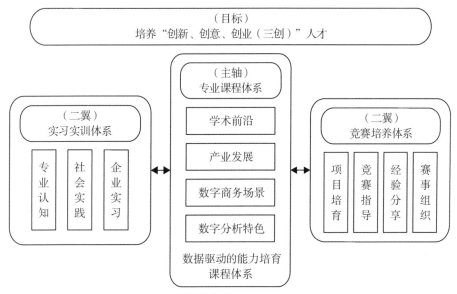

图1　电子商务专业"一轴、二翼、三创"协同育人体系

(一)"三创"课程建设

在专业培养方案中，除要求学生完成管理学基础、Python 语言(理论+实验)、信息系统分析与设计(理论+实验)、社会调查与统计分析(理论+实验)等社会科学试验班(信息管理学类)大类平台课程，培养专业学生在管理学、程序开发、系统设计和社会调查方面的基础素养以外，还设置商务数据处理、商务决策模型、商务规则建模、物流技术与运营管理、商务平台建设、电子支付与商务安全、商务智能等专业特色课程，紧密结合大数据和"互联网+"趋势，强化专业学生在数据分析和数字化运营方面的专业特长。同时，专业教师在全校范围内讲授 IT 与互联网创业、创业管理与实践、创业论坛等创新创业类公共选修课，进一步深化"三创"课程体系建设，为"三创"教育体系建设奠定坚实的课程基础。

在课程体系设置之外，面向学生的知识传授过程中亦着重强调网络环境下数据分析与挖掘能力的培养，突出互联网信息技术、人工智能技术在商务智能等方面的支撑作用，拓展学生的数据获取、分析及面向电子商务环境下的应用能力，并结合互联网创业案例分析、产品设计和商务决策实践演练等多元形式，充分将理论与实践相结合，强化学生自主创新与创业能力，落实"三创"导向下数据驱动的教学内容变革。目前，"直播带货""网店运营""天使投资"等电商特质实践内容以及在此基础上开展的大数据分析训练已充分嵌入课程教学体系之中。

面对疫情对专业教学环节的影响，电商专业教师积极拓展在线教学方式，不仅熟练掌握各类第三方在线教学工具的应用方法，同时也积极探寻在疫情防控常态化时期，如何借助线上教学工具作为线下教学的有力拓展渠道，实现"线上+线下"的融合教学。在课程教学反思中，积极促进传统课堂中单向式授课向"线上+线下"双向交互融合式授课的转型。

(二)"三创"教学改革与实践基地建设

以"互联网+"为背景，围绕"三创"教育实践目标，专业教师承担了"'互联网+'时代下基于慕课的电子商务'翻转课堂'教学模式创新研究""'互联网+'背景下电子商务专业实践教学体系改革研究"等省部级教学改革研究项目，推动了理论研究和教学改革实践的结合，为"三创"教育实践路径和体系完善提供了研究成果支撑。同时，与阿里云计算有限公司合作立项武汉大学2021年第一批教育部产学研合作协同育人项目，并与腾讯、京东、百度、美团、网易和卓尔智联等头部企业建立了良好的产学研合作关系。

实习实训方面，实践基地能有效培养学生专业技能实际运用能力和创新精神，有效提高市场对学生专业能力的满意度，培养出适应社会需求的高层次专业人才。围绕"互联网+"背景下的泛在创新场景，通过加强产学研合作模式下的实习实训基地建设，加大经费投入以提供更加完善的硬件条件，结合专业特点和人才培养需求，注重在实验、实训、实习的培养环节中对能力的训练和对创意的打磨，电商专业正持续完善实习实训体系。近年来除组织学生通过走访参观阿里巴巴园区、网易考拉、中国杭州跨境电子商务综合实验区、海康威视工业园、义乌国际商贸城等让学生切身了解电商工作实践，本年度与来三斤(厦门)网络科技有限公司等产业界优秀企业紧密联系，共建实习实训基地，不仅借助企业在科技互联网与传统农业的融合上的实践经验和优势，同时依靠企业完善的业务运作体系、系统技术资源和人才培养机制，促进大学生学习和训练互联网专业知识，培养乡村振兴理念和专业实践能力，有效拓展了专业实践教学资源，积极践行了产学研协同育人目标。

此外，面对疫情防控需求，电子商务专业也积极开拓本地专业认知实习场景，武汉东湖综合保税区、卓尔智联、汉口商业博物馆的认知实践活动让学生对本地商业发展历程以及跨境电商、电商直播等电商行业发展前沿有了更清晰和全面的认识。同时，积极采用线上直播和讲座的形式开展了"院友面对面"之云交流、"企业视角谈电商"之云讲座、农村电商与乡村振兴等主题丰富的"云认知"实践活动，进一步践行了"三创"特色实践教学路径。

(三)"三创"竞赛组织

电商专业还秉持"以赛促学、学赛结合"的理念，通过连年组织全国大学生电子商务"创新、创意及创业"挑战赛武汉大学校赛，并积极鼓励老师和学生参与"互联网+"大学生创新创业大赛、"挑战杯"大学生创新创业大赛、全国大学生电子商务"创新、创意及创业"挑战赛等各类国家级专业赛事和全国大学生创新创业训练计划,全面推动"三创"教育实践落地。

截至目前,武汉大学信息管理学院信息系统与电子商务系已连续3年组织全国大学生电子商务"创新、创意及创业"挑战赛武汉大学校赛,积累了丰富的"三创"赛事组织工作经验,并开展了大量的赛事宣传和培训工作。近3年,电商"三创赛"共获国家级奖13项,获省部级及以上等级奖项百余人次。同时,近3年来,夺得"互联网+"大学生创新创业大赛"青年红色筑梦之旅"赛道全国总决赛一银一铜,获"大创"项目国家级8项、省级2项,"挑战杯"全国大学生课外学术科技作品竞赛二等奖1项。通过比赛,提升了学生的专业自信,夯实了专业技能,锻炼了创新创业能力,也培育了服务于乡村振兴、抗疫援助、跨境电商、新零售等国家重大战略和关键领域的优质项目,以创意和实践为推动社会进步贡献力量。

三、结语

"教与学的革命"导向下,武汉大学信息管理学院电子商务专业建设通过"三创"教育改革与实践经验的积累,在研究与改革过程中聚焦学术前沿和产业发展趋势,面向数字商务、互联网等宽广应用场景,优化人才培养方案和面向数据驱动的"三创"能力培育课程体系;在寻求产学研协同育人中,形成集专业认知、社会实践、企业实习于一体的实习实训体系,以及集项目培育、竞赛指导、经验分享、赛事组织于一体的竞赛培养体系;在培育实践中强调从创新引领、创意打磨、创业实操等方面全面落实"三创"复合型人才培养工作,进而实现以专业课程体系为主轴,以实习实训体系和竞赛培养体系为两翼,以培育"创新、创意、创业"人才为目标,构建出一套特色鲜明的"一轴、二翼、三创"的协同育人体系。

尽管当前电子商务"三创"教育实践取得了一定成绩,但我们依然认识到离"三创"协同育人最终目标尚存明显差距,在专业课程体系、实习实训体系和竞赛培养体系等方面还应继续突出数据赋能优势和价值,不断完善"三创"教育实践体系,以"立德树人"为根本任务,切实为社会经济发展贡献专业人才力量。电子商务专业也将继续保持将"教与学革命"的思考与教学实践相结合,积极倾听业界和学生的声音,争做"教与学革命"的先锋者和示范者。

◎ 参考文献

[1] 央视网. 积极有序推进建设数字中国拥抱新辉煌[EB/OL]. [2021-09-08]. http://
news. cctv. com/2019/05/09/ARTIlMQOcDSEQ9iPYXrzbTVF190509. shtml? spm = C94212.
PV1fmvPpJkJY. S71844. 3.

[2] TechWeb. 腾讯报告显示:中国数字化进程开始转向产业互联网主导[EB/OL].
[2021-09-08]. http://www. techweb. com. cn/it/2019-05-21/2736676. shtml.

[3] 席琳. 推进数字产业化与产业数字化[N]. 吉林日报,2020-12-07.

图学实践教学体系的改革创新与实践

詹　平[1]　郭　菁[2]*

（1　武汉大学　城市设计学院，2　武汉大学　动力与机械学院，湖北　武汉　430072）

【摘　要】现代工程图学的学科发展与高等院校现行教学体系之间存在的矛盾与冲突，已成为制约图学本科教学发展的重要因素。笔者基于多年的教学实践经验，提出了一种图学教学改革创新理念，将大学生成图创新实践活动与图学本科理论教学有机地融合，引入学科竞赛特有的竞争机制，创立一种"竞赛式"的实践教学模式，建立现代工程图学的"第二课堂"，建设一套完整的先进成图理论与技术课程实践体系，有效地拓展了现代工程图学本科教学体系，达到以竞赛促进本科图学教学的目的，切实推进图学教育的改革与发展。通过武汉大学成图创新设计大赛12年的教学实践成果，证明了这套实践教学体系，对于一流高层次人才的培养，能起到较为显著的推进作用。

【关键词】现代工程图学；成图理论与技术；第二课堂；图学教育改革；"竞赛式"教学模式

【作者简介】詹平(1965—　)，男，湖北武汉人，硕士，武汉大学城市设计学院副教授，现主要从事数字化与虚拟仿真方向研究，E-mail：848991881@163.com；* 通讯作者：郭菁(1967—　)，女，湖北省武汉人，博士，武汉大学动力与机械学院副教授，现从事机械设计基础教学，E-mail：1263470290@qq.com。

　　工程图学作为一门理工类专业的基础课程，在本科生的教学培养体系中占有无法取代的重要地位。[1]随着计算机技术飞速发展，工程图学课程体系中某些图示理论与方法的作用已被弱化，而计算机二、三维成图技术成为工程设计图示表达的主要技术手段。在国家主导推动科技界的自主创新，实现从制造大国向创造大国转变的新时代背景下，计算机成图技术理应成为工程图学课程体系的重要内涵。从图学学科发展的角度上讲，计算机二维、三维成图技术与传统工程图学有机地结合，正在孕育符合时代发展新的现代工程图学体系。

一、现行工程图学教学体系中存在的问题

　　近十年来，在国内现行本科教学体系中，存在着现代工程图学的学科要求与现有教学管理体系之间的矛盾，使得现代工程图学难以在现行教学管理体系下得到适合图学学科需

求的准确服务定位，主要表现在以下几个方面。

(一)图学学科教学特性被忽略

国内高等院校均在实施"宽口径、厚基础、高素质"的教学改革，实行大类招生，但作为基础课程的工程图学的学时被大量缩减；而工程图学最基本任务之一是培养学生空间想象、空间思维的能力，[2]这种能力的形成有一个"时效性"的学科规律，其完全被忽视。[3~4]虽然多媒体技术在教学中的运用，能够有效地提高课堂教学效率和教学效果，[5]但依然无法改变现实教学中"填鸭式"的教学模式所带来的弊端。

(二)图学在本科教学体系中的作用被弱化

目前，国内高校工程图学教育大多仅仅保留了对制图的基本知识、制图国家标准、制图规范的学习与理解，以及形体的视图表达等工程图学的基本任务。图学教育中最精髓的内涵是随着图学课程的逐步展开，引导学生逐步建立一种"工程性思维"模式，即体系化地考虑问题，系统化地划分问题的框架结构层次，依托并运用基础理论去分析与研究解决问题的途径、方法及流程，形成对最终成果的总体预判；更重要的是对学生严谨、细致的工作作风和治学态度的训练与培养，对工程师素质的培养，这两个体现图学教育重要作用与不可替代的地位的功能完全被忽视，弱化了图学教育对培养学生专业基础、工程师素质与创新型思维的核心功能，[7]是与国家倡导培养大国工匠精神的指导方针，与双一流高校创新型培养高层次人才的办学宗旨相背离的。

(三)计算机成图技术与传统工程图学缺乏有效的结合机制

目前国内高校传统工程图学与计算机二维、三维成图技术的融合方式有融入式、分段式、独立式和 CG 主导式四种模式。[8]武汉大学图学教学的现状是仅少数学院将计算机二维绘图课程融入图学教学中，其他学院在二、三年级独立开设计算机二维绘图课程；少数学院在高年级才独立开设三维绘图课程。暂且不论哪种课程设置形式更具有合理性，最重要的是应首先认识到计算机成图技术课程与工程图学一体性，将二者独立分开不符合教学规律；其次，应认识到理论型课程与技术应用型课程之间的差异；[9]再次，前述的三种教学模式都会因学时的限制，难以注重学生对软件的应用实践，而这正是学习计算机成图技术的关键环节。新旧体系结合机制不当，使得最终的成图技术教学效果有限，仅能使学生对计算机成图技术的掌握停留在表层肤浅阶段或者仅满足学生修专业学分的需求，难以使受众通过课程学习达到较高的专业技术应用层面。

(四)计算机图形技术应用的发展与学生三维设计实践技能缺失的差距显著

受现有教学体制改革的影响，在国内高校本科培养体系中，对学生计算机成图技术的教育较为薄弱，特别是与高职、高专的学校在这方面的差距较大，与科研、设计单位对本科生掌握高层次专业技术能力的要求逐渐脱节。随着计算机成图技术的不断发展，一类高校学生对高层次的成图技术缺失的问题愈显严重，直接影响到学生对专业课程的学习，且在创新实践、科学研究活动中也缺乏有力的技术支撑。

上述问题对高层次、创新型人才的培养是极为不利的。如何在现有工程图学教学体系的基础上，建立一种切实有效的途径，解决现实图学本科教学中的矛盾与瓶颈问题，通过教学理念重新定位、创新教学模式、为学生搭建教学实践的平台，[10]夯实学生专业基础、提高专业素养，已成为现代工程图学学科发展亟待解决的教研课题。

二、武汉大学成图实践教学体系改革的理论体系建设

由教育部高等学校图学教学指导委员会等单位举办的"高教杯"全国大学生先进成图技术与产品信息建模创新大赛(简称"高教杯"成图创新大赛)为全国图学界的教师建立了一个交流与展示的平台，也为图学教育教学的改革带来了一次新的契机。

(一)成图实践教学体系改革的指导思想

先进成图理论与技术课程体系建设的指导思想是探索一条现代工程图学本科教学改革与创新的新途径。将大学生创新教学实践活动与本科图学理论教学有机地衔接与融合，建立现代工程图学的"第二课堂"，以夯实本科生专业基础为主线，以提升本科学生计算机二维与三维设计技能及其专业设计应用水平为基本点，建设一套完整的先进成图理论与技术课程体系，作为现代工程图学本科教学的拓展体系，切实有效地推进武汉大学图学教育的改革与发展。

实现中国由制造向创造、由模仿向创新、由大国向强国的跨越式发展的中国梦，建设世界一流的创新型国家，要求大学培养创新复合型人才。因此，武汉大学先进成图理论与技术课程体系建设在加强专业基础知识理论教育，提升学生专业设计能力、快速应用知识和技能的能力的同时，注重加强培养学生的团队意识、自主创新意识、组织与沟通能力、团队协作精神。

(二)成图实践教学体系改革的创新思路

作为图学教育教学的主体，只有增强图学教师团队创新的自觉性，变"要我创新"为"我要创新"才能积极主动地应对图学学科的特点和学科的发展与学校教学改革之后图学教学体系发展迟滞的矛盾，改变现有图学教学体系长期墨守成规、踯躅不前、被动僵化的现状，在创新中战胜挑战，赢得图学教育在本科教学体系中的发展空间。[11]

首先，作为图学教学的教师团队——大学教育发展历史阶段形成的特定基础教育的教师群体，必须具备图学教学改革的自觉性和主动性。在图学教育发展的关键时期，需要图学人具备犹如楚人卞和刖足献璧的职业献身精神，积极主动地肩负起图学教育改革的历史使命。[7]

其次，作为帮助学生建立专业技术基础的图学教育，不能一味地"等、靠、要"，依赖学校给予政策性的倾斜与扶持，而是应立足于信息时代计算机成图技术发展的背景和大学教育教学体制改革的现状，推陈出新地架构现代工程图学教育教学的课程体系，更新教

学理念、改革教学内容与教学模式、推进教学手段和措施的变革，走出一条图学教育教学体系改革的创新之路。

(三)成图实践教学体系服务方向定位与项目主要特色

武汉大学成图创新设计大赛，并不是仅仅定位在参与一次国家级学科竞赛这个基本层次，而是以此为契机，进行一次图学教学体系的改革实践。团队主要针对一、二年级学生群体，以夯实其专业基础、提升三维设计技能、提高专业综合素养为教学目标。将竞赛机制所特有的"动力源泉"注入成图教学的体系中，建立一种"以赛促教"的"竞赛式"实践教学模式，拓展与创新出一种高效的图学教育的综合实践教学体系，同时，也使得图学学科竞赛的实践活动更为规范化、系统化。[6]

(四)成图实践教学体系改革的主要作用

1. 推动现代图学学科发展、探索教学改革的新途径

随着现代科技与工业水平的发展，工程图学已由传统手工图示表达，拓展到计算机二维、三维设计的范畴。[12]三维 CAD 技术已经成为影响我国建筑、水利、制造等各个行业创新和发展的关键技术。[13]计算机成图技术理应在武汉大学本科教学体系中占有一席之地。武汉大学成图理论与技术教学实践活动，并不是以参加全国成图创新大赛作为终极目标，而是要将参与全国竞赛与提高本科图学教学中的计算机成图技术运用水平，提升图学本科教学整体质量与技术层次有机地结合，"以赛促教"，在现有教学体系下，突破基础学科传统教学模式，将受众从被动从教的地位变为主动的实践主体，探索一条积极推动本科图学教育教学改革和学科发展的新途径，全面推动武汉大学现代工程图学本科教学体系的整体发展。

2. 多学科、跨专业融合，综合提高学生创新实践能力和三维设计专业技能

先进成图理论与技术教学团队的教学实践立足于现代工程图学，具有多学科交叉基础平台的特点，在培训教学中实施跨专业、多学科技术融合，由工学部水利水电学院、动力与机械学院、土木建筑工程学院、城市设计学院分别组成培训团队，依托其专业背景，通过严格、高效的竞赛式教学培训形式，夯实专业基础、拓展专业视角、提升专业设计技能，且特别注重培养学生动手能力、设计实践技能和专业技术素养，缩小与职业技能学校学生之间实践技能的差距，[14]以期为学生在以后的专业学习中打下坚实的基础、为学生从事科学研究与创新实践提供技术支撑、为学生在毕业后就业市场的竞争中抢占先机。前几届的许多培训成员在其随后的专业课程学习、课程设计与毕业论文阶段，以及从事专业创新实践活动中，在学生群体中已起到标杆引领的作用。

3. "以赛促教、以点带面"，切实有效地促进图学本科教学水平与质量提升

从 2009 年开始，每年 3 月上旬到 7 月中旬，武汉大学先进成图理论与技术教学团队

均开展一轮为期近半年的成图创新教学探索与实践活动。目前该项目已成为具有一定的规模、规范化的教学实践活动，并在武汉大学工学学生群体中产生了广泛的影响，文理学部及信息学部亦有学生参与并在全国大赛中获得奖项。项目开展至今，成图理论与技术课程教学实践以夯实本科学生专业基础、提升三维设计能力为主线，以培养一批精英工程师的思路，去带动和影响整个工学部学生群体，在推动武汉大学图学教育教学改革、促进图学本科教学的发展等方面取得了显著成效。

三、武汉大学成图实践教学体系的体系构建

武汉大学先进成图理论与技术教学团队成功举行了 12 届武汉大学成图创新设计大赛的教学实践活动。通过将这种大学生学科竞赛实践活动与工程图学本科教学有机地融合，[7]建立了现代工程图学的"第二课堂"；通过校级成图大赛，系统、规范地组织校内成图教学培训，筛选竞赛团队成员参与"高教杯"全国大学生成图创新大赛，完成了整个项目的实践教学环节，并通过"高教杯"全国大赛检验了其教学实践的成效。

(一) 成图实践教学体系改革的主要宗旨

我们的宗旨是："培养具有严谨科学态度、深厚专业基础理论、掌握先进成图技术的'三创'型设计人才。"

(二) 成图实践教学体系的教学大纲制定

武汉大学先进成图理论与技术的教学涉及建筑、土木、机械、水利四大专业类别，教学内容涵盖图学基础、CAD 二维绘图基础、三维建模设计基础、专业结构图示表达、专业结构 CAD 技术与专业结构三维建模技术等教学科目，按照本科教学的模式建立整个成图理论与技术实践教学体系。

(1)图学基础与专业结构图表达课程教学大纲的制定是在图学本科教学培养的基础之上，侧重于学生对制图标准、专业结构的分析、专业图示表达方式知识的全面提升与系统化训练，以及手工绘制专业结构图技巧性训练。[8]

(2)CAD 二维绘图基础和三维建模设计基础教学大纲的制定基于让学生掌握二、三维绘图软件基本功能的出发点，以达到熟练、快速运用的层次，并注重快捷的使用与绘图技巧的训练。

(3)专业结构 CAD 技术与专业结构三维建模技术教学大纲的制定基于训练学生快速阅读专业图的能力，绘制专业设计图的方法与技巧，制作专业结构三维的方法用于技巧以及后期效果处理，并以"高教杯"竞赛机制作为培训的引导标识。[12]

(三) 成图实践教学体系的实施流程

成图创新设计大赛的教学实施分为第一期基础培训、第二期专业及赛前培训两个部分。第一期基础培训设置在每学年度第二学期至暑期，利用晚上、周末时间开课；课程包

括图学基础、CAD 二维绘图基础、三维建模设计基础 3 个科目，涉及 4 个专业类别 9 门课程。课程安排为教师讲授与学生实践两个环节。第二期专业及赛前培训开设在暑期，为赛前培训阶段；课程包括专业结构图示表达、专业结构 CAD 技术与专业结构三维建模技术 3 个科目，涉及 4 个专业类别 9 门课程。课程安排为教师讲授、学生自主训练、学生团队总结、教师讲评、竞赛模拟 5 个教学环节。[9]

　　武汉大学成图创新设计大赛的实践流程按整个教学活动的周期，按时间节点划分为以下几个主要实施阶段，如图 1 所示。

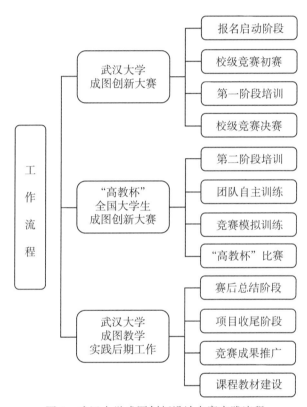

图 1　武汉大学成图创新设计大赛实践流程

　　(1)启动阶段：每年 3 月，通过各学院学生会系统进行活动宣传、报名组织工作；活动信息交流的渠道有学生年级 QQ 群、学校网站。

　　(2)校级初赛阶段：3 月中旬举行武汉大学成图创新大赛初赛，由教学团队指导教师与教学督导组成评阅卷小组，赛选第一阶段学员。

　　(3)基础培训阶段：3 月底到 6 月底，开展第一阶段各类课程的基础培训教学环节；学生培训团队建立各队 QQ 群，由班长全面负责学生事务性管理，协助团队领队、指导教师、教学督导进行团队管理；在团队内建立学习小组，小组长责任掌控小组成员的学习情况，建立严格的考勤制度、平时成绩考评登记制度以及教学督导巡课制度，严格教学流程的管理。

　　(4)校级决赛阶段：6 月底举办武汉大学成图创新大赛决赛，引入淘汰机制，以竞赛成绩、平时成绩、平时考勤作为综合评判指标，对综合评判不达标的同学予以淘汰，合格学员给予各级校级奖励，并筛选优秀学员组成"高教杯"全国大赛的竞赛代表队，进入第二阶段培训。

（5）赛前培训阶段：在第二阶段赛前培训期间，建立严格的小组学习机制，将学生自主学习环节提升到与教师授课同等地位，将由组长负责组织与教师教学交流、小组自我总结、自主训练、集体讨论的教学环节穿插在整个教学周期中，充分调动学生学习的积极性与主动性。

（6）"高教杯"全国大赛及赛后阶段：该阶段参加"高教杯"全国大赛，返校后总结培训及大赛经验教训；在大学生创新创业中心开展效果图制作、三维动画制作、3D打印、专业学科竞赛等科研创新活动，进一步夯实计算机成图的应用实践技能。

（四）成图实践教学体系教学团队的组建

武汉大学成图理论与技术的教师团队均由具有丰富教学经验的一线教师组成，共有建筑、机械、水利、土木四大专业类别的教学小组，每个专业组的授课教师小组一般由1名图学教师和1名三维设计教师组成，其中图学教师负责图学相关课程以及二维计算机绘图部分的教学，另每组配备1名教授，作为教学督导参与团队整个教学实践活动。

（五）成图实践教学体系学生培训团队的组建与竞赛管理

按照"精英工程师"的培养思路，通过举行校级成图创新大赛，从各专业的工学学生群体中筛选一批优秀学生，组建校级竞赛培训团队，按建筑、机械、水利、土木四大专业类别分别组成常规教学编制，组建4支学生团队。引入"竞赛式"高效教学机制，严格规范教学组织与管理，建立学生团队及学习小组，加强学生自主学习意识与团队协作精神的培养、夯实学生专业基础、帮助学生拓展专业知识结构、使学生快速掌握成图技术及其专业应用能力、全面提升学生综合素质。[10~11]在举行武汉大学成图创新大赛决赛后，赛选优秀学员组成参加"高教杯"成图创新竞赛的团队，进行为期一个月的赛前竞赛培训，并代表武汉大学参与"高教杯"大赛。

四、成图实践教学体系改革的实践成效

（一）项目的影响与受益面

武汉大学先进成图理论与技术教学团队每年组织500~600人的校级图形大赛，选拔4个不同专业，总计140人规模的培训团队。实施与正常本科教学相似的管理模式，严格、规范、系统性训练。通过培养一批精英式的学生团队，以点带面来推广、普及三维设计技术，提升其在武汉大学本科教学中的应用规模与应用层次。[12~13]通过阶段性举办武汉大学成图创新实践教学成果展，进一步扩大在本科生中的影响范围，有效地弥补现行图学教学体系与培养实践性设计人才要求间的差距，提升学生对工程图学的学习兴趣和动力，形成

武汉大学成图创新实践活动在工学学生群体中全面辐射的效应。

(二)成图培训教材建设

成图理论与教学实践活动是对一种新的教学体系的探索,且这种教学还具有参与竞赛的特殊目标要求,没有适合的配套教材可以采用。通过历届教学实践的摸索,团队积累了大量的教学素材,目前基本完成教学素材的电子化工作,出版了《3DMAX 基础教程》,完成了《水利 CAD 基础实验教程》《建筑 CAD 基础实验教程》《水工结构三维模型制作案例》《建筑三维模型制作案例》《Creo 基础实验教程》的初稿撰写工作;指导教师也都编写了配套的教案和课件。

(三)项目的宣传与成果推广

每年在"高教杯"大赛之后,团队均组织指导教师与参赛队员座谈竞赛与培训中的经验得失,收集并整理教学资料与学生成果;通过新闻报道的形式及参赛队员在各学院参加新生教育活动,宣传学校成图创新教学活动,扩大项目在学生群体中的影响。[14]

2011 年、2013 年分别举办了武汉大学成图创新教学实践 3 年、5 年的教学成果展,并于 2013 年举行了武汉大学成图 3D 成果展示会,成图实践项目取得了一定辐射宣传效果。2021 年 3 月,成图团队系统整理了 12 年来教学团队建设系列成果,精心筛选一批学生优秀训练作品,以及武汉大学成图竞赛各实践环节的图片资料,制作 145 块宣传版面,在学校举办了武汉大学成图创新设计大赛 12 年教学成果展,对成图实践活动做了一次系统总结和全面宣传与展示。

(四)12 年教学成效统计

学生参与度及竞赛成绩如表 1 所示。

表 1 学生参与度及竞赛成绩

年度	校级赛参与人数/人	培训参与人数/人	全国赛参与人数/人	团体一等奖/项	团体二等奖/项	个人奖/项
2009	300	50	20	3	1	22
2010	497	120	28	1	0	32
2011	525	128	28	3	0	33
2012	600	140	35	0	4	43
2013	475	142	36	1	2	39
2014	485	145	43	1	2	43
2015	500	145	45	3	0	53
2016	510	148	45	1	3	55

年度	校级赛参与人数/人	培训参与人数/人	全国赛参与人数/人	团体一等奖/项	团体二等奖/项	个人奖/项
2017	480	145	41	2	2	54
2018	475	142	41	3	1	51
2019	450	141	37	1	2	69
2020	430	138	48	2	1	33
总计	5679	147	41	21	18	417

(五)成图教学团队业绩

教学团队业绩如表 2 所示。

表 2　　　　　　　　　　　教学团队业绩

项　　目	奖项数/项	授予单位(时间)
武汉大学资助大学生竞赛项目	1	武汉大学教务部(2009—2018 年)
"高教杯"成图大赛优秀指导教师	38	"高教杯"组委会(2009—2021 年)
先进图形技能培训	1	武汉大学(2011 年)
武汉大学成图三年实践教学成果展	1	武汉大学成图教学团队(2011 年)
武汉大学优秀教学成果二等奖	1	武汉大学(2011 年)
图学创新与教育教学名师	1	图学教学指导委员会(2011 年)
先进成图理论与技术课程体系建设	1	武汉大学教改项目(2012 年)
湖北省优秀教学成果二等奖	1	湖北省教育厅(2012 年)
先进成图理论与技术课程体系建设	1	湖北省教改项目(2012 年)
武汉大学教学优秀校长奖(团体)	1	武汉大学(2012 年)
武汉大学教学优秀校长奖(个人)	1	武汉大学(2021 年)
武汉大学开放实验项目	1	武汉大学设备处(2013 年)
武汉大学成图三年实践教学成果展	1	武汉大学成图教学团队(2013 年)
武汉大学成图十二年实践教学成果展	1	武汉大学成图教学团队(2021 年)

五、结束语

从这些年的实践过程来看，高校教育教学改革的实践的确离不开实践主体主管部门给予的政策、策略和措施的支持。[15]作为基础课程的教学改革实践活动从项目立项到十年后的今天，始终得到了武汉大学及相关学院的大力支持与肯定，得益于此武汉大学成图理论与技术教学团队才能够成功地走到今天。

武汉大学成图实践教学体系创新实践是工程图学教育教学的一次真正意义上的改革与创新。其实际作用是打破了传统图学的教学固有模式，从而突破国内高校本科培养体系中制约图学教学教育的瓶颈。通过建立一套体系完善的、规范的成图实践教学体系，把松散的学科竞赛指导活动，变成图学教育的"第二课堂"，从而更好地确立了图学教育在高层次人才培养系统中的教学定位。

武汉大学先进成图理论与技术教学团队共完成了 12 年的教学探索与实践，目前整个项目已从项目立项的初期摸索阶段上升到体系化、规范化建设阶段。从项目立项、项目策划与组织、教学理念的总结与提炼、教师团队组建、竞赛团队管理、教学资料收集与整理、教学内容的组织与课程计划安排、教材建设等方面，学校开展了成图理论与技术课程体系的全方位的建设。在"高教杯"赛场上我们与逾百所高校同场竞技并取得了骄人的成绩，充分证明了武汉大学成图创新实践的教学改革是卓有成效的。历届培训的学生以其扎实的专业基础和专业技能，在其专业课程学习、课程设计、毕业设计以及专业学科科学竞赛中多数成为佼佼者。成图学员本科毕业生也因具备专业实践的经历，能有十足的底气与硕士毕业生竞争同一设计岗位。进入高年级后 95% 的成图学员获评各类奖学金、保送研究生或直接攻读博士学位，这些成图学员的跟踪反馈信息逐渐凸显出武汉大学成图创新实践活动对本科生培养具有良好的促进作用。

◎ 参考文献

[1] 徐德良，贾翀，王志强. 木材科学与工程专业能源类课程的教学探讨[J]. 安徽农业科学，2015(34)：381-383.

[2] 吕德芳. 立足专业教学深化空间思维能力培养[J]. 新教育时代电子杂志(教师版)，2016(28)：138.

[3] 昂雪野，王振，彭永恒. 谈工程图学教学中如何培养和提高学生空间思维能力[J]. 陕西教育(高教)，2009(10)：328.

[4] 杨桂芬. 机械制图教学中空间想象能力的培养[J]. 新课程(上)，2012(2)：119.

[5] 石玲，赵立红. 工程制图多媒体在本科教学中的应用和影响[J]. 黑龙江教育：高教研究与评估，2009(5)：70-71.

[6] 钱学森. 从整体性上考虑并解决问题[N]. 光明日报，1990-12-30.

[7] 童秉枢，高树峰. 谈工程图学教学中学生创新能力的培养[J]. 图学学报，2008，29(6)：1-6.

[8] 陈锦昌. 论本科工程图学课程教学基本要求的修订[J]. 图学学报，2004，25(3)：101-105.

[9] 顾金良. 技术本科院校人才培养模式研究——以上海电机学院为例[D]. 上海：华东

师范大学, 2011.

[10] 赖建强, 张文琼, 俞淑萍. 创新实践教学理念, 探索应用型人才培养的有效途径[J]. 山东工业技术, 2015(7): 298.

[11] 慎海雄. 以"创新驱动"引领实现"中国梦"[EB/OL]. [2013-11-11]. http: // theory. people. com. cn/n/2013-11-11/c49150-23496292. html.

[12] 朱芸. 面向三维 CAD 技术的工程制图教学研究[J]. 科技展望, 2015(21): 182.

[13] 胡宜鸣, 孟淑华. 改革工程图学的教学内容和体系——提高工科毕业生的现代工程图学素质[J]. 大连理工大学学报(社会科学版), 1995(3): 45-47.

[14] 张朝辉. 对中职学校学生技能大赛的思考与探索——以陇南市徽县职业中专为例[J]. 中国农村教育, 2018(7): 19-21.

[15] 肖念, 孙崇正. 高校教育教学改革的理论思考与实践探索[M]. 北京: 人民出版社, 2010.

电子信息类专业信号处理课程群建设的思考与实践

徐　新　卜方玲　邹　炼　陈小莉

（武汉大学　电子信息学院，湖北　武汉　430072）

【摘　要】在"从单纯知识传授到能力培养"的教学理念指导下，笔者对电子信息类专业信号处理课程群进行了课程结构的重构设计，提出了基础课程—核心课程—"顶点课程"的进阶型课程结构，并对基础性教学内容进行了优化整合；提出并实现了以实践为手段，能力为主线的教学改革思路，开展了案例教学和基于项目式学习(PBL)等教学模式探索与实践，聚焦学习能力、思维能力、工程实践能力和创新能力的培养。同时，建设了丰富的教学资源，取得了包括"数字信号处理"国家级一流本科课程在内的课程建设成果，起到了良好的示范作用。

【关键词】信号处理课程；进阶型课程结构；案例教学；基于项目式学习；数字信号处理

【作者简介】徐新(1967—)，男，湖北武汉人，博士学位，武汉大学电子信息学院三级教授，武汉大学"351人才计划"珞珈特聘教授(课程建设岗位)，武汉大学电子信息工程专业"卓越工程师教育培养计划"教学团队负责人，"数字信号处理"国家级一流本科课程负责人，从事信号与信息处理教学和科研工作，E-mail：xinxu@ whu. edu. cn；卜方玲(1967—)，女，博士学位，武汉大学电子信息学院副教授，承担"信号与系统"课程教学，主要研究方向为智能感知与物联网，E-mail：flpu@ whu. edu. cn；邹炼(1975—)，男，博士学位，武汉大学电子信息学院教学实验中心主任，研究员，负责"卓越工程师教育培养计划"实践环节组织实施，承担"信号与系统"课程教学，主要研究方向为图像处理与人工智能，E-mail：zoulian@ whu. edu. cn；陈小莉(1972—)，女，博士学位，武汉大学电子信息学院副教授，承担"数字信号处理"课程教学，主要研究方向为信号处理与嵌入式系统，E-mail：cxl@ whu. edu. cn。

【基金项目】武汉大学"351人才计划"珞珈特聘教授(课程建设岗位)项目；武汉大学"数字信号处理"示范课堂建设项目；"数字信号处理"国家级一流本科课程建设项目。

一、引言

近年来，经济社会发展正经历着快速的演进变化过程，电子信息技术在支撑了这一快速变化的同时，其本身的内涵和外延也在发生显著的变化，对电子信息类人才的需求也发生了改变。[1] 与此同时，学习者的学习方式也正在发生革命性变化，这些都对我们电子信息类高等教育提出了新的挑战。

信号处理课程是电子信息类专业支柱性课程群，在国内高校主要以"信号与系统"（学科平台课，必修）+"数字信号处理"（专业核心课，必修）+2~3门选修课形式形成课程群组织教学，选修课中有的是偏理论的"随机信号分析"，有的是偏应用的"语音信号处理"（面向一维信号）和"数字图像处理"（面向二维信号），如图1所示。存在的主要问题包括：教学内容重叠明显，且与现代电子信息发展和需求不适应；教学过程"重知识传授，轻能力素质培养"的情况还很普遍。针对上述问题，我们在"卓越工程师教育培养计划"长期支持下，尤其是在国家级一流本科专业建设支持下开展了信号处理课程群重构的改革思考与研究。

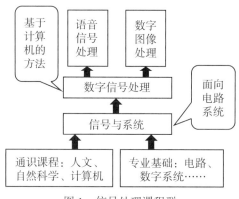

图1　信号处理课程群

本次教学改革在深入调研国际主流电子类专业信号处理课程开设情况的基础上，以培养拔尖创新人才为目标，提出了"从单纯知识传授到能力培养"的教学改革理念。具体而言，从变换的思维到计算（优化）的思维，为课程群的基础教学内容整合提出了优化方案；从信号与系统-数字信号处理到"顶点课程"，重构了进阶型的课程结构；以实践为主线，开展了案例教学和项目式学习等教学模式探索，研发了面向实际工程应用和思维训练的教学案例，聚焦"学习能力、思维能力、工程实践能力和创新能力"培养。

二、教学理念：实现"从单纯知识传授到能力培养"的转变

信号处理课程群的基础教学内容为基于傅立叶分析框架的信号与系统分析方法。一方面为电子类专业的电路、系统的分析与设计提供方法论；另一方面其基于计算机的离散傅立叶变换和数字滤波器的设计与实现方法已经深入包括人工智能领域在内的各个领域，被誉为现代电子信息学和人工智能领域的"瑞士军刀"。目前，该方向的课程也被列为武汉大学跨学院开设的基础课程，充分显示了其基础性和现代性兼具的特性。然而，在以往的

毕业生座谈中常常听到学生"好像什么都学了，但是什么都不会"的尴尬反馈，究其原因，还是我们在课程设置、教学内容和课程教学环节设计中更偏重知识传授过程，而忽略了学习知识的目的是为了解决实际问题，甚至是在解决问题过程中发现新的问题，创造新的知识。

对标世界电子工程(EE)排名靠前的美国的麻省理工学院(MIT)、斯坦福大学、加州大学伯克利分校和瑞士苏黎世联邦理工学院(ETH)的相关课程、课程内容和教学组织形式，笔者发现这些学校在课程群设计上通常采用3个左右进阶性明显的序贯课程，理论方法由浅入深，并逐步趋向现实应用，呼应现代电子信息学和人工智能的发展。其中，教学内容和过程除大量引入声音/图像等实际信号处理实例外，还引入如通信系统(ETH，MIT，斯坦福)、核磁共振成像系统(斯坦福、伯克利)、现代光学成像系统和雷达系统(MIT)，甚至基于软件无线电的通信发射/接收机(伯克利)等实际信号处理系统为讲授和实践拓展内容，打破了传统教学过程中课程的界限，促使学生主动面对复杂问题甚至未知问题的挑战，学习和运用所学课程的理论与方法，或者根据解决问题的需要学习和掌握新的理论、方法和技术，增加了课程的挑战性和学生实战机会，突出了对能力的培养和训练。

国外名校的电子类专业在信号处理课程教学内容整合、更新和教学方式改革方面走在了前面，课程之间体现出明显的理论和应用进阶性，教学过程强调将现实中的一些成功应用实例引入课堂，以案例和拓展形式引导和启发学生的认知和思维，通过具有挑战性的实验和学生自主学习将知识深化为能力和素质。有鉴于此，并结合在卓越工程师教育培养计划试点班"数字信号处理"课程的长期实践，我们提出了"从单纯知识传授到能力培养"转变的教学改革理念，围绕"学习能力、思维能力、工程实践能力和创新能力"培养与训练，开展课程群建设、教学内容重构、教学模式和教学环节的设计。

三、课程群优化：从课程结构设计到课程内容设计

国内传统的电子信息类专业在课程体系构成上片面强调知识的结构性和完整性，不同知识领域课程呈现扁平化，同一知识领域同质化，以信号处理课程群为例，"信号与系统"教学内容和研究对象不断从传统的模拟信号与系统向数字信号与系统延伸，与后续的"数字信号处理"的教学内容重叠日趋明显。从电子信息工程专业两门课程的教学大纲来看，两门课重叠内容包括：采样定理、离散时间傅立叶变换、z-变换等，占"信号与系统"教学内容的20%~25%，占"数字信号处理"教学内容的15%。这种情况在国内绝大多数高校是普遍存在的，尽管重叠内容保证了各自课程的逻辑和完整性，也对相关内容进行了各自延伸，但不可否认的是存在重叠现象的不合理性。此外，学科平台课、专业核心课和专业课之间教学内容的进阶性不够，往往越到专业课课程内容越泛，越偏向介绍性质，课程学习难度和综合性反而呈现下降趋势，这从某种程度上说违背了认知规律和信号处理面向实际应用的技术发展趋势。鉴于此，我们提出了整合"信号与系统"和"数字信号处理"教学内容，优化信号处理课程群序贯课程难度阶梯的重构思路。

在课程结构设计方面，借鉴"金课"建设的基本理念，[2]我们将后续面向一维信号和二维信号的两门应用型专业课——"语音信号处理"和"数字图像处理"定位为以解决复杂工程问题为目标，具有高阶性、创新性、挑战度（即"两性一度"）的开放式教学内容的"顶点课程"，其基本特征是全面系统性地开展基于项目式教学（Project-Based Learning，PBL）[3-4]的教学模式改革。通过"做"中"学"，强调对概念、理论的理解和实际运用，具备开发、选择与使用恰当的技术、资源、现代工程工具和信息技术工具，应用于分析和处理实际声音/图像信号的能力，使学习者初步具备学习和运用新的信号与信息处理知识和技术的能力，并锻炼批判精神和创新意识。

在课程内容整合方面，我们将"信号与系统"和"数字信号处理"课程内容进行进一步梳理，在保留部分经典内容的前提下，更多地偏向基于计算机的信号分析与处理方法，即在"信号与系统"课程牢固建立和突出基于变换的思维和滤波的概念，使其成为课程群基础课程，在"数字信号处理"课程强调基于计算机的设计与实现方法，同时将传统的基于变换的信号处理思维逐步延伸到基于计算（优化）的思维，实现与现代信号与信息处理发展方向的合理衔接，形成课程群的核心课程。以滤波器设计为示例（如图 2 所示），整合后的教学内容从模拟滤波器的电路设计与实现到经典数字滤波器设计再到基于优化思想的滤波算法设计与实现，呈现了滤波概念从电路到算法的拓展，使学习者突破了传统的课程间壁垒，认知和运用能力得到升华。

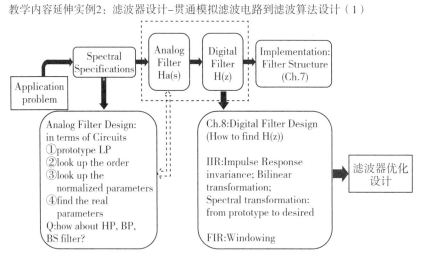

图 2　教学内容整合示例：滤波器设计

优化设计后的课程群，基础课程"信号与系统"兼顾传统模拟电路，重点强调变换的思维和滤波的概念；核心课程"数字信号处理"强调基于计算机的变换（进阶到时–频分析）和数字滤波器实现，延伸教学内容与机器学习等现代信号与信息处理内容衔接；"顶点课程"突出系统的概念和解决复杂工程问题的能力，从而形成三个明显的逐步提升的课程台阶，构成进阶型信号处理课程群的课程结构。其中，核心的改变其实还是在于教学指导思想改变和教学方式以实践为主线，而不是传统的理论课+实验课的先理论后实验的教学模式。

四、以实践为主线：教学模式的探索和教学资源建设

在普遍压缩学时的现实条件下，一般信号处理核心课程的任课教师更倾向于采用对"教"来说最有效率的"满堂灌"的形式进行经典知识点的灌输，习惯性地沿用讲授—作业练习—考试的教学步骤完成理论教学过程，再用 1~2 个学分的实验课完成相关基于计算机的仿真实验，这样的做法下学生参与度低，处于学习的从属和被动地位，一方面极易造成理论和实践的脱节，另一方面从学生思维能力、学习能力、工程实践能力的培养角度看，无法及时对学生学习进行反馈刺激，不利于学生对所学内容进行深化，难以达成与其他相关课程知识的融合升华以面对复杂工程问题，更遑论创新意识的培养。值得注意的是，在前述国际名校相似课程教学过程中十分注重学生的自主学习，MIT 在其学习指导中，明确阐述了课程组织形式是讲授（Lecture）+复述与回顾（Recitation）+参与式练习（Drill）+作业（Problem）+项目实践（Lab/Project），建议每周安排 4 学时的课堂教学（讲授和复述与回顾各 2 个学时）和 8 学时的课外学习，课堂内学习和课堂外学习的占比达到 1：2，较好地突出了学生自主学习在课程学习中的主体地位。

我们在课程群多数课程的教学过程中也贯穿了以实践为主线的教学思路，将理论与实践紧密结合。采用基于项目式学习（PBL）、研讨式学习等多种形式，课堂案例讨论和课下实际项目（Project）相结合，使教学过程从学信号处理变成"做信号处理"，进而保障以能力培养为核心的目标达成。具体教学实践中，我们将能力分解成学习能力、思维能力、工程实践能力和创新能力，采用面向实际应用问题的知识和技术的拓展，培养学生学习新知识和新技术的能力；通过研讨课形式聚焦思维能力训练和创新意识启蒙；通过基于项目式学习（PBL）锻炼学生工程实践能力和创新能力。以"数字信号处理"课程为例，其课程整体规划和教学思路如图 3 所示。

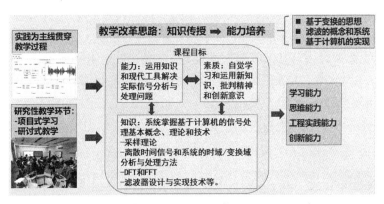

图 3 "数字信号处理"课程整体规划和教学思路

从图 3 可以看出，课程教学以知识—能力—素质协调发展为目标，强调从知识传授到能力培养的转变，抓住课程基于变换的思想、滤波的概念和基于计算机的设计方法等核心内容，采用项目式教学和研讨式案例教学，以实践为手段，以解决实际应用问题的主动学习过程聚焦学习能力、思维能力、工程实践能力和创新能力培养。

在教学资源建设中，以"数字信号处理"课程为例，我们先后建设了"基于声音的说话者性别识别""陷波器：从单频压制中恢复信号""信号的压缩""回声等音效的产生"等 8个教学案例，"基于非负矩阵分解（NMF）技术音乐转录""基于自主采集数据（利用手机Phyphox App，采集手机内置传感器数据）的行人步态分析""基于鸣叫声音的动物种类识别""稀疏采样与信号恢复"等 10 个项目选题。这些教学模式的探索有效地提升了学生的主动学习能力，课程群建设团队还进行了 MOOC 建设和信号处理实验课程建设。通过教学资源的建设和不断丰富，同学们在学习过程中得到更多、更及时的反馈、交流，并获得"做信号处理"的经验和成长，学生后续的创新实践成果突出。一部分同学从此对信号处理领域产生了浓厚兴趣，选择该方向为其深造或择业发展的方向。

五、小结

自 2012 级"卓越工程师教育培养计划"试点班开始，经过在 9 年实践中的不断发展和完善，本课程群基本完成了课程结构重构和教学内容整合优化，课程教学过程体现了"从单纯知识传授到能力培养"的教学改革思路，取得了显著的课程改革和建设成果，目前"数字信号处理"课程已获批首批国家级一流本科课程（线下课程），"信号与系统"课程也已被学校推荐参评新一轮国家级一流本科课程。"数字信号处理"MOOC 课程已在中国大学 MOOC 网开播，面向工程实践的教学案例和基于项目式学习的项目选题已全面应用并不断更新，有效增强了学生理论联系实际、解决复杂工程问题的能力。

◎ 参考文献

[1] 张干清，郭磊，向阳辉 . 新工科双创人才培养的实践教学范式[J]. 高教探索，2018（8）：55-60.
[2] 吴岩 . 建设中国"金课"[J]. 中国大学教育，2018(12)：4-9.
[3] 胡红杏 . 项目式学习：培养学生核心素养的课堂教学活动[J]. 兰州大学学报（社会科学版），2017，45(6)：165-172.
[4] 张瑞晓 . 项目式学习：缘起简史、发展模式及应用价值[J]. 基础教育论坛，2020（24）：4-6.

面向复杂工程能力培养的编译教学模式探索与实践

杜卓敏　何炎祥　王汉飞　伍春香　周国富

（武汉大学　计算机学院，湖北　武汉　430072）

【摘　要】基于"学生中心、产出导向、持续改进"的教育理念，本文首先讨论了编译原理课程教学过程中的难点和关键问题，提出了面向复杂工程能力培养的编译教学新模式。借助编译的教与学改革，系统地训练和提高学生运用语言和语言处理器解决问题，乃至解决复杂工程问题的能力。我们在多轮的教学实践中尝试和推广了这种教学模式，并将这种教学理念体现在编译原理课程标准的研究和制定中。

【关键词】编译原理；教学模式；能力培养；计算机教育

【作者简介】杜卓敏（1975— ），女，汉族，湖北武汉人，博士，武汉大学计算机学院副教授，主要研究方向为软件工程、并行计算等，E-mail：zmdu@ whu. edu. cn；何炎祥（1952— ），男，汉族，湖北人，博士，武汉大学计算机学院原院长，教授，主要研究方向为分布并行处理、可信软件、软件工程、自然语言处理等，E-mail：yxhe@ whu. edu. cn；王汉飞（1963— ），男，汉族，湖北武汉人，博士，武汉大学计算机学院副教授，主要研究方向为理论计算机，E-mail：hfwang@ whu. edu. cn；伍春香（1969— ），女，汉族，湖北咸宁人，博士，武汉大学计算机学院副教授，主要研究方向为知识工程、软件工程、计算机专业教育等，E-mail：wuchx@ whu. edu. cn；周国富（1970— ），男，汉族，湖北大冶人，博士，武汉大学计算机学院副教授，主要研究方向为 Petri 网、程序语义、形式化方法、软件工程等，E-mail：gfzhou@ whu. edu. cn。

【基金项目】全国高等学校计算机教育研究会"计算机核心课程标准（编译原理）"（CERACU2019S02）；教育部第二批新工科研究与实践项目（E-JSJRJ20201303）；2022年中央高校教育教学改革专项省级教研项目"基于编译原理课程标准的知识和能力培养双驱动的《编译原理》示范课堂"；2021年武汉大学本科教育质量建设综合改革项目（2021ZG228）。

一、引言

教育观反映了社会对教育的要求。在经历了选择教育观和发展教育观两次大的变革后，当前的"可持续发展"教育观要求，在知识和能力的基础上强调素质，[1]这三者构成了现代教育的三个方面。计算机专业的本科教育，旨在培养掌握领域前沿技术，能解决计算机领域复杂工程问题的高层次人才。编译原理作为计算机专业重要的专业课程，承载了专业能力培养的重要任务。为此，在教学设计中，应充分体现人才培养的目标，贯彻"学生中心、产出导向、持续改进"的教育理念，从知识、能力和素质培养三方面合力提升人才质量。

二、编译课程教学的特点

编译原理课程一直是高等计算机教育领域的核心课程，也是公认有一定难度的课程。

一是，由于其对语言及其处理过程的描述形式化程度高，不容易理解和掌握。课程理论性强但不直观，理论教学过程很难兼顾编译原理及编译器的具体实现。

二是，因其涉及形式语言和自动机理论、复杂的算法和用于编译器构造的抽象数学概念，对学生抽象思维、逻辑思维和复杂工程构建能力的要求很高。

三是，课程实验综合性强、难度大，需要相关专业课程的支持和较强的动手能力及团队合作意识，实践教学往往流于形式，难以达到预期效果。因而教授和学习这门课程的师生往往感到投入大，效果却不理想。

四是，长期以来，传统的基于课程的教育（Curriculum Based Education，CBE）模式片面关注知识的传授与灌输，对学生专业能力的培养没有给予足够的重视，课程教学中普遍缺少系统培养和提升学生专业能力和素养的教学设计，导致编译难教难学，教学效果不理想，难以保证教学质量和达成预期的教学目标。

因此，采用何种编译教学模式，帮助学生深刻理解和掌握编译技术并能灵活应用于领域问题的求解，是每一个编译原理授课教师必须关注和探究的问题。

三、面向复杂工程能力培养的编译教学模式

经过长期的教学实践和改革，我们探索和尝试了面向五级教学目标的编译教学模式，即面向知识、能力、素质培养，强化课程实践，以课程标准规范教学设计的"五位一体"的教学模式。摆脱简单的知识灌输，以编译知识为载体，通过探讨知识、发现问题、求解过程及其相关思想和方法的使用，培养学生综合地、灵活地、探索性地运用知识解决实际问题的能力。通过编译课程的教与学，帮助学生实现知识、能力[2~3]素质三方面的增长和提升，实现计算机专业人才的培养目标。[4]

(一)编译教学与知识传授

编译课程的内容多，知识点密集，[9]逻辑联系紧密，难度高，而通常教学课时又非常有限。这些困难导致教师往往疲于完成知识点讲授，学生却无法及时消化吸收。前导知识没有掌握好，相关联的后续知识又堆积上来，容易使学生产生畏难情绪，丧失学习热情和积极性。

在授课过程中，应对教学章节和知识点进行适当取舍，分清主次，采用多种教学方式，讲授有详有略。对重要的难度大的知识点应着重强调、反复讲授和实践练习，保证学生吸收和掌握。对于次要的简单的知识点，可鼓励学生采取课前预习，课后自学，或者利用在线学习资源，结合课堂讨论或翻转课堂等多种方式，灵活地开展教学。

比如语法分析技术知识点多，难度大。在介绍自顶向下方法时，可在课堂重点讲解 LL 分析方法，对递归下降分析技术介绍思路并结合课后实验进行巩固。在教授自底向上分析方法时，课上先只介绍自底向上方法和移进-归约技术的主要思想，随后让学生课下观看教学视频或自学优先分析技术，自主分析优先分析的主要思想、特点和局限。再通过课堂讨论，总结并引出 LR 分析方法识别句柄的求解思路，层层深入，抽丝剥茧，水到渠成。在讲授了几种不同的 LR 分析技术之后，将它们进行比较，再将 LR 与 LL 进行比较，梳理同一问题的多角度求解思路。这样，让学生在自己发现问题并寻找解决方案的过程中加深对知识点的理解，这比满堂灌输的效果要好很多。

另外，针对不同类型的人才培养目标和教学要求，科学设置和调整教学内容及权重，因材施教。比如，对科学研究型人才，教学中适当加大形式化描述、模型变换、算法分析等部分的比重；而对工程应用型人才，教学中简化理论证明、抽象和形式化等方面知识内容，加大后端部分的篇幅。

(二) 编译教学与能力培养

计算机类专业人才应具备包括计算思维能力、算法设计与分析能力、程序设计与实现能力(硬件和软件实现)、系统能力(系统的认知、分析、开发与应用)在内的四大专业基本能力。[5]我们采用的面向复杂工程能力培养的编译教学新模式不仅仅关注知识点、方法和技术本身，还应以编译知识点的学习过程为依托，注重能力的培养和解决问题的普遍方法的习得。在传授编译知识的同时，也揭示编译思维方式。

当学生质疑编译学了有什么用，将来也不会去从事编译器的开发或形式语言的研究时，教师应该适时地通过各种应用领域问题求解案例的分析，揭示编译技术背后的求解问题的普遍规律。即，编译中体现的用语言来描述问题，并用语言的处理器来求解问题的思维方式和求解思路，它蕴含着用计算机解决一般问题的方法与规律，对于计算机专业学生具有典型意义和普遍价值。引导学生认识到，编译技术不仅仅只应用于计算机程序设计语言的构造和设计，更是各类语言处理、程序理解、结构化编辑、数据处理、软件安全、硬件设计和逆向工程等众多领域不可缺少的关键技术。不应狭义地把语言的编译技术理解为程序设计语言的编译，自然语言、人工语言，甚至应用领域问题，都可以利用编译的思维，用语言和语言的处理器来求解。它背后体现的都是用抽象语言来描述问题，采用形式化方法描述语言的规则，并利用语言的处理器来求解和处理问题的普遍思路。

相应地，我们还在课程实践环节设计实验，引导学生自己发明或者提出某种语言，在后续的实验中去逐步实现该语言的编译器或者处理器。这里的语言不局限于计算机程序设计语言，甚至鼓励他们提出一些面向应用领域的语言或语言的处理器，比如音乐语言，烹饪语言，排版语言，游戏语言，等等。在这个过程中，同学们开始逐步了解，编译技术的作用不仅仅是编译器的构造，其中体现的"用语言描述和处理问题"的思想是深刻而带有普遍意义的，可以适用于很多计算机问题的处理或者说用计算机处理的问题。

新模式将计算机专业能力的培养内化到具体编译课程的教学设计中，依托具体课程的教和学而循序渐进地达成。编译课程的教学，对于培养和提升学生以下专业能力具有举足轻重的作用。

1. 计算思维能力培养

计算思维能力[6]的核心是基于计算机考虑问题求解。计算机问题求解，首先是问题的表示。需要通过抽象进行形式化处理，建立适当的模型，然后实现计算机表示和处理。"问题—形式化描述—计算机化"的计算机问题求解规律，在编译课程中得到了很好的体现。

以词法分析为例，通过对单词的词法规则进行形式化描述，并用有穷状态自动机进行模型化表示，用自动机作为 token 的识别器，利用抽象的状态转换过程来模拟单词符号的识别过程，并通过模型的转化得到简化以后的最简 DFA 即 MFA，再转换为程序流程图，以此构造词法分析程序 scanner。同样的计算思维也用在语法分析中。这样，不仅教授了词法分析和语法分析这些知识点，还站在计算思维的角度去解释了这个过程，用教学实例反映计算机求解的普遍方法和规律。引导学生从"实例计算"到"类计算"乃至"模型计算"迁移。

再以编译中用到的 3 型语言的形式描述为例。采用了正规文法、正规式和有穷状态自动机这三种形式化方法，用不同的模型抽象表示语言，并且可以进行等价转换，这就是典型的模型计算。教学中，在帮助学生掌握这些抽象和形式化方法的同时，引导学生以形式化的视角研究计算系统，了解"以形式化作为描述手段，以符号作为问题的表达形式，以符号的变换作为问题求解的途径"的思维方式，领会模型计算的精髓。

此外，诸如问题的符号表示、问题求解过程的符号表示、形式化证明、建立模型、实现模型计算，这些计算思维的重要能力点，[2~3]在编译课程中均有涉及和训练。

一些典型的问题描述和求解方法，诸如递归求解、自顶向下、自底向上、分治、逐步求精、模块化、问题的抽象与形式化描述，也是编译技术的重要求解途径。授课过程中，应将课程内容从简单的知识传授扩展到相关的思想、方法的探讨，使学生有效地掌握这些经典的学科方法学。

2. 算法设计、程序实现及系统能力的培养

编译课程对于提高学生算法设计和分析能力、程序设计与实现能力，以及系统的认知、设计开发与应用能力，也发挥着不可忽视的作用。众所周知，编译课程中包含大量的复杂算法，小到自动机的确定化最小化，消除左递归，大到 LR 分析等，无不需要学生具备复杂算法的分析能力；设计实现编译系统更是系统级程序设计要求；编译系统是系统软件，对于系统能力的要求不言而喻。编译过程既有分析又有综合，编译器的构造复杂而困难，通常采用模块化方法、管道/过滤器风格的软件体系结构，这些都要求学生具备系统

全面的专业知识和能力。

编译原理课程及课程实验所提供的在这种理论学习基础上进行有一定规模的"复杂"工程实践的机会，往往难以通过其他专业课程获得。其目的不仅仅是简单地实现课本上相应的分析算法（这往往是程序设计、数据结构和算法等课程的重点），更重要的是从编译器构造者的角度去思考和构造完整系统（这是只有通过编译学习才能获得的能力训练）。这种对系统能力的综合训练，也是其他课程所无法替代的。在编译教学中应通过教学设计充分发挥作用。

（三）编译教学与专业素养

在教学时，不能仅仅是教授具体方法和技术如何做，还要注重引导学生思考为什么要这样做，大师们为什么提出这种方法，它的缺陷在哪里，如何解决。注重揭示问题的本质、现象背后的原因，追根溯源，对比分析，总结归纳等。帮助学生学习和掌握提出问题—分析问题—计算机求解问题的一般思路和方法。

举例来说，在讲解语法分析方法时，通过对比自顶向下和自底向上方法的差异，深入分析匹配-推导技术和移进-归约技术这两种经典方法在求解同一问题（语法分析）时的不同思路和优缺点。每种方法的引入都从提出问题（要解决的问题是什么？）、分析问题（求解思路）、再求解问题（方法和过程），到方法的局限（未解决的问题），进而又提出新的问题（如何解决缺陷，如何优化），再分析问题，等等。

例如，引导学生思考 LL 方法的局限，为何必须消除左递归和回溯？LR 方法为什么没有这一限制？同样采用下推自动机作为计算模型，在识别过程中如何运用于两种截然不同的方法？再比如，讲授自底向上语法分析方法时，让学生思考优先分析方法的条件和随之带来的局限，LR 分析方法如何避免这些局限？揭示这两种方法的核心都是识别句柄，但一个采用优先级来标识句柄；另一个采用 LR 项目记住识别状态，并将句柄的识别过程用 DFA 来记录，用识别状态的转换过程指导语法分析动作，反映方法背后的思想本质。进一步地，LR 分析技术的教学，为克服 LR(0) 的不足，提出 SLR(1)，又提出 LR(1)，再改进为 LALR(1) 等，如此螺旋式上升的启发式教学过程，揭示了人们认识和求解问题的一般规律，这也是推进科学技术不断发展的客观轨迹。通过反复多次在解决实际问题的过程中引导学生体验这一规律，最终引导他们主动思考问题，大胆提出问题，独立寻求问题的解决方案并验证和评价，再进一步完善和改进。这一过程本身就是创新思维和专业习惯的养成过程。比起具体知识的获得，思维的养成更加难能可贵。贯彻这种教学模式，能够培养出不仅掌握已有知识，还能够触类旁通，提出新方法、新思路、新见解，以解决新问题、发现新知识的"可持续发展"的创新型人才。

（四）编译教学与课程实践

编译原理是一门理论性很强的课程，同时也是一门实践性很强的课程。如果在教学中，只偏重理论的介绍，忽视实践环节，学生往往对于编译的理解只停留在书本的概念和算法层面，而不知道怎样才能把编译理论应用到实际的工程实践中去。这种系统能力、理论结合实际能力的培养，正是长久以来，高等教育对计算机科学与技术专业各类人才，尤其是工程型和应用型人才培养的核心要求和瓶颈所在。编译原理实践，正是培养和提升这种能力的有效途径。应通过课程实践，引导学生深入理解理论知识，并将这些理论知识和相关的问题求解思想和方法运用于解决编译系统设计与构造的具体问题中去。

在夯实了理论基础的前提下，进行课程实践，[7]实践教学与理论教学相辅相成。大量事实表明，学习编译原理最好的方法是自己动手设计和实现一个编译器。站在系统的高度，站在语言的发明者、编译器的设计实现者的高度，全程参与语言的定义和描述、编译器的逻辑结构设计、编译器各部件的设计和实现、测试和集成等关键步骤，经历计算机复杂系统的构建，体验实现自动计算的乐趣。

由于编译原理实验综合性比较强，要在一个学期内为具有一定规模的高级程序设计语言实现一个完整的编译器，从学生的角度来看，实验难度很大。因此，我们在安排实验内容的时候充分考虑到这一点，采用循序渐进、由易到难、由小到大、先整体设计模块分解，再局部开发整体集成、由工具自动生成过渡到手工构造等多种方式结合，帮助学生在较短的周期内，能够快速着手实验，并按部就班保证实验的顺利完成，达到深入理解各知识点，掌握编译关键技术，并提升系统开发和理论运用于实践的能力的教学目标。

例如，在进行完整程序设计语言的编译器开发之前，先让学生利用算术表达式的文法描述、词法语法检查、语义处理和求值等预备实验，完成一个力所能及的"小语言"的开发尝试。又比如，在构造语义分析和中间代码生成器的实验之前，我们先设置了符号表的构造、中间代码生成等预备实验，再过渡到复杂性较高的完整实验，通过这种实验过程的分解，使得这类有一定规模和复杂性的实验项目变得切实可行。再比如，在开发词法分析器和语法分析器时，都采用了先利用工具自动生成分析器，帮助学生熟悉和深入理解了该阶段的编译方法和关键技术之后，再过渡到人工手工构造分析器的复杂实验的方式。通过这些方式，将实验过程精心分解，一方面降低了实现难度，另一方面，较强的可操作性也有助于学生保持对相关技术方法的学习兴趣。在成功完成一个阶段性实验后所获得的成就感会激发他们向后续实验甚至难度更高的实验任务发起挑战。

在实验方案的选取和实施过程中，学生同时也观摩学习教师如何按"分而治之"策略解决一个具有相当规模和复杂性的实际问题。通过团队合作开发和报告讨论的形式完成这样一个复杂的"系统"软件，对学生软件工程意识、团队协作意识和工程化开发意识也有明显的促进和提升。

比如2017级三名学生在课程实践时，创造性地发明了一种"数字简谱语言"，并计划开发出这个语言的编译及演奏系统。正如预见到的一样，在实践过程中着实遭遇了很多困难——复杂工程项目的任务分解、分工合作、同步和协调、过程控制和工程化管理，这些对于大三学生来说很多都是第一次面临的难题和挑战。教师通过加强实践教学环节和适度的引导，最终帮助这个小组通力合作，克服了困难，顺利实现了该系统。不仅如此，该小组还在本科毕业设计时对其关键技术展开深入研究，最终获得了武汉大学优秀学位论文奖。可见，通过加强编译实践教学，可以促进学生在团队意识、工程开发能力等各方面的提高。可以说，编译课程实践无疑是学生本科阶段一次难得的综合性系统能力训练。

（五）编译教学与课程规范

顺应教育标准化改革持续深入的发展趋势，为规范高等学校计算机专业核心课程教学，实现跨校的课程共享和教学质量控制，2019年全国高等学校计算机教育研究会对"计算机核心课程标准"立项开展研究。编译原理是首批开展研究的五门核心专业课程之一，我们课程组参与了编译原理课程标准的编制工作，研究建立一个适合我国高等学校计算机类专业各种人才要求的编译原理课程标准，[8] 为人才培养计划和方案的制定提供支持；为课程的设置、定位和教学环节的设计、考核和评估等提供一套科学的、系统的规范和指南；为教师的课程教学提供标准和有效指导；也为教材和课程资源的筛选提供依据和参考。

在课程标准的研究和制定过程中，我们吸收编译教学模式的经验，兼顾知识点和能力点要求，以相关知识点为主线，以计算能力的培养为导向，针对培养计算机类专业的科学研究型人才、工程应用型人才的要求，研究课程的定位、教学目标、教学任务和内容、教学评估和教学方案等。不仅仅关注课程内容、知识点、原理和技术层面的教学设计，更注重挖掘其背后深层次的求解计算机问题和利用计算机技术求解问题的核心思想和一般方法，为通过该课程全面提升学生计算思维能力，算法分析、程序设计和实现，以及程序测试等构造复杂工程的能力提供有力支持。

在教学环节中，注重以标准规范教学过程，积极开展编译课程规范的研究，科学设计多维度教学评价体系，重视教学反馈，及时改进，提升教学质量。

经过多轮次的教学研究与实践，与教改前的传统教学模式比较，学生的学习主动性和成就感有了较大提升。课堂活跃，学生积极思考，从"被动听课"变"主动求学"，从计较"绩点"到重视学习"体验"。涌现出很多优秀的课程实践作品。

四、结语

本文对编译原理课程教学过程中的关键和难点问题进行了研究，并对理论和实践教学模式进行了探讨。在此基础上，提出了面向复杂工程能力培养的编译教学新模式。编译课程在教与学的改革中，不断探索由"教师中心"的灌输式教学模式向"学生中心、问题驱动、产出导向"的探究式教学模式的转型。

通过课程的教与学，让学生了解和掌握编译原理和技术的同时，依托编译教学过程，揭示和分析"问题—形式化描述—计算机化"的计算机求解问题的一般规律，引导学生运用语言和语言处理器解决问题，系统地培养其解决复杂工程问题的能力。我们在多轮的教学实践中尝试和推广了这种教学模式，并将这种教学理念体现在编译原理课程标准的研究和制定中，取得了良好的教学效果。

◎ 参考文献

[1] 蒋宗礼，赵一夫．试论我国计算机专业本科教育现状及发展[J]．计算机教育，2005

（8）：22-26.

［2］ Computer Science Curricula. The joint task force on computing curricula association for computing machinery（ACM）and IEEE computer society［EB/OL］.（2013-12-20）［2017-06-20］. http：//www. acm. org/education/CS2013-final-report. pdf.

［3］ The Joint Task Force for Computing Curricula 2005，Computing Curricula 2005［EB/OL］.［2005-09-30］. http/www. acm. org/education/curricula.

［4］ 教育部高等学校计算机科学与技术教学指导委员会. 高等学校计算机科学与技术专业人才专业能力构成与培养［M］. 北京：机械工业出版社，2010.

［5］ 蒋宗礼. 计算机类专业人才专业能力的构成与培养［J］. 中国大学教学，2011（10）：11-14.

［6］ Jeannette M. Wing. Computational thinking［J］. Communications of the ACM，2006，49（3）：33-35.

［7］ 何炎祥，杜卓敏. "6.4 编译原理课程设计"，培养计算机类专业学生解决复杂工程问题的能力［M］. 北京：清华大学出版社，2018：276-297.

［8］ T/CERACU 2000—2020，全国高等学校计算机教育研究会，计算机核心课程规范——编译原理［S］.

［9］ Alfred V. Aho，Monica S. Lam，Ravi Sethi，et al. Compilers principles，techniques，and tools［M］. Beijing：China Machine Press，2011.

面向应用型密码学人才培养的 REAC 教学模式探索与实践

崔竞松　唐　明　杜瑞颖

（武汉大学　国家网络安全学院，湖北　武汉　430072）

【摘　要】应用密码学作为应用型密码学人才培养的核心基础课程，是为学生奠定良好信息安全理论与技术基础的重要环节。但应用密码学课程教学具有数理基础要求高、知识点总量种类多、算法编程调试难、学生成就感获得难等特点，使得应用密码学教学模式探索与实践尤为重要。本文阐述了一套在长期教学实践中总结提炼出的 REAC 教学模式，通过需求导入（R）由浅入深的密码算法讲授，古今案例引导（E）的密码算法价值剖析，密码分析驱动（A）逐步展开的密码算法设计思路讲解以及竞争驱动（C）的学生实战和创新能力培养，激发学生学习热情，提升人才培养质量。

【关键词】应用密码学；REAC 教学模式；应用型密码学人才培养

【作者简介】崔竞松（1975— ），男，湖北武汉人，博士，武汉大学国家网络安全学院副教授，研究方向：网络安全、密码等，E-mail：jscui@ whu. edu. cn；唐明（1976— ），女，河南新野县人，博士，武汉大学国家网络安全学院教授，研究方向：密码工程，密码芯片，系统安全等，E-mail：m. tang@ 126. com；杜瑞颖（1964— ），女，河南新乡人，博士，武汉大学国家网络安全学院教授，研究方向：网络安全，E-mail：duraying @ 126. com。

【基金项目】国家"十三五"重点研发计划资助项目（2016YFB0501800）。

一、引言

一方面，互联网、大数据、智能计算等先进 IT 技术的飞速发展和广泛应用，推动了我国国民经济和社会信息化进程的飞速发展。但另一方面，信息泄露、黑客袭击、病毒传播等互联网信息安全问题也层出不穷，政府、企业和个人对信息安全日益关注。近几年，国家相继出台《中华人民共和国网络安全法》《中华人民共和国密码法》《中华人民共和国数据安全法》《国家网络空间安全战略》等系列法规政策支持信息安全行业的发展，并通过出台《关于加强网络安全学科建设和人才培养的意见》，实施一流网络安全学院建设示范项目等，为维护国家网络安全、建设网络强国提供人才支持。

武汉大学国家网络信息安全学院拥有深厚的办学底蕴、优质的办学资源、先进的教学理念和完整的人才培养体系，2017 年入选全国首批"一流网络安全学院建设示范项目"。应用密码学作为网络安全专业人才培养的核心基础课程，是为学生奠定良好信息安全理论与技术基础的重要环节，其中讲授的各种密码应用技术是实现网络信息安全的核心技术，也是保护数据安全最重要的工具之一，因此，在网络信息安全中具有举足轻重的作用。但是，应用密码学课程有其特殊性。

首先，数理基础要求高。应用密码学中涉及的密码系统与协议需要使用到许多基础理论，如数论、信息论、概率与线性代数等，对学生的数学基础要求高。其次，知识点总量种类多。应用密码学中需要学习的密码算法多、国际国内标准多、应用场景多、工作模式多、组合方式多，学生需要掌握的知识点多。再次，算法编程调试难。密码算法复杂，编写、调试、优化困难，学生实践难度大，教师指导工作量大。最后，学生成就感获得难。密码学领域工作作风偏保守，需要长期积累才能对其有深层次认识，学生初学难有创新机会，学生获得成就感难度大。

因此，如何创新教学理念，改革教学方法，激发学生学习热情，培养学生吃苦耐劳的学习精神，给学生创造发挥聪明才智的机会，使学生在学习过程中获得成就感，为学生奠定良好的信息安全理论与技术基础，是应用密码学教学模式探索与实践的关键。

二、教学目标与学情分析

(一) 本课程教学目标

1. 专业素养目标

理解密码学方法和技术对保障网络安全、系统安全、数据安全的作用；理解个人与社会的关系，了解国情，维护国家利益，具有推动民族复兴和社会进步的责任感；了解网络安全专业从业者的职业性质和社会责任，能够在工程实践中自觉遵守职业道德和规范，履行责任，遵守国家相关安全法律、法规。

2. 理论学习目标

掌握与密码学强相关的数论、信息论、概率与线性代数等数学基础知识；掌握古典密码、对称分组算法、散列算法、流密码、非对称算法以及密钥管理中的基本概念、基本理论和基本方法，并能够针对实际问题，对不同算法的优缺点、适用范围等进行比较和综合分析，科学评价解决方案。

3. 能力培养目标

通过分组密码、流密码、Hash 函数、公钥密码、数字签名、密码协议和密钥管理方面的实验教学和对抗实践环节，掌握各种方法、技术、算法中涉及的基本运算和实现方法，熟悉其工作模式；能够通过多种密码算法和协议的协调配合使用，创造性地设计解决方案，解决网络安防领域的复杂工程问题。

4. 工具使用目标

能够针对网络安防领域的复杂工程问题，开发、选择和适用恰当的技术方法、软硬件资源、现代开发与调试工具，对问题进行分析、预测和解决；能够针对问题特征，了解工具适用性和局限性，并提出改进方案。

(二) 本课程教学过程中存在的问题

(1) 相比信息安全专业，网络安全专业培养目标更多地倾向应用与管理，导致其在数学基础方面的课程安排略少，学生的数学基础相对较弱。

(2) 学生对于密码算法的设计和分析有求知欲，但大部分学生习惯于被动接受知识，课堂交互的学生数量较少，学生的主观能动性调动不够。

(3) 学生在密码算法的实现方面有实践欲望，但大多数密码算法是有标准规范的，限制了学生创造力的发挥，学生成就感不强。

三、REAC 教学模式

基于上述分析和课程实践，笔者提出了 REAC 教学模式，有效提升了课堂活跃度和教学效果。具体包括以下方面。

(一) 需求导入 (Requirement Driven) 由浅入深的密码算法讲授

密码学教学知识点多、难度大，单纯的原理、方法、算法讲授难以调动学生的积极性。因此，我们在授课过程中首先分应用场景，通过实际案例剖析应用场景安全需求，而后讲述应对该需求的密码学算法；之后，分析前序算法的局限性，从而引出后续算法。

例如，介绍对称分组密码算法 (SBC) 的各种工作模式时，先讲简单模式的适用场景，然后引出对简单模式的讲解，接着通过对其局限性的探讨引出后序模式；介绍非对称算法之前，先讲对称算法的局限性，再引出非对称算法。

这种应用场景导入、由浅入深的讲解方法吸引了学生注意力，通过设问引发了学生的思考，使学生带着问题听课，使得课堂气氛活跃，学生参与度显著提高。

(二) 古今案例引导 (Event Driven) 的密码算法价值剖析

密码学的发展源远流长，与国家兴衰、战事发展密切相关。通过中国古代密码技术、世界近代密码技术、当代网络对抗典型示例讲解，培养学生的家国情怀；通过网络安全、密码相关法律法规及其典型违法案例讲解，使学生树立职业道德观，自觉遵守职业规范。

例如：用"中国古代钱庄的银票押码"解释消息认证码；用"第二次世界大战中途岛战役分析日军密文"来解释如何使用已知明文攻击；用"间谍对抗的逐步升级"来解释如何实

现从仅密文攻击到选择明文攻击；用"GSM 手机卡盗用案件"来解释适应性选择明文攻击；用"身份证"来解释数字证书的三大要素等。

(三) 密码分析驱动 (Analysis Driven) 逐步展开的密码算法设计思路讲解

由于密码算法比较复杂，密码算法的讲授容易陷入对算法的直接介绍，使学生陷入知其然而不知其所以然的困境。因此，我们在授课过程中往往不直接讲解密码算法是如何设计的，而是先抛出一个简单的设计，然后引导学生思考攻击者会如何攻击，之后再逐步描述算法的增强防护，最终引导讲解出完整的密码算法。

例如，在讲解 Kerberos 协议时，首先给出一个从 A 到 B 的直接认证方案，引导学生发现其中可能存在的欺诈风险；然后引入可信第三方 S，并继续引导学生发现其中可能存在的泄密风险；最后引入会话密钥，并继续引导学生发现其中可能存在的重放风险，进而引入时间戳、Ticket、nouce 等概念。在讲完之后，学生不仅知道 Kerberos 协议是什么样的，而且知道为什么要这样设计，其中的每个细节是针对什么安全需求或者安全威胁而设计的。

这种从密码分析视角逐步展开的密码算法讲解方法，使学生能够透彻理解密码算法的设计思路，为其今后遇到实际问题、分析实际问题、解决实际问题积累重要经验。

(四) 竞争驱动 (Competition Driven) 学生编程实践能力和创新能力培养

由于标准密码算法是固定的，不能修改，学生在编程中仿佛没有地方发挥创造力。因此，我们课程中引入了"密码算法效率比赛"，通过让学生在指定运行环境下竞争效率最高的算法实现，对优胜学生给予平时作业加分奖励以提高优秀学生的荣誉感，并将优胜作业进行共享以促进全班同学算法能力的共同提高。

由于网络安全专业培养方案要求学生具有较强的密码学技术综合应用能力，因此，在基本方法、技术、算法讲授和演练结束后，我们也通过实战对抗激发学生的学习兴趣，加深对所学的理解，提升学生的实战力与创造力。

例如，与校外的业内优秀团队科锐展开实际对抗比赛活动。对抗赛分为两个阶段：

阶段一：本课程学生作为防守方，科锐团队作为攻击方。防守方给出一个含有作弊功能的抽奖算法的可执行文件及相关说明文档。作弊功能可以是：使某人的抽奖概率明显高于或低于其他人。攻击方试图根据可执行文件逆向还原抽奖算法。若还原后的源代码被编译之后的可执行文件与防守方给出的可执行文件运行结果(含作弊功能)相同，则攻击方胜，否则防守方胜。

阶段二：防守方对抽奖算法进行白盒密码保护，并提交源代码及相关文档。攻击方试图分析并可以修改源代码。若攻击方可以利用原作弊方法且更换抽奖概率异常的人，则攻击方胜，否则防守方胜。

这种时间短、强度高的攻防演练，需要学生在熟练掌握专业基本知识的情况下，精通各种现代编程工具，透彻了解运行环境和对抗对手，从而能够针对实际情况，通过多种密码算法的协调配合使用，创造性地设计解决方案。通过对抗赛，我们培养了学生在代码攻防演练环境下的密码技术应用能力。学生们对密码学应用有了更深刻的认识，产生了更加浓厚的学习兴趣，提升了创造力。

四、教学效果

采用 REAC 教学模式之后，本课程在 2020—2021 年的评教活动中得到了 96 分。相比于过往相同教师按照传统教学方法讲授本课程所获得的评教分数提高约 5~6 分。评教中普遍反映：老师讲课深入浅出、生动形象、通俗易懂，老师与学生互动多，课堂生动活跃，学生听课有参与感，教学效果好。部分学生评教建议如图 1 所示。

图 1　部分学生评教意见

除以上本科教学评估系统的评教以外，本课程还在课程群内匿名问卷调查学生对本课的意见和建议。学生在问卷中反映：老师能把复杂的密码算法讲解得十分清楚，学生感觉听得很明白，同时希望将来保持这样的教学模式，并增加更多与该教学模式相匹配的实践内容。

五、总结

武汉大学国家网络安全学院应用密码学课程组以培养应用型密码学人才为目标，通过信息安全数学基础翻转课堂教学模式研究、网络攻防演练与创新实践平台建设方法研究等教改项目的开展，提出了 REAC 教学模式，将专业素养、理论学习、能力培养、工具使用融入课堂教学实践中。通过教学团队近五年的教学实践，教学团队的整体授课水平得到提升，探索出的应用密码学人才培养新模式所培养的学生在分析和解决复杂安全问题、设计安全解决方案、选择和实现安全算法、专业工具使用以及创新意识和能力等方面显著增强。

◎ 参考文献

[1] 中华人民共和国网络安全法［EB/OL］.［2016-11-07］. https://www.npc.gov.cn/npc/c30834/201611/270b43e8b35e4f7ea98502b6f0e26f8a.shtml.

[2] 中华人民共和国密码法［EB/OL］.［2019-10-26］. https://www.npc.gov.cn/npc/c30834/201910/6f7be7dd5ae5459a8de8baf36296bc74.shtml.

[3] 中华人民共和国数据安全法［EB/OL］.［2021-06-10］. https://www.npc.gov.cn/npc/c30834/202106/7c9af12f51334a73b56d7938f99a788a.shtml.

[4] 刘建伟，李大伟，蒋燕玲，等. 面向网络安全卓越人才培养的一流网络安全学院建设实践[J]. 中国信息安全，2020(4)：36-38.

[5] 伍前红，王明明，刘建伟，等. 寓学于研教学模式在"网络空间安全"课程中的应用探索[J]. 工业和信息化教育，2019，76(4)：75-79.

[6] 付兴兵，周楠，吴铤. 网络空间安全一级学科中白盒密码的教学与科研探讨[J]. 通信技术，2021，54(2)：483-487.

[7] 牛淑芬，于斐，杨平平，等. 交叉学科背景下信息安全数学基础理论与实践教学方法研究[J]. 计算机教育，2021(2)：149-152.

探究式学习整合课程思政的实践路径探索

谢先飞[1]　王　郢[2]　何春燕[1]　周　蕊[1]　乐　江[1*]

（1　武汉大学　基础医学院，

2　武汉大学　课程思政教学实践评价研究中心，湖北　武汉　430071）

【摘　要】探究式学习有助于提升学生自主学习能力、创新意识和研究兴趣，以探究式学习为主的研究性课程可为医学本科生提供建构学习体验和科研能力训练。创新性建设融入"思政元素"的研究性课程，增强"隐性"教育实践，对培养有思想、有情怀、有责任、有担当的医学科技人才具有重要意义。武汉大学结合探究式学习特点，重塑课程整体设计，在过程中让学生去体会，引导学生爱国、励志、求真、力行。问卷调查和学生学习体会分析均提示，探究式学习整合思政元素，有助于激发学生科研兴趣、培养批判性思维方式及提升信息处理能力。

【关键词】探究式学习；课程思政；医学生；问卷调查

【作者简介】谢先飞(1976—　)，男，湖北武汉人，博士研究生，武汉大学基础医学院副教授，硕士生导师，主要研究方向为基础医学教育，E-mail：xiexianfei@whu.edu.cn；王郢(1982—　)，女，四川成都人，博士研究生，武汉大学课程思政教学实践评价研究中心主任，副教授，主要研究方向为课程思政教学支持，E-mail：fanne_wong@whu.edu.cn；何春燕(1970—　)，女，湖北红安人，博士，武汉大学基础医学院副教授，主要研究方向为基础医学教育，E-mail：kathyhcy@163.com；周蕊(1979—　)，女，湖北襄阳人，博士，武汉大学基础医学院教授，博士生导师，主要研究方向为基础医学教育，E-mail：ruizhou@whu.edu.cn；＊通讯作者：乐江(1975—　)，女，湖北武汉人，博士研究生，武汉大学基础医学院副院长，教授，博士生导师，主要研究方向为基础医学教育，E-mail：yuejiang@whu.edu.cn。

【基金项目】湖北省高等学校省级教学研究课题(2020012)；武汉大学医学部教学改革研究项目(2020005)；武汉大学医学部教学改革研究项目(2021009)。

一、引言

全国高校思想政治工作会议指出，做好高校思想政治工作，要用好课堂教学这个主渠道，使各类课程与思想政治理论课同向同行，形成协同效应。[1]"课程思政"是指将思想政治教育融入课程教学和改革的各环节、各方面，在润物细无声中融入理想信念的精神指引。[2]武汉大学医学部在借鉴国外医学院校教学经验[3~4]的基础上，与芝加哥大学普利兹克医学院合作对临床医学专业的学生开设以探究式学习为主的研究性课程"学术与发现"（Scholarship & Discovery）。[5]学术与发现是医学生本科阶段科研启蒙课程，旨在培养学生科研意识和科研技能，涵育科学精神。在以探究式学习为主的研究性课程中，如何增强隐性教育实践，值得深入思考和研究。引导学生爱国、励志、求真、力行，提升科学素养，对培养有思想、有情怀、有责任、有担当的医学科技人才具有重要意义。

武汉大学结合探究式学习特点，改变传统填鸭式教学模式，探索在研究性课程中实现"隐性"思政教育与专业学习的"无缝对接"。通过重塑课程整体设计，充分发挥学生主观能动性，形成有效实践方案，为国内医学院校进行创新性课程教学改革提供参考。

二、对象与方法

我们选择了参与学术与发现课程学习的 2020 级临床医学 8 年制和 5 年制的全体学生作为教学研究对象。课程结束后，采用自行设计的问卷对学生科学素养进行评价，包含科研兴趣、批判性思维、信息处理能力等，并要求学生列举学习本门课程感受最深的 10 个关键词生成云图。

研究性课程以掌握专业文献检索、阅读方法，培养批判性思维能力和开放性思维能力，提升实验设计和学术论文写作能力为目标。课程团队结合课程教学目的，提出崇尚科学精神、主动重塑坚强意志品质、强化使命担当的素质目标。教学团队突破传统教学方式，精心设计了文献检索与分享、文献阅读、科学发现、课题设计解析四大专题讨论，并通过项目引导的科研实践活动延伸课堂教学。四次讨论专题层层递进，不断强化学生文献检索能力，并利用科学发现讨论课，让学生"亲历"科学研究过程，从文献讨论中体会和感受科学精神。课前，教师选取医学史上若干重大科学发现，拟定检索词以供学生分组查阅；课中，学生通过文献数据还原重要医学发现的历程，班级讨论研究工作的价值；课后，学生提交科学发现历程小结并撰写学习体会。在研讨式学习过程中，教师课前审阅学生 PPT，给予指导性意见；课上，点评班级讨论情况；课后，组织学生进行教学内容总结和反思。通过教师全程指导把关，帮助学生理解创造性人才的性格品质，潜移默化地融入"思政元素"。

三、实施效果

学生以不记名方式填写问卷，回收有效问卷 160 份，问卷内容及结果详见表 1。在科研兴趣类问题的板块中，大部分学生评价积极，其中"我会按老师课前布置的任务积极查阅文献进行准备""如果一名医生能够熟练掌握医学文献检索查阅方法，时刻了解医学治疗新进展，对于病人来说非常有益""我会将科学发现讨论课中学习到的经验运用到今后的学习工作中""我在科学发现讨论课上能够踊跃参与讨论""我所在小组讨论合作氛围很好，我在其中得到了鼓励和发展""科学发现讨论课的学习使我快乐""这门课程的讨论课形式丰富灵活"等问题同意率均在九成以上，分别达到 98.13%、96.25%、95.63%、95%、93.13%、92.5% 和 91.88%，表明课程较好地激发了学生科研兴趣。

表1　　　　　　学术与发现"课程思政"实施效果问卷调查结果[$n=160$, $n(\%)$]

类　　别	非常同意	比较同意	无所谓	比较不同意	完全不同意
科研兴趣					
我会按老师课前布置的任务积极查阅文献进行准备	117(73.13)	40(25)	1(0.63)	2(1.25)	0(0)
我在科学发现讨论课上能够踊跃参与讨论	94(58.75)	58(36.25)	4(2.5)	3(1.88)	1(0.63)
科学发现讨论课的学习使我快乐	99(61.88)	49(30.63)	9(5.63)	2(1.25)	1(0.63)
在上科学发现讨论课时，我是非常放松和投入的	91(56.88)	52(32.5)	9(5.63)	7(4.38)	1(0.63)
我会将科学发现讨论课中学习到的经验运用到今后的学习工作中	106(66.25)	47(29.38)	6(3.75)	1(0.63)	0(0)
这门课程的讨论课形式丰富灵活	97(60.63)	50(31.25)	11(6.88)	2(1.25)	0(0)
如果一名医生能够熟练掌握医学文献检索查阅方法，时刻了解医学治疗新进展，对于病人来说非常有益	122(76.25)	32(20)	5(3.13)	1(0.63)	0(0)
我所在小组讨论合作氛围很好，我在其中得到了鼓励和发展	113(70.63)	36(22.5)	9(5.63)	2(1.25)	0(0)
批判性思维					
在进行文献查阅时，我会着重关注支持我观点的文献内容，与我观点相违背的文献则有所排斥	30(18.75)	19(11.88)	10(6.25)	75(46.88)	26(16.25)
在进行课前准备时，我习惯于多方面考虑，尽量使准备的内容更充分完善	88(55)	62(38.75)	7(4.38)	3(1.88)	0(0)
我认为在课程讨论时发表任何观点都需要有说服力的证据	94(58.75)	56(35)	5(3.13)	5(3.13)	0(0)
当讨论课上出现争议性论题（如转基因），我无法确定自己的观点	24(15)	36(22.5)	15(9.38)	74(46.25)	11(6.88)
在课上讨论时，我能够比较明晰地理解别人的观点	53(33.13)	87(54.38)	7(4.38)	11(6.88)	2(1.25)
对我来说，在讨论课上，将自己的思想和观点清晰、有逻辑地组织串联起来是很容易的	45(28.13)	91(56.88)	11(6.88)	11(6.88)	2(1.25)
信息处理能力					
当需要做文献资料的检索时，我会尽力去收集所有相关信息	77(48.13)	71(44.38)	6(3.75)	6(3.75)	0(0)
对于任何问题都很难有万能、完美的解决方法，只有符合特定情境且存在局限性的方法	81(50.63)	63(39.38)	11(6.88)	4(2.5)	1(0.63)
通过科学发现讨论课学习新知识时，我会马上联想到以前的知识	54(33.75)	86(53.75)	13(8.13)	7(4.38)	0(0)

在批判性思维的考察板块中，同意"在进行课前准备时，我习惯于多方面考虑，尽量使准备的内容更充分完善"（93.75%）、"我认为在课程讨论时发表任何观点都需要有说服力的证据"（93.75%）、"在课上讨论时，我能够比较明晰地理解别人的观点"（87.5%）、"对我来说，在讨论课上，将自己的思想和观点清晰、有逻辑地组织串联起来是很容易的"（85%）等问题的比率很高。

在信息处理能力类问题中，学生同意"当需要做文献资料的检索时，我会尽力去收集所有相关信息"（信息收集能力）、"对于任何问题都很难有万能、完美的解决方法，只有符合特定情境且存在局限性的方法"（信息甄别能力）、"通过科学发现讨论课学习新知识时，我会马上联想到以前的知识"（信息综合能力）的比例分别达到92.5%、90%和87.5%。

学生们在学习体会中，自然流露出对科研人员性格品质的认同感和崇尚科学精神。有的同学写道："在科学发现过程中，我们首先要具备的就是坚持不懈的品质，认真观察和实验、认真总结和思考。其次我们要具备一定的创新能力。科学发现需要有发散性思维，要学会灵活变通，大胆创新。"有的同学表示："通过本小组的资料搜寻，并听取其他小组的汇报后，给我们印象最深的便是科学发现需要'运气'。但这种'运气'离不开科学思维，仔细观察和严谨态度。"有的同学认为："科学发现过程需要科研人员不断努力，克服困难，不畏艰险，迎难而上，需要科研人员掌握大量的信息，拥有强有力的学习能力以及甄别能力，在有效与无效的信息中挑选出自己所需要的一部分，在探索过程中，需要科研人员具备坚定的意志力，不怕苦，不怕麻烦，重复试验，在失败中吸取教训，认真观察，认真落实，认真做好总结思考。"

由词云图可知，学生们对科学发现课程体会出现频次最高的关键词依次为：文献、合作、严谨、创新、科学、思维、检索等，说明学生真正认识到文献检索、团队合作、严谨创新、科学思维等在科研工作中的重要性（见图1）。出现在词云里的不同关键词总数达到30条，说明学生对关键词的选择并不完全趋同，而是从不同角度有自身的感受和体会。

图1　学习体会关键词云图

四、讨论

武汉大学在研究性课程"学术与发现"中针对隐性教育的要求创新教学方法，并进行了有益的探索和实践。课程在训练学生科研技能的同时，激发了学生投身科研的兴趣，培养了批判性思维能力和勇于探究的科学精神，加强了职业认同。研究性课程整合探究式学习和课程思政，显著增强了"隐性"教育效果，引导了学生坚定信念，提升综合科学素养。

教育家苏霍姆林斯基指出，真正的教育乃自我教育。课程思政教育效果的实现应该是内生性的，在学习过程中，需要学生亲身经历学习过程，自行体验情感情绪，专业课程教学中应该为他们提供更多主动学习机会(根据学习效率金字塔)。于是，根据探究式学习以教师为主导、以学生为中心的特点，教学团队在课程设计上，创新性地采用了教师预先提供检索词，学生以小组为学习单位，[6]以问题为导向合作进行文献的检索和阅读的方式，充分发挥了主观能动性，有效促进了其积极进取、自由探索，通过自身实践、小组讨论、批判综合等方式实现了学生对思政内涵的主动接纳，同时培养了他们的创新意识和协作能力。本课程学生自主获得教育资源，借助团队合作查阅资料、收集信息，并进行信息的归纳、总结，通过讲述的方式"亲历"科学发现历程，实现了学生自我教育的目的，促使科学精神和人文精神在医学教育中更好地实现了融合。[7]例如，远藤章从可以抑制胆固醇合成的真菌中分离提取了活性物质——美伐他汀，总共持续了 2 年，经历了 6000 多次失败。学生深刻认识到研究不是一帆风顺的，而是充满了重重困难，从事科学研究必须有持之以恒及不畏失败的精神。

课程思政元素挖掘是多元化和多触角的，不仅包括家国情怀，也包括批判精神、职业担当等内容。在专业教学中的课程思政挖掘应该打开思路，解放思想，避免将"课程思政"与"思政"简单画等号。"课程思政"是弥补传统思想政治教育不足的强有力手段，对于培养学生的批判性思维也有很大的促进作用，[8]本次问卷调查的结果也证实了这一点。教师不仅要具备扎实的专业基础知识，还要有较高的思想道德修养。课程思政也督促教师提高自身思想政治素养和思想政治教学能力。[9]研究性课程中，学生虽是主力军，但教师需要全程参与和整体把握，对检索词的选定、文献的查阅、PPT 的制作、课堂讨论的组织，以及问题的设定进行针对性指导。通过将知识传授和价值引领协调统一，把社会主义核心价值观贯穿到全程教育之中。[10]

国外知名高校多数开设了专门提高批判性思维能力的课程，目前国内主要是在学科学习中通过改进教学方法培养批判性思维。[11]本研究发现，对于"在进行文献查阅时，我会着重关注支持我观点的文献内容，与我观点相违背的文献则有所排斥"这一问题，仍有 30.63%的学生选择同意，说明有少部分学生还需要进一步培养批判性思维习惯，多关注不同观点，注重观点和证据的匹配度。

教师团队在课程进行过程中注意到各讨论小组内存在少量"沉默者"，该类学生相对内向，小组准备和班级讨论的参与意识不强，提示课程准备过程中教师需事先干预小组组建和成员分工，充分利用学生互评的方法督促组员完成任务。

　　总之，学术与发现作为一种开放式、研究性的教学课程，融入"思政元素"，创新了实施"思政教育"的方式方法。通过教学设计有效整合探究式学习和课程思政，学生自主获取包含思政元素的教育资源，实现自我教育的目的。研究性课程融入思政元素，可以解放学生思想，促进其对科学精神、家国情怀、职业责任等深层次问题的解析。高校作为立德树人的主阵地，更应主动作为，承担育人责任。本文实践经验可为国内医学院校进行创新性课程教学改革提供参考，助力医学科技人才培养。

◎ 参考文献

［1］许硕，葛舒阳."思政课程"与"课程思政"关系辨析［J］.思想政治教育研究，2019，35(6)：84-87.

［2］高德毅，宗爱东.课程思政：有效发挥课堂育人主渠道作用的必然选择［J］.思想理论教育导论，2017(1)：31-34.

［3］Pritzker School of Medicine. Scholarship and discovery［EB/OL］.［2012-11-17］. http：//pitzker. uchicago. edumd/ curriculum/scholardiscovery. shtml.

［4］乐江，余保平，朱思莹，等.美国医学院校教学模式改革新方向［J］.中国高等医学教育，2012(1)：120-122.

［5］吴娟，李金芯，乐江，等.研究性课程的评价体系探索［J］.医学教育研究与实践，2019，27(1)：46-50.

［6］Burgess A W, McGregor D M, Mellis C M. Applying established guidelines toteam-based learning programs in medical schools：a systematic review［J］. Acad Med, 2014, 89(4)：678-688.

［7］Song P, Tang W. Emphasizing humanities in medical education：promoting the integration of medical scientific spirit and medical humanistic spirit［J］. Biosci Trends, 2017, 11(2)：128-133.

［8］余光辉，覃永华，龚汉雨，等.融课程思政和批判性思维于细胞生物学教学中的策略和实践［J］.教育教学论坛，2020(22)：46-47.

［9］徐丹，尹雪娜，马世坤.基于大学有机化学开展"课程思政"的探索与实践［J］.中国高等医学教育，2018(10)：30-31.

［10］高德毅，宗爱东.从思政课程到课程思政：从战略高度构建高校思想政治教育课程体系［J］.中国高等教育，2017(1)：43-46.

［11］马荣.创新性教学方法能够提高大学生的批判性思维能力吗？——来自中国高校教学的Meta分析［J］.教育教学论坛，2020(44)：14-16.

提供线上志愿法律服务的社会实践课程建设方案

叶小琴　　杨弘毅

（武汉大学　法学院，湖北　武汉　430072）

【摘　要】 建设高质量实践教学课程是法学教学实现内涵式发展的重要路径。我国高等教育法学课程中培养学生实践能力的案例教学局限于对已决典型案例的研讨、辩论或者模拟，主要存在教学目标定位辅助性、教学评价和考核方式片面性、教学形式单一性、班级规模有限性四方面的问题。依托教学实践基地和围绕模拟法庭竞赛的社会实践课程对于解决前述问题的助力有限。建议开设提供线上志愿法律服务的社会实践课程，使学生志愿者通过网络平台精准对接需要线上非诉讼法律服务的匿名"当事人"，教师通过线下法律知识教学和线上志愿服务督导的融合与互动，逐步形成可持续开课、可容纳一定规模学生、可全流程指导和评价的新型社会实践课程建设方案。

【关键词】 法学教育；内涵式发展；案例教学；社会实践课程；线上志愿法律服务

【作者简介】 叶小琴（1978—），女，汉族，湖北鄂州人，法学博士，武汉大学法学院副教授，硕士研究生导师，研究方向为刑法学，E-mail：fxyyxq@ whu. edu. cn；杨弘毅（1997—），男，土家族，湖北宜昌人，法律硕士，广东省深圳市龙华区司法局四级主任科员，研究方向为刑法学，E-mail：whuyhy1997@ 163. com。

【基金项目】 "社会实践课程建设与质量提升研究"，2020 年湖北省高等学校省级教学研究项目（编号：2020047）。

一、引言

建设高质量实践教学课程是法学教育实现内涵式发展的重要路径。2017 年 5 月 3 日习近平总书记在考察中国政法大学时发表重要讲话，强调法学教育要处理好知识教学和实践教学的关系，要打破高校和社会之间的体制壁垒，将实际工作部门的优质实践教学资源引进高校，加强法学教育、法学研究工作者和法治实际工作者之间的交流。[1] 2019 年教育部《关于一流本科课程建设的实施意见》提出深化教育教学改革并打造"金课"，国家级一流本科课程包括线下、线上、线上线下混合、社会实践、虚拟仿真实验教学的多元化体系。因此，高等法学教育内涵式发展的核心目标是人才培养质量，主要手段是提升课程质量。实践教学课程由于教学素材的现实性以及教学方式的互动性，在法学课程体系中具有不可替代的重要地位。案例教学是法学课程开展实践教学的传统和主要方式，但是如何利用我国高度发达的信息网络将案例教学与社会实践课程的真实性和服务性相互融合，仍然有继续探索的空间。

二、我国高等教育法学案例教学的现存问题

案例教学最早于 1829 年在英国试行，而后于 19 世纪 70 年代在美国法学教育中得以推广，[2]是一种围绕真实案例或改编自真实案例的教学案例开展法学知识教育的教学模式。尽管各国法学院开展案例教学的形式不同，不过基本内涵是一致的，均强调实践性，教学目标在于"实践出真知"。案例教学体现了法学课程的实践性、应用性，使教学不再按部就班地传授庞杂的知识体系，而是直接指向实践，强调按照法学的应用性施教。[3]目前我国高校的法学教育中案例教学的应用已经非常广泛，但是还存在以下四方面问题，依然具有相当程度的提升空间。

(一) 教学目标定位的辅助性

通行观点认为案例教学是配合教师讲授，帮助学生提升法学理论知识水平的辅助性教学方法，大部分法学教师没有充分重视专门案例教学社会实践课程的重要性。例如有学者认为，在土地法相关教学活动中，由于存在传统教学方式过于注重理论，生硬地向学生灌输知识的情况，因此在教学中更多地采用案例教学的目的主要在于"用更有效的方式领会知识"。[4]诚然，案例教学完全可以发挥作为理论教学补充的作用，但是如果仅局限于此，则难以建设高质量的法学社会实践课程。

总之，当前案例教学的互动性教学设计难以满足现实社会对法律人才日益增长的专业化和多元化需求。然而，我国正处于积极立法和能动司法理念被高度重视的时代，复杂和新型法律问题不断涌现，法学教育最重要的目标是培养学生的法律职业伦理、法治意识以及自主学习法律的能力。案例教学的目标应当就是法学教育的全部目标，[5]只有强调案例教学目标的全面性与综合性，案例教学在法学教学各种方法中才不是一个孤立的关系，各种教学方法之间才能形成一个整体，保证更好地培养符合中国特色社会主义法治建设需求的德才兼备的法律人才。

(二) 教学评价和考核方式的片面性

当前法学课程的教学质量评价标准和考核方式并不能很好地容纳案例教学，对老师和学生的评价不能全面准确反映实际教学效果。其一，虽然高校对教师的工作绩效和职称晋升制度已经进行了注重教学的改革，不过仅限于获奖类、项目类教学业绩。多数教师缺乏改进案例教学课程的动力。其二，在当前考核方式中，对案例教学课程的实质参与度和积极性参差不齐。当前本科法学课程的期末考核方式主要为闭卷考试和结课论文。从有些学生的角度来看，案例教学对于在这两种考核方式中取得好成绩的帮助并不明显。因此，难免出现一些学生在小组中的实质参与度不高、学习不积极的情况，并且教师难以通过当前

考核方式反映学生学习态度的差异性。

根据目前课程考核方式所做的调整也难以完全避免前述问题。如果想全面、准确地考核学生，一个彻底的解决方案就是将案例教学的全部过程包括小组合作学习活动都安排于课堂内完成，但这在目前法学课程数量增多和每门课程学时有限的情况下并不太现实。而且这样的教学设计，将会导致课程运用的案例少、涵摄的知识点少、实训的能力少、容纳的学生少。总之，法学课程教学质量对教师和学生考核还存在不科学之处，这导致案例教学模式很难可持续性激发"老师投入教、学生专注学"的热情。

(三) 教学形式的单一性

当前案例教学的形式较为单一，主要体现为两点。一是教学内容的单一性。通常案例教学只是传统法学理论课程的一部分教学设计，对于教师事先确定的重难点法学知识起到补充教学作用。当然，目前各主流法学院也为本科生开设了专门运用案例教学模式的刑法、民商法、行政法等部门法实务课程，有非常好的教学效果。不过这类课程的核心依然是教师的分析和讲授。对案例材料的阅读、进一步钻研常常以课外小组研讨的方式完成，而学生在课堂之外也较难投入足够多的时间。

二是教学案例来源的单一性。法学课程体系以二级学科为核心分类设置，通常案例教学中主讲教师与其他密切联系学科的合作也相对较少。这导致案例选择在教学过程中属于一个较为孤立的环节，都是由教师确定。一般选择的案例是已经审结的经典案例。这些经典案例往往已经经过学者多番论证，固然具有更高的理论价值，但是同时也使得学生缺少对案例结果形成过程的参与感。而且，案例也与社会现实缺乏有机联系，仍然是课堂内的一个孤立环节。

三、我国法学社会实践课程创新发展的探索

对于如何处理案例教学中知识教学和社会实践的关系，法学教师提出了两类新的解决方案。

(一) 依托教学实践基地的社会实践课程

依托教学实践教学基地开设社会实践课程的核心思路是立足于教学实践实习基地，在实践实习的基础上，对学生实践实习过程进行指导。例如有学者提出，法学实践课程应该以实用性较强的基础实践课程为根基，与法院、律师事务所及法律援助中心等机构合作，建立长期稳定，多单位、多角色、多岗位的实践实习基地。[6]依托教学实践教学基地开设社会实践课程解决了实践教学的真实场景、真实素材和校外行业专家指导的问题，不过也面临新的问题。

首先，依托教学实践教学基地的实训学习所需周期较长，而且最好具有连续性。如果实践时间过短，学生往往还没有熟悉环境并进入角色，难以形成优质的实践经验。

其次，实训学习内容的差异化较大。由于教学实践基地及其内设机构所能接纳的实习

生规模有限，社会实践中学生实习的机构与部门都不尽相同，因此接触的实务类型不同。从课程设计的角度，难以由教师对其进行统一辅导。

最后，法学院与实践基地的深度合作以及可持续性建设也存在某些难点。由于法律对于卷宗等材料的保密性要求，以及繁重的工作任务和高水平的办案质量考核要求，实践基地实际上缺少意愿与高校进行开放案件裁判相关实践性资源的深度合作和大规模合作。而如果法学院自建教学实践基地，也与实训基地相仿，志愿服务的岗位少，难以容纳大规模学生志愿者，也存在难以与课程的周期性完全匹配等问题。

(二)围绕模拟法庭竞赛的社会实践课程

围绕模拟法庭竞赛的社会实践课程具有很强的可复制性、可持续性。有学者认为，法学实践课程应该发掘模拟法庭竞赛的教学功能，将实训课程和模拟法庭相结合，培养学生的实践能力。[7]有学者关注模拟法庭课程建设的评价体系。提出建立起由教师、同组同学、其他组同学按照一定比例综合打分的评价体系。[8]还有学者主张模拟法庭课程建设应该有明确的课程价值、独立的课程地位，同时尽量准备充足师资力量等资源。[9]围绕模拟法庭竞赛的社会实践课程是一种创新型的课程，不过还面临以下挑战。

首先，围绕模拟法庭竞赛的社会实践课程最大的挑战在于，只能对于进入诉讼流程的完整法律案件进行模拟。以刑事案件为例，2020 年认罪认罚从宽制度适用率超过85%。[10]这表示，大量的刑事一审案件控辩双方的沟通主要在审查起诉阶段完成。而模拟法庭课程难以对这一阶段进行模拟训练。也正因为如此，模拟法庭只能作为法学社会实践课程的一种次要类型，还需要与其他形式的实践课程一起共同实现实践教学的目标。

其次，模拟法庭课程还面临班级规模有限的问题。模拟法庭既需要实际演练的步骤，也需要耗费时间进行集中展示。而这种展示环节学生参与率较低，结果就是，模拟法庭课程中会产生大部分时候"少数同学主演，少数同学陪练，多数同学观看"的情况，在整个课程当中很难保证所有同学的积极性。

综上，模拟法庭更适合组织小规模学生参加特定的法学类模拟法庭竞赛，并不适合作为法学社会实践课程的通用形式。

四、提供线上志愿法律服务的社会实践课程建设思路

依托教学实践基地或者围绕模拟法庭的法学社会实践课程都存在一些明显不足，还需要探索全新方式进行补充，笔者建议开设提供线上法律志愿服务的社会实践课程。当然这并不是说此种课程设计能够解决法律社会实践课程的所有问题，而是提出一种具有可持续性、可复制性的法学社会实践课程创新发展思路，形成对于法学课程体系和国家法律援助制度的有益补充。根据《中华人民共和国法律援助法》第 2 条，法律援助是国家建立的为经济困难公民和符合法定条件的其他当事人无偿提供法律咨询、代理、刑事辩护等法律服务的制度，是公共法律服务体系的组成部分。又根据前述法律第 12 条，县级以上人民政府司法行政部门应当设立法律援助机构，负责组织实施法律援助工作，受理、审查法律援

助申请，指派律师、基层法律服务工作者、法律援助志愿者等法律援助人员提供法律援助，支付法律援助补贴。因此，法学院师生既可以作为法律援助志愿者到法律援助机构提供法律援助活动，也可以依托网络平台独立提供志愿法律服务活动。申请法律援助服务需要符合特定条件并且通常需要本人到法律援助机构书面申请，然而许多公民还存在大量无须参与仲裁或诉讼的法律问题需要解决，而且也非常希望能够以匿名、便捷、免费方式获得专业解答，这为法学院师生的线上法律志愿服务活动提供了众多适格的"当事人"。

(一) 实践教学内容：线上非诉讼志愿法律服务

提供线上法律志愿服务的法学社会实践课程要求选课学生依托网络平台，免费提供法律咨询或代拟法律文书的非诉讼法律服务，教师根据学生提供志愿法律服务的情况安排课程教学内容及考核方式。具体而言，教师指定知乎等普通网民较多发布求助性法律问题的信息网络平台，要求每位学生独立注册账户，先收集并分析以往的法律问题及其回答，再结合法律知识和对于历史问题的分析，在选修课程期间在线回答一定数量求助性法律问题。之所以要求学生回答求助性法律问题，是因为此时学生相当于在线对于匿名"当事人"提供法律咨询意见或代写法律文书，这种与真实问题相关联的志愿法律服务能够起到不可替代的实践性训练价值。网络平台的其他法律问题主要还包括针对特定法律概念的知识性法律问题、针对热点法律事件或案件的评论性法律问题。对于前述两类法律问题的解答只是满足了网络用户的好奇心或知识短板，不涉及真实的法律事务，所以不适宜作为实践教学的内容。

提供志愿法律服务的法学社会实践课程是以志愿法律服务为实践形式，以法律知识普及为主要目标，以信息网络为问题采集、解决方法发布平台的社会实践课程。诚然，线下实践教学能够更好地深入了解现实情况，但同时也存在成本过高、难以持续稳定升课的问题。并且，在新型冠状病毒肺炎疫情防控常态化的情况下，社会实践可能被迫中断。许多法律机关比如监狱等监管机构在疫情暴发以来一直无法开展线下实践活动，而且学校对学生集体离校活动也有一定的限制。加之前文所述的线下实践本身就存在不适宜进行课程建设的特点，因此线上实践教学形式的发展至关重要，这样才能保证社会实践课程的教学可以常态化开展。而且，提供线上法律志愿服务的法学社会实践课程也具有其独特的优势。

首先，提供志愿法律服务的法学社会实践课程可以提供真实的、综合性的、多元化的法律问题。传统案例教学的一大问题就是教学内容不够丰富，其中案例数量太少，种类单一是主要原因。而要拓宽案例，自然应该从案例筛选方式入手。以往教学中所用的经典案例固然具有很高的价值，但是难以涵盖现实生活中复杂的情况。提供线上法律志愿服务的法学社会实践课程能够使得学生接触到大量最真实的法律问题，学生以咨询人身份，尽可能为网络用户提供一份专业的法律问题解决方案，这对于培养学生的法律职业伦理和敏锐的法律思维都非常有帮助。

其次，提供志愿法律服务的法学社会实践课程有助于学生形成正确的法律伦理观念。法律职业伦理教育是法学教育的核心环节之一，但是我国对其重视程度尚显不足，而线上志愿法律服务则是进行法律职业伦理教育的适合形式。有学者认为应该将大学生法律援助作为一门课程，但是更侧重于将其纳入法律职业伦理教育体系中，除了提升学生的职业技能以外，更重要的是教育学生尊重法治，遵守行为标准，实现正义。[11]尽管笔者并不同意法律职业伦理教育是提供志愿法律服务实践教学的主要目标，不过线上志愿法律服务的形式能够有效培养学生的奉献精神，并引导学生立足于广大群众实际困难来学习和运用法律知识，从而更好地满足社会主义法治建设的需求。

(二)实践教学形式：专门课程或教学模块

首先，可以开设专门性提供线上志愿法律服务的法学社会实践课程，对于已有的法学社会实践课程，尤其是部门法实务课程或者依托教学实践基地开设的课程形成补充。随着网络自媒体的发展，无论是政府部门，还是律师事务所，在做普法与法律服务工作时都需要一定的网络媒体运营的能力，而这种运营能力也是以往法学实践教育中常常被忽视的。实践中，开设这类实践课程可以与有关部门进行合作，以小组合作形式推出优质的普法内容，或者与本校法律援助中心合作，推出对于常见法律问题标准化解决流程的整理资料等。例如，笔者在2020年春季的"犯罪学"选修课中，以拍摄并集中播放视频的特殊方式，为法学院教学实践基地即某强制隔离戒毒所的全体戒毒人员提供志愿法律服务。在疫情管控常态化以后，笔者以前带领学生到监狱、强制隔离戒毒所等教学实践基地进行调查和法律服务的教学模式无法实现。笔者积极探索，创新志愿法律服务模式，要求学生分组拍摄"禁毒宣传教育与法律服务普法系列视频"，并在戒毒所播放，根据拍摄视频的脚本等材料、视频内容以及戒毒所的反馈，给出学生的得分。

其次，也可以形成提供线上志愿法律服务的实践教学模块，融入传统的法学课程。我国法律援助资源严重不足，并且法律援助资源中高校师生所占的比例更小。普通民众对于很多基础法律问题应该怎么解决都还有很多疑问，但却普遍对法律援助组织缺少信任。[12]并且因为法律援助资源的不足，很多人对于简单的法律问题更倾向选择通过网络信息寻求答案。根据笔者团队的初步浏览，实际上网络上对法律问题往往缺少有质量的解答。回答具体的法律事务问题，需要学生结合具体情况，提供生活化的语言解释、具体的办理流程，才能真正地达到志愿法律服务的效果。例如，笔者尝试在2021年秋季开设的"刑法各论"必修课中，将平时考核方式调整为提供线上志愿法律服务。要求每位学生通过"知乎"回答15个有关课程讲授的刑法具体罪名的求助性法律问题；平时在教学过程中可以结合学生的回答进行点评，学期末则对于全部学生的回答情况进行总结。学期末，根据学生回答的法律咨询意见以及题主和其他用户反馈情况，给出每位同学的课程平时得分。

(三)实践教学考核方式：全流程评价

传统的课程考核方式主要参考学生的课堂参与度(出勤、课堂回答问题等)、随堂测试与作业、期末试卷或者结课论文，多数教师按照比例综合考核学生的课程得分。而法学毕业实习实践的评分则更简单，一般由实习机构直接给予评价。因此，现有的法学社会实践课程很难对学生的所有表现做出全面综合的评价。良好的学习评价方式，应该有清晰的目标、学生主动参与，并且需要在课堂内持续实施，总而言之，要达到可以促进学习的目的，才能算作科学的评价体系。[13]提供线上志愿法律服务的法学社会实践课程中，为了达到达成更好的教学效果，建议在考核方式方面着重注意以下两点。

首先，根据线上志愿法律服务活动的真实反馈进行效果评分。提供线上志愿法律服务的法学社会实践课程在进行中的法律事务中和真实"当事人"展开互动。但是传统的课程考核方式主要是教师根据试卷或者研究报告独立评分，有时助教或者是学生互评也会作为评分的补充形式。但是社会实践课程的考核方式，至少应该跟实践场所或者实践活动的对象相结合。提供线上志愿法律服务活动的法学社会实践课程中，有大量现有的方式可以帮助收集读者的评价与反馈。比如，如果以网页回答为载体，可以参考"获赞"数量进行评价；如果以视频账号、博客公众号等形式为载体，则应该以播放量、阅读量为参考标准进行评价。与老师、助教主要为了评判成绩的评分不同，这种反馈是现实的，既直观展现了学生志愿法律援助工作的结果，也表现了受众的满意程度，因此更能激励学生的钻研精神。

其次，以助教全流程参与研究小组团队合作为基础进行个人评分。考察目前大部分法学课程的师生比，一般一位教师在教学过程中会负责 30 名乃至超过 100 名同学的学习和考核。社会实践课程经常会运用小组合作的教学设计，教师难以参与学生团队在课堂外开展合作的各个过程，也无法深入了解不同成员在团队合作中的具体情况，基本上只能根据最终的小组合作结果进行考核。因此，建议安排研究生助教与学生小组一起开展合作实践，从而能够全流程评价每位同学的表现，给出较为公平的分数，并更好地激发小组合作中学生的积极性。

笔者目前在本科生选修课"犯罪学"中采取以下方法以全面、准确评价学生的表现。第一，要求研究小组的人数为 2~8 人，并且需要提交成员分工表、研究计划、工作日志等完成最终成果的过程性材料，以评价小组成员的个别化表现。但笔者毕竟没有全程观察学生们在课堂外的分组合作学习表现，也只能根据过程性材料微调个别同学的得分，课程考核还是只能以小组整体评价为主。第二，将学生小组所拍摄制作的视频，在前文所述某强制隔离戒毒所中利用休息时间集中播放，并下发调查问卷统计观众对于视频内容、表现形式、解决力等维度的评分，最后根据各小组的得分，按照一定比例计入课程最终成绩。第三，尝试为每个本科生小组安排一位研究生助教，全程参与、指导和评价研究小组的课外合作学习活动。

(四)实践教学辅助团队：研究生助教

提供线上志愿法律服务活动的法学社会实践课程无须再邀请其他教师或者校外行业专家加入教学团队，建议充分发挥硕博士研究生助教在社会实践教学中的深度参与作用。充分发挥研究生助教团队的作用主要有以下三方面价值。

首先，充分发挥研究生助教的作用能够促进学生主动交流和思考实际法律问题，也能保证班级规模的适度性。建议选择具有较高理论水平与一定实践经验的硕士、博士研究生担任助教，并且也要求助教实际参与线上志愿法律服务活动。在开展线上志愿法律服务的过程中，学生遇到的法律问题通常较为基础但是需要一定的实践经验，学生有时并不能独立完成比较圆满的解答，有时候学生对于自己的咨询意见也不太有把握。因此，学生需要督导者的答疑解惑。提供线上志愿法律服务的法学社会实践活动具有即时性，因此学生需要答疑解惑的时间可能不是上课时段。其他时段，教师并不能实时回答学生的问题。因此，如果学生有疑问，可以直接由助教进行指导。助教可以实时与学生保持沟通，随时指出应该注意的法律问题，从而保证实践学习和法律援助的效果。当然，为了使助教的督导更加具有针对性，也应该要求助教在同一个网络平台同步开展法律援助互动。同时，由于助教对于线上志愿法律服务活动能够及时督导，这样社会实践课程可以适度容纳一定规模的学生。

其次，充分发挥研究生助教的作用有助于全面、细致地收集学生对于课程的反馈。任何教师的教学过程中都存在需要改进的环节，一流课程也正是在不断收集学生反馈和逐步改进中才能产生。助教既是学生又是助理教师，处于学生与教师之间的中间地带，本身就为评估课程、提出建议提供了一个新的角度。另外，许多学生对向教师直接反映问题心存顾虑，使得教师难以直接获得学生有实际内容的课程反馈。而助教因为更为贴近学生并且经常会与学生交流法律援助的具体问题，能够以非正式方式更有效、更及时地收集教学反馈，并和教师及时沟通，达到不断完善教学过程的效果。

最后，有计划地吸纳研究生助教参与本科教学是通过社会实践课程同步培养本科生和研究生的综合性教学活动。除实时跟进教学过程、辅助教学以外，参与社会实践课程的助教工作本身也是提高研究生培养质量的重要手段。在助教工作中，研究生不仅提升了对法学理论的熟悉程度，同时也锻炼了在小组工作中的领导、沟通能力等。更重要的是，研究生助教既是本科教学工作的辅助者、参与者，同时也是高校教师队伍的后备军。因此，在提供线上志愿法律服务的法学社会实践课程中，研究生助教是具有双重视角的"观察员"——观察学生，全程评价学生；观察教师，帮助完善教学。这实际上也是通过教师的言传身教，改变研究生培养阶段过于注重科研成果与荣誉奖项的偏好，从源头上改变我国高等教育过程中不太注重教学的倾向。通过安排研究生参与助教工作，可以使部分有能力有兴趣的学生对教学工作积累经验、产生兴趣。因此，研究生助教的参与不仅可以提升其参与课程的教学质量，同时可以为高等教育师资力量提供储备人才。

五、结论

提供线上志愿法律服务的社会实践课程能够为现有法学课程提供创新发展的新思路。案例教学属于法学社会实践课程中不可或缺的教学方式之一，但是在案例的真实性、现实性以及教学方式的实践性方面仍然有提升空间。目前，在现实社会开展实践教学的高水平师资、真实案件资源有限，疫情常态化管控时期的现实实践教学活动也不便开展，提供线上志愿法律服务的法学社会实践课程主要具有四点优势。一是能够最大限度为学生提供运用法律知识服务真实"当事人"的场景，通过解决真实问题培养学生的法律职业伦理；二是能够可持续、常态化开展实践教学；三是能够允许适度的班级规模；四是能够充分发挥研究生助教的深度参与作用，实现研究生指导与本科生课程教学的深度融合。

开设提供线上志愿法律服务的法学社会实践课程既可以采用专门课程形式，也可以在传统课程中融入实践教学模块。无论采取哪种教学方式都建议教师结合助教评分和法律服务活动全套电子材料，对于学生的社会实践活动进行全流程考核，作为课程平时或者期末考核分数。在初期开设课程时，建议以知乎作为首选的线上法律服务网络平台，便于科学、全面评价学生的表现，也便于逐步提升课程教学质量。后期可以考虑允许学生在抖音、B站等网络平台提供志愿法律服务。需要着重注意的是，教师要对助教及学生的法律服务活动开展定期督导，及时通过课外指导、课内点评来总结、推进学生的志愿法律服务活动。

◎ 参考文献

［1］ 新华社. 习近平在中国政法大学考察［EB/OL］.［2021-12-12］. http：//www. xinhuanet. com/2017-05/03/c_1120913310. htm.

［2］ 王家启. 法学案例教学模式与方法述论［J］. 北京科技大学学报(社会科学版)，2009（9）：70-75.

［3］ 杨中平，于永安，李涛. 法学案例教学模式研究［J］. 思想教育研究，2004（8）：71-73.

［4］ 王恒伟，邹士鑫，刘媛媛. 案例教学法在土地法学课程中的应用探索［J］. 西南师范大学学报(自然科学版)，2020（1）：169-174.

［5］ 李友根. 论基于案例研究的案例教学［J］. 中国大学教学，2015（3）：47-50.

［6］ 杨积堂. 应用型法律职业人才培养与法律实践教学的探索与创新［J］. 实验室研究与探索，2013（7）：109-110.

［7］ 曹锦秋，郭金良. 高等学校实践教育创新研究［J］. 辽宁大学学报(哲学社会科学版)，2018（4）：186-194.

［8］ 宋刚. 高等法学院模拟法庭课程学生评价体系初探［J］. 中国高教研究，2014（4）：102-105.

［9］ 陈兵，张光宇. 卓越法律人才培养计划与模拟法庭实践教学［J］. 黑龙江高教研究，2014（10）：169-171.

［10］ 张军. 最高人民检察院工作报告——2021年3月8日在第十三届全国人民代表大会第四次会议上［EB/OL］.［2021-12-12］. https：//www. spp. gov. cn/spp/gzbg/202103/t20210315_512731. shtml.

［11］ 张涛，刘聪. 司法改革视阈下法律职业 伦理教育之路径研究——以大学生法律援助"课程化"为视角［J］. 交大法学，2017（2）：107-121.

［12］ 张滋正，崔雪萌. 以法律诊所为依托探究高校法律援助发展［J］. 法制与社会，2010（21）：161-163.

［13］ 崔允漷. 促进学习：学业评价的新范式［J］. 教育科学研究，2010（3）：11-16.

SEJCL 文科云实验室：深度校企联合的新媒体人才培育新探索

赵　靓[1*]　魏长慧[1]　路翔斐[1]　程卿玄[1]　孙　彤[2]

（1　武汉大学　信息管理学院，2　武汉大学　新闻与传播学院，湖北　武汉　430072）

【摘　要】新媒体技术与形态的更迭带来了信息交流方式与社会传播活动的演变，对新媒体人才的需求与日俱增。高校作为人才培养摇篮，当前新媒体相关专业人才培养模式中实践环节较为薄弱，滞后于业界最新动态，无法满足新媒体产业快速发展变化过程中对口人才的直接需求。本文基于云联通概念，提出并设计了基于深度校企联合的 SEJCL 文科云实验室，充分联动生、校、企三方，统筹专业教学与实践，以行业实训为载体，反馈专业教学，辅助新媒体人才培养方案优化，助推新媒体行业发展，并综合大数据分析及问卷实证方式多角度论证了文科云实验室的设计合理性。

【关键词】文科云实验室；校企合作；新媒体；人才培养

【作者简介】*通讯作者：赵靓（1990—　），女，汉族，陕西西安人，博士，武汉大学信息管理学院特聘副研究员，研究方向为数据智能与文化计算，E-mail：liangzhao@whu.edu.cn；魏长慧（2001—　），女，山东潍坊人，武汉大学信息管理学院 2019 级本科生；路翔斐（2002—　），男，河南平顶山人，武汉大学信息管理学院 2019 级本科生；程卿玄（2001—　），女，湖北武汉人，武汉大学信息管理学院 2019 级本科生；孙彤（2001—　），女，河北邯郸人，武汉大学新闻与传播学院 2019 级本科生。

【基金项目】本研究工作来源于武汉大学综合教学改革项目子课题"数字出版大数据技术应用：社交媒体与文化计算新开课程探索与建设"（413200131）。

一、背景概述

新媒体时代，只要具备网络及通信设备，任何人皆可轻松参与信息生产、传播全过程，新媒体的全民性直接创造了"人人都是互联网主人公"的口号。[1]然而，从传统媒体向新媒体过渡的过程中，由于行业发展过快，当前参与新媒体行业的人群呈现出非专业性的特征——行业内新媒体专业人才匮乏，非专业人群占据新媒体行业招聘市场。随着新媒体行业的进一步发展，专业化需求提升，而新媒体营销人才基数少，供小于求，新媒体人才市场出现了围绕新媒体营销人才的供需矛盾。

高校作为人才培养的摇篮，以编辑出版专业为例，随着新媒体的发展，多元复合是编辑人才素质能力培养的内在要求，对标新媒体市场，培养具有"全媒"素质的人才成为当下新时代编辑出版事业发展的新目标。[2] 然而，国内开设编辑出版专业的高校大多停留在传统出版教育理念上，课程架构较为单一，缺乏多媒体及应用技术、营销管理、数据科学等在内的新媒体相关课程，导致培养出的编辑出版专业学生进入业界后适应困难。在新媒体不断发展的今天，传统出版人才已不能满足社会需求，出版人才向"全媒人才"的转型也要求高校的人才培养体系具备相应的技术课程、实践课程，从而帮助学生提高技术能力、实践能力等。[3]

校企合作作为人才培养的重要途径，打通了学界与业界的桥梁，服务于人才培养中的实践环节。[4] 然而，当前新媒体相关的校企合作大多浅尝辄止，无法上达人才培养的高度。"以工代学"成为常见的合作模式，学生进入实习基地，完成企业提供的低技术含量、劳力型任务。[2] 就学生方而言，这样的合作模式既难以接触到业界真实核心业务，也无法有效完成课程所学技能的实际练习应用。就高校、企业方而言，当前合作大多缺乏完备长效的合作机制与政策统筹，合作推进过程中各方松散耦合，缺乏有效的组织、领导与管理，各方资源难以统一部署与协调。[2]

校企联合的革新已不是理论上的新鲜话题，但确实是实践上的新项目。学者们多次提出对校企联合的人才培养机制进行创新革新，充分对接职业岗位的能力需求，整合资源，"建设具有实践教学、师资培训、技能竞赛、创业项目孵化、社会服务等功能的新媒体运营实训基地"，同时应"建立和完善实训基地运行管理长效机制，为持续合作提供制度保障"。[5]

本文针对新媒体人才培育中校企合作局限、行业实践不足的痛点，以大数据时代更为灵活的"云实验室"为载体，探索校企合作创新。提出"基于深度校企联合的新媒体人才培育云实验室（School-Enterprise Joint Cloud Laboratory，SEJCL）"构想。实验室基于云概念，采用校企双导师监管的项目驱动模式建立线上线下相结合、可移植、易扩展的校企联合人才培养平台。通过专家知识引导的校企双导师制度、任务积分制、多元数据驱动的智能筛选制等平台运行模式实现三方深度联动，统筹专业教学与实践，系统化利用教学实践活动中生-校-企多维数据流，以行业实训为载体，反馈专业教学，以客观数据实证辅助新媒体人才培养方案调整，达到三方共赢的目标。

SEJCL 文科云实验室面向当前"新文科改革"建设大背景，探索可行的文科实验室建设方案，填补虚拟实验室在校企联合方面的市场空白，为新文科建设下的人才培养新模式提供理论参考。同时，区别于传统虚拟线上实验室，云实验室基于云概念，通过云互联，打通异构资源壁垒，能够实现高校间、企业间，乃至学科间的横向和纵向的资源整合和资源共享，为构建新媒体全行业、全国乃至全球大型现象级文科云提供可能。

二、虚拟实验室国内外发展现状综述

关于云实验室的概念界定，因其出现时间较短，目前尚未有统一界定，学者们大多将其界定为"互联网+虚拟实验室"[6~7]或"云计算+虚拟实验室"[8~9]的教学服务平台。

虚拟实验室的概念最先由美国提出,其在大学教学科研方面的使用也相当广泛,以1988年麻省理工学院开发出的WebLab远程实验室为代表,主要集中在机械、电气、计算机、临床医学等实践要求高、实训需求大的专业。相比于传统实验室或实验平台,依托互联网、计算机技术,虚拟实验室具有相当高的可移植性、使用便捷性以及较低的维护成本,国内高校也逐渐依据自身教学需要开发相应的虚拟实验室辅助教学,基于主流云服务平台如Azure、[6]VMware基础架构[8]等,涵盖虚拟仿真、数字媒体、人工智能、虚拟现实(VR)、增强现实(AR)等新技术,[8]提供编辑、设计、开发、展示、互动及教学管理等综合性系统功能。浙江大学的虚拟化学实验室作为国内虚拟实验室典型代表,通过构筑虚拟实验环境,支持虚拟实验场景下的人机交互,有机地关联教师、学生、助教及教务多方,提供完整丰富的教学体验。①

总的来说,当前国内外虚拟实验室主要应用在理工医科教学方面,[9~10]文科实验室,尤其是新媒体相关实验室在"新文科改革"建设中仍处在起步阶段,目前尚处于市场空白,还没有成型的体系可供参考。另外,无论国内还是国外,高校相关虚拟实验室大多由高校自主开发、运营,主要服务于课堂及实验教学,[11~13]鲜有企业的加入与合作,行业实训实践与理论教学割裂,呈现松耦合甚至"两张皮"状态,无法满足当下新媒体行业人才培养需求。此外,现有虚拟实验室各自为政,较为零散、独立、不成体系,[14]微观上无法实现企业、高校、学生三个载体的横向和纵向的资源交流和共享,宏观上无法实现各学科间的交流互通,在人才培养方面往往停留在"纸上谈兵"阶段,无法发挥到人才培优的真正作用,也无法为企业和高校带来经济和社会方面的效益。

三、SEJCL 文科云实验室可行性实证

本文结合大数据分析以及问卷实证的方式,分别从新媒体人才实训需求必要性、SEJCL的设计合理性两方面,通过客观数据综合分析论证SEJCL文科云实验室的可行性。

(一)新媒体人才实训需求必要性的大数据论证

针对实习僧以及BOSS直聘这两个被广泛使用的人才招聘平台,我们通过Python爬虫程序抓取其中的新媒体相关人才招聘数据,以了解当前新媒体人才需求。具体来说,我们在实习僧上分别调取了新媒体营销、新媒体运营、内容运营这3个岗位约5000条招聘数据,从BOSS直聘上选取了约2000条数据用于对信息的挖掘,以形成对新媒体行业所需人才画像的构建。图1以词云形式展示了新媒体营销及运营方面的人才需求画像。

---

① https://zj.zjol.com.cn/news/1406807.html

（a）新媒体营销人才需求　　　　　　（b）新媒体运营人才需求

图 1　新媒体人才需求画像

以新媒体营销人才需求为例，沿用心理学家 Haidt 关于动机的个人性以及人际性分类，[15]我们将新媒体营销能力也分为个人能力与人际能力两类，抽取图 1 中的高频需求，新媒体营销人才能力需求归纳如表 1 所示。以出版专业作为新媒体相关专业实例，对照武汉大学出版专业现行人才培养方案，[16]显然，高校的课程设置能够覆盖新媒体营销人才所需要的个人能力部分，而与行业实践休戚相关的人际能力则需要在真实行业环境下、经充分的实训实践才能培养。新媒体运营人才需求也可以此类推。

因此，SEJCL 文科云实验室的建立，能够从根本上培养新媒体人才基于实训的人际能力，同时使学生能够进一步在行业实践中巩固所学的专业基础与个人技能素养，直接对标新媒体行业人才需求。

（二）SEJCL 的设计合理性问卷实证

为论证 SEJCL 文科云实验室的设计合理性，我们面向其主要使用对象——学生发放问卷，针对武汉大学文科生尤其是新媒体相关专业（如数字出版、新闻传播等）学生，进行项目相关意见调查。共投放问卷 100 份，回收有效问卷 84 份，主要调查对象是本科三年级学生（占比 50%），他们对所学专业已有深入了解和学习，即将面临实际就业，因此结果更具针对性。

表 1　　　　　　　　　　　　　　新媒体营销人才能力需求归纳

能力		具体描述
人际能力	管理	要求人才具备管理能力，具体体现在新媒体运营管理、新媒体数据管理、人力资源管理、产品及项目管理等方面
	沟通	具有良好的沟通能力，能够与客户、公司职员等洽谈
	合作	对工作认真负责，有良好的沟通能力，具有团队合作意识

续表

能 力		具 体 描 述
个人能力	需求	充分了解用户需求,收集用户反馈,分析用户行为及需求
	分析	通过数据分析(如互动、播放量等)有效调整内容方向,优化内容质量
	执行	职场即战场,企业看重应聘人才的执行力/动手能力,拒绝懒散人员
	数据	能够对推送文章、短视频、电商带货情况的数据进行管理、分析,并针对数据情况对产品内容进行下一步规划调整
	策划	有微信公众号等新媒体编辑、策划和运营经验,有媒体实习经历者优先
	经验	企业对有经验的人才表现出优先录取的意向

结果显示,学生具有较高的新媒体营销从业意愿。84%的学生有意愿从事新媒体营销行业,其中13%的学生意愿十分强烈。可见,新媒体营销行业对于新闻传播、信息管理相关专业学生有着强大的吸引力,增进其对于新媒体营销行业的了解,培养其新媒体营销能力具有一定的迫切性与现实意义。

学生普遍认为,当前高校人才培养模式不足以满足行业人才需求,学生实践需求高,而当前学校实践类活动效果欠佳。如图2所示,54%的学生认为学校课堂上能够学到的只占就业所需能力的一小部分,9%的人认为学校的课程跟专业前沿现状存在很大程度的脱轨。超半数的学生都对高校目前的人才培养现状存在一定程度的不满。学生眼中学校人才培养需要加强的方面排前三位的分别是实践动手能力、企业需求教育、社交技能,认为需要加强这三种技能的学生分别占比81%、62%、54%,而这三方面都属于和实践相关的技能(见图3)。82%的受访学生其所在专业曾开展实践类活动,所参加的实践活动包括企事业单位实地观摩、从业人员讲座、专业大实习等(见图4(a))。然而,如图4(b)所示,学校组织的此类活动具有时长不够、认知不够深入、与专业前沿贴合不紧密的问题。其中近72%的学生反映专业实践活动认知浮于表面,这是目前最为深入、最亟待解决的问题,为此,应探索新型实践活动,提升学生的参与度,创造更好的实践体验。

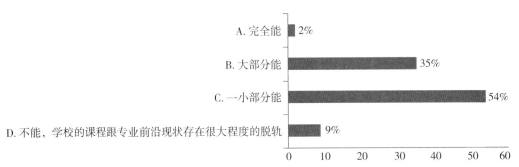

图2 (问题:您想从事的职位所需要的能力要求,您认为能够在学校课堂上全部学到了吗?)统计情况

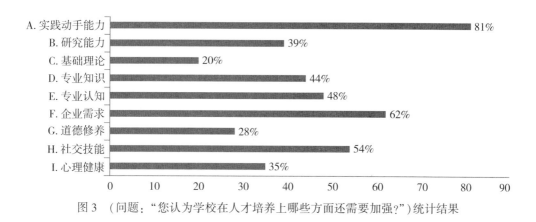

图 3 （问题："您认为学校在人才培养上哪些方面还需要加强？"）统计结果

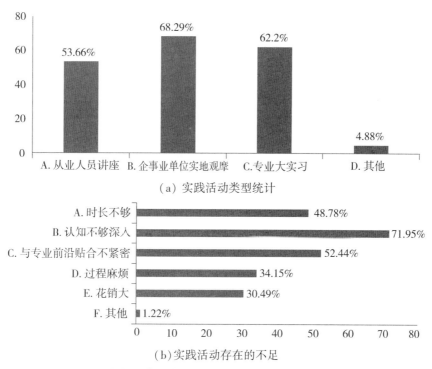

（a）实践活动类型统计

（b）实践活动存在的不足

图 4 高校实践类活动及学生态度的统计

云实验室被认为是市场"蓝海"，潜力极大。87%的同学之前从未使用过类似于云实验室的平台，甚至有近一半（47%）的同学完全没有听说过，这充分说明新媒体人才培养云实验室具有相当的创新性，是一片广阔的市场"蓝海"。且据统计数据，94%的同学愿意、比较愿意或非常愿意使用该平台，这说明学生参与热情极高，市场潜力大。

学生对新媒体营销中各个环节的各类实习任务均非常感兴趣，期待从平台上任务的完成中获得多种报酬，及能力的提升和锻炼，且短期任务较受青睐。如图 5 所示，新媒体营销中各个环节的各类实习任务，如文案撰写、编辑审核、图片设计、数据分析、活动策划等均是学生关注的热点，超过 70%的同学表示期待这些方面的任务发布。绝大多数同学

（90%）对完成任务后的经济报酬有要求，集中在 50~100 元或 100~300 元。同时超过四成的同学非常期待能够获得公司实地实习机会和实习证明、创意/想法/设计的落地机会，课程成绩和学分也是重要的考虑点。在平台上，学生希望能够通过完成任务充分锻炼自己的沟通协作能力、宣传营销能力、文案创作能力、自主学习能力和审美设计能力。据统计数据显示，1~3 天的任务时长最受学生青睐（27%），1 天之内（23%）和 3~5 天（21%）紧随其后，而 1 周以上的长期任务则鲜有人问津。

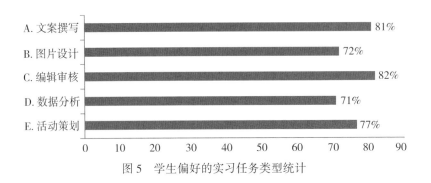

图 5　学生偏好的实习任务类型统计

受访学生还提出了其他关于平台的建议，其中，以加大宣传，扩大使用覆盖面为主，这也从侧面说明新媒体人才培养云实验室市场前景广阔。此外，平台后期也可根据学生意见建立开放资源专区，邀请行业内知名人士录制新媒体求职和实践技能课程，增设"帮助"的功能，允许学生在完成任务遇到困难时向他人求助，帮助他人也应被纳入对于学生个人能力考核的指标。

四、SEJCL 文科云实验室体系架构

SEJCL 文科云实验室以"一二一"的鲁棒校企合作机制为资源融合保障，以行业课题实训机制实现课堂教学与业界需求的有机联动，同时设计评价反馈机制形成闭合环路，为长效良好的校企联合实验室运作保驾护航，为新媒体人才培养方案调整持续赋能。体系架构如图 6 所示，数据流图如图 7 所示。

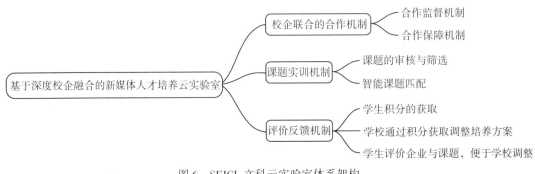

图 6　SEJCL 文科云实验室体系架构

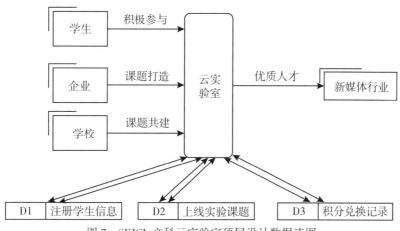

图 7　SEJCL 文科云实验室顶层设计数据流图

(一) 鲁棒的校企合作机制

SEJCL 提出"一二一"的校企合作机制，即"一个委员会""校企双导师""一个云实验室"，以实现对校企双方深度合作的监督与保障。

1. 合作监督机制——校企联合的人才培养委员会

成立校企联合的人才培养委员会，需要相应的高校管理人员与较为专业的企业管理人员进入委员会，选定相关的学科教授与企业课题负责人为校企导师。委员会负责云实验室的领导、管理与协调等一系列工作。管理队伍负责人才培养过程中的管理与协调，校企导师则负责对学生的培训以及相关内容的指导。学院与企业签订长期的人才合作协议，约定培养新媒体营销人才。

2. 合作保障机制——校企双导师监管

实验室采取双导师制度，以人才培养委员会中的高校学科教授与企业课题负责人联合形成双导师，合力对项目进行管理。在项目的进行过程当中，双导师全程对项目进行管理与跟踪，保障项目的正常运营与实施。学校会根据评价反馈形成一套对学生与企业的监管制度，在项目的进行过程当中，学校针对评价反馈的结果对表现欠佳的学生和企业进行筛查、督促与奖惩，保障平台良性运转。

(二) 课题实训机制

课题实训具体流程框架见图 8。

图 8(a) 展示了课题实训的生-校-企三方流程。

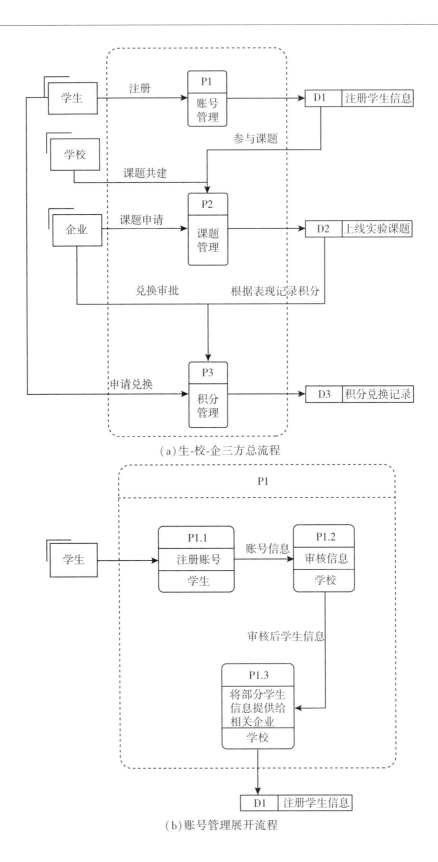

（a）生-校-企三方总流程

（b）账号管理展开流程

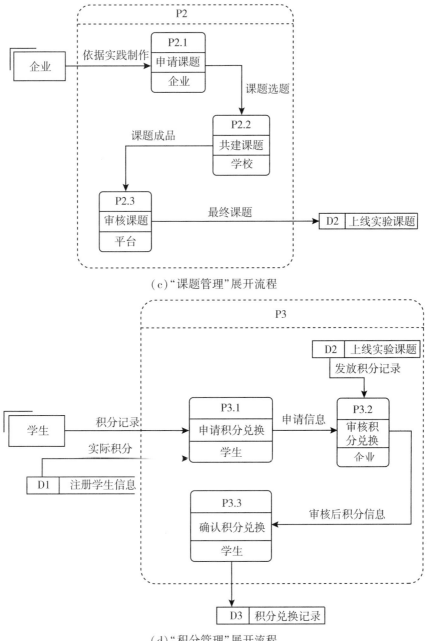

（c）"课题管理"展开流程

（d）"积分管理"展开流程

图 8　课题实训具体流程框架

1. 课题的审核与筛选

校方与企方确定课题的建设目标，选定高校学生的培养方向，共同设计课题体系，开发面向学生的教育性课题，设计课题方案并确定课题内容，制定课题评价体系并组织课题实施，并为实施过程中的课题提供一定的指导性意见。云实验室采用项目制，通过实训项目培养学生理论联系实际的能力。由企业提供真实，且具有教学意义、商业价值的课题，用于实验室教学、培训，增强学生的职业能力。课题进入实验室之前，会经过教授团队的专业审核，高校老师对课题进行审核与筛选，为学生找到符合学生能力范围，能够促进学生能力发展，同时也不影响学生学业进步的课题，使课题能够真正满足其设立目的，对学生的能力发展有所促进(见图8(b)、图8(c))。

2. 智能课题匹配

在系统为学生提供的课题上，将基于深度学习、协同过滤等算法框架，采用智能匹配方式。根据学生的学业表现、已修课程、兴趣爱好等，自动匹配相应的课题，为学生推荐难度与兴趣较为匹配的课题供学生申请参与。由企业方对学生的申请进行审核，企业根据学生的综合评定得分选择授予其设立的优质课题。

(三)评价反馈机制

云实验室采用积分制，对学生、企业课题进行评价。积分制在筛选优秀学生、筛选优秀企业课题(以用于后续继续保留优秀课题)等方面，具有实际的意义。积分制对学生的各方面能力进行评价，面向全体学生进行能力统计，及时调整人才培养的方向，着重培养学生欠缺的能力，对发展综合型、全能型人才有积极意义。

1. 学生积分的获取

如图8(d)所示，在学生选择的相关课题完成后，企业将会根据课题的完成时间、完成情况进行评估，对学生的各项能力进行评定，并将相关的评定结果上传系统，给予学生课题各个方面的评价分数，系统根据学生的分数给予学生相应的积分。企业在进行课题时可以根据积分对学生进行筛选，导师也可以根据学生的积分及时地对学生进行指导，防止影响学生的学业，影响校企合作。学生在后期可以凭借自身的积分获取相应的福利，激励学生进一步增长自身能力。

2. 学校通过积分获取调整培养方案

学校在一段时期的学习以及实践结束之后，可以对当前的系统中的学生能力评定进行数据整合。通过对学生数据的整理，对现阶段的学生能力进行评估，以此对下一阶段学生能力的培养做出决定，为学生培养方案的设立提供依据。

3. 学生评价企业与课题，实现双向优化

在学生被评价之外，学生也享有评价企业课题的权利。在实践完成后，学生可通过积分制对企业导师负责情况、企业课题的难度状态、企业课题的满意度等方面进行评价，帮助学校优化调整培养方案，改进企业合作及课题体系，促进整个校企联合云实验室长效良好发展。

五、总结与展望

本文面向新媒体行业人才实际需求，针对高校新媒体人才培养模式滞后于业界发展而带来的人才供需不平衡问题，通过大数据实证以及问卷调研的方式，以行业实训实践这一薄弱环节为抓手，以云互联为概念，创新性地提出了"基于深度校企联合的新媒体人才培育云实验室(School-Enterprise Joint Cloud Laboratory，SEJCL)"构想。

作为"新文科改革"建设背景下首个系统性的文科云实验室方案，SEJCL 实验室基于云概念，采用校企双导师监管的项目驱动模式建立线上线下相结合、可移植、易扩展的鲁棒校企联合人才培养平台，通过专家知识引导的校企双导师制度、任务积分制、多元数据驱动的智能筛选制等平台运行模式来保证学生能力得到锻炼、学校人才培养模式得到优化、企业储备人才得到丰富，充分联动生、校、企三方，优化传统运行松散、效果欠佳的校企合作实践模式，统筹专业教学与实践，系统化利用教学实践活动中生-校-企多维数据流，以行业实训为载体，反馈专业教学，辅助新媒体人才培养方案优化，进而实现通过高等教育人才培养与储备助推新媒体行业发展的宏大目标。

云概念的引入可以充分利用信息技术与数据智能，有助于打破高校、行业，乃至学科间壁垒，活化各方资源，为文科实验室的长效良好发展提供全新理念，未来可在此基础上通过云互联实现高校间、企业间、学科间纵向与横向资源整合与共享，在大数据、人工智能时代背景下，为实现全国乃至全球多学科交叉融合、涵盖教学科研等人才培养一体化的现象级文科云平台提供可能。

◎ 参考文献

[1] 李丽娟. 论我国新媒体的特征与发展现状及趋势[J]. 新闻传播，2019(11)：91-92.

[2] 戴竹君，陈少志. 新时代编辑出版人才的社会需求与职业能力培养探究[J]. 职业技术教育，2019，40(32)：40-43.

[3] 张文晋. 新文科建设背景下编辑出版学专业人才的培养[J]. 山西财经大学学报，2019，41(S2)：88-90.

[4] 张忠家. 产学研合作提升人才培养质量研究[M]. 北京：教育科学出版社，2014.

[5] 刘建涛，程晓皎. 网络与新媒体专业校企合作人才培养模式的优势与特色研究[J]. 化工高等教育，2019，36(5)：102-108.

[6] 张明宝，李雨. 电子商务云实验室的构建研究[J]. 中国教育信息化(高教职教)，2014(2)：79-81.

[7] 张路. 电子商务云实验室的建设在教学中的应用研究[J]. 商业故事，2018(2)：43.

[8] 陈守宽. 智慧云实验室在高校实验教学中的应用[J]. 实验科学与技术，2018，16(3)：178-182.

[9] 高洪皓，单子鹏，陈章进，等. 云实验室在大学计算机基础实验教学中的应用[J].

电气电子教学学报，2016，38（5）：130-133.

[10] 许元朋. 基于云计算的高校计算机类实验室建设研究[J]. 黄冈师范学院学报，2014（3）：84-86.

[11] 肖志勇."互联网+"下的高校实验室云平台建设的研究[J]. 神州，2021（9）：165-166.

[12] Jian Wei Z, Zhi Hui S, Chen Y, et al. Research and progress on virtual cloud laboratory [J]. MATEC Web of Conferences, 2016, 44（1）.

[13] 覃力立."互联网+"环境下传媒实验教学结构性变革——论全媒体实验室"教学云"平台的建设与管理[J]. 新闻爱好者，2016（1）：81-83.

[14] 王梅源，郑双怡，张劲松，等. 基于"云"的信息管理实验室建设分析与思考[J]. 实验技术与管理，2015（11）：251-256.

[15] Haidt J. The righteous mind: why good people are divided by politics and religion [M]. New York, NY: Pantheon Books, 2012.

机械设计课程多方法整合教学改革探索

马彦昭　梁　良　肖晓晖　张志强[*]

（武汉大学　动力与机械学院，湖北　武汉　430072）

【摘　要】机械设计作为机械类专业的核心课程之一，课程理论与实际紧密关联，教学难度较大。本课程过去的教学存在"满堂灌"、教学内容与实际工程问题关联度不够等问题。课堂枯燥沉闷，学生兴趣不足，教学效果不好。本文在明确课程教学目标的基础上，对教学内容和课程体系进行多轮迭代设计，建立以学生为主体、教师为主导的多方法整合教学模式。实践证明该模式的应用，起到了激发学生学习兴趣、提升教学质量的效果。以本门课为基础和起点，越来越多的学生加入机械创新设计实践活动，在全国机械创新设计大赛等学科竞赛中取得了好成绩。

【关键词】机械设计；多方法整合；案例教学；创新设计

【作者简介】马彦昭（1979— ），男，河北赵县人，工学博士，武汉大学动力与机械学院机械系主任，副教授，主要从事数字化设计与制造研究，长期从事机械设计教学；梁良（1980— ），男，江苏阜宁人，工学博士，武汉大学动力与机械学院讲师，主要从事非线性系统动力学研究，E-mail：liangliang@ whu. edu. cn；肖晓晖（1969— ），女，湖南益阳人，工学博士，武汉大学动力与机械学院副院长，教授，主要从事复杂机电系统动力学与可靠性分析研究，长期从事机械设计、测试技术的教学，E-mail：xhxiao@ whu. edu. cn；* 通讯作者：张志强（1978— ），男，山东德州人，工学博士，武汉大学动力与机械学院机械系副主任，副教授，主要从事复杂机械设计的教学和研究，E-mail：zhangzhiqiang78 @ whu. edu. cn。

【基金项目】2020武汉大学教学改革建设项目"新工科背景下的数字化设计制造方法模块课程建设"。

一、引言

机械设计作为机械类专业的核心课程之一，既涉及机械工程材料、机械原理、材料力学等众多前导课程内容，又是机械制造基础、机器人学等后续课程的基础，是一门理论与实际关联紧密的课程。[1]该课程内容涵盖设计总论、传动、连接、轴系等多个章节，需要掌握的知识和关注的细节较多，章节之间的关联较为紧密。[2~3]传统的"满堂灌"授课模式难以将课程中零散而又繁杂的知识体系与工程实际问题关联起来。[4~5]课程内容枯燥、课堂气氛沉闷、学生兴趣不足、教学效果不好。重基础重实践教学理念又压缩了课程理论学时数，暴露了传统教学方法难以将课程核心内容、关键问题讲清、讲透的缺陷。[6]这导致该课程历来被机械专业学生们称为"魔鬼"课程。如轴系是机械设计课程的落脚之地，是前面所有内容的综合应用环节，教学难点和痛点尤为突出，具体表现在：

（1）轴的结构设计需要考虑轴上零件的定位装配、制造工艺、力学特性等各种细节，并且存在多种零件配置和装配方案，需综合考虑制造工艺性、可装配性、强度、刚度、经济性等方面。教材中虽然内容较详细，但信息较琐碎，主线不明确。[7~8]实际授课时如果对教材内容"照本宣科"，采用面面俱到和平铺直叙的教学模式，将难以达到预期的教学效果。

（2）轴的结构设计的教学目标是使学生能够熟练掌握轴及其轴上零件的设计、定位、制造、装配等一系列知识。教学内容繁杂，但教学学时逐年减少。[9~10]传统的理论教学加课后习题的教学模式难以达成既定的教学目标，会出现核心内容因学时数减少而难以讲透的缺陷。

上述问题是轴系教学中的难点和痛点，也是机械设计课程中普遍存在的教学难点和痛点。因此，课程教学急需改进传统教学模式，提高教学效率，确保学生能够将所学知识与实际工程问题相联系，探索出一套以学生为主体、教师为主导的多方法综合应用的新型教学模式，以贯彻"以学生为中心"的教学理念。[11]

二、机械设计课程教学新思路

在明确课程教学目标的基础上，对教学内容和课程体系进行了多轮迭代设计，建立以学生为主体、教师为主导的多模式综合应用的教学模式；依托"案例"教学法，将教学方法由注入式教学转变为启发式教学，授课方式由平铺直叙转变为主线引导+知识跳跃，教学形式由单一课堂教学转化为多平台互动交流。实践证明该教学模式的应用，可引领学生掌握课程学习要求，凝练机械设计的基本方法，丰富工程设计经验，激发学生机械设计方面的创新潜能。

以机械设计课程"轴的结构设计"（"轴"的第 2 节）为例，该节中包含"轴上零件装配方案""轴上零件定位""各轴段直径和长度确定""提高轴强度常用措施""轴的结构工艺性"等相对独立的五个部分。以往教学中，教师对于所有的细节内容讲解得面面俱到，直到整章内容结束，才给出一个圆锥-圆柱齿轮减速器输出轴计算实例总结整章内容。课堂气氛枯燥沉闷，理论知识与工程实际关联不足，难以激发学生学习热情。经过多轮迭代设计后，"轴的结构设计"教学模式如下。

（一）明确教学主线，依托"案例"教学法，对整节、整章乃至整本教材内容进行串联和反复印证

在"轴的结构设计"中，首先，以一个单级减速箱及其输出轴的工程图纸为案例，引

出轴的结构设计中需要涵盖的内容，使学生明确本节课程学习目标，建立整体概念。

然后，以单级减速箱错误的装配图为例，通过改错的过程，以讨论和互动等方式穿插讲述"轴上零件定位""滚动轴承拆装与预紧方式"（对前面章节内容的再次强化）、"轴上零件装配方式""轴的结构工艺性"等内容，以具体案例为主线进行引导，穿插细节知识。

再次，以圆锥-圆柱齿轮二级减速箱为例，通过课堂讲授和讨论互动的方式，分别对"输出轴多种装配方案""输出轴过盈配合时的处理方法""输入轴轴向调节结构与多种方案对比"等内容进行学习，涵盖"轴上零件装配方案"（再次强化）、"各轴段直径和长度确定""提高轴强度常用措施""轴的结构工艺性"（再次强化）、"齿轮设计"（对前面章节的再次强化）等内容，使本节知识点和细节更加直观，并对之前所学内容进行强化。

最后，以任课老师科研项目——"罐体橡胶层打磨机器人"（见图1）进行案例教学，告知学生该产品初代样机存在轴振动等现象，然后进行小组讨论，分析问题产生的原因并提出轴的改进设计方案。将本节所学内容直接对应到工程实际中，激发学生创新设计热情。

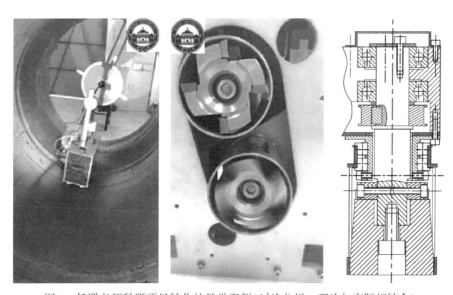

图1　任课老师科研项目转化的教学案例（讨论分析，理论与实际相结合）

通过上述多个案例层层推进，将所学知识点和细节串联了起来，并对所学知识反复强化和前后印证，提高了教学效率和学习效果。最终通过案例学习，将理论知识与工程实际直接关联起来，激发了学生的学习热情，培养了学生的创新及实践能力。

（二）以学生为主体，教师为主导，将注入式教育模式转变为启发式教学模式，激发学生学习积极性

课堂教学中，教师不再采用"满堂灌"的方式进行教学，而以讨论交流、主动引导、启发式教学为主。例如，在对单级减速箱装配图进行改错分析过程时，首先让学生讨论互动分析并给出自己的答案和理由，然后老师再根据结果针对一些关键点进行讲述、点评。

该环节完成后，再给出类似的装配图改错题目，由学生自主讨论、互动完成，强化学习效果，激发学生学习热情，活跃课堂气氛。

在课程最后的科研项目实例(见图1)讨论分析环节中，教师首先介绍工程项目背景和产品结构组成，然后将学生进行分组，由学生自主讨论交流该样机刀具输出轴转动存在的问题、产生的原因、可能造成的后果、需采取的解决措施等，进一步强化学习效果，并对学生们科研能力和实践能力进行训练，进一步激发学习积极性。

(三)引入多种信息技术手段，教学形式由单一的课堂教学转向为网络平台多形式互动交流，改进教与学的效果评价机制

首先，机械设计课程涉及众多机械零部件，其中部分零部件(尤其是轴系零部件)结构复杂。过去在讲解中主要使用二维工程图或者三维模型的静态图片，部分机械制图学习薄弱和空间感不强的同学不易理解，教学效果不佳，并拖慢了教学进度。针对这一问题，课程引入中望CADBro软件，使用三维CAD模型轻量化可视技术(见图2)，使学生可以在课上课下随时自主通过手机扫码浏览零部件的三维模型(包括爆炸图、剖视图等)，帮助学生迅速掌握所讲述结构及其知识要点，提升了教学效果。

其次，引入了"雨课堂"，充分利用其"形成性评价""快捷的课上测验"等特点，对学生学习效果实现实时评估和反馈。例如在每节课程内容开始前进行测验，评估学生们上节课学习情况和复习效果，并对掌握不好的内容再次强化。每节课程内容完成后，再次通过"雨课堂"进行现场测试，对"教"与"学"的效果进行评价，从而有的放矢，提高教学效率。图3为某次小测验回答情况分析统计结果。

图2 使用CADBro浏览轴的结构　　图3 使用"雨课堂"进行课堂测试截图

另外，每次课后通过"雨课堂"发布公告，布置作业和相应要求，详细说明下节课授课内容和学习重点，并分享一些优秀作业或笔记，培养学生们良好的学习习惯。考虑到学生们的使用习惯，课程同时建有 QQ 群，通过现代通信手段实现师生间便捷双向教学沟通。

通过上述教学模式和信息技术互动模式的改进与推广，避免了传统教学模式中存在的内容主线不明确、平铺直叙面面俱到、与实际工程问题关联度不足、内容不直观、教学效率低、教学效果难以评价等问题，学生们通过众多工程案例学习、讨论和交流，增强了对机械设计理论知识的感性认识，提高了学习效果，丰富了设计经验，激发了对设计改进和技术革新的兴趣。

三、实际数据分析

学院开设机械设计课程已有40余年历史。近3年来，教研室经历了教学观念不断更新，教学内容逐步丰富，教学方法和手段不断完善，教学条件和环境不断优化的过程。课程教学效果得到显著提升，学生在全国机械创新设计大赛等学科竞赛中获得了好成绩。

表1为学院近5年的机械设计课程学生考试统计数据。在试卷总体难度基本不变的前提下，随着新教学方法的引入，学生的考试成绩提升幅度较大，及格率从5年前的78%提升至现在的97%，85分以上的人数也呈现增加态势。

表1　　　　　　　　　　　　学院机械设计期终考试成绩一览

年度	总人数	及格人数			不及格人数	及格比例
		85分以上	75~85分	60~75分		
2016	132	43	36	25	28	78%
2017	128	52	38	13	25	81%
2018	123	55	42	7	19	84%
2019	125	67	39	8	11	91%
2020	120	69	42	6	6	97%

新教学模式的引入，使学生机械创新设计的意识和潜能被激发出来。以本课程为基础和起点，越来越多的学生加入机械创新设计实践活动。全国机械创新设计大赛参赛学生人数从5年前的0人，增加到2020年的67人。学生作品获奖率和奖项级别也呈现直线上升状态，并于2020年获得全国一等奖。

四、结论

以学生为主体、教师为主导，在机械设计课程教学中灵活应用案例教学、启发式教学、讨论式教学等多种教学方法，采取多种信息化教学手段，起到了激发学生学习兴趣、提升教学质量、引导学生创新实践的效果，并支撑了教学的持续改进。本课程的教学改革对工科专业课的建设和改革具有一定的借鉴意义。

◎ **参考文献**

[1] 薛铜龙，王小林，巩琦. 基于卓越工程师培养的"机械设计"课程教学改革[J]. 中国大学教学，2013(3)：48，57-58.

[2] 李彩云. "机械设计基础"课程教学改革初探[J]. 教育与职业，2008(11)：108-109.

[3] 石玉，陈立新. 机械设计基础课程教学改革的探讨[J]. 职业时空，2010(6)：118-119.

[4] 宁方立，王琳. 虚实结合的机械设计实验教学方法[J]. 实验室研究与探索，2017，36(2)：165-167.

[5] 李秀红，李文辉，任家骏，等. 新工科背景下"机械设计课程设计"教学改革[J]. 实验科学与技术，2018(3)：132-134.

[6] 王顺，贾艳辉，王丽慧，等. 虚实结合的机械工程专业大学生机械设计基本技能综合培养[J]. 2020，37(12)：136-142，148.

[7] 刘婷. 虚实结合的机械设计实验教学方法研究[J]. 科技创新导报，2017，14(19)：239-240.

[8] 杨清香，孙厚涛，张锋，等. 基于MOOC的机械设计实验教学方法[J]. 机械设计，2018，35(S2)：35-37.

[9] 张友湖，李芯. CAD/CAE在机械设计课程设计中的应用[J]. 机械工程师，2014(6)：166-167.

[10] 李贵，蓬辉，王兴东，等. 数字智能化机械设计课程设计实践教学方法探究[J]. 实验室研究与探索，2020，39(6)：133-137.

[11] 宋乐，宫虎. STEAM理念下的仪器专业机械设计实践教学新模式[J]. 实验技术与管理，2019，36(12)：226-228.

GRR 教学模式下学科竞赛与实验教学融合的教学研究

——以全国金相技能大赛与金相实验课程为例

雷　燕* 　肖晓晖　郭嘉琳　李正刚　于洋洋

（武汉大学　动力与机械学院，湖北　武汉　430072）

【摘　要】为了适应新工科创新实践人才培养目标，传统实验教学改革迫在眉睫。本文深刻剖析了武汉大学材料专业金相实验课与全国金相大赛教学现状，分析并指出课程与比赛中存在的问题。提出将 GRR（Gradual Release of Responsibility）教学模式融入实验教学课程和学科竞赛，将金相实验课与金相大赛教学内容进行有机融合，搭建新的教学体系，并引入分组讨论、情境教学、自主学习等多种教学方法，以及多维度、多频次的教学评估手段，调动学生学习兴趣，提升教学效果。

【关键词】金相大赛；实验教学；GRR 教学模式；教学改革

【作者简介】＊第一作者及通讯作者：雷燕（1976— ），江西人，研究生，武汉大学动力与机械学院讲师，主要进行纳米多孔材料力学性能研究，E-mail：215205691@ qq. com；肖晓晖（1969— ），女，湖南益阳人，工学博士，武汉大学动力与机械学院副院长，教授，主要从事复杂机电系统动力学与可靠性分析研究，长期从事机械设计、测试技术的教学，E-mail：xhxiao@ whu. edu. cn；郭嘉琳（1978— ），男，湖北武汉人，博士，武汉大学动力与机械学院讲师，研究方向：焊接数值模拟及优化等，E-mail：guojialin2005@ 126. com；李正刚（1969— ），男，陕西宝鸡人，博士，武汉大学动力与机械学院高级实验师，研究方向：金属理化检验与失效分析，E-mail：zhli@ whu. edu. cn；于洋洋（1977— ），吉林乾安人，硕士，武汉大学动力与机械学院讲师，研究方向：金属薄膜加工，E-mail：yuyangyang2000@ 126. com。

一、引言

全球新技术及新产业的迅猛发展，对高校培养工程应用型人才提出了新的要求。为了达成"成为世界创新中心和人才高地，建成工程教育强国"这一目标，深化工程教育改革刻不容缓。2017 年，教育部先后在复旦大学、天津大学召开研讨会，随后在北京召开新工科研究与实践专家组成立暨第一次工作会议，全面启动并系统部署新工科建设。[1~3]新工科建设最重要的任务是培养具备创新、创业意识，实践能力强，善于沟通协作且可跨学科交叉的复合型工程技术人才，同时还应兼备家国情怀、科学精神、职业情操等人文素养。[4]

目前高校工科教学主要包含理论授课与实践教学两大部分，占用学时数更多的理论授课，更受学校管理层、教师与学生的重视与关注。在建设新工科背景下，理论授课教学获得丰富的教育资源与政策支持，相应的教改开展得如火如荼。实验教学被看作理论教学的补充，处于辅助地位。大部分实验课程仍采用传统教学模式，即教师先阐述实验目的、原理、操作等理论知识，随后在教师指导下，学生依据实验指导书按部就班地进行实验操作，最后提交固定格式的实验报告。显然，这种灌输式教学模式无法满足新工科培养创新能力人才的要求。

作为实验教学的重要内容之一，学科竞赛是近十年来发展最快的一种实践教学手段。工科学科竞赛设立的初衷是培养高层次创新性实践人才，在内容设置上既考察专业理论水平，同时要求学生具备应用专业知识解决实际问题的能力。以学科竞赛为平台的开放式教学极大地激发了学生学习的内驱力及创造力，培养了不少卓越工科生。然而由于条件限制，参加学科竞赛人数有限，仅小部分学生能从中受惠，同时，学科竞赛中思政元素体现得不够，对学生人文素养提升有限。

为适应新工科人才培养目标，本课程组将全国金相技能大赛选拔与培训过程融入金相实验课程教学，并引入 GRR 教学模式，逐步优化教学目标、内容、方法等教学要素，以实现教师主导下的，以学生为中心的教学过程。[5]

二、GRR 教学模式及其分析

GRR 教学模式包含四个阶段：教师示证、教师辅导、学生协作和学生独立完成。在 GRR 教学模式下，认知负荷逐渐从以教师为中心转移到教师与学生共同体中，直至最后学生可以独立进行实践和应用新知识。[5] 传统 GRR 教学模式如图 1 所示，[5] 从图中可知 GRR 教学过程实际上也是认知责任逐渐释放的过程，当学习过程开始时，认知责任主要在教师一侧，当学习者开始获得知识，责任权重开始变化，随着学习深入，学习者掌握知识越来越多时，老师参与度逐步降低。

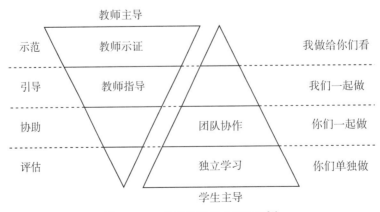

图 1　GRR 常规教学模式示意图[5]

1. 教师示证

教师示证是课程教学中的一个关键环节，重在阐释认知过程及元认知思维。[7]教师示证的特点包括明确目的、教师演示、出声思考以及关注学生表现[7]等几个方面。

（1）明确教学目的旨在帮助学生提前把握知识的难点与重点，并能对学习过程出现的错误及时修正。

（2）教师演示和出声思考不仅是简单地讲授内容，更重要的是传递思考的方式和方法。

（3）关注学生表现是一种有效地获得教学反馈的途径，为后续教师辅导提供了参考依据。在教师辅导阶段，教师通过提问、提示或给予线索来帮助学生释疑解惑，这个阶段起到了以教师为主体转向学生学习为主体的衔接作用。

2. 教师指导

教师辅导易被误解为简单的"你问我答"模式，然而该过程对教师的教学水平提出了巨大挑战，要求教师能对内容、过程和产品进行适时改变，体现"因材施教"的主旨。[9]

3. 同伴协作

同伴协作是 GRR 教学模式中十分重要的一个环节，最能体现新工科教学改革核心目标，这个过程既培养了学生硬技能，也培养了学生软技能。硬技能指的是学生可以将学到的知识和技能应用到新的情境中，而软技能则包括团队协作精神、语言交流能力、搭建良好人际关系等几个方面。同伴协作主要以小组活动为载体，成员间通过持续互动、使用专业术语、责任细分等方式进行交流与分享观点或创造性地解决问题。[7]

4. 独立表现

独立表现是指学生独立展示自己对知识的掌握及应用水平，这个阶段虽处于 GRR 教学模式末端，但并不意味着学习过程的结束。[5]教师对独立表现的把控应满足两点要求：

（1）评估学生在前面教学环节中是否已经符合阶段性教学目标，达到预期后才能进入此阶段。

（2）学生独立完成的任务须是教师精心设计的，它应具有熟练性、复习与回顾、运用知识、延伸知识的特性。

GRR 教学模式四个阶段都含有教学反馈环节，以获得形成性小结和总结性小结，这些结论成为下一轮课程 GRR 教学开展的改革源泉，从而实现教学上的持续创新。GRR 模式的难点在于权重的转移，互动是不可或缺的一个环节，同时被认为是最有效的方式。

研究表明，为保证教学效果，GRR 教学四阶段缺一不可，但并非要完全依照图 1 所示顺序开展，教师可结合具体教学内容，也可参照如图 2 所示的循环教学，合理安排教学阶段来实现学习方式的最优化。[6]在以往高校实践教学中，大部分教学过程只有教师示证与学生独立完成两个阶段，这种教学方式仅仅适用于知识点简单或学生学习能力强的教学环境，一旦讲授内容抽象、难以理解，或操作复杂时，教师辅导与同伴协作阶段则不可缺少。尤其是高校工科实践教学中最易被忽视的同伴协作阶段,对于实现"培养具备解决复杂问题的综合能力与高级思维的人才"的目标,具有不可替代的作用。

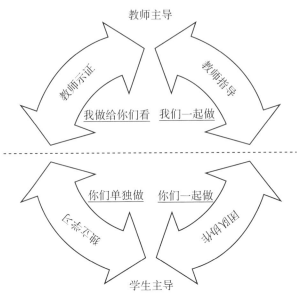

图 2　GRR 循环教学模式示意图[5]

三、传统实践教学存在问题分析

金相实验课在材料专业实验教学中占据重要地位,目前已在大部分高校材料类、机械类、航空航天类、口腔医学类专业开设,该课程也是材料专业学生进入专业实验室的入门实验课。课程要求学生掌握金相显微镜工作原理及相关操作、金相样品制备方法及初步分析微观组织能力,为从事材料领域科学研究,或工程实践类工作奠定基础。

前期金相实验课程教学目标仅设置了理论知识和技能操作两部分,忽视了综合能力及人文素养培养目标,具体存在以下不足:

(1)传统实验教学以验证为主,实验指导书列出实验目的、方法、步骤等程序化内容,学生按部就班完成任务。

(2)灌输式教学无法引发学生主动思考,学生对所学知识知其然,不知其所以然,造成学生兴趣普遍不高。

(3)考核方式主要以提交实验报告的总结性评价为主,无过程性评价。

(4)实验内容安排节奏取决于理论课程进展,割裂了知识的系统性与整体性,也不利于学生挖掘知识之间内在联系。

(5)教学过程无学生反馈环节,教师无法精准把握学生对知识技能的掌握程度,教学效果必然差强人意。

优秀的课程教学通常是通过有限的知识学习，上升到方法论和价值观的教学。从学生认知结构与认知过程来看，最核心的任务就是引导学生主动思考，这也正是新工科建设的核心目标之一。传统的金相实验教学模式，显然无法达成，迫切需要引入新元素，促进教学创新。

全国大学生金相技能大赛是经教育部高等学校材料类专业教学指导委员会认可的全国性大学生专业技能赛事。大赛最初由清华大学、北京科技大学、重庆大学等高校联合发起。[10] 黄伯云院士为大赛题字——"搞好全国大学生金相技能大赛，以赛促教，以赛促改，以赛促学，不断提高材料学科人才培养质量"。[11]

武汉大学材料专业教师从 2015 年开始指导学生参加全国金相技能大赛，到目前为止已获得 5 个全国一等奖、6 个二等奖、4 个三等奖、2 个团体优秀奖，得奖分布情况如图 3 所示。大赛影响力与吸引力，以及参加选拔学生人数都在逐年递增，参赛学生专业也从最初的材料类扩展到机械、动力、电力等工科专业，以及少数经管、医学类专业。大赛培训采取开放式教学，一对一精准辅导，参加学生目标明确，积极性高。然而近两年来，本校大赛成绩出现了一定程度的滑坡，另外参赛名额有限，仅有少数同学能从中受益，这说明在大赛选拔与培训机制上存在弊端，总结起来大概有以下几点：

(1)近年来参与比赛的学生涉及多个专业，且有大一学生加入，部分学生缺乏金相理论基础，影响了他们对实际操作的深入理解，因此打通金相实验课程与金相技能大赛之间的教学培养通道是有必要的。

(2)学生参赛时处理突发问题能力不足，灵活性欠缺。金相样品制作流程总体一致，但各个学校在设备型号、腐蚀液浓度、砂纸品质等方面都存在不同。培训教师赛前把累积的经验教给学生，学生依葫芦画瓢，没有自行开发新思路、新方法的机会，造成埋头苦干的"工匠精神"有余，而"创新精神"不足。随着参加大赛高校越来越多，激烈程度前所未有，这对学生创新能力、心理素质、应变能力等提出了更高要求。

(3)学生团队协作精神没有得到体现。大赛通过累加团队各成员得分决定团体奖等级，团队协作环节并没有纳入比赛指标。然而团队协作能力是卓越工程师应具备的关键素质之一，如何通过竞赛培训提升团队协作能力是急需解决的问题。

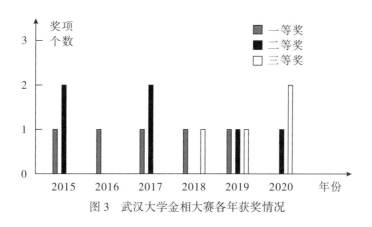

图 3　武汉大学金相大赛各年获奖情况

（4）选拔竞赛人才机制单一。通常的选拔机制是经过培训后，挑选金相样品制备水平高的学生进入国赛培训。在2018年选拔赛中，某位同学明知没有国赛机会，仍主动要求参加培训，并报以极大热情刻苦训练，最后因表现优秀促使教师重新调整国赛人员，这位同学也获得了当年唯一的一等奖。单一终结性选拔机制无法体现学生综合能力，因此，增加过程性评价，全面考量学生综合能力才更合理。

（5）受益学生人数太少。到目前为止，本校参加了6届金相大赛，共18名学生参赛。高校教育对象是全体大学生，优质高效的教育资源应尽可能让更多学生受益。

四、新的实验教学体系构建

金相技能竞赛为金相实验教学改革提供了新思路，实验教学课程为技能大赛提供了竞赛必备的专业理论与实操基础，打通二者之间教学通道不仅可以取长补短，还能节约教学时间，且教学效果更优质。基于GRR的教学模式为二者深度融合提供了一个具有建设意义的框架。

从GRR角度看，传统金相实验教学包含GRR模式中教师示证、学生独立两个阶段，而金相技能大赛培训则包含教师辅导、学生独立完成两个阶段，实验教学和金相技能大赛，都涉及GRR中部分教学环节，无法体现GRR教学模式优势。并且，实验教学和大赛培训都缺乏团队协作这个阶段。新的教学体系旨在以金相实验教学课程为载体，将技能大赛培训过程揉入相应教学环节，把大赛选拔人才标准列入课程教学考核，除了采用传统的讲述法、演示法，还尝试使用问题导向、情境引入、任务驱动、自主学习等教学法来构建GRR教学模式四要件。

（一）教学目标

教学目标是教学活动执行的方向和实施的预估结果，是所有教学活动的出发点，也是最终抵达目标。新的教学目标紧扣新工科创新实践人才培养要求，与传统教学目标相比，不仅丰富了知识目标，还设置了能力目标与素养目标。新、旧教学目标内容见图4。

（二）教学内容与教学方法

以新教学目标为指引，将金相实践课程教学内容分为以下三部分：

（1）实验安全：实验教学核心目标之一是培养学生的安全意识和责任心，只有重视规则和操作细节，才能保证长期安全。

（2）金相显微镜：金相显微镜是金相实验最重要的工具，理解显微镜工作原理和系统构成，熟练操作不同型号显微镜，才能做到胸有成竹。

（3）金相组织制备及分析：这是本门课程重要内容，前续设计内容都为此内容服务，通过主题教学，学生需要熟练掌握样品磨制、抛光、腐蚀、金相观察等金相组织制备和分析的方法。

合理划分教学内容使得整个教学循序渐进，逐步展开，直到达成教学目标。同时在教学过程中，要注意的是只有前续内容牢固掌握，才能进入下一个教学内容。

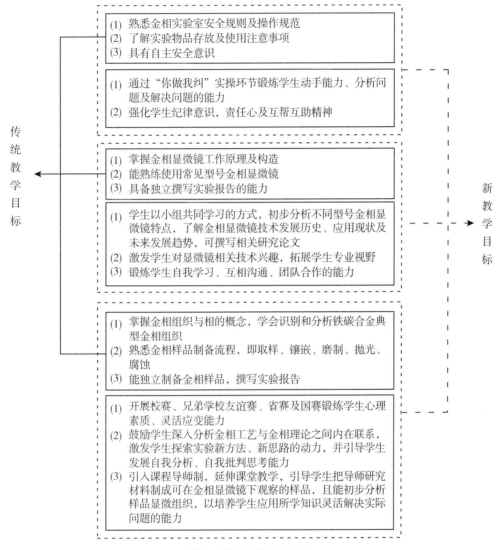

图 4　新旧教学目标对比

　　根据三个教学内容，结合不同结构的 GRR 教学模式进行的设计，分别如图 5、图 6、图 7 所示。从图中可看出，三个主题教学均完整地采用了 GRR 教学模式四环节，但各个环节使用次数及顺序根据不同的教学内容做了相应变化，不同于图 1 所示常规模式。新的教学模式重要特点是强化了预习的重要性，突出了同伴协作过程，加强了过程考核，具体教学方法如下：

　　（1）加强课前预习，课前掌握学生学习的基本状况，教师示证阶段可以做到有的放矢，讲解过程针对性强。

（2）有意识地引导学生间相互协作，有机融合教师指导和学生协作，并在指导过程中，逐步降低教师参与权重，让学生通过相互讨论解决问题，培养学生应变能力和团队合作能力。

（3）侧重形成性考核，教师在学生进行协作和独立完成时，通过和学生的交互，可以对学生的学习情况和能力形成基本的评价，结合阶段性实验报告和汇报，对学习过程进行形成性考核，既是对学习目标的阶段性考核，也是对学习过程的全面测评。

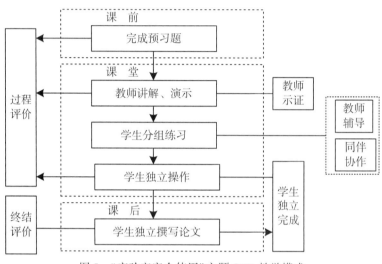

图 5 "实验室安全使用"主题 GRR 教学模式

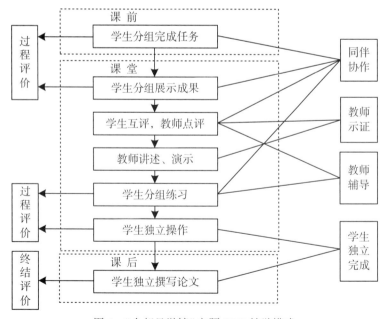

图 6 "金相显微镜"主题 GRR 教学模式

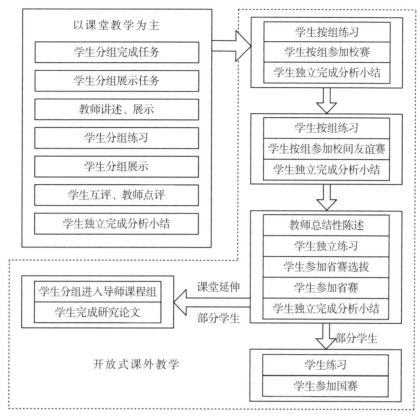

图 7 "金相组织制备及分析"主题 GRR 教学模式

1. "实验室安全使用"主题教学

课程教学设计凸显"安全"要素,教学模式采用了常规 GRR 模式,为保证安全,学生只有经过反复的教师辅导环节,才能进入同伴协作和学生独立阶段。

(1)预习作业布置了实验安全方面习题,教师通过作业获悉学生安全知识与观念上存在的问题,为随后教师示证环节提供因势利导的依据。

(2)课堂开端引入与安全相关的多媒体教学素材,借助各类统计数字和震撼的动态画面冲击学生内心,引起学生对安全的关注。随后教师阐述安全知识、演示安全操作,并通过案例法让学生进入理论讨论环节。在此环节中,教师观察学生掌握程度,训练熟练后方可开始分组实操,实际操作环节配备了学生互助、助教协助、教师指导"三保险"确保实验安全,最后各组推选代表进行独立操作展示。

(3)学生课后提交实验报告,报告内容不仅包含实验目的、原理、步骤等基本要素,还要求学生总结本人误操作行为产生的原因及解决方法。

2. "金相显微镜"主题教学

(1)课前预习任务由学生分组完成,为每组学生分配一张本实验室金相显微镜实物外观照片。学生查阅、分析文献找出显微镜型号，获得显微镜组成结构、工作原理，操作方法等基本信息，并与当前主流的金相显微镜技术进行对比研究。

任务的设计提升了学生参与度，并让学生充分了解了实验硬件。学生课前提交任务实施过程与结果的文字性报告，用于过程性评价，也为课堂教学提供了参考。预习环节训练了学生自主学习、协作学习、交流沟通、团队合作等能力，展示了同伴协作的必备特性，例如使用专业术语、成员间互动、责任细分等。

（2）课堂教学环节依次为学生展示成果、学生互评及教师点评、教师讲述、演示、学生按组练习、学生独立展示，如图6所示。当学生走进实验室时，教师给予任务，即快速找到预习任务中的显微镜实体设备，并摸索操作步骤，最后能在显微镜下成功看到样品微观组织。学生们从最初的慌乱、调整，到小组讨论，直至最后有效配合。在协作阶段，学生积极交流、互帮互助，发挥各自优势，这时教师参与权重降低，观察学生表现，完成第二次过程性评价。在随后点评环节，每组学生代表简要汇报本组工作，其他组同学点评或补充内容，最后教师给出总结性评价。这个环节呈现了前两个环节实施的教学效果，与传统教学中教师平铺直叙讲述相比，学生通过深度参与，不仅能更好掌握理论知识和实际操作，且极大地激发了学生主动学习的内驱力。课堂教学最后两阶段是学生分组练习与学生独立操作。在学生独立操作环节，教师随机挑选一位组内学生，根据该学生表现确定本组评分。这种考核方式迫使学生分组练习时必须互帮互助，并关注能力较弱的同伴，合理分配练习时间，从而培养了学生责任心与团队牺牲精神。上述教学过程实现了金相技能大赛培养改革重要目标，即不论大赛采用何种金相显微镜，或者出现何种突发状况，学生在心理、技术上都可以从容面对。

（3）课后学生提交有关金相显微镜主题总结性论文，锻炼写作及提炼要点的能力。

"金相显微镜"主题教学环节从多次同伴协作、教师辅导、教师示证逐步转换到学生独立完成，这种GRR教学模式初步应用已显著改善学生被动学习情况，有效提升了学生认知思维及价值素养。

3."金相组织制备及分析"主题教学

"金相组织制备及分析"是本门实验课程重点内容，分配学时最多，如图7所示，该主题教学过程分为"以课堂教学为主"和"开放式课外教学"两个阶段，并将GRR教学四要素有效融入。研究表明，学生如果在小组中学习，会学到更多知识，而且掌握得更牢固，不至于快速遗忘，同时能提升学生对课堂的满意度。[12]

第一阶段教学中，同伴协作被用于课前预习、课堂展示及课堂练习等多个环节，以提供充裕的机会让学生参与尽责对话与讨论。其中，课前预习包括了解金相样品显微镜成像原理和查找金相组织影响性能的案例，并以小组为单位把调研内容整理成PPT进行课堂汇报。

随后，教师一方面系统讲解金相理论知识，另一方面强化汇报内容中暴露的知识弱点。当教师演示样品磨制、抛光、腐蚀、金相观察等工艺时，简单告知工艺对样品组织质量的贡献，但并不代入教师前期成熟经验，以免学生思维被限定。教师引导学生在遵守金相大赛规则的前提下，勇于探索新方法、新技术，找到适合自己的路径，并尝试分析工艺与理论之间的内在联系。开放式教学并非通过占用学生课外时间实行，只是不固定上课时间，借助实验室新安装的门禁智能识别系统，无论白天还是晚上，学生都可进入实验室自主练习。课程以过程性评价为主，依据学生在校赛、兄弟学校友谊赛、省赛及国赛的表现。多级别、多次数的参赛体验，充分锻炼了学生心理素质和应变能力。同时，每类比赛皆设置颁奖环节，由材料行业公司赞助奖品，提升学生荣耀感和积极性，搭建了学生与企业交流平台，促进学生开展自我职业规划。

从图 7 可看出，国赛培训环节是教学过程最后一环，课时占比很少，因为国赛培训内容大部分已融入前面的教学过程。并且，未能参加国赛学生可继续到课程导师课题组进行研究式学习。学生在教师团队学会将课程组研究材料制备成金相样品，并能够从理论上分析样品工艺对样品组织显示的影响规律。课堂延伸设计是一个让教师与学生双方受益的平台，教师希望学生了解课题组的研究，并对研究产生兴趣，而学生可在课程导师帮助下获得个性化指导。

五、小结

本文以武汉大学材料专业金相实验课程和金相大赛培训为对象，开展了近一年 GRR 教学模式下实验课与学科竞赛融合教学创新研究，已初见成效，教学创新效果如下：

（1）实验教学目标更全面。紧扣新工科建设对创新实践人才的要求，将学科前沿知识、思政素材等纳入课程目标，丰富了原来的知识目标，还增加了能力目标与素质目标。

（2）实验教学模式创新。基于 GRR 教学模式的深入分析，引入自主式学习、分组讨论学习、情境教学等教学方法，将 GRR 教学模式四要素有机融入不同主题教学内容，并着重突出同伴协作环节，极大地激发了学生学习兴趣与主动学习的动力。

（3）实验教学评价更合理。摒弃了以往提交实验报告的单一总结性评价，采用课堂内观察学生展示、教师点评、学生互评，以及课外批改学生预习报告、课程小结论文、考查学生参赛表现等过程性评价与总结性评价相结合的方式。

◎ **参考文献**

[1] 胡波，冯辉，韩伟力，等. 加快新工科建设，推进工程教育改革创新——"综合性高校工程教育发展战略研讨会"综述[J]. 复旦教育论坛，2017，15(2)：2，20-27.

[2] "新工科"建设复旦共识[J]. 高等工程教育研究，2017(1)：10-11.

[3] 钟登华. 新工科建设的内涵与行动[J]. 高等工程教育研究，2017(3)：1-6.

[4] 肖迎红，李明海，胡继峰，等. 文理特色高校的新工科建设探索[J]. 江苏高教，2021(5)：58-61.

[5] D. Fisher，N. Frey. Better learning through structured teaching：a framework for the gradual release of responsibility[M]. 3rd Edition. Alexandria：Association for Supervision &

Curriculum Development，2021.

［6］ M. Grant，D. Lapp，D. Fisher，et al. Purposeful instruction：mixing up the "I" "We" and "You" ［J］. Journal of Adolescent & Adult Literacy，2012，56(1)：45-55.

［7］ 刘徽. 扶放有度的结构性教学魅力——读《扶放有度实施优质教学》［J］. 现代教学，2020(5)：77-79.

［8］ 徐佳燕，盛群力. 扶放有度，教学有序——一种支架式教学及其实施框架［J］. 数字教育，2016，2(1)：86-92.

［9］ C. A. Tomlinson，M. B. Imbeau. Leading and managing a differentiated classroom［M］. Alexandria：Association for Supervision & Curriculum Development，2010.

［10］ 王兰，邵红红，袁志钟，等. 借助金相技能大赛促进材料学科实验教学改革［J］. 中国现代教育装备，2017(19)：86-87.

［11］ 教育部高等学校材料类专业教学指导委员. 全国大学生金相技能大赛［EB/OL］. (2015-07-26)［2021-09-10］. http：//www. mse-cn. com.

［12］ C. B. Dean，E. R. Hubbell，H. Pitler，et al. Classroom instruction that works：research-based strategies for increasing student achievement［M］. 2nd Edition. Alexandria：Association for Supervision & Curriculum Development，2012.

开放教学在新工科教学中的新角色探索

——以武汉大学十年电气开放教学实践为例

陈厚桂　徐　箭　查晓明

（武汉大学　电气与自动化学院，湖北　武汉　430072）

【摘　要】开放教学是电气专业教育的重要环节，与经典教学模式有着显著的区别。苏伽特·米特拉教授的墙洞电脑实验研究了自组织教育系统，更新了人们对教育的认识，这种自组织教育系统理论是开放教学的一个关键理论基础。随着教育改革，特别是新工科的深入，开放教学的角色已经发生了重要的转变，其与经典教学环节在理念、目标和内容上的差异愈加明显，因此需要重新定位，定义与经典教学模式有明显区分的开放教学体系。以武汉大学电气与自动化专业开放教学为例，分析兴趣引导、自组织和弱干预理念下的开放教学实践，探索开放教学在新工科中的新角色。

【关键词】开放教学；墙洞电脑实验；自组织教育系统；新工科；无缝衔接

【作者简介】陈厚桂（1973—　），男，满族，山东人，博士研究生，电气与自动化学院副教授，主要研究方向为大学生创新教育和实践方法，E-mail：83684787@ qq. com；徐箭（1980—　），男，汉族，湖北人，博士研究生学历，电气与自动化学院，三级教授，研究方向：电力系统运行与控制，E-mail：xujian@ whu. edu. cn；查晓明（1967—　），男，汉族，安徽人，博士研究生学历，电气与自动化学院，二级教授，研究方向：电力电子，E-mail：xmzha@ whu. edu. cn。

一、引言

开放教学是电气工程专业人才培养的特殊环节，在众多的教学改革的进程中，长期以课外、第二课堂的角色存在，被当成经典教学体系的补充。开放教学的传统角色使其天然地缺乏严谨性。一方面，学生和教师随意地加入和退出；另一方面，教学模块缺乏内在的逻辑性和体系化，盲目地跟踪热点，忽略了教育的基础性和对社会进步的原动作用。此外，其覆盖率低，属于极少数拔尖学生专有，浪费了教育资源。

近十年来，新知识的产生速度不断加快，带来了高等教育理念的巨大变化。这些以面向结果的教育（Outcome-Based Education，简称 OBE）、[1]通识教育（General Education，简称 GE）[2]和新工科（New Engineering Disciplines，简称 NED）[3]为代表的教育理念，以及以

"卓越工程师计划"、[4]"大众创新，万众创业"[5]为代表的社会教育需求，给经典教育模式带来了巨大的挑战。经典教育模式的优点在于精、专，而现代教育要求博、通，二者在经典教育模式里难以兼顾。同时，近十年课外活动的内容不断丰富，学科竞赛已经规范化和规模化，大学生科研也已经实现了高覆盖率，这二者也给松散化和低覆盖率的开放教学模式带来了挑战。

新工科立足于传统学科体系和新兴教育需求，关注新知识的产生，而不仅仅关注于对经典知识的精解，因此，新工科要求教学保持一定的柔性和弹性，给学生充分的想象空间，从而激发出好奇心，并形成跨学科的知识探索。新工科要求教学时在时间、空间和形式上给予学生足够的自由度，而这些正是游离于传统教学边缘的开放教学的主要特征，开放教学在新工科教育中呈现出了新的价值。

本文分析了在新工科背景下开放教学的新角色，以武汉大学电气工程专业的十年开放教学实践为例，探索了开放教学的新定位。

二、印度的墙洞电脑实验与开放教学

(一) 墙洞电脑实验

墙洞电脑实验是印度的苏伽特·米特拉教授在 1999 年开始的一项反传统教育理论的自组织教育实验。在研究中，他在印度贫困地区街面的墙洞上放置了数百台电脑，电脑都连接了互联网。他在研究中发现，对于一群从来没有接触过电脑的十二三岁的孩子而言，几乎不需要刻意地教学，他们也会自己学习，并且能够学会使用电脑，似乎与个体差异无关。他认为实验中，教育是一个自组织系统，而学习成果是一个显性的结果。[6]

米特拉实验给开放教学带来了巨大的启示，其一，当有兴趣的时候，教育就发生了；其二，自组织教学系统是有效的；其三，弱干预有助于解放人类原有的内在能力。

(二) 墙洞电脑实验的开放教学解读

在米特拉实验中，与开放教学有关的结论有：(1)在传统的教育理念中，学习是需要教师引导的，而米特拉实验证明，教师是多余的，只要有足够的条件，学生会自组织完成学习。(2)在传统的教育理念中，师生的沟通非常重要，而苏米特拉的实验证明，即使语言不通，有足够的技术工具，学生也有能力完成学习。(3)在传统的教育理念中，人的学习只有由实践上升到理论，知识才能有深度和影响持久，而米特拉实验表明，至少在 10 岁左右的孩子中，即使没有理论上升的步骤，学生的学习和记忆也会更加持久。

与米特拉实验的自组织教育系统对应于传统教育系统一样，开放教学系统与经典教学系统也是相对应的。

开放教学和米特拉实验是相似的，表现在：

(1)都是时间松散，难于组织集中学习。

(2)都是知识创造，要综合运用现有知识。

(3)都关注内在学习能力的解放。

开放教学和米特拉实验的差异主要表现在：

(1)开放教学涉及较深的专业知识，学生们需要有一定的专业基础。

(2)经过了长期的应试式教育，学生的创新效果受到先验性知识的影响更大。

与米特拉实验观察自组织学习行为一样，武汉大学电气工程学院在开放教学中也观察到了兴趣、自组织和弱干预的积极作用。

2008年，在大学生科研立项中，为了解决学生缺乏科研能力，不会撰写申请书的问题，学院实施了院级"大学生科研预研计划"，提前半年进入选题、研究等环节。由于当时学校对大学生科研的定位还不够清晰，就把整个环节的大部分工作交给了学生自组织，教师只是观察和指导，结果意外地获得了很好的效果。

在连续两届"Labview短训班"中，为了对比研究，我们先后采取了两种组织形式：学生自组织，混合组织。图1是两种组织形式的对比图，图1(a)是兴趣、自组织和弱干预模式；图1(b)是兴趣、混合组织和强干预模式。

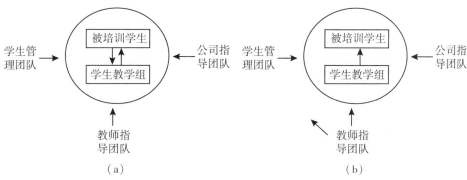

图 1　课外培训的教学组织对比图

对比两种组织方式的教学效果可以发现：

(1)在学生的自律性方面，学生自组织式明显高于混合组织式，在混合组织之下，请假学生明显增多，应付作业的现象增多。

(2)在学习成果的创新和知识的延伸性方面，学生自组织式远高于混合组织式，学生自组织式的作品的多样性和深度远大于混合组织式。

同样的自组织教学所产生的教学效果强化现象还出现在科学方法类通识课程大学生的科研素养和科研方法的教学中。

分析表明，米特拉实验对开放教学具有重要的价值，可以作为开放教学体系的一个理论基础，而兴趣引导、自组织和弱干预可以作为实施开放教学的教学理念。

(三)开放教学需要解决的问题

应试教育惯性是开放教学面临的最大障碍，在实践中的表现是视野狭窄，知识碎片化；服从权威，趋从答案；怕犯错，哑巴式交流。

开放教学的首要目标是打破应试教育和创新教育之间的壁垒，缩短应试教育惯性的影响期，解放学生的创造力，因此，开放教学要开展的工作是：

(1)凿窗，让学生看到外部世界。

(2)训练，把碎片化的知识综合起来。

(3)引导，使学生产生对知识的持续兴趣。

开放教学需要严密的逻辑性和体系化。

1. 基于门槛效应的层次化教学设计

门槛效应是美国社会心理学家弗里德曼与弗雷瑟于 1966 年提出的，基于门槛效应的开放教学组织要求在构建过程中注意体系化和层次化。

表 1 是层次化的科研通识班汇总表，表 2 是层次化的学科竞赛汇总表，表 3 是层次化的综合科研能力训练汇总表。

表 1   层次化的科研通识班汇总表

序号	名称	核心教学内容	创新心理发展阶段	针对年级
1	创造知识	科研过程、撰写论文、专利等	质疑和探索	3
2	主持科研	撰写申请书、答辩训练等	兴趣	2
3	知道科研	参观科研实验室，小制作	好奇	1

表 2   层次化的学科竞赛汇总表

序号	竞赛类型	竞赛名称	竞赛目标	针对年级
1	作品	全国挑战杯	解决复杂问题	2、3
2		全球虚拟仪器大赛		2、3
3		全球猫狗识别		2、3
4		全国 TRIZ 大赛		2、3
5	考试	全国电子设计大赛	解决单一问题	2、3
6		全国电工数模		2、3
7	趣味	武大新生设计赛	培养兴趣	1
8		武大智能车趣味赛		1
9		武大虚拟仪器知识赛		1

表 3   层次化的综合科研能力训练汇总表

序号	训练类型	训练内容	教学目标	针对年级
1	综合实践	国家大学生创新科研支持计划	解决复杂问题	2、3
2		武汉大学大学生创新科研支持计划		
3		电气学院大学生创新科研支持计划		

序号	训练类型	训练内容	教学目标	针对年级
4	科研导引	新能源发电	引入科研方向	2、3
5		电磁场与电工新材料		
6		自动控制与人工智能		
7		电力系统运行与控制		
8		高电压绝缘检测		
9	技能兴趣班	MATLAB	训练基本技能	1~3
10		OFFICE		
11		LABVIEW		
12		MSP430		
13		PSCAD		
14		ANSYS		
15		高压类		

2. 基于羊群效应的教学规模控制

羊群效应是指人们自觉或不自觉地以多数人的意见为准则，作出判断、形成印象的心理变化过程。基于羊群效应的开放教学要求科学地设计教学项目的规模。以团队为单位，分为大、中、小三个层次，表4是教学项目的规模控制汇总表。

表4　　　　　　　　典型教学项目的规模控制汇总表

序号	教学活动层级	适应的教学活动	单位	人数
1	大	通识课、培训班等	每次	60~80
2	中	学术交流等	每次	15~25
3	小	科研小组、竞赛小组等	每组	3~5

三、开放教学的定位及与经典教学环节的无缝衔接

(一)开放教学的角色转变

近十年，开放教学系统的教学理念、核心功能和核心结构已经发生了巨大的变化，表现在学科竞赛门类和大学生"两创"教育的数量增多，覆盖面加大，通识教育的重要性被广泛接受等。

在教学理念方面，从以学科竞赛为代表的应试教育式、小众化的精英教育，转变成了能力教育式、全覆盖的大众化教育。

在核心功能方面，随着 OBE、NED 和 GE 的推进，以及卓越工程师计划的深化，开放教学的角色由经典教学系统的辅助，转变成了经典教学系统的检验和深化环节，由围绕经典教学环节的封闭系统，变成了面向能力培养的开放系统。

在核心结构方面，开放教学已经由以学科竞赛为主的松散结构，转变为由学科竞赛体系、创新科研体系、创业实践体系、科研通识课程体系、教学研究体系等组成的复杂系统。参与教学的主体也由实验教学人员为主转变为教授为主。

开放教学已经产生了明显的体系化的特点，经典教学系统已经无法满足开放教学发展的需要，主要区别在于：(1)经典教学基于课程，在于对知识点的学习；开放教学基于知识群，在于对跨课程知识群的运用。(2)经典教学着重于理解，开放教学着重于创造。(3)经典教学的优点是稳健，开放教学的优点是灵活。(4)经典教学仅面向教务部门，开放教学除了面向教务部门之外，还要面向团委、招生就业、公司等，是复杂性管理。

武汉大学电气工程学院在 2010 年就成立了电气实践与创新教学团队，与其他教学团队相比，该团队的职能比较综合，除了实施教学之外，还要承担教学管理和教学研究的职责。

(二)开放教学与经典教学的无缝衔接

开放教学是经典教学的深化和检验，通过有效地教学设计，可将其融入经典教学中，实现开放教学的灵活性和经典教学的稳健性的无缝衔接。图 2 是开放教学与经典教学的衔接示意图，主干是经典教学体系，外围是开放教学体系。

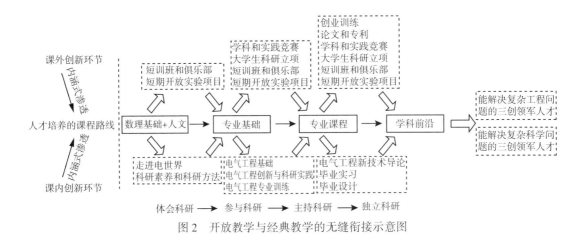

图 2 开放教学与经典教学的无缝衔接示意图

四、结论

本文分析了开放教学在新形势下的角色和定位：

（1）兴趣引导、自组织和弱干预可以作为指导开放教学的教学理念。

（2）开放教学和经典教学有着显著的区别，需要用教育发展的大视野来看待开放教学，重新规划、设计新的开放教学系统。

（3）与经典教学系统的无缝衔接是对开放教学的基本要求，开放教学不能对经典教学造成干扰，二者是灵活性和稳健性的无缝衔接关系。

◎ 参考文献

［1］吴启迪．提高工程教育质量，推进工程教育专业认证——在全国工程教育专业认证专家委员会全体大会上的讲话［J］．高等工程教育研究，2008(3)：1-4.

［2］邓晖．大学通识教育联盟年会举行［N］．光明日报，2016-07-12(6).

［3］"新工科"建设复旦共识［J］．高等工程教育研究，2017(1)：10-11.

［4］教育部．关于实施卓越工程师教育培养计划的若干意见：教高(2011)1号［EB/OL］.［2011-01-08］．http://www.moe.gov.cn/srcsite/A08/moe_742/s3860/201101/t20110108_115066.html.

［5］国务院办公厅．关于大力推进大众创业万众创新若干政策措施的意见：国务院国发(2015)32号［EB/OL］.［2015-06-11］．http://www.gov.cn/zhengce/content/2015-06/16/content_9855.htm.

［6］Sugata Mitra. Minimally invasive education：a progress report on the "hole-in-the-wall" experiments［J］. The British Journal of Educational Technology, 2003, 34(3)：367-371.

基于参与式学习的有效教学设计探索与实践

万　臻

（武汉大学　土木建筑工程学院，湖北　武汉　430072）

【摘　要】基于参与式学习的教学设计是以"学生"为中心开展的有效教学设计之一。首先，笔者提出四条有效教学设计原则，包括建立各学科系统理念、创造信任互动环境、开展真诚、多样的互动及合作活动，和师生共同的反思与相互反馈等。其次，笔者提出让参与式学习贯穿整个教学设计：建立多样的、动态的、开放的学科系统理念；鼓励学生参与微观的、短期的目标的制定，激发目标清晰的自主学习能力；重互动的参与式学习贯穿教与学全过程以及持续不断的反思与改进。最后，笔者总结在通识课和专业理论课中基于参与式学习的有效教学设计探索与实践的经验。激发自主学习的有效教学设计，将助力各个学科在新时代的变革中培育出自主、开放、勇于创新的人才。

【关键词】参与式学习；教学设计；学科系统；重互动；课程实践

【作者简介】万臻(1977—)，女，河北张家口人，工学博士，武汉大学土木建筑工程学院副教授，研究方向为桥梁结构行为研究及大跨度桥梁结构可靠度评估，E-mail：wanzhen@ whu. edu. cn。

积极参与是一种使学生融入教学活动的方法，也叫积极的学生应答或积极的学生投入。教师设计的积极参与策略应与教学内容直接相关，要求所有学生集体公开作答，贯穿在整节课中且频率较高。积极参与策略具有非凡的价值：首先，有效策略能使学生持续投入课堂，使他们更愿意接收、储存和加工教师呈现的知识。其次，各种积极参与策略有助于教师在教学之初或过程中检查学生的理解情况。积极参与策略可以使教学或活动具有互动性，从而使参与其中的学生更容易集中注意力，并且更容易提高自信心。最后，这些策略可以使教学与活动对于教师和学生来说更有趣味性。[1]

如何在有效教学设计中实现学生真正的积极参与，通过平等交流的机会，在思维、情感和行为等方面发生正面的变化，需要每一位教师在教学中不断实践与反思。教师在教学实践过程中有机融入各种教学法如 BOPPPS、PBL、TBL 等，实践引导学生全过程参与学习的有效教学设计，就能够适应各个学科在新时代的变革中培育出自主、开放、勇于创新的人才的需求。

一、有效教学设计的原则

以教学目标导向、以学生为中心的教学设计是否有效，取决于学生、环境、话题以及学科，因此围绕这几个方面提出基于参与式学习的有效教学设计的设计原则如下：

（1）针对不同的学科，建立学科系统理念是有效设计的重要原则之一。在了解本学科充分的背景知识的基础上，多样的、动态的、开放的系统理念可以帮助教师充分了解学生的学习背景，决定教学内容、选择教学目标并将其排序，以及关注重要的学习结果，以此面对"通识"与"专业"教育结合带来的学时压缩的变革。

（2）疏离感会严重破坏学习成效及动力，因此不论何时何地，创造安全信任的环境，鼓励学习者大胆尝试，勇于试错，而不是追求标准化的统一答案，此为重要原则之二。

（3）大胆并真诚地设计以学生为中心的多样互动教学活动为重要原则之三。通过拉近心理与空间的对话距离，激发合作学习和真诚沟通，帮助学生成为独立自主、自我约束的学习者，方能实现学生积极参与策略。

（4）反思、反馈学习效果并积极改进是重要原则之四。其可用来指导老师进行必要的、更有价值的教学干预，让学生能够自主进行探索创新，实现有意义的"学"。以学生为中心的基于参与式学习的有效教学设计见图1。

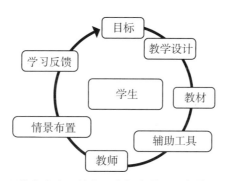

图1　以学生为中心的基于参与式学习的有效教学设计

二、参与式学习贯穿整个教学设计更有效

（一）有效教学内容设计

大部分教师应该没有过多地反思过要教什么的问题，因为选定的教材基本决定了教学内容，这也是老师们不断反馈压缩的教学学时与教学内容不协调的根本原因。课程教授的内容应当有一个清晰的框架，但不应当是教材的框架，而应是教师对于自己学科知识体系透彻理解后，经过教学实践后形成的新的结构体系。它应当是多样的、动态的、开放的。

1. 多样性

学生是多样的，比如他们的文理科背景不同，来自不同地区，学习程度或学习能力、学习主动性等均存在明显差异，还有未来要面对的多样化的社会。当有太多的内容要教时，我们应选择对学生来说最普遍的、最重要的内容。甚至需要我们敢于少讲课，多进行活动，以检验我们的教学内容选择是否合理。

2. 动态性

教学实践中针对不同知识类型的关联性，应当有新的设计。陈述性的知识，包括事实、概念和原理，以及程序性的知识，包括方法、过程、策略、推导等，不应是生硬的前后关系，而是需要给予灵活地组织，因为其具有动态性。比如在专业课程桥梁工程授课过程中，可以在讲解斜拉桥的结构体系前、讲授斜拉桥发展史时，要求学生观察并表述他所发现的桥梁结构的变化，通过思考发展变革从而自己总结定义。而这在教材中是不可能出现的顺序。如果学生的参与反馈能够令他们对知识的理解更透彻，那么教学内容就应该动态变化，从而培养他们的创新思维。

3. 开放性

如果说动态性着重表现在局部教学内容的变动上，那么对于整个教学内容的设计来说，对于学生理解程度的预期就应当是开放的。调查学生的学科背景，学生前期课程的修读程度，学生现实就业的趋势改变等，可以帮助教师预期学生的理解程度，而不能用一成不变的标准去衡量他们对教学内容的把握。换言之，教学内容的不同层次可以进行必要的取舍，这不是内容的简单化处理，而是合适的教学内容能够实现技能或思维的训练，而非繁杂冗余，泛泛而过。

总之，教学内容的设计初衷不是来自你希望学生学到什么，而是来自长期的教师与学生互动后的反思：学生需要学习什么，他们能理解到的程度，等等，综合衡量后确定内容才能真正实现对学生知识和技能的培养。教师需要更新教育理念：建立新的学科系统理念，更新更适合时代发展的教学内容。

(二) 鼓励学生参与教学目标的制定

教学内容明确后，需要拟定清晰且可测量的教学目标，既要有宏观的整门课程的教学目标，也应当有每一个主题或每一单元的微观的教学目标，既要有长期的目标，也要有短期的目标。布鲁姆教学目标分类建议，认知、技能和情感三个方面设置已经是非常成熟且有效的教学设计，教学目标对教学活动的指导意义笔者也不再赘述。

笔者在此提出的反思是，能否让学生参与教学目标的设定呢？尤其是微观的、短期的教学目标。我们往往诟病学生没有自主学习的能力，那是因为绝大多数人的学习都是被牵着走的，如果能让学习者有主人翁感，或者激励他们自主探索，为什么不听听他们围绕教学内容所关心的问题呢？通过不同课程的实践，前期问题收集，大部分学生有清晰的目标，关注最多的是对某些知识点的掌握，以及考试考什么。其实这也说明了一个重要问题，教学的重难点不是老师认为的，而是学生反馈的，那么随之调整知识层次的目标是非常具体的，技能方面目标的掌握程度是可以调整的。课程即时的测试评价反馈则能让他们体会到目标的可实现性，有利于提高他们的自尊与自信。在此基础上，更容易激发他们自主学习的兴趣和动力。

以自然科学经典导引中的最难部分"相对论浅说"的教学设计举例说明，这部分内容多且深奥，很难让学生在 2 节课内把所有问题都掌握，所以必须找到学生学习的难点进行重点讲解。可以充分利用学习通等教育技术，通过课前分组任务，鼓励自主学习及小组讨论，并总结反馈，再根据汇总后疑难问题调整课堂讲授的具体认知目标，提高课堂效率并进行学习效果的有效检验。基于学习通分组任务实现的学生参与的教学目标的调整见图 2。

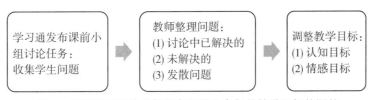

图 2   基于学习通分组任务实现学生参与的教学目标的调整

(三) 贯穿始终的参与式教学活动

教师的任务就是与学生在方式方法上互动，以便他们获得新的信息，锻炼新的能力，重新组织并扩充已有的知识，[1]没有哪一种方法是最好的教学方法，那我们不妨取一种有效教学结构设计进行长期的探索与运用。BOPPPS 由导言（Bridge-In）、学习目标（Objective/Outcome）、前测（Pre-Assessment）、参与式学习（Participatory Learning）、后测（Post-Assessment）和总结（Summary）六个教学环节构成，简称 BOPPPS。[3]其中参与式学习是其中的一个重要模块，鼓励在教学活动中师生互动以及生生互动。那其他环节是不是就不需要开展参与式学习呢？

经过长期的探索和实践，我们提倡参与式学习可以发生在教学的每一个环节，贯穿教学活动始终。有效教学互动方式包括但不限于如下方面。

1. 提问及追问

提问指的是尽量少设问，而是真正提出疑问，与学生一对一或一对多地交流，了解不同层面的理解及想法；追问是促进层层深入的思考，变教材知识点的陈述式为疑问式，激发思维训练，在"知其然"后探索"其所以然"。

2. 投票及分享观点

其适合于开放式、发散式问题，既可以用于低层次认知问题，也可以用于高层次的推理、分析或评估。不强调对错的表达，有利于了解不同人的看法，营造相对宽松的学习环境，让学习者既能有归属感，也会有冲突感，唤起交流的欲望。

3. 课堂练习及演示

可操作性的实践验证，包括实施口头回答、随堂测试、个人或团队操作演示等紧张又有趣味性的活动。强调务必提供及时的练习，展示学生的答案，分析相似性及差异性，有利于学习者间的相互学习，也有助于教学者明了学生知识掌握的普遍程度，以备调整教学活动甚至后期的内容及目标。

4. 小组合作

人与人之间的互动激发碰撞的火花。方式上大课可以选择最简单直接的邻座互动，小班可以事先分配小组；内容上教师应避免任何明确的问题导向，赞赏激励各种表达方式；对于不太情愿参加讨论的同学，分小小组是有效的尝试，对于话题垄断者，将其设为观察员也不失为好办法。换言之，个性化教学无处不在。

5. 头脑风暴

挑战性任务相对常规讨论来说更具有趣味性，答案的预设基本不存在。鼓励创新思维，往往更能激起学习者的兴趣和斗志，大胆发挥创意。此外其对于教学内容既是检测又是延伸和拓展，更是对应长期的教学目标：能力和价值目标的培养。

丰富多样的活动绝不仅限于某个教学环节，而是每个环节都值得大胆尝试，效果可能截然不同。积极参与策略鼓励所有学生参与全部课堂活动，务必集中注意力。有效活动设计需寻找最优组合，有效性优先。此外问题设置逻辑清晰、层次递进是根本，靠长期的教学互动实践孕育有价值的经验。

这里也必然产生一个问题——互动的时间占用了传统教学中教师单纯教授的时间，其实原本的传统的内容一定是讲不完的，但也正是学生的参与可以帮教育者权衡什么才是最重要的、最普遍的、最值得保留的教学内容。

(四) 教学反思

有效的教学设计一定不是一蹴而就的，教师既不应被效果不好的活动所打击，也不能停留在热闹的、重趣味的活动舒适区，而是需要不断地反思改进。建议可以从以下几个方面开展调查总结：

(1) 学生的感受：学生是否感受到公平和被尊重；没有畅所欲言的原因；注意力不集中的原因；如何改进学习环境等。

(2) 教师的感受：问题表述的明确性；问题设置的必要性和有效性；信息技术是否及时收集到学生的反馈；教学目标的实现度等。

(3) 课程的改进：是否传授了相关学习策略，结合与学科发展的相关性考虑是否进行教学内容或教学目标的调整；情感目标包括课程思政的传递是否实现等。

三、参与式学习在不同课程与活动中的探索及应用

(一)通识课的有效教学设计

1. 优势明显

基于参与式学习的有效教学设计在通识类课程中应用效果最为显著。教学内容的多样性和跨学科性，教学目标的难易程度适中，最适合设计丰富的教学活动，保证学生的参与度。笔者主讲的基础通识课"自然科学经典导引"和一般通识课"世界桥梁建筑艺术赏析"都实践了丰富的课堂活动，包括基于教学信息技术的投票、随堂练习、选人、主题讨论、两两互动等师生、生生常规互动；学生课前小组讨论，改进课堂教学认知目标；用学生的观点升华情感目标；查缺补漏的总结反馈等。

2. 窘境

通过不断的教学反思，笔者发现学生对通识课的重视度不高，导致自主学习没有后劲，能力培养效果并不明显，呈现出短期内教学活动效果良好与长期思维能力发展停滞的状况。

3. 教学改革

大胆的改革尝试是冒着学生减少的风险，增加挑战性的任务：要求小组合作，必须有成果产出。以世界桥梁建筑艺术赏析课程为例，学生全过程评价标准包括：大班和小班的讨论参与40分；经典书籍读书报告20分；课外实践10分；最终的小组创意桥梁设计成果30分。推荐小组作品参加国内外各种相关桥梁设计竞赛，如世界大学生桥梁设计竞赛、城市桥梁设计公众组竞赛等，屡屡获奖，吸引了更多有挑战意识的学生，激发了学生的创新意识。

课程的教学目标是审美教育，高阶目标是培养创新思维。只有引导小组合作，通过适度的挑战任务激发学生跨学科合作，再提供有益的项目实践或各种比赛，实现可检验的教学目标，这样才能改变学生对通识课的态度，让能力培养持续下去，使学生终身受益，面向未来的新学科发展。

(二)专业课的有效教学设计

1. 学生参与难度大

基础和专业理论课的教学内容多，难度高，教学学时也在日益压缩，教师们普遍疑惑如何开展学生参与式学习，以及是否有必要开展参与式学习活动的设计。

2. 学生后劲十足

学生普遍对基础课和专业课高度重视。如果学生能从参与式学习活动中感悟学习的乐趣和成就，必然能激发自主学习的动力，有了主动性学习经验，才能面对未来社会多样化的挑战。

3. 教学改革

以 BOPPPS 有效教学设计为例，桥梁工程专业课开展基于参与式学习的有效教学设计如表 1 所示。教学时间根据内容来确定，可以是半节课、一节课、一讲课，甚至两讲课等，保证学生充分参与。

表 1　　　　　　　　　　　　基于参与式学习的专业理论课的有效教学设计

教学设计环节	活动方式	改革措施
导言 （Bridge-In）	以故事、工程事故、悖论等导入，引导讨论	选取与教学内容相关理论密切相关的工程案例，引导学生发散思维，探索各种可能的原因
学习目标 （Outcome）	理论教学目标一定要清晰、可执行	说出……定义的内涵；区分……不同的特性；建立……基本假定；推演……公式；应用……解决问题等
前测 （Pre-Assessment）	课堂练习、选择投票、讨论、团队演示等	教学活动用以检测前期课程的数学和力学等相关基础，并通过复习加深理解
参与式学习 （Participatory Learning）	让学生参与推理、演示、归纳，不要强调对错，真实实现积极参与学习策略	共同绘制计算图示，多问缺什么？与学生共同建立力的、位移的平衡方程，多问怎么做？引导学生发现、提出各种边界约束条件等；讨论理论的适用性及局限性，多问为什么
后测 （Post-Assessment）	课堂练习、口头分析、计算分析、创意挑战等	及时检测所有学生的掌握程度，教学目标的达成度，调整课后任务，决定是否进行更多教学干预
总结 （Summary）	与学生共同总结，及时反思	重在表扬学生的努力和学习成果，让所有学生看到自身的变化

四、总结

太多的教育学理论已证明，那些强调积极学习、合作活动并鼓励学生进行智力探索的教学模式是有效的。[2]本文通过实践，证明基于学生参与式学习的教学设计能够适应时代培养自主、开放、勇于创新人才的需求。首先教师应深刻理解有效设计的原则，让学习者愿意主动投入学习过程，且具有目标清晰的自主学习能力，这始终是教育者坚定的目标之一。其次应坚持让参与式学习贯穿整个教学活动，不断进行从被动学习到主动学习的激发和训练，形式灵活的教学设计才更有效。最后师生间应保有流畅的沟通渠道，不断反思学生的学习效果并积极改进，在学生尝试探索创新的道路上进行更有价值的教学干预。在勇攀科学高峰、强国复兴的道路上，教师和学生是一路同行者。

◎ 参考文献

[1] Kay·M. Price，Karna·L. Nelson. 有效教学设计：帮助每个学生都获得成功[M]. 第四版. 北京：中国人民大学出版社，2019.

[2] 巴巴拉·G. 戴维斯. 教学方法手册[M]. 严慧仙，译. 杭州：浙江大学出版社，2006.

[3] Giustini D. Utilizing learning theories in the digital age：from theory to practice[J]. Journal of the Canadian Health Libraries Association，2009，30(1)：19-25.

近景摄影测量课程设计实习的持续改进

李 欣 龚 龑 周军其

（武汉大学 遥感信息工程学院，湖北 武汉 430079）

【摘 要】 工程教育专业认证工作的实施对培养学生解决复杂工程问题的能力要求越来越高。本文结合工程教育专业认证的产出导向理念，在教学理念、教学内容及教学模式三方面，同时结合本专业求真的课程思政元素，对近景摄影测量课程设计实施改进，在培养学生实践动手能力、解决复杂工程问题能力方面进行探索。

【关键词】 产出导向；持续改进；课程设计；课程思政

【作者简介】 李欣（1967— ），男，山西晋中人，工学博士，教授，武汉大学遥感信息工程学院摄影测量系副主任，从事摄影测量与遥感的教学与科研工作，E-mail：xli2126@whu.edu.cn；龚龑（1979— ），男，湖北竹山人，工学博士，教授，武汉大学遥感信息工程学院副院长，从事农业遥感和定量遥感的教学与科研工作，E-mail：gongyan@whu.edu.cn；周军其（1966— ），男，浙江嵊州人，工学博士，副教授，武汉大学遥感信息工程学院地理国情监测系副主任，从事遥感图像处理与地理国情监测的教学与科研工作，E-mail：junqi_zhou@whu.edu.cn。

【基金项目】 武汉大学遥感信息工程学院 2021 年"三全育人"教育教学改革项目（YGJY202109）；武汉大学 2021 年本科教育质量建设综合改革项目；武汉大学第三批"武大通识 3.0"一般通识课建设项目。

2016 年 6 月，国际工程联盟大会《华盛顿协议》全会全票通过中国的"转正"申请，标志着我国成为国际本科工程学位权威互认协议的正式成员，我国的工程教育质量认证体系实现国际实质等效。正如教育部高等教育司司长吴岩所言：加入《华盛顿协议》意味着中国高等教育真正走向了世界，我们开始从模仿跟随到比肩而行、站在新的历史起点上的中国工程教育，理应为全球工程教育发展贡献中国经验，积极从工程教育改革发展的参与者向引领者转变。[1]基于产出的教育理念（Outcome-Based Education，OBE）是工程教育专业认证的核心，注重"学生中心""产出导向""持续改进"三大理念。在工程教育专业认证的 12 条毕业要求中，其中 8 个方面都涉及学生解决复杂工程问题的能力。为达到专业认证的标准并保证教学质量，作为教学者不仅要关注学生的理论课成绩，还应将更多的精力投入实践课程的教学管理中。[2]因此，将工程教育专业认证理念贯穿于实践教学，改变实践课程注重过程现状，以显著提升学生的工程素养是当前实践课教学必须思考的问题。

近景摄影测量是摄影测量与遥感学科的一个分支，在武汉大学 2018 版遥感大类培养方案中设置为遥感科学与技术专业摄影测量方向的模块课程，同时配套近景摄影测量课程设计模块实践课，课程设置符合工科课程教学特点，既有理论教学又有实践教学，开设学期设置在第 6 学期。[4]武汉大学遥感科学与技术专业在 2016 年首次通过工程教育认证后，于 2019 年再次通过工程教育认证。在此背景下，近景摄影测量理论课及课程设计实践课按 2018 版培养方案组织教学，[3]本文从工程教育专业认证的角度，在教学理念、教学内容及教学模式三方面总结近景摄影测量课程设计实践课程的改进措施，着力培养学生的工程思维能力，促进学生对理论知识的进一步理解及灵活运用，使其具备解决复杂工程问题的能力。

一、教学理念的改进

近景摄影测量课程设计是为加深理解和巩固近景摄影测量理论课程的相关知识而专门设计的。通过课程设计，使学生进一步掌握、综合运用近景摄影测量的基本概念、基本理论与方法，了解有关设备、软件的使用，掌握程序编制中的输入、输出参数等计算内容及程序调试方法，提高数据分析及实习报告撰写的能力，培养学生解决复杂工程问题的能力。围绕这一总体目标，改变以往实习课以教师为中心、教师演示学生操作的授课方式，理论课主讲教师同样作为该实践课程的实习教师，避免理论课、实践课教师不同导致的脱节；考虑到课程设计学时数，同时将理论课的部分课间实习作为课程设计的前导内容，使两部分实习融为一个整体，按照认证版教学大纲要求，使学生"掌握近景摄影测量的基本原理，具备较强的专业技能""能够针对近景摄影测量目标，选择合理的数学计算模型，并进行严谨推理，给出解释""能够应用近景摄影测量知识设计针对复杂工程问题的解决方案"。[4]因此，以产出为导向的近景摄影测量课程设计在实习内容、实习环节、实习方法上均进行了改进。

立德树人是高等教育的根本任务。课程思政将立德育人的内涵落实在课堂教学主渠道，教师在传授课程知识的基础上引导学生将所学的知识转化为内在德行。[5]每一门专业课在传授专业知识的同时，都应该传递价值，不仅要帮助学生"专业上成才"，更要促进"思想上成人"。[6]近景摄影测量中的测绘数据讲求真实，通过本课程设计，将"诚信""务实""求真"的科研精神及基本学术道德素养作为课程思政元素，融入专业知识教学中，培养学生职业道德素质，在设计实验方案时，要求做到兼顾实验目的、实验精度；在解决实际问题的过程中，要求做到严谨、精益求精；在分析数据结果时，要求以数据为依据得出相应结论，做出合理解释，并进一步改正，学会分析问题的方法。

二、实习内容及环节的持续改进

按照 2018 版武汉大学遥感信息工程学院本科培养方案及近景摄影测量教学大纲(以下简称"2018 版教学大纲")要求，对本课程设计内容、环节进行了持续改进。课程设计内容按照近景摄影测量实施的完整流程进行设置，如图 1 所示，包括立体像对获取、像点坐标量测、程序编制计算及课程设计报告撰写全流程。在以前的实习中，立体像对、像点坐标量测程序均由实习教师提供，学生实习仅完成单像空间后方交会及直接线性变换程序编制，流程不完整，不能完整体现专业认证教学大纲要求的针对复杂工程问题的解决方案。故此，结合"2018 版教学大纲"及教学时数，在理论课课间实习中，要求学生根据基本理论方法，自己设计摄影方案，拍摄立体像对，再结合其他已学先导课程，如数字图像处理、面向对象的程序设计、计算机视觉与模式识别课程知识，自己编写像点坐标量测程序，完成自己所获取影像的像点坐标量测，如图 1 左侧虚线框部分所示，同时将近景摄影测量及其他有关课程的基本理论与方法融合，达到对所学知识的综合运用。之后在课程设计中，以量测好的像点坐标作为起始数据，完成单像空间后方交会及直接线性变换程序编制及计算，如图 1 右侧虚线框所示。在此过程中，如学生发现所拍摄的立体像对不合乎要求或像点量测精度不高，还可以让其重新拍摄立体像对或改进像点量测程序，同时理论课及课程设计实践课由同一教师主讲、指导，能更准确地把握学生实习中出现的问题，使学生在实践中提高分析问题、解决问题的能力。

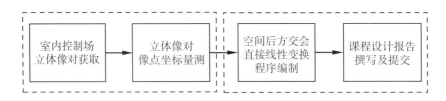

图 1 近景摄影测量课程设计流程

三、课程设计教学模式改进

为达到工程教育专业认证及教学大纲要求，在教学中采用问题式、启发式教学模式，改变以往实践教学中将所有实验数据及基本软件无遗漏为学生准备好、实习中教师进行常规演示的模式，充分调动学生的主观能动性和创造性思维，改变以往教学中学生不思考、不提问的局面，使学生能够掌握近景摄影测量的基本原理，针对近景摄影测量目标，设计针对复杂工程问题的解决方案，达到"以学生为中心"的目的。

近景摄影测量课程设计的主要内容是，在前期已经取得立体像对及像点坐标的前提下，编写完成单像空间后方交会及直接线性变换程序。所谓"问题式"教学是指：首先在课程开始的总体介绍中，使学生明确 2 个算法各自要解决的问题，一是使用近景摄影测量的单像空间后方交会原理解算数码相机的内、外方位元素及镜头畸变系数，通过与先导课程解析摄影测量对比，提示学生思考其中的不同点；二是使用直接线性变换原理，最终解求场景中活动控制架上待定点的物方空间坐标，同样提示学生思考与空间后方交会-空间前方交会解法的区别。两个问题的解决，本质上都是仿照实际工程中的应用进行设置，以便使学生真正感知所学知识在实际工程场景中的应用，激发学习兴趣，提高创新和创造能力。

所谓"启发式"教学，是学生在明确所要解决的问题后，依据起始数据，在实习过程中自己发现具体问题，教师引导学生提问，督促其思考，如为共性问题，教师再进行启发式讲解而非直接给出解决方案。仅以如下情形为例，课程设计中用到的已知数据-控制场中物方控制点的三维空间坐标，在实际测量时使用全站仪，采用普通测量中的前方交会及三角高程方法获得，其所在的坐标系为左手坐标系，但课程设计中两个算法原理的公式推导均在右手坐标系中完成。学生在程序编制调试中，如果未注意到此差异而直接代入计算，程序计算将不收敛或不能得到正确的解算结果。实习过程表明，约95%的学生在此环节均不能完成正确计算。对此共性问题，首先启发学生复习共线条件方程式推导中的坐标系设置，明确其中的逻辑关系，再引导学生自己判断物方控制点所定义的坐标系，并思考如何转换。只此一个过程，学生即加深了对近景摄影测量基本观念、基本原理的理解，可以认识到近景摄影测量与航空摄影测量的区别之一，就是实施近景摄影测量是以解求目标物的形状大小、运动轨迹为目的，不注重测量时的绝对位置，从而能使其灵活运用基本原理、方法，而不是生搬硬套公式。

四、教学效果分析

通过工程教育专业认证的实施，结合学院2018版本科培养方案及"2018版教学大纲"，按照"学生中心""产出导向""持续改进"三大理念，通过对近景摄影测量课程设计实践课程的持续改进，在学院2018级遥感科学与技术专业摄影测量方向本科生的授课中进行了应用与实施，与往届学生的教学效果相比，2018级学生提出问题人数比例明显提高，主动思考能力明显提升，部分学生还能在完成课程设计基本要求的前提下，使用同一组数据，设计多种试验方案，进一步检验理论课中所讲授的影响计算结果精度的因素，能够为解决工程项目中的问题积累宝贵的经验。同时课程设计报告质量较往届有较大提高，在数据分析、实验结论的归纳总结方面，表现出较好的职业素质。其中两位2018级同学分别在报告中谈道："通过对实习中的一些问题的思考和分析，我逐渐明白实习的目的绝非仅仅是让我们完成两个程序的编写，而是要让我们在编写程序的过程中，去思考程序的一些细节，数据的一些细节，去思考其中隐含的近景摄影测量理论。总的来说，这个实习带给我最大的收获就是：我们要学会思考问题，而不仅仅是为了实习而实习，为了完成任务而实习。而是要通过实习去明白一些东西，这些东西不仅仅是课本的知识，还包括做事情多思考……最后，我想说，感谢李欣老师在课堂上包括实习中的辛勤付出，也正是李老师抛出问题，我才会去认真思考各种奥秘。""本次近景摄影测量实习不仅使我对于单像空间后方交会和直接线性变换求解有了更深刻的理解，也锻炼并进一步提升了我的编程能力、严密思维和耐心。虽然实现过程比较困难，但这是首个完全由我自己编程实现的全套摄影测量流程，从拍摄立体像对到最终得到待定点坐标，内心充满成就感，也总算敢称自己为摄影测量方向的学生了。"

五、结语

作为武汉大学遥感科学与技术专业摄影测量方向的主干专业课，针对近景摄影测量课程设计的专业特点，在工程教育专业认证的背景下，对教学实施持续改进，在教学理念中融入课程思政元素，将其与近景摄影测量理论课课间实习紧密关联，通过教学模式的改进，不仅提高了学生的自主学习能力和解决复杂工程的实践能力，同时培养了其职业道德素养。在工程教育专业认证背景下，如何对本课程设计实施进一步的精细化持续改进，如何进一步融入与挖掘课程思政元素，仍然有诸多思考空间，任重而道远。

◎ 参考文献

［1］丁雅诵，赵婀娜.我国工程教育迈入全球"第一方阵"［N］.人民日报，2018-09-27.

［2］潘俊辉，张强，王辉，等.工程教育专业认证下实践课程的教学模式研究［J］.微型电脑应用，2021，37（6）：16-18.

［3］武汉大学遥感类（大类）类本科人才培养方案（2018版）［EB/OL］.［2021-07-08］.http：//rsgis.whu.edu.cn/info/1213/7797.htm.

［4］2018版近景摄影测量课程设计教学大纲［S］.武汉大学遥感信息工程学院2018版教学大纲汇总，2019.

［5］邱伟光.课程思政的价值意蕴与生成路径［J］.思想理论教育，2017（7）：10-14.

［6］李静.理工院校实施"课程思政"教学改革的几点思考［J］.才智，2019（3）：29-30.

测绘专业本科科研导师制的实践与问题

霍学深　陈昱同　罗　佳

（武汉大学　测绘学院，湖北　武汉　430072）

【摘　要】 随着教育部建设"双一流"学科的启动，国家对测绘本科专业建设与培养提出了更高的要求，为此在本科生阶段中实行科研导师制是测绘本科专业建设与培养革命的核心内容之一。本文首先陈述了实施本科生导师制的必要性，通过研究武汉大学测绘专业本科生导师制的实践过程及成效，分析了导师制在实践中存在的若干问题。本科生导师制的持续改善将对专业课程建设与发展的推动起到重要作用，相关成果和思考可为高等院校相关本科专业在实施导师制的过程中提供参考。

【关键词】 本科生导师制；测绘专业；科研实践

【作者简介】 第一作者及通讯作者：霍学深（1980— ），男，中国香港人，博士，武汉大学测绘学院副教授，从事测绘科学与技术和地球物理专业教学与科研工作，E-mail：xshhuo@ sgg. whu. edu. cn。

【基金项目】 2021 年武汉大学本科教育质量建设综合改革项目"地球物理学本科教育建设"项目子课题"基于导师制的地球物理本科生科研能力与创新培养模式探索"；武汉大学"教育教学改革"建设引导专项-天文学概论（"武大通识 3.0"一般通识课程）。

一、引言

导师制（Mentorship）与学分制、班建制并称为高等教育三大模式。其最早可以追溯到 15 世纪初，由时任温切斯特主教威廉·威克姆在牛津大学首创，它是以学院为单位，为每位本科生配备导师进行教育和保护的制度。[1]本科生导师制成为英国大学数百年以来保持卓越本科教学质量的核心制度之一，也被美誉为"牛津皇冠上的宝石"。[1~2]

随着现代大学制度的发展，本科生导师制已成为全球著名大学的日常制度之一。2002 年，北京大学开创性地在本科教学中引入导师制，成为首个实行本科生导师制的中国高校。[3]然而，因导师制在我国还处于探索阶段，直到目前，大部分中国高校只是简单地移植了西方大学的本科生导师制，没有深入考虑西方大学当初实施时的精神内核及其与我国教育文化的差异，使得本科生导师制在中国高校的实施过程中往往"水土不服"，未达到其实施时的初衷。为此，在本科生导师制试行时，有必要找到本科生导师制对于中国本科生教育文化的着力点与不足，并加以改进，进一步促进本科生科研创新，为人才培养和"双一流"学科建设目标的达成打下坚实的基础。

二、实施本科生导师制的必要性

在我国《教育大辞典》中，本科生导师制被定义为"导师对学生的学习、品德及生活等方面进行个别指导的一种教育制度"。[4]学生通过与导师"面对面"的交流，接受导师"一对一"的指导，在专业能力、科学素养、就业能力和品行道德等方面得到提高，完成"成人—成才"这一过程。

我国本科生导师制的最先倡导者是民国时期著名政治经济学家费巩，其在留学牛津大学之后，指出当时中国教育的三个不足："教法呆板""师生关系太疏"和"重技术教授轻人格陶冶"。为此提出在基于中国传统书院制的优点上借鉴牛津、剑桥的导师制。[4]浙江大学前校长竺可桢在20世纪30年代提出：由于实施了类似英国的导师制，当时美国本科生的成绩和品德大为长进。他也因而竭力倡导导师制。[5]

在我国现行的教育体制中，本科生多采用以班建制为基础的集中授课管理方式，仅在某些专业课程学习和毕业设计上加入导师制的元素。然而，以班级授课制为核心的现行本科教育教学制度，已明显无法满足我国各行业对高素质人才的需求。[7]由于人才质量评价体系和培养目标的变化显著，现行本科教育教学制度存在的问题主要表现为两个"脱节"和一个"冲突"。

（1）"教学"和"育人"的脱节。我国大学自20世纪末到21世纪初不断扩招，导致高校教学资源相对不足，师生比不断下降。很多大学不得不实行"教学"和"育人"脱离的双轨制，[6~7]导致大学教师单纯注重知识的讲授，"下课即走"，不注重与学生的其他交流。而专门负责学生管理的辅导员则由于相关知识结构和专业背景的原因，对科研及专业知识的把握有所欠缺。这种"双轨制"模式不利于本科生的全面发展，也不利于教师教书育人的职责的充分发挥。

（2）教授的知识与社会需求的脱节。胡启先等认为，大学是"大学生通过学习社会文化知识，接受教化，使自己成为一个成熟的社会人的过程"。[8]然而，在我国教育整体"唯分数"的大环境下，由于学习内容多而教学课时短，老师无法在有限的时间内全面地传授知识和开展相应的实践操作，学生在现实背景下对于生活和动手能力也缺乏足够的锻炼，因此一些学生在毕业后的一段时期往往无法有效应对当前的竞争机制，而被迫走向片面提升学历或"考证""考公"之路。

（3）最后是集体化教育与个性化教育存在冲突。个性化教育是素质教育的内在要求之一。虽然集体化的班级授课制有利于放大教师的主导作用，但学生在个性、特长等方面各不相同。集体化与标准化的教育手段难以做到因材施教，不利于引导学生注重创新与培养独立思维。

导师制从理论上可以规避上述集中授课制的缺点，充分发挥导师的专业性，有助于本科生树立长远的学习目标，找到正确的学习方法，树立独立思考的意识，从而充分激发自身潜能，为以后进入社会打下坚实基础。[7]

测绘学科是应用几何定位、地球形状等地理信息的学科。传统的测绘学科内容主要包括测量和绘图两方面。随着时代的发展，许多测绘新技术出现，如：无人机点云、卫星导航、智慧城市等让测绘科学与国计民生的方方面面融合得越来越紧密，测绘科学为社会服务的领域也越来越广。李德仁院士指出，测绘学科必须进一步转型为集导航、遥感、通信、互联网甚至脑认知科学等于大成的学科，因而国家和社会对测绘学科大学生的要求也越来越高。[9~10]这就要求在如今测绘教学中及时引入新技术，把握学科新动态，做到产学研一体，培养顶尖测绘人才。实行本科生导师制，则是达到这一目标的必由之路。

三、本科生科研导师制的实践、成效与存在的问题

目前，我国不同大学所实施的本科生导师制可以分为全程导师制、年级导师制、科研导师制和英才导师制四种，[11]各自特点、优点与缺点如表1所示。以某高校"双一流"建设的测绘类专业为例，全程导师制和年级导师制的导师一般由班主任和辅导员承担，他们通常不负责学生的专业科研与实践。英才导师制一般归口到校一级的实验班进行特别培养，因此在该校的测绘相关专业，实行的是本科生科研导师制。

表1 不同本科生导师制的比较

本科生导师制	特点	优点	缺点
全程导师制	本科生从入学到毕业，不管是学习、生活还是思想都有导师指导	有利于本科生各项素质全面发展	导师需投入大量的时间和精力，一定程度上限制了该制度的实施
年级导师制	仅针对低年级学生以班级为单位配备导师，帮助融入大学生活	有利于低年级学生更快完成身份转变，融入大学生活	一位导师面对的学生过多，不能面面俱到，并且专业指导欠缺
科研导师制	导师仅为学生提供专业知识和科学研究方面的指导	有利于提高本科生的专业水平和科研能力，提高学生的科研兴趣	照顾不到学生生活、思想上的变化，不利于全面发展
英才导师制	选拔最优秀的学生充分利用学校(学院)最好的资源，分配最好的导师	有利于最优秀的人才全面发展，培养顶尖领军人才	"最优秀"难以界定，并会给学生带来较大的压力。同"全程导师制"一样，很难普遍实行

学院一级的测绘相关本科专业的科研导师制度流程通常为：新生经历了大学一年级数学、物理方面的基础课程学习后，在暑假前自行了解每位老师的研究方向，选择自己感兴趣的内容并与老师进行交流，后按照学生的意愿，在相关导师的指导下开始科研与实践活动。导师从学生最感兴趣的科研题目出发，引导学生寻找相关中文和英文文献进行阅读，

对所需的技术进行培训，培养相应的动手能力，为科研打下基础。

在这过程之中，每两周单独与学生讨论研究目标，探索研究内容与方法的可行性，制定相应的研究方案，每四周进行课题组口头报告与结果讨论等工作，导师与学生共同分析结果的可信性与正确性。论文和技术报告的写作为最后但最重要的一个环节。在这环节之中，学生对课题的结果进行系统的整理，跟导师讨论论文和技术报告的相应结构、内容、顺序、文献的引用以及结果的显示，撰写论文初稿，通过重复的修改，最终提交和投稿，从论文初稿到发表需时 10~16 个月。

经过几年的实施，在该模式下已经有 5 名同学在本科生期间以第一作者署名发表了多篇涉及时变重力、[12~14]遥感水文[15]与潮汐[16]等方面的 SCI 高水平学术论文，这说明本科生导师制对于激发本科生的科研兴趣有着显著的作用，良好的导师指导是现代大学生成长成才的重要一环。以 2016 级为例，6 人同选一个导师，4 人成功保研，3 人留校保研（其中 1 人跨专业保研），1 人跨校保研，1 人出国，1 人中段退出，从中可看出在实践过程中有少部分学生并没有真正体会到本科生导师制带来的好处。

在实践过程中也发现现行的本科生导师制存在其他问题。首先，本科教学的承担主体——学校或学院在制定相关政策和规定时往往仅从"管"的角度出发并以有显示度的成果最大化作为目标，存在目标和激励要求过高，对导师约束较多等方面的问题，这实际上也是"四唯"问题的表现之一。比如基于科技能力的研究生推免工作（以下简称"科技保研"）执行过程中，科研分数的作用只有课程成绩的十分之一，而且为了提升科技保研的门槛，学校要求学生以第一作者署名发表论文，而实际上绝大多数本科生刚开始接触科研工作，而且在科技写作方面的基础几乎为零，所以在科技保研资格认定前发表的高水平论文基本上是导师主导完成的，而且由于导师在本科生指导和科技保研过程中的责任和权利不对等，获得科技保研资格的学生在选择权上与通过课程成绩获得保研资格的学生几乎没有区别，导致导师付出很大精力指导发表高水平成果的学生获得科技保研资格后，并不填报本科导师，而另选其他高校或他人的情况出现，严重挫伤了导师对待本科生导师制的积极性。

部分教师对于本科生导师制存在认知误区。他们认为，与研究生不同，本科生受自身专业能力的限制，无法胜任一些日常的科研工作（如部分仪器操作、物理模型建模等），且本科生毕业之后未来不一定会继续选择自己为导师，花费时间投入会影响自己的科研项目与计划。再加上自身教学和科研任务繁重，部分导师几乎不会关注学生的思想、学业和科研情况，指导内容空洞或脱离实际，本科生导师制"名存实亡"。原本大有所为的制度则演变成了尽量小的任务量、尽量简单的师生指示与关怀，导致建立导师制的初衷——改革本科生教育制度、培养真才实干人才的目标未能实现。

部分学生对于新制度有抵触情绪，不愿跳出"舒适区"，或认为找导师就是给他"打工"。由于我国基础教育为在短时间内提升同学应对升学的能力，长期以来采用"灌输式"教学，学生习惯了以考分为目的的被动接受式学习；而导师与学生之间的互动交流恰恰是本科生导师制强调的核心之一。这种差别会给部分学生带来强烈的不适应感，进而产生较大的压力，学生若不能积极调整自身心态进行适应，往往就会产生抵触情绪，进而导致本科导师制也不可能很好地实施。

四、本科生导师制的改进建议

针对导师制实施遇到的问题，需要在以下几方面进一步完善现行的制度。

1. 加强本科生科研导师制制度建设

首先，从指导思想、基本原则、工作职能、管理职能、奖惩办法等方面完善相应的规章和条例来确保本科生导师制的顺利实施。[17]与牛津大学那样放任导师和学生的"自由式本科生导师制"不同，实施时需要一定的约束并规范师生在本科生导师制中的行为方式，让颁布的条例深入师生内心，让教师理解本科生科研导师制对于本科生能力培养的重要性，让学生体会到这是一项大有裨益的教育指导。[18]

其次，需要营造导师和学生积极互动的良好氛围，采用适当的奖励措施，如加大科研和竞赛分数的比重，对表现优异的学生奖励学分或奖学金并对导师给予奖金鼓励等，激发教师工作和学生科研学习的热情。

最后，除了奖励措施外，还要引入"退出机制"。大多数学校现行的本科生导师制规定主要是针对导师进行约束，却过分放纵学生，导致学生和导师之间出现工作、学习态度上的矛盾，有部分学生当事情发展稍有不顺时就选择放弃，这种现象对本科生导师的积极性造成巨大的挫伤。因此，适当加强对本科生的约束和限制，培养学生的责任心和持之以恒的态度，才会让导师与学生之间进入良好的互动状态。

2. 改变导师对于本科生导师制的看法

让导师将工作重心从科研产出转变为培养学生独立思考的能力。有学者认为，始于牛津大学的本科生导师制实际上脱胎于古希腊苏格拉底的教学方式，串联其中的核心元素是对独立思考能力和批判性思维的培养，[2,19]而这也恰恰是导师制中最大的"诱惑"。[2]在本科生导师制中，导师不应当把科研产出与论文指标作为第一要素。作为育人的一方，应多关心学生的需求与渴望，弘扬本科生导师制"培养独立思考和批判性思维的人"的核心价值观，培养出知识体系丰富、科学视野开阔、具备独立批判思维的人才。

3. 通过本科生导师制推动专业课程建设与发展

对于测绘学科来说，专业课程设置除了传统的数理基础外，还应涵盖地球科学、计算机科学等内容，理论与实际联系紧密，加快技术推陈出新的速度。如何融合多元的知识体系，并在传统技术的基础上不断更新，培养学生科学的世界观，实现素质教育和专业教育的有机结合是测绘学科建设需要解决的问题。[20]为此，需要以本科生导师制为基础，通过导师与学生交流、协作之间的反馈，发掘对学生有吸引力的专业前沿内容，如无人机测绘、低轨道卫星定轨等，及时更新人才培养方案与模式，将专业前沿理论与实践结合，并剔除部分在行业内落后和不实用的课程。除此以外，还需要依据新的培养方案，及时做好新研究方向的师资梯队建设，实现教师资源的循环前进发展，以满足学生对学科深度、广度与跨度的不同需要。在本科生导师制的实践下，有更明确的培养目标、灵活而循环发展的培养方案和多元师资队伍，才更有效保证课程建设处在积极灵活的状态，达到导师、学生、专业建设三者共同促进，一同向前发展。

4. 改变学生的学习方式

改变学生以往被动接受和不自主的学习方式，使其积极参与到本科生导师制的建设过程中，多与导师沟通交流，了解最新的科学突破与发展前景，早一些尝试投入科研或实际操作之中。

五、小结

为培养更高水平的测绘相关类专业的高素质人才，本科生导师制是本科生面对新时代挑战的优秀教育管理制度，目前已经被应用于多个学校不同专业的实践教育之中，然而本科生科研导师制目前也存在着许多问题，本文简要给出了实施本科生导师制的必要性，给出本科生导师制实行的成效与实践中存在的若干问题，须继续借鉴国外其他大学实施的各有特点的本科生导师制度，取其精华去其糟粕，才能在新时代人才培养的国际竞争中处于领先地位。本文可为相关院校开展本科生导师制提供一些参考。

◎ 参考文献

[1] 杜岩岩，傅钰涵. 英国本科生导师制的类型、特征与启示[J]. 西北工业大学学报(社会科学版)，2021(1)：37-44.

[2] 何齐宗，蔡连玉. 本科生导师制：形式主义与思想共识[J]. 高等教育研究，2012，33(1)：76-80，85.

[3] 王伟，辛柯. 本科生导师制的实施困境与发展思路[J]. 西安工程大学学报，2008(4)：524-527.

[4] 王道俊，王汉澜. 教育学[M]. 北京：人民教育出版社，1998：98.

[5] 高昀. 牛津大学的导师制对我国本科生教育的启示[J]. 理工高教研究，2004(4)：59-60.

[6] 李呈德，何明. 本科生导师制培养学生创新力的有效性分析[J]. 北京理工大学学报(社会科学版)，2007(S1)：53-55.

[7] 王俊丽. 我国大学本科实行导师制的必要性、可能性和可行性[D]. 长沙：湖南师范大学，2005.

[8] 胡启先，毛晋平，等. 当代大学生社会心理问题及其对策[M]. 南昌：江西人民出版社，1999：35.

[9] 杜清运，任福，沈焕锋，等. 综合性大学一流 GIS 专业建设的探索与实践[J]. 地理

信息世界，2021，28（1）：2-6.

[10] 李德仁. 从测绘学到地球空间信息智能服务科学[J]. 测绘学报，2017，46（10）：1207-1212.

[11] 张峥. 本科生导师制人才培养模式及实施体系研究[D]. 北京：首都经济贸易大学，2010.

[12] Zhou L, Fok H S, Ma Z, et al. Upstream remotely-sensed hydrological variables and their standardization for surface runoff reconstruction and estimation of the entire mekong river basin[J]. Remote Sensing, 2019, 11(9): 1064.

[13] Chen Y, Fok H S, Ma Z, et al. Improved remotely sensed total basin discharge and its seasonal error characterization in the Yangtze River basin [J]. Sensors, 2019, 19 (15): 3386.

[14] Shi T, Fok H S, Ma Z. Interactive contribution of indian summer monsoon and Western North Pacific monsoon to water level and terrestrial water storage in the Mekong basin[J]. Remote Sensing, 2021, 13(17): 3399.

[15] Du H, Fok H S, Chen Y, et al. Characterization of the recharge-storage-runoff process of the Yangtze River source region under climate change[J]. Water, 2020, 12(7): 1940.

[16] Peng H, Fok H S, Gong J, et al. Improving stage-discharge relation in the Mekong River estuary by remotely sensed long-period ocean tides [J]. Remote Sensing, 2020, 12 (21): 3648.

[17] 刘济良，王洪席. 本科生导师制：症结与超越[J]. 教育研究，2013，34（11）：53-56.

[18] 王妍妍. 我国高校实施本科生导师制的管理研究[D]. 福州：福建师范大学，2011.

[19] Scheffler I, Broudy H S. Reason and teaching[J]. American Journal of Education, 1973, 15(2): 20-22.

[20] 闫志刚. GIS 专业导师制教学改革与实践[J]. 科技资讯，2021，19（25）：135-138.

基于医学创新人才培养的开放实验
教学体系建设思考

赵　熠　武军驻　赵　旻*

（武汉大学　基础医学院基础医学实验教学中心，湖北　武汉　430072）

【摘　要】立足于"六卓越一拔尖"计划，基础医学实验教学中心为更好地建设基础医学专业，完善拔尖人才培养研究机制，自 2019 年起在常规实验课程以外，面向基础医学专业本科生及临床医学专业、口腔医学专业本科生开设了开放实验项目。通过各种开放实验项目的运行，提高医学生的科研素养；提升中青年实验技术教师的教学能力；不断优化基础医学开放实验建设，实现教与学的良性循环，促进医学实验教学的可持续发展。

【关键词】开放实验项目；创新实验；学生科研能力；实验教学体系

【作者简介】赵熠（1988—　），女，湖北鄂州人，博士，武汉大学基础医学实验教学中心实验师，研究方向为大学生开放实验室建设及管理、生物化学与分子生物学，E-mail：zhaoyi@whu.edu.cn；*赵旻（1972—　），男，湖北黄石人，博士，武汉大学基础医学实验教学中心副主任，副研究员，研究方向为肿瘤和病毒性疾病的分子机制，E-mail：minzhao@whu.edu.cn。

【基金项目】2021 年武汉大学设备处开放实验项目——基础医学实验教学中心（项目编号：WHU-2021-XYKF-11）；2020 年武汉大学医学部教学研究项目（项目编号：2020004，负责人：赵旻）；2021 年武汉大学医学部教学研究项目（项目编号：2021001，负责人：赵熠）。

一、引言

《教育部等部门关于进一步加强高校实践育人工作的若干意见》（教思政〔2012〕1 号）中明确提出要强化实践育人环节。实践教学是学校深化课堂教学的重要环节之一。在医学实验教学改革逐渐深入的当下，设计并开展医学开放性创新实验，成为培养医学生实践创新能力的核心内容，也是传统培养模式到个性化培养模式转变的关键。[1]因此，将实验教学、理论教学与科学研究有机系统地结合，建立开放化、模块化的实验教学模式，引入新发展、新技术，缩短医学生与科技前沿的距离，[2]成为实验教学新的要求。

教育部等六部门发布的《关于实施基础学科拔尖学生培养计划 2.0 的意见》（教高

〔2018〕8号)指出培养基础学科拔尖人才是高等教育强国建设的重大战略任务，明确指出基础学科包括基础医学专业。根据"六卓越一拔尖"计划，基础医学院基础医学专业于2020年被纳入武汉大学强基计划。立足于培养"厚基础、宽口径，懂临床、擅科研，能创新、敢引领"的基础医学拔尖创新人才，为进一步建设基础医学专业，完善拔尖人才培养研究机制，基础医学实验教学中心(以下简称"中心")在常规实验课程以外，面向基础医学专业本科生及临床医学专业、口腔医学专业本科生开设了开放实验项目。2019年、2020年、2021年中心在武汉大学实验室与设备管理处设立的开放实验项目(计划外自选开放实验类型)均成功申报并立项(见表1)。

表1   开放实验项目立项信息

年份	项目编号	学生人数	指导老师人数	项目情况				
				分子生物学	机能学	形态学	综合性	总数
2019	WHU-2019-XYKF-12	27	15	3	2	0	4	9
2020	WHU-2020-XYKF-08	30	15	1	2	1	6	10
2021	WHU-2021-XYKF-11	30	14	3	2	2	3	10

二、开放实验的内涵与意义

何为开放实验？根据《武汉大学实验教学中心开放实验项目管理办法》(武大设字〔2012〕5号)，实验教学中心在完成计划教学任务的前提下，充分利用现有实验室资源，完成计划学时以外的各种开放式实验任务。开放实验采用以学生为中心、以教师为主导的实验模式，主要分为计划外开放实验、学生自主开放实验和大学生科技竞赛实验。

实验教学中心设立开放实验项目的意义，包括以下几方面：(1)立足于医学生的实际需求，提高学生的科研素养。多学科交叉的综合性实验，有助于培养学生发现问题、分析问题、解决问题的能力，激发学生的挑战性和积极性。(2)激励教师与时俱进、不断学习新的实验技术改进实验教学模式。实验教师通过指导学生开展开放实验项目，可以发现现有实验体系的优势与不足，进而使实验教学模式得到进一步完善。(3)实现大学生创新创业训练计划项目、科研项目与实验教学的相互协作，促进科研成果可持续发展。

三、基础医学开放实验的教学内容安排

开放实验项目的三种类型各不相同。(1)计划外自选开放实验，由实验中心教师和实验技术教师为学生提供教学计划外的自选开放实验项目。(2)学生自主式开放实验，实验中心提供场地和耗材，学生自主设计实验项目、安排时间开展。(3)大学生科技竞赛类实验，实验教学中心为学生科技竞赛开展实验训练。

目前在基础医学实验教学中心开设的主要是计划外自选开放实验。同时中心的创新开放实验室为参与大学生创新创业训练计划项目的同学提供实验场所，并定期开展实验技术培训。中心近 3 年开设的基础医学计划外自选开放实验，一部分是从历年的优秀大创项目中遴选而来的，一部分是学院近年的科研成果转化，还有一部分是实验老师结合临床研究设计的。学科范围广、立意新颖、与医学联系紧密等是实验项目选题的基本要求。

具体的项目实施过程如下：首先，中心实验教师从学院历年大创项目中筛选出学时适中、难度适当的项目，再结合教学实验室的实际情况进行删改；同时向基础医学专业和其他医学专业的本科生征集有意向参与开放实验项目的人员（每组不超过 5 人，可 2 组同时进行同一个项目）。在定下课题名称及初步设想后，参与项目的成员在实验教师的指导下查阅文献、拟定实验方案和技术路线。随后由各组同学分工协作开展实验，记录实验过程与实验结果，定期与指导教师讨论实验进展。实验完成后，由学生独立完成实验报告，并与其他组同学进行交流汇报，分享心得体会。最后由指导教师评估该实验纳入综合实验教学体系的可行性。综合来说，开放实验项目的宗旨是进一步培养医学生的科研能力、提升实验教学中心中青年实验教师的业务能力，积极推进医学实验教学工作的开展。

四、具体实验案例

在分析了医学各基础学科实验教学的特点基础上，中心选取了具备良好的基础性、综合性、创新性的实验项目纳入开放实验体系：2019—2021 年立项的开放实验项目分别由 9 个、10 个、10 个独立的子项目组成，其中每年的综合性实验占比分别为 44%、60%、30%。目前 2019 年、2020 年的实验项目已顺利通过验收结题，2021 年的实验项目正在开展中。

本文现以"LPS 导致脓毒症性肺损伤"为例，介绍项目的实施情况和优化方案。

（一）实验原理及内容

急性肺损伤（ALI）和急性呼吸窘迫综合征（ARDS）可由脓毒症、微生物感染、创伤或缺血再灌注等多种病理引起，可导致急性呼吸衰竭，死亡率约 40%。[3~4] 革兰氏阴性细菌的脂多糖（LPS）组分是 ARDS 的重要危险因素。[5] 本课题通过制作 LPS 致脓毒症性急性肺损伤模型大鼠，探索脓毒症性急性肺损伤大鼠的临床表现，为进一步研究诊断与治疗的机理建立可靠动物模型。

该课题使用的实验方法为：分离纯化 LPS，多糖、核酸含量测定，LPS 浓度测定，确定 LPS 活性，腹腔和气管内注射 LPS 诱导肺损伤，肺泡灌洗液蛋白含量测定确认肺损伤的形成，炎症因子的测定。其中的关键点在于动物模型的制备，而 LPS 的提取又是造模的前提。

(二)部分实验方案及优化

1. 不同方法分离纯化 LPS 的比较

项目开展过程中，学生分别采用了改良热酚法、超声波处理法、煮沸法对大肠杆菌细胞壁脂多糖进行提取。分光光度计测定显示，热酚法提取出的 LPS 浓度最大，效果最好；煮沸提取法次之，超声波提取法最少(见表 2、图 1)。

表 2   **分光光度计测定不同方法提取的 LPS**

稀释倍数	热酚水提法(OD)	煮沸法(OD)	超声波法(OD)
0	3.427±0.72	3.121±0.57	3.005±0.53
5	2.532±0.36	2.237±0.24	2.153±0.21
10	2.009±0.24	1.754±0.21	1.864±0.22

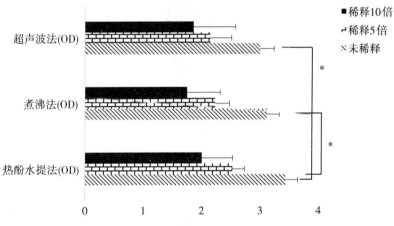

图 1   不同方法提取的 LPS 在不同稀释倍数下的 OD 值(* $P<0.5$)

2. 动物模型制备

在动物造模阶段需要 12 小时的观察期，在实验安排上要把握好时间节点。另外，根据文献检索的结果，目前大多数研究使用的是腹腔或血管注射 LPS[6]以造成肺损伤模型；虽然这两种实验方法较为简单、学生操作方便，但实验结果显示这两种实验方法引起的病理现象不够明显，而肺内气管滴注 LPS[7]引起的病理现象比较明显可控。从图 2 中可以看到，采用腹腔注射和肺脏滴注两种方法制造的肺损伤模型，在 12 小时后抽取的肺泡灌洗液中获得的蛋白含量，肺脏滴注法显著高于腹腔注射法。

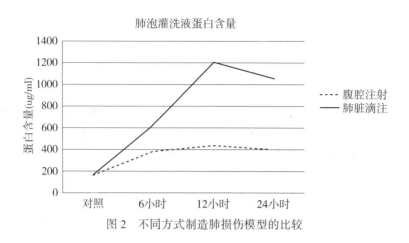

图2 不同方式制造肺损伤模型的比较

(三) 实践效果

参与"LPS 导致脓毒症性肺损伤"课题小组的同学表示，该实验检测的肺泡灌洗液蛋白含量和炎性因子表达这 2 项指标都是与临床医学症状紧密相关的，在学习过程中，他们逐步建立了将临床症状与生化检验指标相结合的诊疗思路，对"对症下药"有了更深刻的认识和理解。

该实验在实践过程中，所占用的课余时间适中，需要学生掌握的实验技术难度适中，对学生的学习兴趣和探索精神能发挥良好的引导作用。同时该实验涵盖分子生物学、机能学等多学科内容，符合中心设计开放实验项目体系的初衷。下一步根据实验模块的运行情况，如加入形态学实验内容，在获取肺脏组织后，进行免疫组化染色检测炎症细胞的浸润、肺水肿等指标，中心课题组将不断优化模块内容、完善实验步骤、分析评估实验效能，使之成为适合教学使用的实验项目。

五、中心新旧实验体系比较

目前在本科生实验教学中较常使用的是验证性实验为主的实验教学体系，学生通过动手实践、按照既定的操作步骤、获得实验结果，从而实现掌握实验原理、深刻理解理论知识点的教学目标。验证性实验的优点在于，每次实验课程结束时，学生一定会得到阳性结果，而动手能力也得到了一定程度的锻炼。缺点则主要是并没有让学生真正感受到作为参与者在进行实验，因为常规教学体系属于"填鸭式"教学；大多数学生处于被动接受实验训练的学习状态，没有主动进行思考，即使是课堂思考题也是建立在验证性实验过程的基础上，不能实现培养学生科研思维的目标。

而中心开设的开放实验项目，涵盖了拓展性实验项目和综合性实验项目。这些项目的实施开展，需要学生全方位的参与，真正实现了以学生为主导者的实验教学[8~9]在指导老师提供初步项目方案及假设后，团队学生分工进入文献阅读、技术路线设计、具体实施、实验结果分析及总结等。多重角度对学生的探究思维和科研能力进行锻炼，激发学生自主学习的动力，对后期学生开展大学生创新训练计划、研究生的科研学习等都能起到"引路人"的作用。

六、结语

基础医学实验教学中心近年来开设的开放实验项目，旨在为医学创新人才培养之路奠定坚实的基础。通过各类开放实验项目，增加学生课外科研训练实践，促进学生自主学习、实验动手和团队协作等多重能力提升；有助于学生夯实知识基础、锻炼实践能力、提高创新能力。全面深化专业供给侧改革，促进医学实验教学的改革，提高医学生必备的科研素养。

不仅如此，实验教学中心的实验技术教师的工作热情及能动性也会得到极大的提高，能够充分利用且合理调配中心各平台实验室的多种资源，推动实验教学体系创新发展，在培养学生的实践能力和创新精神的同时，构建高素质创新型人才培养体系。[10~11]

中心将继续改进基础医学开放实验建设模式、管理与评估的体系，[10]通过更多的实际应用案例的建设与优化，不断完善基础医学实验教学内容，实现教与学的良性循环，提高实验教学课堂质量和医学生培养质量；提升中青年实验技术教师的教学能力，促进医学实验教学的可持续发展。

◎ **参考文献**

[1] 林蕙青.加快我国医学教育几个重点领域改革的新思考[J].大学与学科，2020，1(1)：72-78.

[2] 肖琳，等.引入前沿与应用　培养创新能力[J].实验室研究与探索，2020，39(3)：138-141，172.

[3] Chen X, et al. Attenuation of acute lung injury in a rat model by Semen Cassiae[J]. BMC Complement Altern Med, 2017, 17(1): 234.

[4] Zimmerman J J, et al. Incidence and outcomes of pediatric acute lung injury[J]. Pediatrics, 2009, 124(1): 87-95.

[5] Zhang L P, et al. Glabridin attenuates lipopolysaccharide-induced acute lung injury by inhibiting p38MAPK/ERK signaling pathway[J]. Oncotarget, 2017, 8(12): 18935-18942.

[6] 李竹英，王雪慧，刘建秋.急性肺损伤动物模型研究进展[J].中国中医急症，2011，20(11)：1817-1818.

[7] 叶晓燕，刘涛.急性肺损伤体内外实验模型研究进展[J].职业与健康，2020，36(2)：269-274.

[8] 韩俊岩，等.医学高校构建开放式实验教学模式的研究与探讨[J].中国科教创新导刊，2014(8)：72.

[9] 徐曾春，胡平.开放式实验教学与创新性人才培养[J].中国大学教学，2015(10)：

82-85.

[10] 林文勋. 探索构建适应未来发展需要的学科新体系[J]. 大学与学科, 2021, 2(1): 26-33.

[11] 韩进. 坚持以马克思主义为指导　推进中国特色学科体系建设[J]. 大学与学科, 2020, 1(2): 1-8.

临床外科学课程思政体系建设的初步探索

李孔玲　江志清　刘修恒

（武汉大学　第一临床学院，湖北　武汉　430060）

【摘　要】"立德树人"是高校的灵魂和使命，在临床医学专业课中开展课程思政建设刻不容缓。本研究通过组建临床外科学课程思政教学团队、打造线上线下混合式课程思政教学设计、充分挖掘课程思政资源、优化教学评价机制等措施，初步探索了临床外科学课程思政体系的建设模式。

【关键词】课程思政；外科学；临床医学；医学教育

【作者简介】李孔玲（1989—　），女，湖南人，博士研究生，武汉大学第一临床学院外科学教研室教学秘书，主治医师，研究方向为外科学理论与技能教学，E-mail：lklconnie@foxmail.com。

【基金项目】武汉大学医学部教学研究项目（2021010）。

"立德树人"是高校的灵魂和使命，其重要性在以培养"人民健康守护人"为目标的临床医学院中尤为凸显。临床医学类的课程目标不仅限于传授医学知识与技能，更重要的是引导学生始终把人民群众的生命安全和身体健康放在首位，做党和人民信赖的好医生。[1]

近疾病、疏健康，厚知识、薄人文，目前的临床医学教育体系呈现出局限性和碎片化的特点，专业教育与思政教育分离，人文教育意识淡薄、内容匮乏，培养出的毕业生不具备完善的生命健康理念，缺乏必备的职业素养，愈来愈无法满足全社会对于健康的需求。因此，在临床医学专业课中开展课程思政建设刻不容缓。

临床外科学是临床医学专业的主干课程，是广大医学生迈入临床实践的必经之路，是医学后备人才认识临床医学的窗口。因而临床外科学的教学过程是帮助学生树立正确的价值观、提升综合素养的最佳时机之一。本研究以整合专业知识教学与思政教育为方针，优化教学设计与实施路径，合理运用教学媒介，打磨教师综合素质，优化学生学习体验，初步探索了临床外科学课程思政体系的建设模式。

一、明确课程思政建设的目标

结合专业特点，临床外科学课程思政建设的总体目标为：以"立德育人"为核心，将人文思政教育与外科专业知识教学进行有机整合，提高教师教学水平和教学质量，培养德才兼备的医学后备人才。具体的目标主要细化为以下几个方面。

1. 教师德育能力增强

(1)扎实掌握外科专业理论基础，强化"立德树人"意识。(2)善于在讲授专业理论知识过程中融合思政教育。(3)善于引导学生对病人施予人文关怀。(4)善于培养学生的自主学习与自我探索能力。

2. 学生人文修养和综合素养提升

(1)强化敬畏生命意识，提升专业学习热情。(2)从医初心坚定不移，职业规划逐步明晰。(3)敬业奉献植根于心，医德医风牢记心间。(4)提升临床胜任力，增强共情沟通力。(5)自主学习与自我探索能力提升。

3. 构建课程思政资源库

构建一套系统、完善、丰富、科学的临床外科学课程思政教学资源库，包括教学大纲、教案、课件、病例库、教学视频、课程思政网络教学平台及课程思政微信公众号等。

二、突破课程思政面临的困境

在临床外科学课程思政体系建设的初期，我们面临着以下困境。

1. 课程内容庞杂

课程涉及神经外科、胸心外科、普通外科、泌尿外科及骨科等多个专业的理论授课与见习带教。如此大体量的教学内容，意味着相对应的思政资源的挖掘、收集与整合工作量必然巨大。

2. 教师团队庞大

由于临床专业的特殊性，每一块教学内容只有请相应专业方向的临床医生讲授，才能达到最好的教学效果，因此每学期参与授课的教师多达50余人。这些教师的教学理念与教学方法又各具特点，想让每位教师都能知晓、认同、掌握并运用课程思政尚需时日，师资培训的难度与强度也必然增加。

3. 教学内容多

需兼顾教学大纲与执业医师资格考试大纲的要求；同时，课时又极其紧张，融入思政内容后更需对课堂时间分配精打细算。

4. 考核评价难

目前尚无有效的课程思政考评体系，现有的针对知识技能的考评机制并不适用于思政教学评价；若无有效的考评方法，课程思政的教学效果评价便无据可循。

面对以上困境，课程组首先以"尽快让授课教师了解课程思政"为突破口，制作了介绍课程思政的小视频——《课程思政：是什么？为什么？怎么做？》，① 通过微信公众号向临床外科学教学团队内的所有教师发布视频推送，在最短的时间内达到了帮助授课教师知晓课程思政要旨的目的。由于该宣传方式便捷、快速、有效，其他教研室或课程组也自发将该视频向内部教师推广，辐射范围进一步扩大至全院。

其后，通过组建课程思政教学团队、加强师资培训、打造线上线下混合式课程思政教学设计、充分挖掘课程思政资源、探索教学评价机制等措施，进一步推进临床外科学课程思政体系的建设。

三、加强师资培训，优化教学团队

加强师资团队的课程思政教学能力建设，切实提高教师育人能力，是保证课程思政有效实施的根基。我们从以下方面着手，不断优化教学团队。

1. 组建课程思政教学团队

建立神经外科、胸心外科、普通外科、泌尿外科及骨科等三级学科带头人领衔的教学小组，明确课程目标，充分挖掘学科发展历程与典型事迹，创建并完善课程思政融合的教学资料。

2. 开展师资培训

遴选职业素养与思政水平过硬的教师加入团队，持续加强思政培训与业务能力培养。

3. 鼓励教师加强自我学习

鼓励教师积极参加校内外课程思政教学培训与教研会议、教学能力比赛，提高课程思政育人能力。

4. 持续强化课程思政理念

在上课通知、集体备课、青年教师试讲、教师教学比赛、教研项目申报等教学教研的各环节中，持续强调课程思政的核心地位，推动课程思政体系的进一步完善。

四、打造线上线下混合式课程思政教学设计

课堂中的课程思政主要依靠授课教师个人将思政元素融入教学，这诚然是课程思政的实施主体，但又受到教师个人思政意识与思政教学能力及课堂时限的制约。为打造立体

---

① 见 https://mp.weixin.qq.com/s/jHOhi3APbICbpn8ekIVU8w。

化、高效化、灵活化的临床外科学课程思政体系，课程组在武汉大学"珞珈在线"网络教学平台/超星"学习通"移动应用上创建了与临床外科学课堂教学进度同步的临床外科学网络在线课程。① 内容通常分为课前学习、课后练习及课后讨论三个板块。

1. 课前学习

要求学生课堂学习前完成指定学习任务，学习形式包括观看视频、阅读文献等。学习素材均涉及相关章节的思政元素，例如在神经外科"颅脑损伤"章节观看"手术两百年——攻入颅腔"视频节选，带领学生回顾神经外科发展史，在外科前辈开拓精神的感染下树立不畏困难、勇于拓新的职业志向；在普通外科"血管外科疾病"章节阅读《临床解剖学》(Clinical Anatomy)杂志中介绍著名外科医生 Friedrich Trendelenburg 生平与贡献的英文文章，[2]致敬医学前辈，提升人文素养，同时锻炼了英文文献阅读能力。课前学习内容力求短小精悍，时间一般控制在 15 分钟内，以免学生产生抵触情绪；为了保证学生切实进行课前内容的学习，而不是敷衍了事，部分章节还设置了小测验，以检验学习效果。由于已向学生告知，此项内容的完成情况会纳入平时成绩的计算，不同章节的课前视频/文献完成率为 88%~100%。

2. 课后练习

此板块以巩固理论知识为目的，要求学生课堂学习后一周内完成，每章节设置 10~15 道选择题，题目来源主要为执业医师考试真题，以检验学生的课堂学习与课后复习效果。

3. 课后讨论

要求课堂学习后一周内完成，每个章节一个主题，引导学生就职业规划、医德医风、医学伦理、医疗相关社会现象等问题进行讨论，通过思想的交流与碰撞，实现立德树人、润物无声。虽然课后讨论参与情况并未纳入平时成绩计算范围，不同章节的实际参与率仍达到 41%~77%。

此外，课程组充分利用学生 QQ 群、微信公众号等信息交流渠道，挑选实时更新的思政素材(图片、视频、新闻、文章等)随时向学生推送，实现思政育人与专业教学的深度融合与全时空覆盖。

五、挖掘课程思政资源

教育部 2020 年 5 月印发的《高等学校课程思政建设指导纲要》中指出：医学类专业课程，要在课程教学中注重加强医德医风教育，着力培养学生"敬佑生命、救死扶伤、甘于奉献、大爱无疆"的医者精神，注重加强医者仁心教育，在培养精湛医术的同时，教育引导学生始终把人民群众生命安全和身体健康放在首位，尊重患者，善于沟通，提升综合素

---

① 见 http://mooc1.mooc.whu.edu.cn/course/218989000.html。

养和人文修养，提升依法应对重大突发公共卫生事件能力，做党和人民信赖的好医生。[1]

在此纲要的指领下，临床外科学课程组组织教师团队在三级学科带头人的领衔下，充分挖掘学科古今中外的发展历程与名人轶事，在院史院志、开放网络平台、CCTV 节目官网、中国知网等中文文献数据库、Pubmed 等外文文献数据库及微信公众号中广泛搜集课程思政教学资源，在不侵害版权的情况下，合理引用其中的优质内容制作成视频、文选等学习资料，上传"珞珈在线"/"学习通"平台。

在教学团队的努力下，目前临床外科学课程思政素材库中已积累了大量的教学资源，思政元素涵盖敬畏生命、心系责任、抗疫精神、医者仁心、求实创新、开拓进取，等等。

六、探索教学评价机制

实施效果的评价对于推进课程思政建设至关重要，针对课程思政实施效果的评价，虽然国内学者进行了较为深入的研讨，但始终没有构建出权威的体系。[3]课程思政的实施效果涉及对学生价值观及综合素养的潜移默化的影响，很难用数据进行定量测量，但又需要相对客观的考评指标，应当构建有效的考核评价体系，将定性评价与定量评价进行有机整合，进行多维度、全过程的评价。

我们在临床外科学课程思政体系建设过程中，也对课程思政的实施效果评价进行了积极的探索。

1. 课堂教学中的评价

在基于 BOPPPS 模式[4]的课堂教学中，借助前测（Pre-Assessment）与后测（Post-Assessment）环节，了解学生思想观念的变化，以评估课程思政的目标是否达成。

2. 基于课后讨论的评价

通过"珞珈在线"/"学习通"平台上各章节的课后讨论活动，了解学生对于职业规划、医德医风、医学伦理等问题的态度，以评估课程思政的实施效果（如图 1 所示）。

3. 学期末的综合评价

向全体学生发放问卷，评估全学期临床外科学的课程思政实施效果。

4. 学生的实时反馈

面对面或借助 QQ、微信等聊天工具与学生交流反馈，可以贯穿全学期进行，掌握学生的思想动态。

七、结语

教育部颁布的《中国本科医学教育标准——临床医学专业》（2016 年版）[5]明确指出：

"中国临床医学专业本科毕业生应树立正确的世界观、人生观、价值观，热爱祖国，忠于人民，遵纪守法，愿为祖国卫生事业的发展和人类身心健康奋斗终生。中国临床医学专业本科毕业生应达到的基本要求分为四个领域：科学和学术、临床能力、健康与社会、职业素养。"临床医学院的教师应当以培养具备良好家国情怀、社会责任感及综合职业素养的高素质医学人才为己任，让专业课程切实发挥专业育才、思政育人的成效。

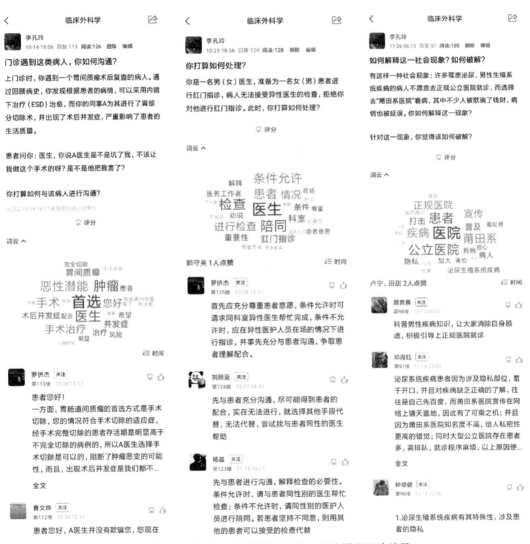

图1　课后在线讨论，了解学生态度，反映课程思政效果

本研究依托专业必修课临床外科学，以"立德育人"为核心，有机整合人文思政教育与外科专业知识教学，探索构建出一套具备系统性、融合性、科学性与规范性的课程思政体系，致力提高教学水平和教学质量，培养德才兼备的医学后备人才。

◎ **参考文献**

［1］中华人民共和国教育部．教育部关于印发《高等学校课程思政建设指导纲要》的通知
　　［ EB/OL ］．［ 2020-06-02 ］． http：//www. moe. gov. cn/srcsite/A08/s7056/202006/
　　t20200603_462437. html.

［2］Cassidy L, Bandela S, Wooten C, et al. Friedrich Trendelenburg：historical background and
　　significant medical contributions［J］. Clin Anat, 2014, 27(6)：815-820.

［3］伍强瑞，柯心．回顾与展望：高校"课程思政"实施效果评价的研究述评［J］．高教学
　　刊，2021，7(25)：168-172.

［4］邵培双，王宏志，赵向阳，等．医学院校基于BOPPPS教学模式的在线教学组织与实
　　践［J］．中华医学教育探索杂志，2021，20(1)：42-46.

［5］教育部临床医学专业认证工作委员会．中国本科医学教育标准：临床医学专业［M］.
　　北京：北京大学医学出版社，2017.

"双一流"背景下临床医学专业教师培训探索与实践

王时雨　陈志桥　喻明霞　雷　红*　谢亚典

（武汉大学　第二临床学院，湖北　武汉　430071）

【摘　要】为推进"双一流"建设，各级教学单位应努力做好相关工作，其中师资队伍建设是重要一环。鉴于当前教育形势，传统的线下师资培训模式已经不能满足当前教师培训发展要求，借助在线平台，国内各高校开展相关师资培训，以适应混合式师资培训发展的良好趋势。学院根据临床教师教学特点，形成线上线下相结合的"训—测—馈—考"闭环式师资培训模式，为临床医学专业发展提供师资力量。

【关键词】"双一流"建设；线上线下；教师发展

【作者简介】王时雨（1991— ），女，湖北武汉人，硕士研究生，武汉大学中南医院/第二临床学院教学管理人员，管理九级，主要从事高等教育学、医学教育研究，E-mail：sy_wang1205@qq.com；陈志桥（1976— ），男，湖北黄陂人，博士研究生，武汉大学中南医院/第二临床学院教学办公室主任，主要从事医学教育、急诊医学工作，E-mail：674519215@qq.com；喻明霞（1976— ），女，湖北公安人，博士研究生，武汉大学中南医院/第二临床学院教学办公室副主任/博导，E-mail：986111742@qq.com；*雷红（1965— ），女，广西南宁人，硕士研究生，武汉大学中南医院/第二临床学院，副教授/校督导，主要从事心血管内科、糖尿病心肌病的基础与临床、医学教育，E-mail：1023605273@qq.com；谢亚典（1990— ），女，湖北人，硕士研究生在读，武汉大学中南医院/第二临床学院，教学管理人员，管理九级，主要从事护理学研究工作，E-mail：361894850@qq.com。

【基金项目】2021年度武汉大学综合改革项目"胜任力视角下临床学院新教师教学能力培养体系构建"（2021ZG295）。

　　一流师资队伍的建设是"双一流"建设的基础，各高校除了重视顶尖人才的引进、国际化师资团队建设和师德师风建设，还注重"人才共育"及本土高层次人才的培养。[1]疫情间"停课不停教，停课不停学"，在线教育发展迅速。为适应国家"双一流"建设和常态化疫情防控需要，教师教学培训也发生了改变。根据全国高等学校质量保障机构联盟（CIQA）"疫情期间高校教师线上教学调查报告"显示，81.65%的开展在线教学的高校教师受过在线教学培训。[2]经过这段时间探索，全国范围内已经形成了"在线培训课程、及时反馈平台、自学资源推送和同行课程评审"[3]等教师培训模式，学院以胜任力导向为模型，制定适合临床教师特点发展的培训体系。

一、临床医学专业师资培训的挑战

临床课程一般由临床教师组成课程组完成相关教学任务。根据国家"双一流"和新医科建设要求，加强临床师资队伍建设意义深远。2021年参加岗前培训的近300名教师中，有60.49%的老师没有教学经验。学院临床医学专业认证专家结果反馈显示，在教师队伍建设方面，专家认为教师应加强对医学教育宗旨、目标和发展定位等方面的内涵了解；更新教学理念，提升教学能力与水平；进一步发挥教师教学发展中心作用，建立健全教师的支持与服务体系；加强对临床教师现代教学理念和教育技术的培训，做好技术和师资储备。由此可见，加强临床医学专业教师队伍建设应充分发挥教师教学发展中心的作用，针对性地开展师资培训与能力提升。

首先，临床教师参与师资培训的时间有限。传统师资培训以线下培训为主，培训内容以专项能力培训为主，对临床教师投入时间和精力有一定要求。特别是在临床教学任务繁重情况下，管理层面很难组织系统性的线下培训，教师难以投入足够精力参与，培训效果有限。

其次，传统师资培训对培训效果的检验较少，缺乏针对性反馈与指导。传统师资培训以培训导师为主，全程讲授，少有与受训学员互动，学员鲜有练习和学习后的运用情况反馈。即传统师资培训主要以讲座形式或工作坊形式开展，集中讲授或小组研讨居多，少有培训学员操练及对学员学习情况的反馈，缺乏对参加培训学员的个性化指导。

此外，培训教师团队组建困难。临床教师教学能力内涵广泛，包括理论授课、技能授课、临床带教、教学研究能力等多方面。单纯地只注重教学方面能力的提升会在一定程度上忽视医学教育的特殊性；临床资深教师培训可能在教学理念和方法上不完善。因此，借助信息化手段完成教师培训，加强临床医学专业师资培训对打造一流师资队伍建设的意义重大。

二、临床医学专业师资培训的探索

国内C9高校的师资队伍建设存在"培养拔尖创新人才是目标归属、引进与培育相结合的思维是主导逻辑、师德师风建设是首要标准、提高教育教学能力是基本特征、国际交流是拓宽国际视野的重要平台、研究项目是提高科研能力的主要抓手、社会服务是强化贡献意识的重要纽带、完善考核机制是激发内生动力的重要手段，这些特征具有内在的逻辑关联"[4]的共同特点。

首先，将师德师风建设和课程思政建设纳入教师培养全过程，从教学出发，转变临床医学专业教师教学理念。基于疫情期间线上教学活动经验积累，当前常态化疫情防控和"双一流"专业建设要求，全国范围内借助网络平台开展师资培训的方式日益活跃与成熟。时间、地域、学科限制逐渐被打破，有效利用线上和线下培训提升教师教学能力和临床医学专业发展质量具有可行性。

　　学院根据教师教学能力等级分级，根据教师教学能力进行系统性培训体系搭建，临床教师在教学能力方面需求包括理论授课、技能授课、临床教学、教学研究和教学论文写作等。为了保证临床教师培训质量，每次培训开展前，学院会根据前期调研内容进行培训内容设计与安排。如针对学院参加岗前培训的老师进行教学内容调研（见图1）发现，老师们最想了解的是教学规范、要求，教学技能、技巧和学院基本情况。因此，学院针对相关老师开展教案、说课、PPT制作、课堂呈现等培训。

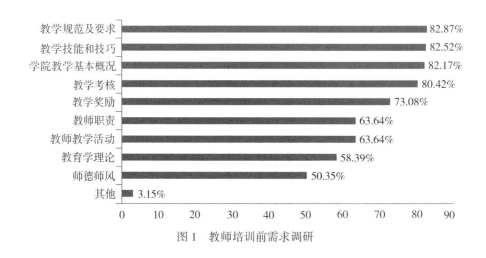

图1　教师培训前需求调研

　　通过培训老师的授课、培训期间的讨论和作业以及结课后的反馈、考核与评价等形式，提高受训学员的参与度，通过对受训学员的专项指导和跟踪，形成培训闭环。根据导师人数和培训内容确定参训人数，尽量保证不同专业、学科老师的共同参与，实现"做中学"和教学能力的不断提升。有效地借助信息化技术、手段，采用线上线下混合式师资培训，突破时空限制，为临床教师参与教师教学培训提供更人性化的受训机会，有效地激发教师参与教学培训的积极性。

　　授课导师通过在线平台直播授课，有空的老师可以在线学习，及时与授课导师沟通。因为有事无法按时参加的教师可以根据自己的时间观看回放，进行学习，再与授课导师进行交流、答疑。混合式培训相对来说受地域和时间限制较小，在良好的网络环境、稳定的网络平台和授课导师的时间下，培训满足基本可以完成，一定程度上拓展了建设导师团的可能性。

　　以课程或教学研究项目为基础，加强对临床医学专业教师的项目式教师培训，如学院为提升教师理论授课教学能力、技能授课教学能力、临床带教教学能力、医学教育研究教学能力等开展的专项师资培训。加强督导和学生评价的联动反馈。在培训期间培训导师对教师进行及时反馈，培训结束后借助督导团和信息化学生评教手段，加强对教师的日常反馈，注重教师教学能力及质量的提升。

　　同时，学院将教师参与师资培训的情况纳入年度考核，按参与学时及表现情况折合教学分数。有研究表明，如果能将教师培训和奖金或者职称晋升挂钩可能会更有助于激发教师参与培训的积极性。[5]部分高校通过改革计酬绩效制度、出台规章制度等方法激励教师发展，[6]还有研究提出，要建立满足一流专业建设的师资队伍需坚持立德树人、优化师资队伍结构、加大师资队伍投入、加强制度创新和双师队伍的建设[7]等举措，这都是我们后期可以不断学习和借鉴的。

三、临床医学专业教师培训的效果及改进

通过针对性的辅导和培训，教师参与教学的积极性不断提升，学院通过对 2021 年参加岗前培训的 200 余名新职工问卷调查，发现他们对教学能力的自评分由 41.6 提升至 46.13，96.5%的教师表示有兴趣参加专项教师能力提升的培训。在教师教学研究能力方面，教师投入教学研究的参与度有较大提升，申报教学研究项目的教师人数逐年提升。基于此，我们认为线上线下混合培训模式相对较传统的线下培训更符合临床教师参与培训的需求。根据老师们教学能力发展需求建立小组式学习团队，相互交流、共同促进，为"双一流"建设贡献师资力量。但是当前培训中我们仍需改进的内容包括：加入教师教学档案的建立、根据教师能力不同级别和内容形成专项评价机制及跟踪指导等。充分利用网络平台，开展师资培训，通过建立学习共同体促进教师间的沟通与交流。

◎ 参考文献

[1] 刘冬冬，顾秀林，李碧函. 从一流到卓越："后 2020 时代"的一流大学建设展望——基于 C9 高校一流大学建设方案文本的内容分析[J]. 中国高校科技，2021（5）：27-32.

[2] 谢作栩，薛成龙，等. 疫情期间高校教师线上教学调查报告[EB/OL]. [2020-05-24]. https：//mp. weixin. qq. com/s/eplOC9NpJKpXqqZCO3SD2A.

[3] 李颖，唐晓勇."双一流"高校教师在线教学培训实践与模式创新[J/OL]. 西南交通大学学报（社会科学版），2021（5）：126-134. http：//kns. cnki. net/kcms/detail/51. 1586. C. 20210913. 1614. 024. html.

[4] 郭柏林，段从宇."双一流"背景下 C9 高校师资队伍建设的校际经验——基于 2018 年度进展报告的分析[J]. 高等教育研究学报，2020，43（1）：35-44.

[5] Ishrat Siddiqa Lodhi, Fouzia Ghias. Professional development of the university teachers：an insight into the problem areas[J]. Bulletin of Education and Research，2019，41（8）：207-214.

[6] 钮晓音，蒋益，徐袁瑾，等. 医教协同背景下临床教学改革中教师团队激励发展的探索与实践[J]. 中华医学教育探索杂志，2021，20（9）：933-937.

[7] 姚弋霞，张文舜，何久钿."双一流"战略视域下一流本科师资队伍建设的问题与思考[J]. 江西师范大学学报(哲学社会科学版)，2018，51（2）：127-133.

"体教融合"视域下对当代大学生体育素养教育的再思考

许佳慧

（武汉大学　体育部，湖北　武汉　430072）

【摘　要】本文基于"体教融合"解读体育素养的应然内涵，分析阐述当代大学生体育素养的实然态势，厘清大学生体育素养教育存在的问题，并基于课程设计视角，提出大学生体育素养发展的可然路径。体育素养是个体基于天赋，在学校创造良好的体育环境下，通过体育教育，唤醒并实现个体充分运用自我动机、自信、运动能力、体育知识，重视并形成终身体育的信念和责任。当代大学生体育素养养成面临基本体育知识和技能缺失、参与体育活动内在动机不足、身体自尊焦虑严重、运动与学习失衡的严峻问题。大学公共体育教育应以学生为本，以问题为导向，在教学设计中为学生构建"身心合一""知能应用""环境交互"且课上课下有机结合的体育体验，并贯穿于教学的始终，以促使学生自我-体育素养的自觉自塑和综合发展。

【关键词】体育素养；体教融合；大学生

【作者简介】许佳慧（1992—　），女，湖北武汉人，硕士研究生，武汉大学体育部第三教研室副主任，助教，研究方向为体育教学与训练，E-mail：xjh19921019@163.com。

一、前言

2016 年国务院办公厅发布《关于强化学校体育 促进学生身心健康全面发展的意见》，首次从国家层面明确提出了将全面提高学生的体育素养，作为未来我国学校体育工作的基本原则之一，标志着体育素养由学术概念转向实际教育。2020 年 9 月国家体育总局、教育部联合印发的《关于深化体教融合 促进青少年健康发展意见》进一步指出，将逐步启动体育素养在高校招生中的使用研究。"十四五"规划提出全面推进健康中国建设，建设体育强国，必须深化体教融合。这表明，未来青少年体育教育和研究的方向和重点将逐步从体质健康水平转向全面健康，从狭义的体育活动转向广义的体育素养，从以教师为中心的技能传授转向以学生为本的综合教育。2018 年世界卫生组织（WHO）报告显示，全球缺乏足够体育运动的青少年比例高达 81%，因体力活动不足或缺乏体育运动等问题而引起的青少年健康危机已成为一项全球性问题。[1]身体活动自主参与度不足可能根源于个体低水平的体育素养，而个体在青少年时期接受的学校体育教育最直接且最大程度影响其体育素养水平。[2]据此，本文旨在立足于"体教融合"背景，解读体育素养的应然内涵，分析阐述当代大学生体育素养的实然态势，厘清大学生体育素养教育存在的问题，并基于课程设计视角，提出以学生为本，以问题为导向，以培养学生树立并践行"终身体育"为目标的大学生体育素养发展可然路径，为深化体教融合，促进大学生体质健康和全面发展提供新的研究思路和视角。

二、体育素养概念的应然解读

体育素养这一概念存在中西方两种语境的解读。我国体育素养概念随着素质教育理念兴起而诞生，[3]20 世纪 90 年代在赖天德教授首次提出体育素养概念之后，中国陆续展开了对体育素养的研究热潮，研究问题主要以体育素养的定义及培养路径为主。[4]前期国内学者对体育素养概念的界定均为本土化的解读，且未提及国外概念，大多学者以赖天德的解读为源概念，即"体育素养是体育的文化水平，包含体育意识、身体基本活动能力、基本运动能力、基本体育知识以及从事体育锻炼、体育娱乐与体育欣赏的能力等"。[5]当前国内体育素养的概念界定因视角和出发点有所不同，目前仍尚未统一，但国内学者目前普遍认同体育素养是一个综合概念，包含了体育意识、体育知识、基本运动能力、体育技能、体育行为、体育道德、体育个性等多方面的属性。[6~8]

20 世纪 80 年代体育素养在西方语境中被提出，但因受到国家社会文化发展以及教育改革的差异性影响，体育素养概念出现了一定程度的分化。1993 年英国学者 Whitehead[9]从哲学层面以一种全新的视角首次提出并确定 Physical Literacy(PL)这一概念，并在 2010 年与其团队所出版的专著 *Physical Literacy*：*Throughout the Life Course* 中系统全面阐述了 PL 的概念界定及其内涵属性。PL 是基于一元论(一元论的中心观点认为"人的身体和思维是相互统一、不可分割的")、现象学(现象学的中心思想是"个体通过自身的经验去感知外部世界")和存在主义(在现象学基础上发展的存在主义指出"个体创造了自我并且与外部世界进行交互")，结合哲学研究和体育教育相关理论提出的一个广义概念："As appropriate to each individual's endowment, physical literacy can be described as the motivation, confidence, physical competence, knowledge and understanding to maintain physical activity throughout the lifecourse"(PL 是个人基于天赋，在全生命周期过程中保持体育活动的动机、自信、运动能力、知识和理解的综合)。[10]在西方词源中，PL 直译实指"身体的读写能力"，是一种能力映射，即身心一体的具有运动天赋的个人通过与所处环境的交互作用"读"出经验和得到感知，内化"写"出自己对体育活动的动机、自信、运动能力、知识和理解，继而运用到下次"读"与"写"中。在英文语境中 PL 直观地表现了具有主观能动性的个人对有关身体和环境的资料"收集""加工"和"再输出"。基于对人的多维整体性的尊重以及强调 PL 在全生命周期中的价值，Whitehead 在 2019 出版的著作 *Physical Literacy across the World* 中深化 PL 概念为"Physical literacy can be described as the motivation, confidence, physical competence, knowledge and understanding to value and take responsibility for

engagement in physical activities for life"（PL 可以被描述为通过动机、信心、身体能力、知识和理解来认同参与身体活动的价值，且有责任地终生参与身体活动）。[11] 并对 PL 所具有的属性进行了再描述（见表 1）。

表 1　**Physical Literacy 概念的内涵属性（Attributes of the Concept of Physical Literacy）**

英文原文	中文释义
A. Motivation to be proactive in taking part in physical activity, applying self to physical activity tasks with interest and enthusiasm, and persevering through challenging situations in physical activity environments（affective domain）	主动参与体育活动的动机，以兴趣和热情将自我投入体育活动任务中，并在面对体育活动环境中的挑战情形时坚持不懈（情感领域）
B. Confidence in relation to the ability to make progress in learning new tasks and activities, and assurance that these experiences will be rewarding（affective domain）	对在学习新任务和活动中取得进步的能力有信心，并且确信这些经历将是有益的（情感领域）
C. Movement with poise, economy and effectiveness in a wide variety of challenging situations（physical domain）	在各种具有挑战性的环境下，能够稳定、经济和有效地运动（身体领域）
D. Thoughtful and sensitive perception in appreciating all aspects of the physical environment, responding as appropriate with imagination and creativity（physical domain）	将机敏而富有思考性的感知力运用于外界物理环境，并且以适当的想象力和创造力进行应答（身体领域）
E. The ability to work independently and with others, in physical activities in both cooperative and competitive situations（physical domain）	结合应用独立工作和与他人协作的能力，在合作和竞争环境下进行体育活动（身体领域）
F. The ability to identify and articulate the essential qualities that influence the effectiveness of movement performance（cognitive domain）	识别和阐明影响运动表现有效性的基本要素的能力（认知领域）
G. An understanding of the principles of holistic embodied health, in respect of a rich and balanced lifestyle（cognitive domain）	在丰富而又平衡的生活方式方面，理解整体具身性的健康原则（认知领域）
H. The self-assurance and self-esteem to take responsibility for choosing physical activity for life（affective and cognitive domains）	为生命选择体育活动而承担责任所具有的自信和自尊（情感和认知领域）

注：整理摘录自 *Physical Literacy across the World* 一书第 12 页。

近年来，随着国内研究领域对 Physical Literacy 的重视以及对本土体育素养概念的再思考，国内学者逐渐借鉴引用 PL 概念。但因中西方语境差异且依据不同的体育本体论，国内对 PL 的翻译尚未统一，且存在内涵不明、边界不清的问题。学者周生旺[12]指出"外源性词汇"的本土化探索应充分理解汉语与英语在词义上的本质差异，以"本土文化"为基础，结合外国语境，阐释外源性词汇的内涵与外延。他基于技能本体论指出体育素养的内涵是对体育教育价值功能的凝练与升华,应从体育学科素养来审视体育素养。尽管从身体本论看,PL 概念建立于对身体具身性的认识,其概念身、心、知、行的统一性使 PL 更倾向于被翻译为研究范畴大而广的"身体素养",但 PL 的内涵特性具有强烈的教育联结,PL 的个体发展明确指向对教育环境的迫切需求。鉴于此,将 Physical Literacy 翻译为"体育素养"似更为贴切。

综上所述,无论是西方还是中国,基于文化与既定活动之间的关系,不同的国家以及不同的研究者对体育素养的概念都存在不同的理解和界定。但在这些定义中能见四个要点:一是承认并赞同人所具有的整体性(个性与共性、感性与理性、自然性与社会性的统一);二是对体育素养个体化发展的尊重;三是促进终身体育活动的决心;四是对体育素养导向有责任的人的发展和人类发展的价值肯定。本研究认为,"体教融合"视域下的体育素养是指个体基于天赋,在学校创造的良好体育环境下,通过体育教育,唤醒并实现个体充分运用自我动机、自信、运动能力、体育知识,重视并形成终身体育的信念和责任。

三、当代大学生体育素养的实然态势

在"全民健身"和"健康中国"引领下以及学校体育教育由"体教结合"到"体教融合"的发展探索中,大学生体育环境得到极大改善,体育文化生活日益丰富。但在笔者为期两年的教学观察和跟踪中发现,当代大学生体育素养养成仍然面临严峻的问题:基本体育知识和技能缺失、参与体育活动内在动机不足、身体自尊焦虑严重、运动与学习失衡。

(一)基本体育知识和技能缺失

单从体育学科素养审视体育素养,体育素养框架主要包括基础素养与核心素养。基础素养包括基础知识与基本技能,核心素养包括自主参与体育活动的能力、保持并传递健康生活方式的能力、将体育精神融入生活的能力,分别处理的是个人与社会、与他人、与自我的关系。[13]"九层之台,起于垒土",基础素养是发展核心素养的基石,没有基础素养作为资料储备而悬断式地实现核心素质发展是不可能的。当代大学生在丰富多样的体育普修课的选择上具有充分的自主权和自决权,但从普遍上来讲,在大多数当代大学生的思想观念里,体育是一种可选择的具有工具性价值的身体活动,尚未形成对体育科学的理性认知:在理论认知中,学生缺乏对身体和运动基础知识的了解,如大多数大学生无法清晰描述有氧运动和无氧运动的真实区别;在实践认知中,学生缺乏对运动要素(热身、运动时间、运动负荷、放松等)的正确调控,尤其缺乏对基本移动技术(走、跑等)的正确认知和掌握。大学生普遍在基本移动能力上存在动作模式障碍,即大多数大学生在日常生活中采取了不正确的走、跑、蹲等动作。这表明大学生在错误的基本动作模式下学习、生活和运动,而由此产生的身体不适且缺乏正确干预的情况下极易致使大学生陷入体育素养发展的初始困境(即体育活动无用且伴随不适)。尽管多种类的体育课给大学生增添了不同运动项目的体验,但当模糊的体育知识和技能难以使个体形成积极感受时,体育素养对个体的正反馈无法开启。尽管国内研究团队已经着力构建并启动应用中国儿童青少年体育素养测评体系(Chinese Assessment and Evaluation of Physical Literacy for Children and Adolescents, CAEPL)，并依据教育阶段划分和普及体育知识与基础技能学习，[14]但当代大学生基本体育知识和技能缺失的问题普遍存在，尚未得到有力解决。

(二)参与体育活动内在动机不足

内在动机指由于自己的兴趣和活动本身的乐趣而从事活动的动机。[15]个体参与体育活动的内在动机一方面表现为对体育活动的身心悦纳，另一方面表现为对体育活动价值的内在感知，个体只有在内在动机的驱动下才能保持对体育活动的主动参与。当前我国高校公共体育教育为大学生提供丰富多样体育课的同时尚未摆脱以运动项目技术教学为主、"教师示范—学生模仿—教师更正"的公式化授课模式。在此模式下，体育课堂对大学生内在动机的唤醒以及体育素养的激发处于低水平，学生在课堂上能够感知的更多的是对某一运动项目的了解，而非对作为整体的体育的认知。此外，个体运动强度耐受力和运动技术学习能力不尽相同，这在一定程度上影响了学生技术学习的效能感和成就感，最终导致相当一部分大学生在受教过程中成了身体上的受益者、精神上的受难者，即便在他者激励下选择并完成体育活动，但这种"身心分离"的体验造成了个体在参与体育活动时的内在抵抗。具身性的中心观点认为，抽象思维的认知活动根植于身体的活动之中，身体是人类认知活动的主体，具有认知价值和作用。[16]这样的理论对于教育行为而言，尤其是身体的教育(体育教育)，意在强调身体不是进行认知和获取知识的障碍，而是突出身心一体和心智统一的教育立场，重新定位身体的价值和作用。[17~19]因此，身心合一是大学生自我激励参与体育活动，发展体育素养的重要前提。而动机的发展是一个从无动机到外部动机再到内部动机的连续过程，体现个体行为的自主程度由低到高的变化趋势，反映了优化和完善动机的关键在于外部动机向内部动机的转化。[20]当代大学生参与体育活动内在动机的缺乏表明体育教师必须转变教学模式，充分发挥课堂机制作用，促进学生体育活动参与产生由外部激励到动机内生的有效衔接。

(三)身体自尊焦虑严重

随着世界文化交流和中西方美的碰撞，时代越来越能看到并接受多样性的美，但随着消费主义发展、网红明星效益的影响，大众审美陷入一种畸形的旋涡，对"美"的评价固化且单一，女生崇尚"白幼瘦"，男生盛行"阴柔美"。自由自主的大学生活进一步唤醒了得以告别枯燥高中生活的大学生对"美"的追求，尤其是对"外形美"的追求，而在非健康审美观的影响下，当代大学生表现出较高的身体自尊焦虑。身体自尊指与社会评价密切相关的"个体对自己身体特征所做的评价和感受"，[21]是自尊的重要成分，常用来检验锻炼后的心理效益。[22]外形焦虑是身体自尊焦虑的一个重要表现形式。当代女大学生的身体自尊焦虑明显高于男大学生，对"瘦"的概念抱持一种不理性的偏执认知(无视事实体重和他人评价，始终认为自己不够瘦)；而男大学生则存在异质化的身体自尊焦虑：一部分男生因不够强壮而焦虑，另一部分男生因阴柔不被接纳而焦虑——在选择到底是变强壮被接纳，还是保持阴柔自我接纳中混乱。此外，大学生在改善身体自尊的行为选择上常常抛弃了体育活动的工具理性，而代以选择节食和吃减肥药等不健康方式。部分学生经历了不健康减肥的不良反应，如低血糖、失眠、暴饮暴食、体重反弹等，部分女生发生经期紊乱。在这种情况下，一部分学生选择放弃，一部分学生在不健康减肥的恶循环中身体自尊焦虑加重，极少数学生自主自觉转向对正确方式的摸索和尝试。以上均表明大学生的体育素养处于无意识阶段，缺乏对身体自我和体育素养关系的正确认知。有关锻炼和自尊的研究表明，进行一些体育活动能够提高个体的身体自尊，并进一步促进整体自尊水平的提升。[23]而大学生体育素养发展的实质亦是一种健康观的塑造和深深的自我接纳。

(四)运动与学习失衡

当代大学生的学业压力虽然具有差异性，但在运动和学习的失衡上却具有统一性，这种失衡表现为在运动和学习区别认知上的行为选择。行为在认知的指导下发生，而在认知活动中，失衡是一种同化和顺应、肯定和否定不均衡发展时导致的不平衡状态，且否定随着构造过程的逐步推进而发展。[24]在大学生以往的经验认知和习得中，学习居于首要地位且伴随对体育的否定(体育课常被文化课取代)，学习比运动优先几乎是当代大学生的先行共识。在大学里这种共识使运动和学习的失衡表现在两方面：一是体育在日常生活中处于底层选择，二是体育作为学业成就的辅助成为必要选择。具体而言，大学生常将娱乐和休息作为缓解学业压力的最佳方式，但"娱乐和休息真的比运动有效吗?"学生却不置可否。这反映出大学生对体育的工具理性认知不全面以及对体育活动的剂量关系的调控不清晰。此外，高校为提升大学生体育意识和体育参与度，将体育课成绩和体育活动参与量作为评优评奖以及毕业保研的参评标准之一，初衷虽好但使学生对体育价值产生了较强的功利性认知，体育变为服务于学习的工具，这导致大学生对学习和体育的价值判断进一步失衡。因此，大学公共体育教育一方面要增强大学生对体育工具理性知识的普及与掌握，另一方面要为大学生创造体育价值理性的学习体验，培养学生形成正确的体育观，激发大学生自我-体育素养的内在自觉。

综上所述，当前以运动项目技术传授为主的大学公共体育教育培养方式无法满足学生体育素养全面发展的需要，基本体育知识和技能缺失从认知层面和身体感知层面限制了大学生对体育工具性和价值性的底层逻辑判断，这从根本上抑制了大学生参与体育活动的内在动机启动以及对身体自我关系的正确处理，进一步加剧了运动与学习的失衡。

四、大学生体育素养发展的可然路径

(一)在体育价值理性回归上兼顾体育工具理性教育

《习近平：在教育文化卫生体育领域专家代表座谈会上的讲话》(以下简称《讲话》)指出，"要坚持健康第一的教育理念，加强学校体育工作，推动青少年文化学习和体育锻炼协调发展，帮助学生在体育锻炼中享受乐趣、增强体质、健全人格、锻炼意志。"强调发挥体育的价值引导和全面育人。大学体育教育通过丰富多样的课程和活动在一定程度上增强了大学生的身体活动量以及引起部分学生参与体育活动的兴趣，但仅从活动本身难以实现大学生对体育工具理性向价值理性认知的转变。当代体育教育对体育价值理性的回归是实现体教融合的关键，但对于任何事物而言，"知其然知其所以然"是认知事物的基本，缺少对体育工具性知识的掌握则无法实现对体育工具理性的正确认知和应用，缺乏对体育工具理性的认可则无法进一步实现对体育价值理性的内生。体育价值理性的回归不是悬空式和跨越式的，这种回归需要体育教师通过体育工具理性内涵和外延的灵活教学，为大学生创造体验体育价值理性的环境和机会。因此，体育的工具理性和价值理性是不可分割、相辅相成的，正因如此，体育素养要在充分应用运动能力和体育知识的基础之上得以发展。由体育活动本体到体育素养的升华代表了体育由工具理性向价值理性的转变，是人类对身心健康价值和全面发展目标追求的根本体现。因此，在体育教学的全过程中，教师要注重学生的个体差异性，进行身体、认知、情感三维度的目标整合，培养学生正确运用身体能力、科学进行体育运动、有效应用体育工具性的综合能力，引导学生在此基础上感知体育魅力、运动美好。

(二) 在体育素养内涵厘清上创造体育身心合一体验

体育教育的目的应当是引导个体建立自我-体育素养。自我-体育素养是一种对身体活动的自我觉知，这种觉知系统是个性化的，它是个体自体验、内化对体育意义的自觉和塑造。在这一塑造过程中，重要事件和重要他人扮演着关键角色。从一种普遍意义上来讲，个体自我-体育素养觉知的重要事件和重要人物即体育教育和体育教育者。中国儿童、青少年一年甚至十几年所处最长时间的重要环境是校园，接触的重要事件是受教育，接触最多的重要人物是教师，只有良好的体育教育才能够实现自我-体育素养由短效的他人激励转为长效的自我激发。但当代体育教师对于体育素养的内涵并不清晰，这意味着大部分体育教师坚持以技术为导向的监督培养模式，而非以价值为体验的唤醒模式进行体育教育。学生在监督培养模式下对体育活动产生的身心分离体验与体育素养的发展背道而驰，这种体验一旦形成固化，学生难以产生体育认同，而对体育活动的认同是个体自我-体育素养觉知的重要前提。尽管自我-体育素养是一种自觉和自塑，且无可复制，但体育教师在课程设计和教学中应当注重为学生创造身心合一的体验，以促进学生形成真正的体育认同（不是认知层面上的赞同，而是身心层面上的行为选择）。因此，在整个教学过程中，教师应注意对学生课堂参与度与情绪状态的观察和反思，对学生在学习和运动中的体验感知的反馈进行综合评价，根据反馈内容和评价结果，适时调整教学，有针对性地采取有效的激励策略，激发学生身心合一的运动体验。

(三) 在课程设计上有效兼顾需求与问题

《讲话》明确提出"十四五"时期，要科学研判体育发展面临的新形势，坚持问题导向，聚焦重点领域和关键环节，深化改革创新，不断开创体育事业发展的新形势。在体育教育领域，尤其是体育教学方面，高校体育教师应主动学习，适时调整，始终坚持以学生为本、以问题为导向进行体育教学，促进学生体育素养的自塑。以学生为本，是指教师要站在学生的角度和需求上设计和优化课程，在大学公共普修可选的项目教学中将应授项目教学内容和学生合理需要相结合；以问题为导向，是指教师应聚焦于大学生存在的问题，以问题为学生学习和运动的动机激发点，在项目教学中融会贯通传授问题的解决方式，将项目学习和问题有效解决相统一。因此，在教学方法上，必须打破老师垂直教授、学生单轨接纳的刻板教学模式，要建立相对自由的和谐课堂氛围，激发学生自主式、体验式、探究式地进行体育课程学习和自我问题解决，增强学生体育学习和运动的获得感和成就感。

(四) 在教学内容上科学衔接"一个"知识"两个"技能

中共中央办公厅、国务院办公厅印发了《关于全面加强和改进新时代学校体育工作的意见》，意见进一步指出强化学校体育教学训练。逐步完善"健康知识+基本运动技能+专项运动技能"体育教学模式。教会学生科学锻炼和健康知识，指导学生掌握跑跳投等基本运动技能和专项运动技能。这并不是说大学体育教育都必须向体育专业化发展，而是指要把学生对全生命周期的体育与健康基础认知的获取由分散的不确信渠道转向集中可信的课堂教育；把单一的专项运动技能习得转为全面的体育素养发展。因此，高校体育教师首先应更新自我定位，打破专项壁垒，由专项教师向体育教师身份转变；积极学习相关知识，转变教学思想，做好教学设计，将基础知识、基本运动技能、专项运动技能教学合理有效衔接。因此，在高校公共体育教育综合"一个"知识、"两个"技能的素质体育课的改革路径上，首先是要正确处理体质测量与素质教育的关系：大学公共体育教育应聚焦于大学生身体素质和健康的全面发展，而非体质测量项目达标的窄化提升。无论是大学生体质测量，还是对学生运动项目技能水平等级的评定，本意均是通过等级标准的实施，让学生对自己的身体素质和运动技术水平有一个判断和了解，由此形成激励机制，进而提升自我运动水平。其次要处理好"健康知识+基本运动技能+专项运动技能"的教授逻辑，知识要合理地贯穿于基本运动和专项运动技能学习之中，专项运动技术的学习要有序地建立在基本运动技能正确掌握的基础之上，身体素质的提升应是"一个"知识"两个"技能的综合发展的结果。

(五) 在课程结构上强化联结"两个"课堂

人类行为的改变分为获取知识 (Knowledge)、产生信念 (Attitude) 和形成行为 (Practice) 三个连续过程。[25] 知识是行为改变的基础，精心设计的课程内体育教学能够增加大学生体育知识的积累以及在他者激励下的体育行为选择，但非自主需求的驱动难以内化行为动机。体育素养发展的最终阶段一定是个体自我信念和体育行为的强烈联结，体育素养的具身性揭示个体体育素养的发展必须通过与环境的交互。这要求体育教师要将学生的课后体验纳入整体的教学设计之中，有效应用大学环境平台为大学生创造充分自主的课后体育体验，形成课上课下有机协同的课程结构。例如：将想要改善身体自尊焦虑的学生组成健康小组，学生自主选定组长，在充分利用课堂内所学体育知识的基础上，自主规划个人饮食计划并进行团体体育活动，互相鼓励监督，学生课前或课后及时与教师反馈问题，教师适时在运动强度和计划组织上给予建议和指导，并确定小组目标，学期末教师可将此作为课程考核的一部分评价指标。通过课后活动的设计和考评，一方面增加了学生对体育的自规划自体验；另一方面增加了学生与他人以及社会环境的交流。在无监督环境下的自我能力贡献和他人认可以及安全愉快人际关系的建立进一步推动了大学生体育信念的形成和体育素养的自觉。

(六) 在课程评价上合理创造综合平衡

体育课程教育评价极大影响了学生"身心合一"的体育素养发展。现阶段体育素养测量和评价工具(加拿大 CAPL、PFL、PlAY 体系,[26]美国 K-12 评价标准,[27]澳大利亚 ASC 标准[28])全面量化了体育素养在情感、身体、认知、行为维度的标准，这在一定程度上反映了个体在不同发展阶段和维度下真实的身体能力、运动技术、运动习惯等方面的特征。从宏观角度上，这些工具对体育素养研究和学生发展做出了巨大贡献；从微观角度上，尤其从课程评价上，量化的测量摧毁了学生对体育活动的愉悦体验和学习认同。不同的个体在身体能力、运动天赋等方面具有巨大差别，但一个人运用动机、自信、运动能力、知识和理解评估且承担为生命投身体育活动的责任是一种终身体育的生活态度和信念，在这种信念下的体育活动选择和投入是自洽自适应的，这是个体自我-体育素养发展的最大化，而这种最大化是一种状态，而非标准。高校公共体育课程评价在定量标准下应当具备一定的人文观和可变性，要注重评价内容与方式的综合性以及学生学习的过程性、相对性和发展性，让每位学生都能感受到自己的进步及其带来的运动信心，使考核变成学生自我-体育素养发展的他者激励。高校体育教育应为学生提供更多的正确体验与环境交流，在体育考核上为学生提供综合平衡，使学生选择其热爱的适应的，且不为分数所困。

五、结语

发展体育素养是深化体教融合，促进青少年全面健康发展的重要推力，从"体教融合"视域对体育素养的理论基础和概念内涵进行的实然解读对体育教师教育理念的转变具有重要意义。体育素养是个体基于天赋，在学校创造良好的体育环境下，通过体育教育，唤醒并实现个体充分运用自我动机、自信、运动能力、体育知识，重视并形成终身体育的信念和责任。但当代大学生体育素养养成面临基本体育知识和技能缺失、参与体育活动内在动机不足、身体自尊焦虑严重、运动与学习失衡的严峻问题。大学公共体育教学应以学生为本，以问题为导向，在教学设计中为学生构建"身心合一""知能应用""环境交互"且课上课下有机结合的体育体验，并贯穿于教学的始终，以促使学生自我-体育素养的自觉自塑和综合发展。"身心合一"即在体育活动中身心均愉悦；"知能应用"即能动获取体育知识并锻炼能力，进而将知能结合应用于生活；"环境交互"即在与他人和社会的积极环境中进行体育活动交流。

◎ **参考文献**

[1] WHO. Physical activity [EB/OL]. [2020-06-05]. https：//www. who. int/health-topics/

physial-acti-vity#tab_1.

[2] Margaret M E, Durden-Myers E J, Pot N. The value of physical literacy [J]. Journal of Teaching in Physical Education, 2018, 37: 257-261.

[3] 陈思同, 刘阳, 唐炎, 等. 对我国体育素养概念的理解——基于对 Physical Literacy 的解读[J]. 体育科学, 2017, 37(6): 41-51.

[4] 李卫东, 沈鹤军, 朱乔. 国内外体育素养文献分析与对比研究[J]. 成都体育学院学报, 2021, 47(1): 41-49.

[5] 赖天德. 关于深化学校体育改革的若干问题[J]. 体育科学, 1990, 11(3): 7-11.

[6] 张洪潭. 参与竞争重于获取优胜体育与科学[J]. 2000, 21(3): 1-5.

[7] 余智. 体育素养概念研究[J]. 浙江体育科学, 2005, 27(1): 73-76.

[8] 杨献南, 鹿志海. 形式逻辑视角下的体育素养概念辨析[J]. 南京体育学院学报(社会科学版), 2015, 29(2): 89-92.

[9] 任海. 身体素养: 一个统领当代体育改革与发展的理念[J]. 体育科学, 2018, 38 (3): 3.

[10] Margaret Whitehead. Physical literacy: throughout the life course [M]. London: International Studies in Physical Education and Youth Sport, 2010.

[11] Margaret Whitehead. Physical literacy across the word[M]. Britain: Routledge Studies in Physical Education and Youth Sport, 2019.

[12] 周生旺, 程传银, 张翠梅, 等. 体育本论下身体素养、体育素养与健康素养的内涵及关系[J]. 武汉体育学院学报, 2020, 54(6): 32-38.

[13] 燕凌, 马克, 李海燕. 论体育学科素养的内涵、构成要素及培养[J]. 体育文化导刊, 2018(3): 108-112.

[14] 刘阳, 陈思同, 唐炎, 等. 中国儿童青少年体育素养测评体系的产生背景、构建应用及未来发展[J]. 上海体育学院学报, 2021, 45(3): 19-26.

[15] Ryan R M, Deci E L. Intrinsic and extrinsic motivations: classic definitions and new directions[J]. Contemporary Educational Psychology, 2000, 25(1): 54-67.

[16] 孟伟. 如何理解涉身认知? [J]. 自然辩证法研究, 2007, 23(12): 75-80.

[17] 叶浩生. 身体与学习: 具身认知及其对传统教育观的挑战[J]. 教育研究, 2015, 37 (4): 104-114.

[18] 叶浩生. 身心二元论的困境与具身认知研究的兴起[J]. 心理科学, 2011, 34(4): 999-1005.

[19] 叶浩生. 西方心理学中的具身认知研究思潮[J]. 华中师范大学学报(人文社会科学版), 2011, 50(4): 153-160.

[20] Deci E L, Ryan R M. A motivational approach to self: integration in personality [M]. Nebraska: Nebraska Symposium on Motivation, 1991, 38: 237-288.

[21] 张力为. 客观身体形象与主观身体感受对生活满意感的贡献[J]. 中国运动医学杂志, 2004(5): 522-528.

[22] 张国礼, 仇悦, 曹美. 青少年体育活动的心理效益[J]. 中国健康教育, 2017, 33 (10): 915-917.

[23] Sonstroem R J. Exercise and self-esteem: rationale and model[J]. Med Sci Sport Exer, 1989, 21(3): 329-337.

[24] 杨治良, 郝兴昌. 心理学辞典[M]. 上海: 上海辞书出版社, 2016.

[25] Daniel L, Shawn K. A new way of measuring behavioural compliance for prevention programme interventions using KAP Score[J]. Development in Practice, 2019, 29: 489-500.

[26] 赵雅萍, 孙晋海, 石振国. 加拿大3种青少年体育素养评价体系比较研究[J]. 首都体育学院学报, 2019, 31(3): 248-254.

[27] Society of Health and Physical Educators (SHAPE America). National standards and grade-level outcomes for K-12 physical education[M]. Champaign IL: Human Kinetics, 2014.

[28] Randle E, Nicholson M, O'Halloran P, et al. Initial perceptions of the draft australian sports commission physical literacy standards from the sport[J]. Journal of Science and Medicine in Sport, 2018, 21: 556.

"模拟心理咨询"体验式教学在心理咨询与治疗课程中的应用

何 姣

（武汉大学 大学生心理健康教育中心，湖北 武汉 430072）

【摘 要】 为帮助学生真正理解并掌握心理咨询与治疗的理论、技术与理念，达到学以致用、自助助人的教学效果，在通识教育课心理咨询与治疗中采用"模拟心理咨询"体验式教学法，对课程目的、课程设计、设置保障和实施过程等各环节进行精心设置。结果显示，"模拟心理咨询"体验式教学课程满意度较高，成员反馈良好，对学生实际的生活产生了积极影响。为今后更好地继续"模拟心理咨询"体验式教学，对教学过程中的经验做法与问题短板进行总结，建议根据学生特征与社会需求不断优化教学方案，提升课程质量，努力推动专业内涵式发展。

【关键词】 体验式教学；模拟心理咨询；设置保障；教学效果

【作者简介】 何姣（1988— ），女，湖南永州人，硕士，武汉大学大学生心理健康教育中心专职教师，讲师，研究方向为大学生心理健康，E mail：hj_whu@ qq. com。

【基金项目】 2020 年武汉大学教学研究项目"利用团体心理辅导来实现'以学生为中心'的课程设计——以心理学学科教学为例"（2020JG037）。

一、问题提出

心理咨询与治疗是一门具有较强专业性和应用性的课程。作为一门通识教育选修课，它不仅要教授缺乏心理学基础的选课学生以专业的学科知识和技能，更要帮助学生内化治疗背后的理念和价值观，最终实现学以致用、自助助人的目的。但传统的课程教学难以实现这一目的。在传统的教学中，从关系层面看，师生之间更多的是"授-受"关系，学生之间的交流与沟通也较缺乏，没有互动、联结；从对学习者的影响方式来看，无论是教师的分析讲解，还是学生的单项练习，以至机械地背诵等所调动的主要是逻辑的、无感情的大脑左半球的活动。[1]这种学生主体性以及情感体验的缺乏，难以帮助学生将课程所学内化为自身的知识和经验。例如，学生通过教师讲授学习了"共情"技术，但在面对一个真实的人时，却可能无法通过语言或肢体来表达他的共情，甚至可能无法从心理层面理解对方的困难。这就出现了认知、情感和意志的不统一的问题。美国临床心理教授及心理治疗师科佐林诺在谈论心理治疗授课时说道，"我们所关心的应该不仅是人可以经由教学而获得多少知识、认识多少事物，还在于人的生命意义可以经由教学而获得彰显和扩展。"[2]由此可见，心理咨询与治疗课程急需一种新的教学模式。

建构主义代表人物皮亚杰认为，学习不是教师简单机械、原封不动直接把知识从外部灌输给学习者，而是学习者和外部世界的积极互动，积极建构语义的思维活动过程；体验是建构主义教学观的核心。[3]1984年，美国著名的教育家大卫·库伯在总结杜威、皮亚杰等经验学习模式的基础上，提出了"experiential learning"，最先较为完整地提出了体验式学习的理论。[4]体验式教学是一种不同于传统教授式教学的模式。体验式教学通过创造特定的情境呈现或再现教学内容，使学生在亲历的过程中理解并建构知识、发展能力、产生情感、生成意义，促进他们的心理机能全面和谐发展。[5]它具有以下一些特点：(1)强调身体力行。学生要身体力行地完成学习任务，而不是停留在"认知"上的"知道"，从而有助于学生对知识和能力的真正掌握。(2)情感成分的参与。体验式教学因为教学情境和活动任务需要学生的认知、情感和意志三个部分的参与，情绪感受部分被充分调动，直接提高学生对学习的积极性并促进左右大脑的协调发展。(3)意识与无意识心理的统一。体验式教学涉及个体的无意感知、无意识记、无意想象、非言语思维、无意体验等，因而学生更多是从体验中不自觉地学会了。[1,6]总而言之，体验式教学是通过亲身的经历去感知、理解和检验教学内容，它能提升学生的学习主动性，显著提高教学效果。

体验式教学在心理咨询与治疗课程的应用上具有独特的优势。首先，心理咨询与治疗这门课学生需要掌握的就是"心理咨询(治疗)"，因此"模拟心理咨询"天然成为一个极佳的、可以创设的教学情境和活动。其次，心理咨询的应用性和实操性需要练习和实践，通过"两人搭档"的模拟心理咨询方式，每个人都有机会扮演咨询师和来访者，去亲身体验、检验课堂所学内容。最后，通过体验式教学中两人固定搭档的较长期(六次课)合作，能够增强真实的人际联结，理解人性，扩展生命的意义。因此，笔者引入"模拟心理咨询"体验式教学法，探究在课堂教学中贯穿这种教学方法和理念对于帮助大学生了解个体心理，掌握助人知识、理念和技能，完善个性和提升幸福感方面会有怎样的效果和运用价值。

二、课程设计与实施

(一)具体教学目标

帮助大学生掌握心理咨询与治疗的基础知识，包含心理咨询与治疗的发展历史、基本技术、治疗过程与疗效因子以及各治疗流派的人性假设、治疗技术与策略等。课程注重传递专业精神和人文关怀，课程通过传授专业的理论知识和创设系统模拟咨询来体验心理咨询，帮助大学生以一种专业视角来看待人类的心灵世界，关注个体行为背后的需求、情绪等，学会运用专业知识技能和人性关怀来理解和帮助有心理困扰的人，发挥自我潜能、关爱他人。

(二)课程设计

课程围绕"心理咨询与治疗",创设"模拟心理咨询"体验活动。模拟心理咨询是指在一定指导下,两名学生中一人做来访者,一人做咨询师,咨询师利用专业知识对来访者的真实困扰进行辅导的过程。为保证所有同学均积极并深度参与课堂学习,同时保证心理咨询的"安全感",采用两人小组的固定搭档模式,在两人小组中,每人轮流扮演咨询师和来访者。由于心理咨询的专业性以及咨询关系中的"信任感"要求,需要对理论教学和体验教学的开展时序和比例做出科学、合理的安排,并帮助互为咨访的两名同学建立良好的合作关系。

综合上述考虑,笔者对课程做出的一个总体安排为:课程共计11次课。第1~4次课为第一阶段,即模拟心理咨询准备期,主要进行基础理论教学以及做好模拟咨询的流程说明、搭档寻找等工作,为第二阶段开展模拟心理咨询打下坚实的专业基础和组织基础。第5~10次课为第二阶段,即模拟咨询过程期。在这一阶段,每次课的前两小节课进行理论教学,第三小节课进行模拟心理咨询,A、B两名同学为固定搭档,A咨-B访和A访-B咨各20分钟,共40分钟。这一阶段持续进行6周,让实践的同学体验一个完整的短程心理咨询过程。第11次为第三阶段,即模拟心理咨询总结期,在大课堂上一起回顾心理咨询过程、收获,以及将整个模拟心理咨询过程撰写成本门课的结论大论文,升华模拟心理咨询这一体验活动。课程设计思路图详见图1。

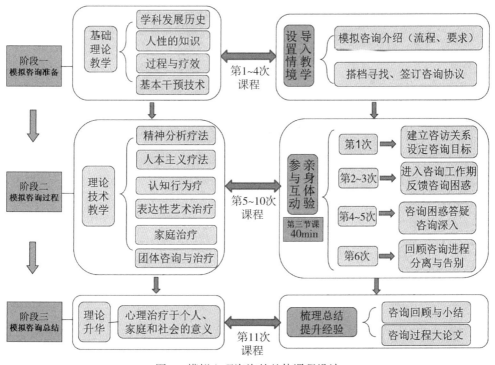

图1 模拟心理咨询的整体课程设计

(三)保障设置

在"模拟心理咨询"这一具有一定挑战性的体验活动中，如何保证课堂学生感觉安全、愿意真诚投入和深度参与，是决定课程成败的关键点，也是难点。这需要教师在模拟心理咨询开展前采取各种措施保障模拟咨询的顺利开展，包括心理、伦理、组织和考核四个方面的保障设置。

1. 心理设置

采集往期成员的反馈，告知同学们往届学生对于模拟心理咨询的收获和反馈，通过讨论打消大家对于"新手咨询师"的顾虑，从而提升他们对模拟咨询的兴趣和信心。同时，告知大家模拟咨询活动是课程重要的学习板块和考核重点，对于确实难以接受这一活动的同学，尊重其选择并建议改选其他课程。

2. 伦理设置

"模拟心理咨询"虽然不同于真实的咨询，但也需要遵守相应的伦理规范。因而，教师针对模拟心理咨询设计了专门的协议，所有同学都需要签订协议来保障基本的伦理界限，让大家在一个安全的空间里进行活动。

3. 组织设置

设置固定的课程时间、地点、请假要求等，尽可能给模拟心理咨询提供一个相对稳定、安全的设置。

4. 考核设置

为避免模拟心理咨询流于形式，同时深化课程所学、将理论联系实践，决定将"模拟心理咨询过程及感想"作为课程大论文。这一考核设置也有力地保障了同学们认真、深度的参与。

(四)实施过程

1. 模拟心理咨询准备期　设置情境、导入教学

这时期的教学任务有二。其一，教授心理咨询与治疗的基础知识，让学生对学科发展历史、人性知识(需求、情绪、创伤、症状)、心理咨询过程与疗效因子以及基本干预技术有较清晰的了解和一定的掌握，对心理咨询产生兴趣，也为后面开展模拟咨询奠定专业基础。这部分的教学方式主要为理论讲授，使用音视频多媒体、案例教学、小组讨论等多种教学手段，调动学生参与的积极性。例如，使用案例教学法在课堂上讲解一例完整的心理咨询过程案例，分析其中的咨询思路、技术、疗效因子等，让学生对咨询过程有直观、鲜明的印象。其二，设置体验教学情境，导入教学中，为模拟咨询的顺利开展奠定组织基

础。这部分工作包括：（1）介绍体验式教学活动。从第一次课开始向大家说明本课程存在系统的"模拟心理咨询"这一活动，告诉大家总体次数、开展方式、考核要求、注意事项等。如果学生觉得自身不是很合适或不喜欢这种活动形式，可以在选课开放期间自由退课。（2）帮助建立两人搭档。在第二次课时主要利用第二、三节课，开展为期60分钟的团体辅导，主要采用社会计量方式，帮助全班同学相互认识，建立凝聚力；并形成两人搭档，加深两人搭档的信任、合作关系。在组建两人搭档时，建议男女搭档，不同院系同学为一组，避免双重关系。社会计量团体辅导内容详见表1。（3）签订协议。形成固定搭档后，在正式模拟咨询开始前，每个人签订模拟咨询协议。协议涉及保密、安全承诺原则、守时、边界等方面的内容。

表1　　　　　**用社会计量团体辅导帮助建立班级凝聚力和搭档信任关系**

活动名称	活动方式	活动目的	注意事项
"地图展示"	在活动空地指明方位，让全班同学根据中国地图站在自己家乡位置；依次介绍自己，并通过提示让其他同学猜自己的家乡	调动全班学生参与兴趣；增强班级凝聚力	注意引导方位和把控时间
轮圈互动	大致根据性别分成内外两个人数相等的圆圈，内外圈面对面的两位同学相互熟悉；之后内圈同学移动位置，遇见新同学，继续相互熟悉。熟悉内容从浅到深分为：兴趣、相似点、生活困惑、对恋爱的看法等	增强学生对彼此的了解；增强班级凝聚力	注意提问的层次性，随情况调整
二人建交	轮圈互动结束后，就近分成四人小组，分享活动过程中感受最深的一点。随后四人小组内自愿组成两队搭档。搭档之间进一步了解，并通过"咻咻游戏"加强两人的关系	表达活动过程中的感受；加强二人搭档的关系	注意特殊情况的搭档处理，比如旁听生等

2. 模拟心理咨询过程期 参与互动、亲身体验

这时期的教学任务有三个。

其一为各治疗流派的理论讲授，讲授各治疗流派的人性假设、治疗技术与策略，让学生对精神分析、人本主义、认知行为治疗、家庭治疗、团体治疗、表达性艺术治疗等不同流派有基本了解，并能够理解这些流派的理念，掌握基本的治疗思路和其中一些技术，也进一步为同时开展的模拟心理咨询充实技能储备。理论教学采用音视频多媒体教学、案例教学、小组讨论等手段，深化教学内容。例如，讲授人本主义疗法时，播放创始人罗杰斯的示范咨询，分析咨询过程、理念与技术，帮助学生对心理中心从感性认识上升到理性认识。

其二为结合心理咨询与治疗过程而专门进行的理论讲授，包括咨询开始的目标和早期技术、过程中的咨询深入和困惑解答、治疗结束等议题；继续为模拟心理咨询提供理论与

技术支持。

其三是本课程最重要的教学任务，即通过开展"模拟心理咨询"体验式教学活动，让学生体验完整的心理咨询过程，当咨询师时学会运用相关的理论知识来理解来访者，运用相关的技术来突破咨询僵局；从理论了解到实际运用，真正理解心理咨询的内涵，掌握基本的助人技能。

模拟心理咨询包括三个过程：(1)开始咨询。在正式咨询前，跟大家介绍如何开始一段咨询关系，包括相互介绍、了解咨询目标以及在早期更多地使用倾听、提问和共情理解等技术，建立良好的关系同盟。(2)过程深入与困惑解答。在咨询进行了两次之后，发布一个问卷星调查大家的模拟咨询情况："请详细描述你作为咨询师的困难""如果想要进一步推动咨询，你可能还可以朝哪个方向做一点干预"。根据这些咨询困惑，针对性地备课，在课堂上解答同学们的困扰，推动咨询深入工作，详见表2。(3)咨询结束。在最后一次咨询模拟前，再次跟大家强调"这是最后一次咨询"，做好咨询结束工作，包括对咨询过程进行回顾、总结收获、进行赋能、表达遗憾，鼓励学生后面在遇到困难时持续寻找心理咨询服务，彼此感谢和告别。

表2 咨询深入过程中的困惑及答疑

咨询困惑类型	困惑描述	授课答疑
共情困难	没有经历过难以体会；有不同的观点难以理解；自己有情感体验困难	通过案例示范深度共情；理解人与人的不同；进行个人探索与成长
无法解决问题	来访者提出具体的问题，也希望解决；知道了搭档的心理问题原因所在，但不知道怎么解决；不知道给什么建议能有实质性帮助	讲授心理咨询的目标和意义；人性中对于改变的恐惧、改变发生的心理机制
咨询无法深入	像拉家常；触及不到情绪；被困在某一个问题上	咨询深入的三个点，关注：(1)此时此地；(2)感受；(3)关系
咨询中的不确定性	不确定自己做的对不对；咨询中不知道往哪个方向走	不确定存在的原因；提升涵容能力
来访者的阻抗	不断变话题；自己没有问题；不愿意打开自己；担忧隐私和安全	理解阻抗的意义；处理阻抗的方法：理解、谈论与阐释

3. 模拟心理咨询总结期 梳理总结、提升经验

这时期的教学任务主要也有两个。其一为梳理串联前面学习过的心理咨询与治疗基础理论知识、各流派理论与技术，帮助同学们理解心理健康知识和理念如何作用于个人成长、家庭教育与社会化过程。其二通过对模拟心理咨询进行讨论总结、提交作业，深化模拟心理咨询效果。对模拟心理咨询的总结包括：(1)小组讨论和分享。以6人小组(即3对搭档)讨论模式，分享本次模拟课程的感受，包括收获、不足和印象深刻的地方。讨论

后每组派出一人在课堂上跟大家分享本小组的主要观点。(2)教师总结。授课教师从理论角度总结此次模拟咨询中好的经验与不足，进行赋能，并解答疑惑。(3)提交论文。学生需要以"模拟心理咨询"为主题提交期末大论文，论文包括：描述咨询的进展、分析咨询师的优势和不足、模拟咨询的收获和建议。

三、课程反馈

本课程采用"模拟心理咨询"体验式教学方式已实践三年有余，通过课堂内外来自学生的反馈可见，这一尝试的效果是可喜的。

(一)课程满意度较高，成员反馈良好

来自学校教务系统的课程评价显示，该课程评分三年来平均分在97分以上(满分100)。自行设计的课程问卷调查显示，课堂学生对课程满意度评分为9分以上(满分10分)，认为课堂对自己的帮助程度在8.5分以上(满分10分)。在开放式课程评价中，大多数同学都表达"学会了倾听和共情，能更好地了解与感受他人的内心""用这种方式让我们对陌生人敞开心扉，从而认识了一个真诚的朋友""在给他人咨询的过程中反思了自己、认识了自己"；还有学生饱含情感地记录下个人化的感受："感谢这门课程让我再次感受到了人际交流的美好，我和搭档从陌生到熟悉、从拘谨到相谈甚欢，我们看到彼此不同的生活经历、不同的思考方式，原来人与人之间有这么大的差异，每个人都是一个丰富多彩的小宇宙""从这门课程里我所收获到的最伟大的事物，依然是那种对每一个生命、灵魂所给予关怀的态度，也就是即便最恶的恶人也会有良善之处，最善的善人也不免心存邪僻。作为一个人，我们去生存，并且生活，如果带着这样一种态度，会宽容很多"。这些正面反馈充分显示了学生对课程模拟心理咨询的认可，也表明了体验式教学在促进学生心理感受性、增加学生自我觉察、提升人际关系等方面具有良好的效果。这与其他研究中在心理类课程中采用体验式教学获得的效果一致。[7~9]

(二)对学生实际的生活产生积极影响

在课堂之外，笔者在心理中心的个体咨询、团体咨询以及心理健康活动中也不时收到来自课堂学生直接或间接的反馈。例如，课堂学生在课程结束后预约任课教师进行个体咨询，告知课堂上的模拟咨询带给自己的启发和变化以及进一步探索自我的意愿；课堂学生以亲身经历推荐身边同学选修本门课程。从这些直接或间接反馈中得知，模拟心理咨询带给学生的变化包括：个人自我反思能力的提升；变得更为共情和更愿意聆听，促进亲密关系的发展；对他人更为信任，寻求帮助时更少羞耻感，也更愿意帮助他人。由此可见，课堂的模拟心理咨询教学活动对学生的生活产生了积极影响。

四、课程反思

在心理咨询与治疗通识教育课程中，学生通过"模拟心理咨询"这一体验式活动，身

体力行地去做咨询和被咨询，实现了课程的目标，即帮助学生真正学会倾听、理解他人，尊重人与人之间的差异，更深入地理解人性；掌握与人沟通的技能，提升关注自我和他人心理健康的意识和能力；并且更进一步，帮助学生获得心理上的成长和行为上的改变，促进了他们对人类的关怀与怜悯，拓展了生命体验。

通过三年的课堂教学和实践，笔者累积了不少经验，也发现了一些可能的问题和风险，需要进一步思考与调整。

(一) 经验做法与问题短板的总结

想要通过"模拟心理咨询"这一体验活动真正实现理想的教学效果，而非流于形式，需要调动各种因素确保模拟心理咨询活动的质量。体验教学成功的关键点在于，让学生在一个相互信任的关系中投入地、有方向地、有目的地进行模拟心理咨询。笔者的经验做法有：其一，教师在"模拟心理咨询"正式开始前，需要进行一系列的设置保障，包括心理保障、伦理保障、组织保障和考核保障。这既是为学生提供心理咨询的安全感、稳定感，也能尽量减少风险的发生，保证咨询伦理，并确保学生认真对待。其二，教师在设计课程时要充分代入到"新手咨询师"的角色中。在咨询目标、咨访关系建立、咨询结尾等各阶段进行相应的、手把手的指导；也要及时地关注在咨询过程中遇到的困难，通过课堂的理论教学及时地帮助同学们答疑解惑，增加"新手咨询师"的胜任力。例如，在树立每个人的咨询目标时，强调目标的真实性、具体化。真实性保证了每个人谈论的是自己的真实困扰，不是他人的烦恼或社会现象，也不是一个抽象的理论问题。具体而言，笔者要求这个目标是一个可实现的小目标，比如"情绪调控——以后在难过低落时，沉浸其中的时间从3天减少为1天"，这不是深层的人格问题，也不是需要长期咨询才能实现的大目标。正是通过对种种细节的考虑和要求，体验活动的质量才能得到保障。

当然，课程在实施过程还存在一些问题和短板，需要进一步改善。最常见的问题是班级学生参差不齐，可能导致学生在进行模拟心理咨询时遇到困难。比如有些学生可能存在"述情障碍"，在扮演来访者时难以向他的咨询师开放内心，尤其是难以表达感受；在扮演咨询师时也难以体验到来访者的感受，不知如何引导咨询过程；这会导致整个咨询陷入僵局，咨访双方都深感挫败。再如学生参与课堂的主动性和自律性不同，而模拟心理咨询要求咨询开始后的每一次课堂均需出勤，可能会出现两人搭档中的一方频繁缺勤导致另一方无法进行模拟咨询而不得已中断这一活动的现象。实际上，学生参差不齐是普遍现象，体验式教学要求教师根据学生个体情况进行不同的指导。[10] 比如，可以让做模拟咨询有困难的学生通过阅读临床心理学专业书籍来替代"模拟心理咨询"，或者教师可以每次选择一个小组旁听其咨询过程，以了解学生在这一过程中的实际困难，以便给予有针对性的指导。

(二) 根据学生特点与社会需求，优化教学方案

尽管形成一套成熟、有效的教学方案不易，但这并不意味着教学方案形成后可以一劳永逸。在七年的教学中，笔者深切体会到每一代学生的差异。总体而言，一方面"00后"

的学生较"90后"的学生而言，对内心世界的探索欲更强、对心理咨询的接受度更高，同时他们已通过发达的网络接触到了更为普及的关于抑郁症等心理知识，因而对专业学习抱有更高期待；但他们更独立、自我意识更强，在与人建立关系上需要更多的信任。这要求教师在设计教学方案时要给予前期的班级凝聚力、搭档关系建立更多的考虑；对课堂内容的深度和专业性给予更多考量。同时由于现代社会的工作压力和激烈竞争，家庭、用人单位都更需要能够进行心理调适的健康心态的人以保持良好的工作状态和维护和谐的人际关系。因而，教师需要在授课中适当地增加心理问题的识别和自我调适方法的知识和技能传授，尤其在案例分析环节的案例选取上，要选取典型案例；在讲解各理论流派的观点时，要重点选取对常见心理问题尤其适用的技术和方法，促进学生具备自我心理调适的知识和技能。

学生和社会永远处于持续变化中，这些变化可大可小，大至社会风气和思潮的变迁，小至个体心理特征的差异，建议教师要根据授课对象本身的心理发展特征、所面临的社会对人才的评价和需求等，不断优化教学方案，适时调整课堂的理论教学与体验活动的用时比例、开展时序，增强课堂教学内容的应用性，对课堂全过程做出科学、合理的安排。

(三)提升课程质量，推动专业内涵式发展

内涵式发展是指以事物的内部因素作为动力和资源的发展模式，在发展形态上主要表现为事物内在属性的运动和变化所引起的发展，如规模适度、结构协调、资源配置效率更高，追求数量、质量、规模、结构、效益的统一等。[11]现国内教育界对推动高等教育内涵式发展达成了共识，这对推动高等教育科学发展具有重要和深远的指导意义。

从心理学学科角度来看，临床心理学方向具有很强的应用性和专业性，临床心理学(或健康心理学)的专业发展更需要内涵式发展，依赖"质量"而非"数量"或"规模"。下面以"心理咨询与治疗"这门核心专业课为例来说明，临床心理学方向可走的内涵发展路径。

从课程实施角度来看，体验式教学即为通过改变授课方式、教学手段和调整内容结构及考核方式所引起的新的教学模式。它并未额外地增加师资队伍、资金投入、教学场地等，而是因地制宜地对内在结构进行调整而实现良好的教学效果。

从教学效果来说，学生对课堂的深度参与，对心理咨询技术和理念的深入了解和更强的认同所带来的效果要远远优于泛泛的了解。这群课程受益者会直接或间接影响到周边同学、同辈圈子、家族，甚至今后的同事、自己的子女。由此可见体验式教学可以促进临床心理学甚至整个心理学科的内涵式发展。

当然，为了更好实现内涵式发展，还可以有更多作为。例如，可以进行科学的量化研究，对学生进行前后测试，检验学生在课程结束后，在自我认识、人际关系方面的改变，以研究数据来直观地呈现体验式教学对学生的影响，以为今后课程教学和学科发展提供参考。总之，"心理咨询与治疗"作为专业核心课程和通识教育课程，需要充分发挥心理专业的特色和优势，为高等学校培养心理素质优良、能适应时代和社会发展、面向未来的本科生，实现适应需求、引领发展、理念先进的专业建设目标，不断提升建设质量。

◎ 参考文献

[1] 郑金洲. 教学方法应用指导[M]. 上海：华东师范大学出版社，2006.

[2] 科佐林诺. 心理咨询师的14堂必修课[M]. 上海：华东师范大学出版社，2012.

[3] 何克抗. 建构主义的教学模式、教学方法与教学设计[J]. 北京师范大学学报，1998(5)：74-81.

[4] D A 库伯. 体验学习——让体验成为学习与发展的源泉[M]. 上海：华东师范大学出版社，2008.

[5] 王道俊，郭文安. 教育学[M]. 北京：人民教育出版社，2016.

[6] 陈亮. 体验式教学设计研究[D]. 重庆：西南大学，2008.

[7] 彭阳. 意象对话体验式教学对大学生自我觉察、心理感受性的影响[J]. 湖南科技学院学报，2018，39(10)：139-141.

[8] 韦炜，于述伟，吴宝捷，等. 基于体验式教学的大学生心理健康教育课程实践研究[J]. 中国高等医学教育，2016(12)：117-118.

[9] 林丽华，曾爱华. 心理健康教育课程体验式教学模式应用研究[J]. 福建医科大学学报(社会科学版)，2020，21(3)：52-55，65.

[10] 叶燕斌. 体验式教学的理论基础及教学建议[J]. 文存阅刊，2020，18：99-100.

[11] 崔瑞霞，谢喆平，石中英. 高等教育内涵式发展：概念来源、历史变迁与主要内涵[J]. 清华大学教育研究，2019(6)：1-9.

学生编

教学相长，流水不腐

——基于统计调研的武汉大学文学院本科课程教学改革与建议报告

刘一零　沈周瑜　吴若君

（武汉大学　文学院，湖北　武汉　430072）

【摘　要】基于"教与学的革命"和文学院教学的要求及实际工作展开，推进文学院教学改革与学生体验提升具有重大意义。本文利用调研和统计方法，结合文学院学科特点与统计学知识，对数据进行统计分析，就武汉大学范围内对于文学院课程的改革建议进行了总结分析，同时参考其他高等院校的教学经验，对教学改革提出了改进建议。

【关键词】教学改革；教与学革命；文学院本科课程改革；教学建议

【作者简介】刘一零（2000—　），女，江西省赣州人，武汉大学文学院汉语言文学专业本科生，E-mail：2698054805@ qq. com；沈周瑜（2002—　），女，浙江省湖州人，武汉大学文学院汉语言文学专业本科生，E-mail：2035825616@ qq. com；吴若君（2002—　），女，湖南省张家界人，武汉大学文学院汉语言文学专业本科生，E-mail：1434163470@ qq. com。

一、导语

教与学是教育中最重要也是最基本的关系，"是故学然后知不足，教然后知困。知不足，然后能自反也；知困，然后能自强也。故曰：'教学相长也'"。教师与学生的角色可以相互替换。学生从教师身上学到知识，同时，教师也可以从学生身上明了自己教育的得失。

《小戴礼记·学记》中有言："君子既知教之所由兴，又知教之所由废，然后可以为人师也。"[1]教师在教学的过程中通过学生的反馈可以了解教学的兴废之处，从而使教学得到进步提升。如今，学习的主体不仅仅是"学生"，而是由单一化的学生个体转移到师生内在的互动群体，课堂也由"教师主导"逐渐向"学生自主"过渡。"君子知至学之难易，然后知其美恶，然后能博喻，能博喻然后能为师。"[2]学生拥有比过去更多的自主权。在激发学生的积极性的同时，也给教师教学带来了更多进步的空间。文学院历年来重视学生的自主性思考，长期使用学生评教系统，给学生提供一个充分自我发挥的舞台。一方面，评教系统作为学生发声的重要窗口，为文学院莘莘学子畅所欲言提供一个有效出口，另一方面，对于文学院的教师课堂教学改善和管理也发挥了重要作用。但仅仅通过学生评教系统的单一渠道，或许难以完全涵盖学生心中对于文学院教学的意见建议。

笔者对来自文学院不同年级的学生、不同学院但选修过文学院课程的学生针对目前文学院教学上的建议进行了调查，包括线上与线下调研，希望可以帮助老师们更好地了解教学对象对于文学院课程的部分建议，便于课程组解决目前文学院教学安排所存在的一些问题，也有利于选择文学院课程的学生更好地学习与提升自我。

二、调研背景

巍巍武大，煌煌珞珈。章黄之学，百年传承。文学院作为武汉大学历史最为悠久的学院之一，文化底蕴深厚，师资力量强大，知名院友无数，其开设的课程长期以来，既受到武汉大学本院系学子的欢迎，又受到不同院系学子的喜爱和追捧。多年以来，文学院重视自身内部建设，在教学改革上，文学院主动适应学校管理体制改革和教学改革，扎根教学基层，开展日常教学工作，重视教研室工作建设；在教师建设上，积极汲取年轻血液，关注培养青年教师；在平时教学上，突破传统课堂模式，进行教学方法、手段与考试改革，使用先进设备，进行混合式教学、实践教学、理论和实践结合式教学和翻转课堂教学模式改革。个人作业让学生站上讲台发声，充分展现自己的优势和风采；小组作业让来自不同院系、不同班级的学生互相熟悉，团结协作，发挥专业优势，取得了良好效果，得到了众多好评。

教学改革的过程并不是停滞不前的，它一直贯穿于文学院建设的过程中。陶东风在《新文科新在何处》中认为，文科不应该过分强调其工具化、技术化、应用化，而是更应该研究"人"的观念的变化。[3] 如今，学生与教师构成了息息相关的"命运共同体"。"学生的教师和教师的学生不复存在，代之而起的是新的术语：教师式学生和学生式教师。教师不再仅仅是给予的角色，也通过对话成为了接受的角色，学生也不再仅仅扮演学生的角色，他们也成为了老师的老师。他们共同对整个成长负责。"学生的建议对于老师的教学也起着不可忽视的作用，可以及时帮助老师调整自己的教学方案、安排教学内容、检验教学效果。

在经过了不同时间段在文学院的学习后，来自不同年级的、不同专业的学生们（主体是文学院的同学）对于文学院的教学方案，如文学院同学课程积极性与考勤、课程分配和安排、课程内容与上课体验、考试与赋分及其他问题有着不同的想法和改革建议。就此次新生研讨课要求，笔者经过一段时间的问卷调查和分析得出了一些问题和建议。

三、调研方式

本次调研采取面谈调查、线上问卷、线上定点访谈的方式。通过平时学习生活中的面谈与调查，确定文学院课程改革方式与建议的主要问题，再将主要板块以线上问卷的形式进行发布调查。根据线上问卷的结果，对不同身份的典型代表学生进行了专门访谈，根据数据和相关访谈资料进行分析，从而给出建议。

(一)面谈调查

围绕平时日常学习生活中接触到的亟待改革的问题，充分听取武汉大学文学院各年级及非文学院但选修过文学院课程的学生意见，整理组织相关意见，形成涵盖考勤、授课、评卷、实践、时间安排等板块的问题汇总，为问卷的设计与发布构建基础框架。

(二)线上问卷

根据面谈调查发现的主要问题，设计线上问卷，线上问卷包括以下部分。

1. NPS(净推荐值)量表满意程度

调查学生对于文学院现有教学模式的满意程度，能够判断现有教学模式改革的需求程度，量表分为 1~10 不同量级，调查对象可自由填写满意程度，如图 1 所示。

NPS 量表按分数将受访者分成三类：任何评 9 或 10 分的受访者被称作推荐者，7 或 8 分则是被动回复者，而评出 6 分及以下的是批评者。

NPS 得分 = 推荐者占比 − 批评者占比。

通过调研与计算，能够给出学生对当前文学院教学意见的一般情况总结。

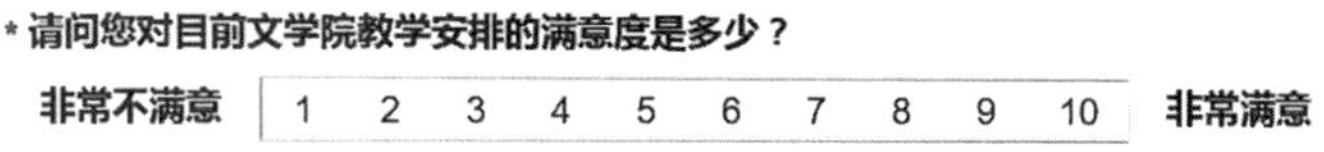

图 1 NPS 量表满意程度

2. 调查对象身份

明确调查对象的身份，有助于开展之后的交叉分析，借助身份这一自变量，能够分析出不同学生对文学院教学改革的意见差异，从而制订更适合不同学生意见、涵盖范围更广、接受程度更高的科学合理提议方案。

调查对象身份涵盖文学院大一学生、文学院大二学生、文学院大三及以上学生、非文学院但选修过文学院课程的学生，通过不同学生的视角，全方位看待文学院教学改革相关问题。同时给出"其他"这一项，受访者可自由补充身份，但有效问卷对象以武汉大学校内学生为主，如图 2 所示。

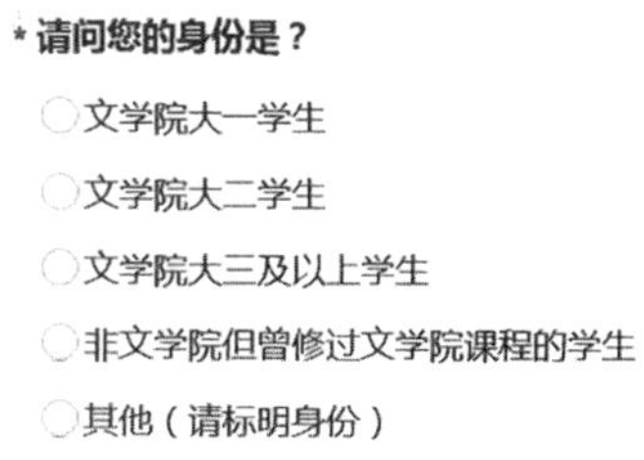

图 2 调查对象身份

3. 关注板块

关注板块主要依托面谈调查中体现出的问题设置，共给出 5 大板块，但调查问卷被设置为最多选择 4 项，在充分覆盖问题板块的同时，凸显出 5 大板块中改革关注度与迫切程度的不同。同时给出"其他"这一项，受访者可自由填写，如图 3 所示。

* **请问您对文学院教学改革的哪些板块最感兴趣？** 【最多选择4项】

(可选1~4个)

☐ 选课方式与选课难度问题

☐ 课程授课时间安排问题

☐ 课程教学内容与老师授课方式问题

☐ 文院课程考勤率/课堂参与积极性问题

☐ 考试时间安排与考核方式问题

☐ 其他（可填写）

图 3　关注板块

4. 问题细分

问题分为 5 个细分问题，主要由广泛面谈调查归纳得出，包括考试安排时间问题、课程时间问题、专业选修课问题、授课问题、考勤问题。

除限制调查对象全部选择外，这 5 大问题被设置了随机顺序，避免调查对象出于习惯只选择前 4 个选项，保证了问题出现概率的均等。同时给出"其他"这一项，受访者可自由填写，如图 4 所示。

* **请问您对以下哪些文学院教学问题感兴趣？** 【最多选择4项】

(可选1~4个)

☐ 文学院考试安排时间过于紧凑

☐ 文学院专业选修课外院同学过多，影响对本院的正常选课、授课、考核

☐ 文学院课程安排时间过于紧凑

☐ 文学院对老师无法授课时的情况缺乏相应措施

☐ 文学院同学考勤到课率低，课堂互动不积极

☐ 其他（可填写）

图 4　问题细分

5. 相关建议

相关建议问题被设置为必填题，调查对象可自行填写，由小组后台筛选有效答卷并整理成建议，如图 5 所示。

* **请您对文学院教学问题提出自己的意见。**

图 5　相关建议

6. 改革推进分析

通过对改革推进因素的调查，调查学生对文学院教学改革的信心，以及普遍认为限制

文学院教学改革的因素。为之后深入分析改革方式及影响给出数据资料，如图6所示。

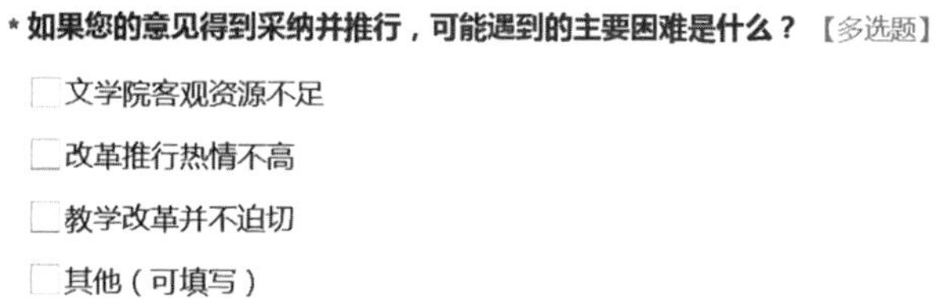

*如果您的意见得到采纳并推行，可能遇到的主要困难是什么？【多选题】

☐ 文学院客观资源不足

☐ 改革推行热情不高

☐ 教学改革并不迫切

☐ 其他（可填写）

图6 改革推进分析

(三)专门访谈

针对问卷所反映的一般状况，小组对不同身份的学生进行了定向的专门访谈，向较有代表性的学生展示问卷数据并征求详细意见，整合成访谈文件并形成建议草案。

对于不同身份的学生(如大一新生与文学院高年级学生或选修本科课程的研究生，文学院大类分流学生与弘毅学堂与文学院合作的实验班小班学生，文学院培养模式下的学生与外院选修文学院课程的学生)，尤其侧重于对其课程学习、知识背景、相关经历与教学意见相联系的调研，从而给出完整并有理可依的意见方案。

四、数据分析

经过筛选有效数据、总结归纳，问卷分析报告如下。

(一)分析报告

(1)请问您对目前文学院教学安排的满意度是多少？（见表1） [量表题]

表1   教学安排满意度

本题平均分：7.46，NPS 值：-3.84%

选　　项	小计	比　　例
非常不满意	0	0%
2	0	0%
3	0	0%
4	2	3.85%
5	3	5.77%
6	6	11.54%
7	11	21.15%
8	21	40.38%
9	6	11.54%

续表

选　项	小计	比　例
非常满意	3	⟩5.77%
本题有效填写人次	52	

（2）请问您的身份是？（见表2）　［单选题］

表2　　　　　　　　　　　调查对象身份

选　项	小计	比　例
文学院大一学生	22	⟩42.31%
文学院大二学生	11	⟩21.15%
文学院大二及以上学生	8	⟩15.38%
非文学院但曾修过文学院课程的学生	9	⟩17.31%
其他(请标明身份)	2	⟩3.85%
本题有效填写人次	52	

（3）请问您对文学院教学改革的哪些板块最感兴趣？（见表3）　［多选题］

表3　　　　　　　　　　对教学改革感兴趣的板块

选　项	小计	比　例
文学院课程考勤率/课堂参与积极性问题	19	⟩36.54%
课程授课时间安排问题	32	⟩61.54%
考试时间安排与考核方式问题	33	⟩63.46%
课程教学内容与老师授课方式问题	33	⟩63.46%
选课方式与选课难度问题	21	⟩40.38%
其他(可填写)	1	⟩1.92%
本题有效填写人次	52	

（4）请问您对以下哪些文学院教学问题感兴趣？（见表4）　［多选题］

表4　　　　　　　　　　感兴趣的教学问题

选　项	小计	比　例
文学院课程安排时间过于紧凑	22	⟩42.31%
文学院考试安排时间过于紧凑	27	⟩51.92%

续表

选　项	小计	比　例
文学院专业选修课外院同学过多，影响对本院的正常选课、授课、考核	21	40.38%
文学院同学考勤到课率低，课堂互动不积极	22	42.31%
文学院对老师无法授课时的情况缺乏相应措施	25	48.08%
其他(可填写)	4	7.69%
本题有效填写人次	52	

(5)请您对文学院教学问题提出自己的意见。（见图7）　［填空题］

图7　对教学问题的建议

(6)如果您的意见得到采纳并推行，可能遇到的主要困难是什么？（见表5）　［多选题］

表5　　　　　　　　　　　可能遇到的主要困难

选　项	小计	比　例
文学院客观资源不足	31	59.62%
改革推行热情不高	35	67.31%
教学改革并不迫切	22	42.31%
其他(可填写)	2	3.85%
本题有效填写人次	52	

(二)交叉分析

(1)请问您对目前文学院教学安排的满意度是多少？（见表6、图8）　［量表题］

表6 对教学安排的满意度

X＼Y	非常不满意	2	3	4	5	6	7	8	9	非常满意	小计	平均分
文学院大一学生	0 (0.00%)	0 (0.00%)	0 (0.00%)	1 (4.55%)	1 (4.55%)	3 (13.64%)	4 (18.18%)	8 (36.36%)	3 (13.64%)	2 (9.09%)	22	7.55
文学院大二学生	0 (0.00%)	0 (0.00%)	0 (0.00%)	0 (0.00%)	2 (18.18%)	3 (27.27%)	4 (36.36%)	2 (18.18%)	0 (0.00%)	0 (0.00%)	11	6.55
文学院大三及以上学生	0 (0.00%)	0 (0.00%)	0 (0.00%)	0 (0.00%)	0 (0.00%)	0 (0.00%)	1 (12.50%)	6 (75.00%)	1 (12.50%)	0 (0.00%)	8	8
非文学院但曾修过文学院课程的学生	0 (0.00%)	0 (0.00%)	0 (0.00%)	1 (11.11%)	0 (0.00%)	0 (0.00%)	2 (22.22%)	4 (44.44%)	2 (22.22%)	0 (0.00%)	9	7.56
其他(请标明身份)	0 (0.00%)	0 (0.00%)	0 (0.00%)	0 (0.00%)	0 (0.00%)	0 (0.00%)	0 (0.00%)	1 (50.00%)	0 (0.00%)	1 (50.00%)	2	9

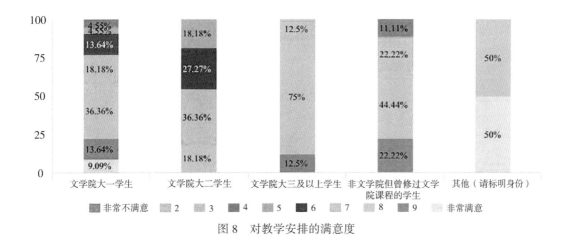

图 8　对教学安排的满意度

（2）请问您对文学院教学改革的哪些板块最感兴趣？（见表 7、图 9）　［多选题］

表 7　　　　　　　　　　　　　　　对教学改革感兴趣的板块

X \ Y	文学院课程考勤率/课堂参与积极性问题	课程授课时间安排问题	考试时间安排与考核方式问题	课程教学内容与老师授课方式问题	选课方式与选课难度问题	其他（可填写）	小计
文学院大一学生	10(45.45%)	13(59.09%)	13(59.09%)	14(63.64%)	10(45.45%)	0(0.00%)	22
文学院大二学生	1(9.09%)	10(90.91%)	11(100.00%)	8(72.73%)	3(27.27%)	1(9.09%)	11
文学院大三及以上学生	1(12.50%)	6(75.00%)	4(50.00%)	5(62.50%)	5(62.5%)	0(0.00%)	8
非文学院但曾修过文学院课程的学生	5(55.56%)	3(33.33%)	5(55.56%)	6(66.67%)	2(22.22%)	0(0.00%)	9
其他（请标明身份）	2(100.00%)	0(0.00%)	0(0.00%)	0(0.00%)	1(50.00%)	0(0.00%)	2

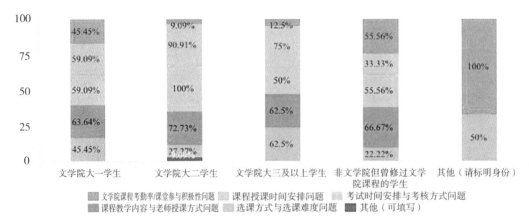

图9　对教学改革感兴趣的板块

（3）请问您对以下哪些文学院教学问题感兴趣？（见表8、图10）　［多选题］

表8　　　　　　　　　　　　　　感兴趣的教学问题

X \ Y	文学院课程安排时间过于紧凑	文学院考试安排时间过于紧凑	文学院专业选修课外院同学过多，影响对本院的正常选课、授课、考核	文学院同学考勤到课率低，课堂互动不积极	文学院对老师无法授课时的情况缺乏相应措施	其他（可填写）	小计
文学院大一学生	6（27.27%）	12（54.55%）	8（36.36%）	11（50.00%）	6（27.27%）	3（13.64%）	22
文学院大二学生	11（100.00%）	11（100.00%）	4（36.36%）	1（9.09%）	9（81.82%）	0（0.00%）	11
文学院大三及以上学生	5（62.50%）	2（25.00%）	5（62.50%）	2（25.00%）	5（62.50%）	0（0.00%）	8
非文学院但曾修过文学院课程的学生	0（0.00%）	2（22.22%）	4（44.44%）	6（66.67%）	4（44.44%）	1（11.11%）	9
其他（请标明身份）	0（0.00%）	0（0.00%）	0（0.00%）	2（100.00%）	1（50.00%）	0（0.00%）	2

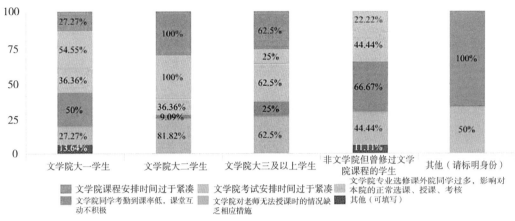

图 10　感兴趣的教学问题

(4)如果您的意见得到采纳并推行，可能遇到的主要困难是什么？(见表9、图11)
[多选题]

表9　　　　　　　　　　　　　可能遇到的主要困难

X \ Y	文学院客观资源不足	改革推行热情不高	教学改革并不迫切	其他(可填写)	小计
文学院大一学生	13(59.09%)	14(63.64%)	11(50.00%)	0(0.00%)	22
文学院大二学生	10(90.91%)	11(100.00%)	3(27.27%)	0(0.00%)	11
文学院大三及以上学生	6(75.00%)	4(50.00%)	1(12.50%)	1(12.50%)	8
非文学院但曾修过文学院课程的学生	2(22.22%)	5(55.56%)	6(66.67%)	1(11.11%)	9
其他(请标明身份)	0(0.00%)	1(50.00%)	1(50.00%)	0(0.00%)	2

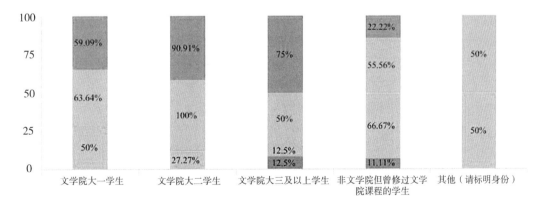

图11　可能遇到的主要困难

(三) 分析总结

1. 关注问题方面

授课及考试时间、授课内容、学院教学实践是学生们最为关注的问题。

2. 交叉分析方面

大一学生关注问题相对较广泛,涉及各个方面。大二及以上学生更关注授课及考试时间安排、师资力量、专业选修课选课问题,外院学生较为关注文学院课程授课内容、跨院专选课选修问题。

3. 改革现状方面

根据调查数据,学生整体改革愿望并不急迫,但对于一些与学习关系紧密的问题,学生仍希望学院予以关注,尤其是在文学院学习时间较长的高年级同学,对于教学改革(尤其是就业辅导资源)的要求更为迫切。总体而言,文学院学生认为由于客观资源限制,目前较难做到全方位的改革。

五、教学存在的问题

从调查和数据分析来看,学院教学安排、授课内容、考试时间、师资力量和就业资源是学生们最为关注的 5 大板块。

1. 学院教学安排方面

存在选课方式与选课难度问题,课程安排时间少、过于紧凑问题。例如古代文学史课时过少;要求较高的专业必修课程安排集中,一周只安排一天,连上三节,不利于学生巩固记忆,也会影响作业、复习。文学院专业选修课外院同学过多,影响对本院的正常选课、授课、考核。

2. 教师授课内容方面

在课程授课内容和时间安排、教师授课方式、文学院课程考勤率/课堂参与积极性上存在问题。例如文学院课程考勤率低,部分课堂学生与老师互动不积极。

3. 考试安排方面

存在考试时间安排与考核问题,例如文学院考试安排时间过于紧凑,要求较高的专业必修课程往往考试时间相近。文学院考试大部分需要记忆和考前梳理,这样紧凑的安排对于考试极为不利。

4. 师资力量方面

文学教育具有不可复制的即兴性、体验性和表现性，每一节课都是师生心灵互动的过程，它对教师的综合素质要求很高。[4]一方面，教学具体课程的老师较为固定，一旦缺位，会对正常教学产生较大影响。例如由于老师因公出国访学课程延期开设，教学安排的变化导致大二课程安排紧张。另一方面，文学院学生希望体验不同老师的教学风格和思想，也希望有更多的名师加入文学院，丰富文学院授课的内容。

5. 就业资源方面

就业资源一直是文学院学生聚焦的问题。特别是对于即将毕业的大四学生，显得尤为重要。然而，文学院在就业资源提供方面确实较经济与管理学院、新闻与传播学院稍显匮乏，面临毕业与就业衔接不足的问题。这也成为一些学生焦虑和迷茫的重要原因之一。

六、教学改革建议

(一) 学院教学安排方面

对于文学院专业必修课程，尽量避免在每周相近时间过于集中地授课。增加授课时间，建议将重要的课程如古代文学史拆分为两次，以一次两节的方式来教学。延长专业课程时间，减轻大二学业压力。合理安排课程时间，解决周四下午讲座时间和志愿活动时间冲突问题。针对选修课建议也给予本院学生一定优先权，或加以保护，对于有兴趣的外院学生，可公开授课时间和教室，开放课程时间允许旁听。或对文学院学生和外院学生分开考核，提高对文学院本院专业选修课的要求。

(二) 教师授课内容方面

教学课程内容尽可能多开放学生意见渠道，听取学生对于课程的意见，让任课老师及时得到反馈。课程可多样化、创新化，在讲授基础知识的同时，也能够在教学中增加实践与就业指导相关的内容。文学院老师可通过不定时点名的方式提高出勤率，多提出开放性的问题与学生进行积极的课上课下沟通。文学课程与信息技术的融合不断刷新教与学的关系，对传统的教学方式造成了一系列冲击，不仅使高校师生关系发生了深刻变化，而且对教师的授课内容和学生的学习方式提出了挑战。[5]听取学生对于该课程的反馈意见，最后期末考核也应依据授课形式变化。

(三) 教学考试安排问题

对于要求较高的专业必修课考试，尽量错开时间，在考试时间选定阶段前即可开放征求意见，避免考试时间聚集在考试周。

(四)师资力量方面

建议吸收新鲜血液,广纳贤士,招募名师,给具体课程提供更多的师资选择。与其他学校师资雄厚的文学院广做交流,采取教师轮换教学的方式。

(五)就业资源

在学生大一时应该及时关注就业问题,尽可能回应学生对于未来就业的疑问。增加就业相关内容,为学生提供就业方面的讲座。增加实践教学,如写作课,鼓励学生尝试文章投稿。院内可多提供一些实习资源,如新东方、湖北日报社,且就业资源尽可能向大三、大四学生倾斜。

(六)其他建议

在问卷调查过程中,也有学生提出古代文学史课时过少,学生写作训练时间过少,可以学习借鉴北京大学、北京师范大学、中山大学等人文学科强势学校的经验。可根据学院资源情况适当参考。

例如:中山大学"百篇作文"写作训练计划。这一计划是该大学中文系本科阶段最具特色的写作训练课程之一,自 1986 年实施至今,每一届学生通过"百篇作文"多写多练,培养了敏锐的社会触觉、深刻的问题意识、流畅且具个性化的文字表达,更获得了心智和品行的同步提升。

(七)相关调研建议参考

文学院大一学生 K 同学:

文学院整体学习氛围较好,课程设计经过周密考虑,在大一学生中对于文学院的教学工作好评度较高。但对于大一学生而言,课程的内容与授课方式依然是值得关注的讨论点,例如课程是否能够进一步创新,授课和学生成长、就业能否衔接配合,以及课堂建设的学生反馈如何处理。

文学院大二学生 L 同学:

经过在文学院一段时间的学习,大二学生更为关注在前段时间学习中暴露出的部分问题,虽然文学院教学资源可能相对有限,但部分安排确实极大地影响了同学们的正常学习生活,也导致教学工作可能未能达到预期的效果。例如由于老师因公出国访学课程延期开设,教学安排的变化导致大二课程安排紧张,以及考试安排时间过于紧凑,文学院考试大部分需要记忆和考前梳理,这样紧凑的安排对于考试极为不利,包括课程安排时间问题,文学史等要求较高的专业必修课程安排集中,不利于学生劳逸结合,也影响了作业、复习。这是大二同学普遍要求解决的问题,在大二下学期的考试安排中学院已有所调整,但希望在课程安排上也能够进行相应的改革,能够以发放问卷、不记名投票的形式或其他方式征求学生的意见。

文学院大三学生 L 同学:

即将走向毕业的学生对于文学院教学的总体印象较好，满意度也较高，但在面临毕业与就业衔接时仍有不足之处。希望学院在学生大一时就及时关注就业问题，尽可能回应学生的部分疑问。

文学院研一学生（选修本科课程）匿名同学：

文学院要求跨考研究生选修本科基础课程。研究生对于文学院本科教学的印象较好，满意度也相对较高。研究生与本科生学习、研究有一定的区别，文学院重视学科基础知识，对研究生的培育较为细致，但在跨考研究生学习文学院本科课程和科研衔接方面仍有一定问题，希望学院能够多与研究生讨论，给出一定的指导意见。

选修文学院课程的外院学生 X 同学、Y 同学、W 同学：

作为对文学院课程抱有极大兴趣的同学，外院学生非常倾向选文学院课程作为跨院专选。有一部分同学是出于对文学的热爱和对文学院老师的了解而来，也不排除有因为文学院选修门槛低、易于接受、给分好的学分绩导向型外院学生。据了解，文学院的专业必修课程在新教务系统中有针对本院外院选课的保护机制，但专业选修课程似乎缺乏这一保护，导致在部分课程中甚至外院同学多于本院同学，文学院专业选修课程变为公共选修性质课程，对于本院外院都有一定的影响。

跨院专选而来的外院学生希望文学院能够分离旁听和选课学生，让真正热爱文学的外院学生能够尽可能旁听全课程，而真正需要选修学分的学生能够满足文学院本院老师的要求，或与文学院专业学生分开考核。

七、不足之处

（一）研究样本不足

限于调研时间与资源有限，最终问卷的数量为 52 份，其中有效问卷为 50 份，而大一学生的比例相对较高，大二及大二以上的调查对象相对较少，尤其是大三、大四学生的意见较为缺乏，对于武汉大学学生的整体意见而言，抽取样本的代表性相对受到影响。而由于面谈、问卷、定向访谈多由本小组成员展开，可能会受到本小组负责成员的交际范围和偏好影响，影响最终建议的普适性。

（二）实际情况受限

文学院客观情况和有限资源会对建议投入实践造成一定影响，例如建议参考中山大学的意见，会由于两校文学院规模不同、客观情况差异，在实施过程中受到一定的阻碍。在问卷中，也有较多学生表示文学院的资源有限是推进改革的一大阻力。部分学生认为文学院现状良好，无须改革，或对于改革的热情并不高，该现象对建议投入实践会产生一定的反作用，这一调研情况，也是影响建议成效的重点所在。

（三）分析条件有限

由于调研开展的时间资源问题，笔者没有对问卷进行进一步深入分析，量表和回归交又分析并不能完全概括数据及其背后反映出的教学问题，需要借助专业问卷和统计软件对调研问题进行更深入的剖析。

八、影响分析

在调查过程中不难发现，学生反映集中的问题实际上是相互关联的，问题的影响也有其内在的逻辑性存在。问题的影响也具有一定的连锁反应，需要给予充分关注。

(一)课程内容与教师授课方式

课程考勤率和课堂参与度实际上同课程的教学内容与老师授课方式存在着很大的关联：很多时候并不是由于学生参与课堂讨论的主体积极性本身不高，而很可能是教学内容和讲授速度对学生来说过难过快，甚至造成了一定障碍，导致形成教学的恶性循环，学生的积极性受到一定的影响，老师的知识传播也因此受到了阻碍。

高校汉语言文学教学改革中一定要注意学生自主学习能力的培养，使其成为教学的重要目标之一。[6]诚然，学生自身对于课程学习不够重视也是影响课程参与度的重要因素，但这一局面的形成往往与沟通渠道不畅密切相关。即便文学院较为重视师生之间的交流，也有不少学生由于耗费时间、精力，甚至由于个人心理不愿意与老师沟通。根据调查，往往对课程内容接受度较高的学生乐于与老师沟通，长此以往，会造成教学的严重不平衡，也会造成老师对于学生学力的误判：学生和老师之间如果缺乏充分的沟通，老师就无法得知学生对课堂知识的接受度，学生也可能因此对学习产生抵触情绪，导致课堂考勤率和参与度的进一步下滑。

(二)课程与考试的时间安排

文学院的授课安排因考虑到教师的实际情况，有时不得不做出调整，但由于部分课程授课时间安排过于紧张，不少同学反映专业课学习负担过重，有时甚至会感到左支右绌，无所适从；与之相对，课程安排过于松弛对学生的自主学习也是不利的，一学期专业课的缺失往往使后续的课程衔接存在困难。

而紧凑的考试时间安排则可能会导致同学们难以平衡复习的时间。从调查结果来看，学生们对这一问题的反馈已过半数，也就说明这种情况是整体性的，如无法及时解决，可能会间接影响到对其他课程的学习；授课和考试时间安排在影响学生的整体学习进度的同时也不利于教学工作的开展。综合来看，这一问题影响较大，对于学生接受及教学安排工作都有一定的隐患。

(三)选课方式与选课难度

武汉大学培养方案要求学生进行跨院专选学习，而文学院课程具有一定的自身特性，包括门槛相对较低、课程相对生动有趣、师生对外院学生友好度高等特质。而选课系统中，专业选修课是同时开放给文学院学生和外院学生的，文学院学生与其他学院学生的选课方式与选课难度没有区分度的直接影响，就是增加了较多选文学院专选课的外院学生，甚至在比例上超过了本学院的学生。从文学院的角度而言，当然欢迎热爱文学的同学选修文学院的课程，但文学院的专业课依然是存在一定门槛的，外院学生如果对课程没有足够的了解，很容易出现难以跟上的情况，甚至在考前出现普遍的焦虑情绪。也有外院学生表示希望和文学院学生分开考核，或者让外院学生旁听文学院课程，而不计入总成绩。

与此同时，我们看到，选课方式与选课难度也影响了部分专业选修课的考核方式，老师也不得不在一定程度上降低考试的难度。这些影响与我们设立这个开放的选课平台的初衷和专选课的教学目的都是相违背的。

九、结语

教学改革在推进过程中必须考虑多种因素，推进改革的实际操作性还需在实践中进一步予以考量。吴晓东在《我们需要怎样的文学教育》一文中指出：一直困惑着我的一个忧虑是：这些年来，大学里的文学教育随着学院化和体制化过程的日益加剧而越来越有走向"知识论"和"制度化"的倾向。[7] 作为学生，或许有时会对教学安排存在疑虑与个人的意见建议，却缺乏反映的渠道与时间精力。这次新生研讨课实践调研报告，为参与文学院教学活动的武汉大学学生开辟了一条提出建议的特殊途径，也打开了一扇了解学生意见的窗口。也正是在调研过程中，调研报告能够让人进一步认识到，学生和老师应该携手共进。学生作为教学的接受客体与参与主体，实际上并不只是教学活动的参与者，也是教学改革的推动者。

雅斯贝尔斯在《什么是教育》中写道："教育的本质意味着：一棵树摇动另一棵树，一朵云推动另一朵云，一个灵魂唤醒另一个灵魂。"古希腊哲学家苏格拉底也认为，教育不是灌输而是点燃，教育的本质就是唤醒。学生充分参与教学活动评议，也是对教育这一目标的最好诠释。同时，"流水不腐，户枢不蠹。"唯有在实践中不断改革创新，教学整体才能向好向优发展。

◎ **参考文献**

[1] 叶澜，白益民，王枬. 世纪之交中国基础教育改革研究丛书：教师角色与教师发展新探[M]. 北京：教育科学出版社，2001.
[2] 刘森林. 在主体性与社会性之间[J]. 中山大学学报：社会科学版，2004，44（6）：255-256.
[3] 陶东风. 新文科新在何处[J]. 探索与争鸣，2020（1）：8.
[4] 梁结玲. 从学科体制反思当前的大学文学教育[J]. 教育评论，2016（11）.
[5] 胡亚敏. 高校文学教学和信息技术的融合与提升[J]. 中国大学教学，2017（8）：50-53.
[6] 匡健秀. 高校汉语言文学教学策略探索[J]. 产业与科技论坛，2021（18）：126-127.
[7] 吴晓东. 我们需要怎样的文学教育[J]. 北京大学学报（哲学社会科学版），2003（5）：26-28.

管理大类培养的课程体系创新实践

——基于武汉大学 2018 版培养方案管理科学类专业的调研分析

简 皓 戴 宾*

（武汉大学 经济与管理学院，湖北 武汉 430072）

【摘 要】自《经济与管理学院本科人才培养方案 2018 中文版》落地以来，武汉大学经济与管理学院管理科学与工程系的本科生培养模式变革为大类培养。三年来，系所教师辛勤耕耘，完成了新方案指导下，首批本科生的专业能力培养。在大类培养的背景下，如何做好新文科的教学质量评估，进而完善教育教学体系，并进一步提升新文科建设质量成为了广大师生密切关注的热点问题。本文基于该届学生的教学反馈，主要针对大三学年来的学生专业能力培养情况、学生能力培养诉求、大类与专业课程整合情况等方面进行了调研分析。

【关键词】课程体系；培养模式；大类招生；教学质量；改革

【作者简介】简皓（2000— ），男，汉族，四川成都人，武汉大学物流管理专业本科生，E-mail：jianhao0414@163.com；*通讯作者：戴宾（1983— ），男，汉族，湖南邵阳人，博士研究生，武汉大学经济与管理学院教授，E-mail：bin_dai@whu.edu.cn。

【基金项目】湖北省级教改项目（2020004）；武汉大学教改重点项目：基于线上线下混合教学的平台课教学质量提升研究（ZD-5）；教育部物流教指委 2021 年物流教改教研课题（JZW2021018）。

一、引言

大类招生作为一种被各大高校的经管类、材料类等专业所推崇的培养模式，正被我国越来越多的高校所适用。这既是高校为社会培养"宽口径、厚基础、强能力、高素质"的人才的要求；同样是其整合内部资源，使办学更高效的教学发展方向。大类招生是指高校在招生录取时，按照学科制定招生计划，在学生初入校园的一至两年中实施大类培养，在大类培养结束后，学生可结合自身兴趣、能力在学科范围内选择专业。

《经济与管理学院本科人才培养方案 2018 中文版》的实施，是系所为社会输送德才兼备、全面发展的管理学类人才的重要举措，标志着武汉大学管理科学与工程系开设的本科专业：管理科学与工程、物流管理、工程管理将被纳入工商管理大类统一招生、大类培养。培养模式的变革直接导致了课程体系的变化，不但单一课程在改革前后可能因专业教育时间的压缩而承担不同的教学内容，原有的课程排布的逻辑关系还可能因此而被打乱。2020—2021 年是武汉大学第一届管理科学系本科生结束专业培养、进行自我反思与规划未来方向的重要时段，同样也是武汉大学经济与管理学院管理科学与工程系做好大类培养效果评估、工作反思、未来展望的关键时刻。在这样的时间点，系所对大类培养的创新实践工作的评估势在必行。

大类培养的优势如有利于学生进行专业选择、复合型人才培养、有利于课程体系整合等优势已经被广泛讨论；但其弊端如专业课程体系与大类课程体系缺乏整体优化、学生专业能力更难得到充分培养、专业管理难度增加等问题同样需要得到重视。[1]针对如上问题，有学者提出：我国经管类专业在进行按大类培养的课程体系优化时，需要制定合理的课程结构。[2]因此我们的调研将基于以上研究的发现，着重关注课程设置与培养方案的合理性，为未来的专业教育教学提供改进方向。

同样是在管理学类学科的学生培养上，易欣等学者强调了课程体系优化的重要性。[3]类似地，在进行人才培养方案改革时，湘潭大学档案学专业将深化公共课改革，优化课程结构体系作为其主要做法之一。[4]在进行培养方案的改革时，需要将课程结构优化放在重要地位。

本文基于线上问卷调研的统计分析结果，结合专业发展现状与专业培养目标，帮助广大师生认识到在培养体系变革时，关注学生诉求，做好课程体系优化的重要性；并对大类培养实施过程中需要注意与改进的工作痛点进行分析，为下一轮培养方案修订提供实践支撑。

二、线上调研

(一) 调研及问卷设计

为提高大类培养教学的成效，为接下来的教学方式提供可行的改进方向，我们设计了一份线上问卷，对 2018 级物流管理班和工程管理班等学生进行了详细调研。共发布 41 份问卷(物流管理 25 份，工程管理 16 份)，悉数收回。

本问卷总题量为 12 题，是不记名的匿名问卷，其发放形式为随机发放。选择匿名且较少的题量模式，保障了参测者能较真实且更认真地填写问卷；不会因为顾及其他问题或因问卷过于冗长而草率填写。随机发放则是在问卷因现实原因，不便于全体参与的条件下，保障样本能切实代表总体的举措。

(二)线上调研结果分析

1. 近一年专业教育的综合满意度

就问卷结果来看，超过 6 成的学生"对本专业的培养"都较为满意。但专业间呈现了比较大的差距：物流管理专业中 60% 的同学认为近一年来的专业教育令人满意(如图 2 所示)，然而这个比例在工程管理专业中达到 93.75%(如图 1 所示)。两个专业同为武汉大学管理科学与工程系下属专业，专业同学在入学前两年的大类课程学习当中，无论是教学环境、教学内容都极为相仿。因此我们将满意度的差异归咎于专业教育阶段的培养方案不同，结果表明物流管理专业的专业课程培养可能存在问题。我们将利用问卷后部分，学生职业规划认知、课程设置等方面的结果，对课程培养体系进行评估，找到改进方向。

图1　专业培养满意度（工程管理专业）　　　图2　专业培养满意度（物流管理专业）

2. 职业规划的认知程度

大类培养的目标之一是：培养出"适应经济全球化和中国经济现代化需要"的人才。这就要求，学生需要对专业就业现状与未来发展前景建立起充分的认知。我们以同学自评的形式让学生参与调查，将100分对应"对自己向往的行业了解充分，知道进入行业所需能力，了解未来行业发展趋势"，将50分对应"从学长学姐处或其他渠道有所耳闻，但不清楚向往行业看中什么"；我们认为通过学校的专业教育能为同学们建立起了解行业发展与未来就业前景的渠道，是衡量一个培养方案的拟定与实施合理与否的重要指标。在此项的学生自评当中物流管理专业学生的自评平均分数为60.84分，相应的工程管理专业学生的自评分数为71.31分。二者的结果大致相仿，都对自己向往的行业有所了解，但与了解充分还有一定差距。

相对应地，在另一项问题"是否有必要开设职业规划相关培训、课程"的结果中，所有同学均选择了有必要的选项。综合学生对职业规划的诉求与第一届大类培养方案下的学生在专业培养后对未来就业环境的认知情况，我们认为新的课程体系可能在帮助学生了解就业前景的方面有所欠缺，会导致学生盲目选择升学与焦虑的情况。

在"就业、保研、出国、考研、考公、仍在犹豫"等未来规划方向的选择上，两个专业的同学呈现出不同的选择结果（见图3、图4）。物流管理专业的同学几乎以3：3：3：1的比例分别选择了保研、考研、出国、其他的未来方向；而工程管理的同学则半数规划考研，近20%选择保研、超30%的同学选择就业。前者选择升学的比例比后者高出20%，结合物流管理专业更低的就业认知自评分数，该专业可能存在同学因对就业市场不了解，盲从考研的问题，另外一个重要原因是由于物流管理专业同学在分流时成绩相对更加优异，因此升学的意愿更加强烈。

3. 课程设置情况分析

关于课程难度过大的问题，或不存在工程管理专业普遍性认为某课程难度过大的问题，或存在物流管理专业某课程难度过大的情况。工程制图是被工程管理专业同学普遍认

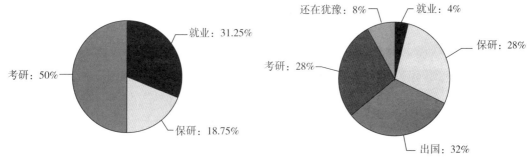

图 3　未来方向规划（工程管理专业）　　图 4　未来方向规划（物流管理专业）

为难度较大的学科，但仅有不超一半的同学（43.75%）认为该课程难度过大；反观物流管理专业，培养学生学术思维的采购与供应管理、管理决策理论与方法等课程分别被 88%、76% 的同学认为难度设置过大（见图 5、图 6）。据详细问答结果，同学们将课程难度过大的原因归咎于：课程容量过大，在大类培养阶段并无充分知识铺垫等因素，反映了大类课程设置与专业课程设置的脱节。另外，物流管理两门难度较大的课程作为研究阶段学习的前导课程，对学生的运筹学基础要求较高，因此如果能把运筹学调整到大二学习，将有利于学生打下更好的数理基础。

选项 ⇕	小计 ⇕	比例	
工程制图	7		43.75%
房屋建筑学	4		25%
运筹学	3		18.75%
招投标与合同管理	3		18.75%
工程估价	2		12.5%
无	2		12.5%

图 5　普遍认为难度过大的课程（工程管理专业）

选项 ⇕	小计 ⇕	比例	
采购与供应管理	22		88%
管理决策理论与方法	19		76%
运筹学	4		16%
物流成本管理与统计分析	2		8%
物流管理学	2		8%

图 6　普遍认为难度过大的课程（物流管理专业）

　　关于收获最多的课程（见图 7、图 8），两个专业的同学均认为在运筹学课堂上收获颇丰。该科目是管科学生的核心课程，其学生反馈良好从学生层面反映了该课程基本达到教学目的，进而体现大类招生背景下管科相关专业课程授课情况良好。

选项 ⇅	小计 ⇅	比例
工程经济学	11	68.75%
运筹学	11	68.75%
工程估价	9	56.25%
招投标与合同管理	8	50%
工程项目管理与监理	7	43.75%
工程施工技术与管理	7	43.75%
国际工程管理	7	43.75%

图 7　收获最多的课程（工程管理专业）

除此之外，物流管理专业同学认为难度过大的采购与供应管理、管理决策理论与方法也位于收获最多的课程前列，且有近半数同学赞同此观点。这反映了课程安排的知识领域是合理的，但难度梯度设置可能存在问题，需要进一步推敲。

选项 ⇅	小计 ⇅	比例
运筹学	17	68%
物流成本管理与统计分析	15	60%
采购与供应管理	12	48%
互联网运营与电子商务	10	40%
管理决策理论与方法	10	40%

图 8　收获最多的课程（物流管理专业）

关于课程难度过小、教学内容可以更深入、收获可以更多的课程，调查结果如图 9、图 10 所示。工程管理专业的学生超过半数认为课程工程施工技术与管理以及工程制图教学内容不够深入。而认为物流管理专业的课程教学内容可以更深入的学生不超过半数。说明物流管理专业的课程整体难度更高一些，这和专业的培养目标以及定位有关。

选项 ⇅	小计 ⇅	比例
工程施工技术与管理	10	62.5%
工程制图	8	50%
工程经济学	6	37.5%
房屋建筑学	5	31.25%
工程估价	5	31.25%
招投标与合同管理	5	31.25%

图 9　收获可以更多的课程（工程管理专业）

选项 ¢	小计¢	比例
供应链战略与运作	11	44%
服务运营管理	10	40%
互联网运营与电子商务	10	40%
物流管理学	8	32%
物流系统规划与设计	7	28%
物流成本管理与统计分析	7	28%
运筹学	7	28%

图 10　收获可以更多的课程（物流管理专业）

4. 毕业生就业情况分析

近三年，系所进行了一系列的教学改革措施，譬如调整选修课程、修订教学内容、采取本科生班级导师制、组织定期经验交流会等，2020 年武汉大学发布的 2020 届本科毕业生就业质量报告显示，物流管理专业一次就业率位列全校第 25 名，在学院排第一。工程管理专业位列第 75 名，在学院排在前列。从当前的推免升学情况来看，物流管理专业推免 9 人，其中 4 人留在武汉大学，其他 5 人去了 C7 高校。工程管理专业推免 7 人，其中 2 人去了 C7 高校。整体外推比例高于全院的外推比例。根据往届情况，物流管理专业升学率约为 70%，而工程管理专业升学率约为 50%，这主要是物流管理专业研究导向的人才培养定位导致的。

当前 2018 级学生还没有毕业，具体就业数据还没有发布。根据往届情况，物流管理专业学生主要的毕业去向是互联网运营、供应链金融、运营与供应链管理以及物流规划与管理类企业，譬如华为、腾讯、美团和阿里巴巴等。工程管理专业学生主要的毕业去向是房地产建造、项目管理、投融资管理以及互联网运营类企业，譬如碧桂园、中建三局、华为等。就业单位对管理科学类学生的整体反馈良好，在上一轮的学科评估中，武汉大学就业单位评价在全国的 130 余所院校中并列排第 12 名，同时在 2020 年的软科全国最好专业中以上两类专业均被列为 A 类专业。

三、大类培养转型过程中的改进建议

根据转型过程中的教学实践和我们分析得到的调研结果来看，当下的培养模式还存在课程间衔接不当，部分课程难度梯度设置或有不合理的问题，有改进的空间。这些都是课程的设置缺乏整体性与统一性的体现。此现象与赵菊梅在其文章中所提出的大类招生培养模式转型中，通识教育课程与专业课程的冲突形影相随的问题如出一辙。[5]

针对暴露出来的问题，我们认为目前管理科学与工程系的大类培养方案在第三年度专业教育的阶段可能存在如下问题：没有设置职业规划相关课程，未能充分满足学生想要了解就业前景的诉求；部分新开设的培养学生学术能力的课程，课程要求较高，没有前置课程，入门难度较大，如：采购与供应管理、管理决策理论与方法等课程。该类课程虽被认为收获较大，但因为教学模式或难度设置存在不合理之处被同学们广泛认为难度过大。针对以上提出的转型过程中的不足，我们提出了几点改进建议。

(一) 整合课程体系，设置阶梯式教学目标

欧阳晓等将"优化"和"融合"作为课程体系改革的两大基本方向。[6]结合问卷中所提到的部分课程要求很高，没有先导课程，难度梯度设置不合理的问题，我们认为整合大类与专业教育课程体系，设置阶梯式的教学目标，是在保证教育教学质量的同时，分散专业教学难度的重要做法。在大类培养的过程中可以适当开设介绍学科前沿、训练科研方法的课程，将部分难度过大课程的内容提前，在后续细分专业后可以免修，进而让难度阶梯更为舒缓。

除此之外，某些课程开设的顺序也存在些许不合理之处。调查问卷中有不少同学指出，大三上学期的部分专业教育课程需要依赖运筹学相关知识，但运筹学是同时开课的，这将导致教学内容重复、教学难以推进等情况；这同样要求在以大类培养为背景的课程设置上，大类课程与专业课程设置不能各自为战，需要统一地规划与设计，才能做到课程体系设置的科学合理。

(二) 坚持课程创新，注入时代活力

专业特色创新人才培养需理论与实践相结合，学生认为部分课程案例较为陈旧、收获可以更多；认为时代在发展，但课程内容稍有落后。

理论需要与实践相契合才能使学生收获更多，专业才能为社会输送高素质人才。而案例是连接理论与实践的桥梁，是学生能在课堂上接触到各行各业的工作实践与其对应理论总结的重要途径。紧跟时代、贴切实践的案例能让学生感受到新鲜的理论知识在做出科学决策中的重要地位，进而使得学生在课堂上收获更为丰富。

(三) 密切联系学生，完善课程体系

教学是一个双方交流的过程，这在课程体系改进的工作中同样适用。只有课程设置的培养目标与教学内容被学生所理解，学生才能更主动更积极地去吸收知识；而只有学生的正当诉求为课程体系制定者所更清晰地了解，对现有体系的优化才会更科学与有效。对某高校工商管理专业的学生的研究表明，学生有能力参与到工商管理专业人才培养方案的制定中，且参与学生的综合素质对培养方案的制定有着积极的影响。[7]在培养方案革新，课程体系创新实践的工作中，听取学生的诉求，让学生参与到课程体系建设当中对优秀培养方案的制定有重要的积极作用。

管科课程体系的难度相较于管理学类其他专业明显更高。调查结果表明：偏向学术的部分课程被学生广泛认为难度较大，但这些问题并非是不可调和的。虽然课程的价值在教学完成后受到同学认可(调查发现难度过大的课程同时往往也被认为收获很大)，但在实际教学过程中同学们却认为难度梯度设置存在问题，使得学习积极性不高。这就要求教师需要切实了解同学的学习诉求，进而设置好教学目标与教学难度梯度。让往届学生参与到

课程体系改进当中是系所在进行培养方案改进时的创新实践，能有效消除教与学双方诉求的不对称，对设计出系统、合理的培养方案大有裨益。

四、结语

本文是在武汉大学《经济与管理学院工商管理类培养方案》实施背景下，运用线上问卷调研的方法对该方案下的第一届本科生的教学收获与未来规划进行了调研。研究发现，两类专业学生对当下培养方案大多持有正面态度，经典专业课程的教学情况优秀，学生反馈良好。但物流管理专业的专业教育方案仍存些许问题和进步空间。这体现在物流管理专业同学对未来就业情况的认知程度较低、认为部分重要课程难度设置过大，不够循序渐进等方面。针对上述问题，本文针对转型过程中的教学短板提出了针对性的建议以提升教学质量以及人才培养质量。今年来在大类分流的大背景下，管理科学类专业进行了一系列培养方案修订和教学改革，分流生源和人才培养质量得到了较为显著的提高。

课程体系的改革不是一蹴而就的事情，不仅需要在变革中不断地积累优秀的改进经验，还需时刻关注暴露出来的现有体系的问题，从整体的角度对教学体系与实践提出合理的改进方案。我们的工作不是在此定义并提出一个完美的课程体系，而是通过问卷调研和实践经历分享的形式呼吁师生双方关注课程体系设置的整体性，认识到这项工作的重要性，以及了解课程体系设置的科学方法，使高校培养方案的制订者能在未来的课程体系发展中，运用整体的视角不断实践，为提高高校管理类大类培养课程体系的质量而不懈努力，实现卓越人才培养的目标。

◎ 参考文献

[1] 李静. 论工程管理专业纳入土建类大类招生之利弊[C]//2011 土木建筑教育改革理论与实践研讨会论文集，2011：16-19.

[2] 邓丽红，宋艳，徐涵蕾，等. 我国经管类专业本科生按大类培养课程体系存在问题分析及优化[J]. 才智，2014(4)：15，17.

[3] 易欣，邱慧，何惊宇. 融合执业能力与学校特色的工程管理专业课程体系优化[J]. 实验技术与管理，2021，38(4)：18-22，41.

[4] 向立文，李培杰. 以学生为中心全面完善课程体系——湘潭大学档案学专业本科人才培养方案的修订[J]. 档案学通讯，2018(3)：74-78.

[5] 赵菊梅. 传统与变革：我国本科院校大类招生培养模式与分类体系[J]. 现代教育管理，2020(8)：43-52.

[6] 欧阳峣，杨水根. 地方高校工商管理类专业课程体系改革探讨[J]. 当代教育论坛，2014(4)：103-112.

[7] 周娜，陈恩伦. 学生参与制定培养方案模式的实验研究[J]. 重庆大学学报(社会科学版)，2016，22(5)：186-194.

新工科理念下的传统工科专业建设

——以土木工程专业为例

郭佳赋

（武汉大学　土木建筑工程学院，湖北　武汉　430072）

【摘　要】为适应新时代背景和新工科理念下智能化、自动化、数据化以及信息化的发展趋势，传统工科专业面临着专业建设和教育改革的问题。以土木工程专业为例，结合国家政策和高校专业建设现状，笔者分析了目前专业课程建设、学科竞赛建设和工程意识培养方面存在的一些问题，探讨了相应的解决方案。

【关键词】土木工程专业；课程改革；BIM；学科竞赛；工程意识

【作者简介】郭佳赋（2001—　），男，湖南岳阳人，土木建筑工程学院土木工程（卓越班）2019 级本科生，E-mail：1936624892@ qq. com。

21 世纪以来，全球经济结构在新一轮科技革命和产业变革的促进下进入重构期。[1]为应对数字化、信息化、智能化等所催生出的"第四次工业革命"并抢占先机，各国都十分重视发展与深化工程教育改革。[2]2010 年中国教育部开始实施"卓越工程师计划"，经不断努力，2016 年中国工程教育成功加入国际工程教育《华盛顿协议》，得到国际认可。[3]随着学科的不断交叉融合、人工智能等新兴技术的不断发展应用，新工科应运而生，传统工科专业的改造升级迫在眉睫。笔者于 2018 年进入武汉大学土木建筑工程学院学习，现为土木工程专业的本科生。文章从学生的角度出发，结合相关文献资料，以土木工程专业为例，探讨在新工科的大背景下，传统工科的专业建设。

一、专业课程建设

土木工程作为传统工科专业，涉及工业民用建筑、城市道路与桥梁、地下工程结构的设计理论和方法，以及工程管理等方面，是国际高等教育中无法被取缔的重要专业之一，是民生基础建设的不可或缺的一部分。[4]而随着 5G、大数据、人工智能等高新技术产业的迅速发展和应用，新时代的土木工程专业教育势必不能只依靠传统的课程，而应将计算机、大数据、虚拟现实等智能技术融入高等教育的课程体系中，以顺应时代潮流，为国家提供更优质、更具创新能力的土木工程专业人才和工程师。对此，众多高校都对土木工程专业的建设和升级进行了积极的尝试。2018 年教育部正式批准新设的"新工科"专业中包括与土木工程紧密相关的智能建造专业，该专业是以土木工程为基础，融合自动化、信息技术等多学科知识的新兴交叉学科，同济大学土木工程学院率先获批，开始了智能建造专业的建设之路。[5]武汉大学土木建筑工程学院 2018 级土木工程专业本科生的培养方案上，开设有智慧城市与土木工程、工程项目管理沙盘模拟(BIM)、MATLAB 程序设计、风能与太阳能利用等与新兴科技接轨的专业教育课程。2021 年，武汉大学土木建筑工程学院首次开设土木工程智能建造专业，针对其专业定位，增设了自动控制原理、工程大数据基础和应用、物联网通讯与传感器技术、智能建造技术与装备、建筑 3D 打印技术等专业课程，对培养一批掌握智能技术的复合型人才进行积极探索。智能建造专业并非传统土木工程专业和自动化等专业的简单组合，该专业学生所学的知识都应与土木工程紧密结合。在专业课程调整方面，自动控制原理等课程的重点要放在土木工程的具体应用中，而不能和通识课一样，脱离本专业课程而存在。学生无法在有限的学时兼顾土木工程的所有课程和智能建造课程，因此，智能建造专业应细分方向，针对不同类型的土木工程进行教学，如原本土木工程专业学生的必修课土力学和基础工程等偏岩土工程方向的课程，可以设为智能建造岩土工程方向的必修课，考虑到这些课程对其他专业方向也很重要，可开设为其他方向的选修课或适当减少学时，这样，学生能有更多的精力深入学习不同类型的智能建造专业，成为精英人才。

未来，智能建造师和传统建造师共同承担着建筑行业的发展重任，土木工程专业除了需要对智能建造专业进行探索外，仍需改进传统土木工程的课程和增设部分新课程。

(一) 土木工程制图和 BIM 课程

BIM(Building Information Modeling)是建筑信息模型的简称，于 2002 年由美国建筑师协会资深建筑师 Jerry Laiserin 提出，是利用数字化建模技术表达建设项目模型、物理和功能信息以支持工程项目全生命期设计、建造、运行、维护的一项创新型技术。[6~7]BIM 是推动建筑业数字化、网络化、信息化、智能化发展的重要技术之一。国务院办公厅于2017 年印发的《关于促进建筑业持续健康发展的意见》指出，加快推进 BIM 技术在规划、勘察、设计、施工和运营维护全过程的集成应用。[7]国内部分高校为培养综合能力强的复合型人才，对开设 BIM 课程进行探索，但目前并未完全将其融入本科教育中，课程体系建设并不完善。且多数 BIM 课程为修读学期靠后的选修课程，开设较晚的选修课程往往无法得到学生的重视，且大三、大四的学生大部分选修学分已修满，选课人数更是大打折扣，无法达到开设课程的预期效果。学院对 2018 级土木工程专业的本科生开设的工程项目管理沙盘模拟(BIM)是必修课程，教学效果较好，但课程辐射范围局限于选择工程管理方向的学生，对土木工程专业其他方向的学生不具吸引力和影响力。

土木工程制图是土木工程的专业必修课程之一，但在发展"新工科"的背景下，该课程目前存在内容多、学时少、教学方式传统等问题。传统的土木工程制图作为培养学生空间思维能力和分析能力的课程，在现实教学中多数以二维为主，对空间想象力有限的学生不太友好。同时，课程上机内容所使用的软件以 CAD、天正等传统软件为主，对于可以激发学生空间思维能力的 BIM 建模软件涉及较少。

在课程改革中，可将对工程制图传统的教学方式的改进和开设 BIM 课程的尝试结合起来。在工程制图课程教学中，BIM 技术可发挥其可视化的优势，将复杂难以想象的几何模型呈现出来，提高学生空间思维能力。同时，正在学习工程制图的学生对几何结构较为熟悉，对 BIM 的学习也有帮助。将 BIM 技术和土木工程制图课程教学结合起来，需要对原有的教学方式和内容进行改革，还需不断地具体尝试和实践。

除工程制图课程以外，土木工程所开设的部分专业必修课也存在抽象难理解、操作性不强等问题。如工程地质、房屋建筑学等专业课，大部分上课时间局限于理论教学，教学过程不生动，学生学习的积极性不高，且对于地质、房屋模型的理解很抽象。对此，部分学校开始利用 BIM 可视化的优点，结合 Revit 等建模软件，期望将土木工程专业课中较难理解的知识点以更具体形象的形式展现出来。对于工程地质，可以尝试将专业地质软件 CATIA 和 Revit 软件融入课程当中，通过模型展示地下工程以及地基工程的地质问题，提高学生的学习兴趣。[8] 对于房屋建筑学，可以尝试在理论教学阶段引入 BIM 信息技术，在教学时，房屋的平立剖面图以及三维构造会更清晰明了。此外，在该课程的课程设计中，往往依赖于工程制图所学知识，可减少部分理论学时以增加上机学时，通过 Revit 等建模软件的教学，让学生在课程设计中利用 BIM 技术进行演练实操，来建立建筑模型和完善细部构造，实现对工程制图传统知识的突破和提升。[9]

由于 BIM 软件中各类操作和功能选项多，很多本科生有畏难心理，对其学习兴致不高。同时，该课程在本科阶段设置较少，没有形成完备的教学模式，且教学资源和教学老师有限，要想实现其课程效果还有一定的难度。建议各有关高校可联合研究出系统的 BIM 教学方法，并开展试点、不断改进，当效果不错时，进一步推广。此外，目前有关 BIM 的资料和资源的质量参差不齐，要么不全面，要么老旧过时，对此，可开发 BIM 论坛网站，集中收集全面、优质、最新的资源，并对学生在学习过程中普遍出现的问题进行解答收录。这样，当学生遇到问题时，能及时查找解决，更有学习的动力。当 BIM 课程教师稀缺时，可以外聘 BIM 工程师讲课，BIM 工程师除熟练掌握软件以外，还具有丰富的工程经验，清楚 BIM 相关软件的重点部分，在授课时能很好地"有的放矢"。

(二) 实验课程

1. 实验课存在的主要问题

实验课是培养本科生动手实践能力的重要课程，对于工科生来说，更是从理论计算到实际工程设计的过渡课程。但目前，许多高校开设的实验课程存在效果不好和设置不当等问题，难以真正提高学生的综合能力。以土木工程专业为例，第一，各专业必修课安排的实验多为验证性实验，如材料力学的低碳钢的拉压实验、流体力学的雷诺实验，学生在做实验前已经知道了实验结果，对完成实验的兴趣不高，甚至不做实验就可以完成实验报告。第二，实验课程的考核方式多以实验报告为主，对独立完成实验的动手能力考核未有体现，无论学生能不能完成实验任务、在实验过程中是否态度端正、认真参与，都可以写好报告应付考核，导致多数实验课程无法有效地提高学生的实践动手能力，学生的参与态度差、参与度低。第三，实验课程进行时，学生的理论基础普遍不扎实，大多是跟从老师一步一步完成实验，对实验的原理、目的和流程了解不清楚，完成实验后一两天就遗忘了，整个实验的效果大打折扣。第四，部分实验课程的时间安排与专业课程教学安排不够协调统一，学生无法很好地将专业课程知识运用到实验中来，实验课程对专业课程理解方面的帮助也不够大。第五，实验课程往往在实验室中开展，而实验室内仪器设备大多贵重精密，平时需要对其进行封闭管理和基本维护。因此，大多数本科生在课余时间难以接触到一些自己感兴趣的实验，无法自主选择以拓宽知识面或对已学实验知识进行巩固。第六，目前土木工程安排的实验课程大多较为传统，没能很好地与新时代背景下发展的新科技接轨，土木工程专业的本科生普遍缺少对智能建造、3D 打印等新技术和新型土木工程材料的了解和学习，不利于其更好地适应社会需求。[10]

2. 对实验课改进的建议

建议可以对实验课程进行以下方面的改善。首先，在课程进行过程中，老师可以对学生的操作加以监督或随机提问并记录分数，这样学生会更加重视对实验原理的掌握和理解，主动地去熟悉实验步骤和有关操作，提高实验课程的效果。其次，可以完善实验课程的考核方式，降低实验报告中实验原理、步骤等部分抄写内容的比重，将报告重心放在实验结论和实验感受上。在条件容许的情况下，尽可能以学生动手实验为考核方式。考虑到实验室管理人员和教师有限，可以以组为单位进行考核，或许可以提高学生对实验课程的重视程度。再次，在实验课程的安排方面，可将实验课程与专业课程配套安排，让学生在学完有关知识后能马上体验到实际的实验操作，提高学生对实验的兴趣，及时巩固学生所学知识，让课程的效益最大化。此外，考虑到实验室内仪器设备的有限性和实验室管理的困难，可利用现在发达的互联网技术，各高校联合开发线上实验室，尽量涵盖各专业各类实验，让学生在课余时间就能足不出户而体验众多实验课程，还可以及时对要求掌握的专业实验课程进行回顾和巩固。最后，可尝试引入与智能建造、3D 打印等技术相关的实验课程，开拓学生的知识面，让学生们更好地与新时代、新工科接轨。

二、学科竞赛建设

国务院办公厅相继出台了《国务院关于推动创新创业高质量发展打造"双创"升级版的意见》《国务院办公厅关于深化高等学校创新创业教育改革的实施意见》(国发办〔2015〕36号)等文件，提出了完善创新人才培养机制、健全创新创业教育课程体系、强化创新创业实践等任务措施，以提高大学生的创新意识和创新能力。而学科竞赛是学生在课堂教学之外开展创新实践和团队合作的平台，可以提高学生将理论知识应用到实际中去的能力，培养学生的创造力和协作精神。学科竞赛对学科建设和课程改革有重要的促进作用，是培养具有创新能力人才的有效方式。[11~12]

本科阶段的学科竞赛是提升大学生综合能力的重要方式之一，但由于大学生学科竞赛的类型较多，许多高校在管理学科竞赛时存在一些疏漏。第一，部分竞赛在选拔人才时存在一些问题,如数学建模竞赛在选拔时直接按学生绩点排名选拔,许多报名的成绩较好的同学由于未提前了解数模竞赛,在进行培训后才发现自己不适合参加而退出,导致培训名额浪费,使部分对数模竞赛极其感兴趣但是绩点不高的同学失去了培训以及参赛的机会,造成资源和人才浪费。再以土木工程结构设计竞赛和工程训练综合能力竞赛为例,竞赛的人才招募和信息不够公开,没有严格的队员选拔机制,一般由高年级的队长直接去招募低年级的队员,导致很多学生在还不知道竞赛的情况下,竞赛就已经结束,竞赛人才流失严重,不利于提高学校在此类竞赛方面的实力。第二,部分竞赛在培训时较为随意,没有形成严格的流程和规章要求,如全国周培源大学生力学竞赛未对参加培训的同学提出严格的参训要求、结构设计竞赛未对参赛学生进行相关工程软件如有限元软件等的培训,导致学生在参赛时盲目且没有科学理论依据,学校在此类竞赛方面不具有很强的全国高校竞争力。

一些高校在部分竞赛建设方面的举措值得借鉴。如学院承办的"深水杯"全国大学生给排水科技创新大赛,学院对参赛队伍会指派对应导师进行指导,本科生有机会提前接触到研究生和博士生导师,并了解导师在科研方面的项目,对自身能力的提高大有帮助,让学校队伍在该竞赛方面更具实力。再如武汉大学城市设计学院承办的全国大学生先进成图技术与产品信息建模创新大赛,该竞赛的选拔机制、培训管理等都十分严格,形成了一定的规章制度要求,选拔分为参训队员选拔和国赛队员选拔,经层层选拔,选拔出实力强的国赛队员;培训的严格要求和管理,能有效地提高参赛队员的成图与建模水平。武汉大学每年在该竞赛方面都取得了不错成绩。

对于土木工程专业学科竞赛建设,首先,需要实现竞赛招募信息公开化和透明化,如在学院公众号上及时更新全国高等院校学生"斯维尔杯"BIM-CIM创新大赛、结构设计竞赛的报名以及招募信息,让更多的学生有机会参赛,并从中择优选择国赛队员。其次,对于竞赛选拔机制方面,可以采取与武汉大学城市设计学院"成图大赛"类似的选拔机制,先举行校初赛,招募有一定基础的同学入队培训,在培训结束后举办校赛,选拔出最优秀的队员参加省赛和国赛,如此层层选拔,不仅更加公平透明,还可以有效地提升学校在此类竞赛中的竞争力。最后,对于竞赛培训方面,应加强管理,注重教学,让学生在培训阶段更有目标和方向,能学到专业课以外的更多硬核知识,以此来提高学生的参赛水平。由于培训开展的合理性和严格要求,即使是被淘汰的队员,也能通过培训提升自己的综合能力。

三、工程意识培养

工程意识是工程参与者对工程活动和工程存在物的态度、认识、理解以及由此派生出的行为倾向等各种心理过程的总和,是有关工程的内在感悟与潜在行为,包括质量意识、安全意识、创新意识、责任意识、团队意识等思维过程。[3]工程意识是每个工程师必须具备的基本素质,而培养一批具有工程意识的高素质人才是高等工科教育的重要任务之一。

就目前情况来说,大部分高校的工科教育和培养重心主要在理论知识的传授上,对学生的要求也集中体现在解题能力和思考能力上，对工程意识的培养有所忽略，未形成系统的工程意识培养方案，部分同学所接触到的工程意识大多来自任课老师拓展知识时的提及。以四年制土木工程专业的培养方案为例，大一和大二多以基础课为主，学生工程概念不清晰，大三和大四以专业课为主，理论学时多，工程实践学时不够。学生在毕业设计时往往千篇一律、漏洞百出，无法满足实际工程的需求。[3]

笔者认为，对于土木工程专业来说，可以将工程意识的培养引入大一的必修课土木工程概论中，可以让刚入学的大一新生提早熟悉工程意识，有助于后续工程意识的培养。学院 2019 级土木工程专业的本科生 2020 年由于疫情的影响，只能在家进行网课版"认识实习"的学习。学院该课程的负责人充分利用校友和互联网资源，实现了课程价值的最大化和对学生工程意识的初步培养。学院邀请到"汉十高铁"随州南站项目和 2022 年卡塔尔世界杯主体育场卢赛尔体育场项目的相关负责人在线上给学生们讲解项目。工程师在结合具体项目，为学生们介绍了 ETFE(乙烯—四氟乙烯共聚物)膜材料和 3D 扫描技术等新材料和新技术的同时，还联系自身工作经验，帮助学生们培养工程意识。此外，学院还要求学生们在家利用互联网资源观看"桥梁公开课"和"超级工程"等视频，并完成读后感。"超级工程"记录了包括港珠澳大桥、上海中心大厦在内的五个重大工程项目的施工过程，还记录了对工程师的采访，是对培养工程意识很有帮助的优质纪录片。如"超级工程"上海中心大厦纪录片中就介绍了一个超级工程，整个项目的难度是逐步被发现的，随着施工和设计的深入，问题会越来越多，难度会越来越高。这就要求工程师们有足够耐心去不断解决这些难题，这就是工程意识中责任意识的体现。这些资源是学生们在传统课程中无法学到的，在新时代土木工程专业建设中，可以充分利用网络优质资源和线上教学视频资源，实现资源的价值最大化。

在专业课的教学中，工科的老师可以结合课程内容，适当补充一些相关的工程案例分析，利用正反案例对比，强化学生的工程责任意识，让学生对以后将面临的工程问题有所了解，在今后的学习中更有方向。

四、结论

本文以土木工程专业为例对传统工科专业建设进行探讨。目前土木工程专业部分课程如土木工程制图、工程地质等存在教学模式传统、难度大的问题，可结合 BIM 技术对课程体系进行改造和创新。且大多数课程较为传统，应结合社会对人才的需求，增设一些重要的新课程如 BIM 软件教学等。在实验课程建设方面需要引入土木工程专业对新型高性能材料的研究体验实验和与人工智能、3D 打印相关的实验，让学生与新时代接轨，同时要改进传统的实验教学与考核方式，让实验课程更具实用价值。在学科竞赛方面需要建设更完备的管理和选拔体系，实现信息的公开透明，选拔出优秀队员，保证竞赛培训的效果。在专业建设中，除了关注学生的课程教育和竞赛培训外，还需结合工程实际，提高学生的工程意识，以培养出具有创新能力和工匠精神的综合型人才，这要求高校合理利用校友资源。传统土木工程的改革与新专业智能建造的探索不是一所高校、一个学院的事情，有关行业和全体高校应该联合起来、共同努力，为国家提供更多新时代的优秀人才。相关高校应该加强合作，一起探讨传统专业结构的调整、新课程的研究试点，加速传统专业的改革和新专业的发展。随着高等学校创新创业教育改革的不断深化、传统工科专业建设和改革的不断尝试，土木工程以及其他传统工科专业将会在新时代焕然一新。

◎ 参考文献

［1］习近平．在中国科学院第十九次院士大会、中国工程院第十四次院士大会上的讲话［EB/OL］．［2018-05-28］．http：//www. xinhuan et. com/politics/2018-05/28/c _ 1122901308. Htm.

［2］Larry J. Shuman，Mary Besterfield-Sacre. Innovation through propagation-future directions for engineering education research［J］. Advances In Engineering Education，2019.

［3］闫长斌，杨建中，梁岩．新工科建设背景下工程意识与工匠精神的培养——以土木工程类专业为例［J］．北京航空航天大学学报(社会科学版)，2019，32(6)：152-160.

［4］张天航，张鹏，郑元勋，等．高校土木工程类专业课程思政的实践与探索［J］．高教学刊，2020(19)：172-174.

［5］吴杰，李怀健．面向智能建造专业的工程制图课程建设［J］．城市建筑，2021，18(1)：161-164，176.

［6］张霓，孙庆巍，张振东．基于BIM技术的"土木工程制图"课程教学改革［J］．教育教学论坛，2021(10)：53-56.

［7］许福，屠梦成，李强伟，等．专业认证背景下土木工程专业BIM课程体系建设现状与建议［J］．土木建筑工程信息技术，2021，13(1)：8-16.

［8］田莉梅，尹欢欢，张景华．BIM技术在土建专业的课程改革研究［J］．土木建筑工程信息技术，2020，12(4)：114-118.

［9］董晓丽，包碧玉，苏瑀．土木工程专业BIM课程体系研究［J］．建筑技术开发，2021，48(12)：99-101.

［10］曹小建，金江，丁华建．土木专业基础力学实验教学改革及实施探讨［J］．山西建筑，2021，47(13)：166-167，170.

［11］张琴．以学科竞赛助力"双创"人才培养研究［J］．合作经济与科技，2021(13)：86-88.

［12］沈云彩．基于学科竞赛提升工科大学生创新能力的探索［J］．公关世界，2021(13)：115-116.

面向智能化测绘的编程教育调研与思考

李锦韬

（武汉大学 测绘学院，湖北 武汉 430072）

【摘 要】编程教育是测绘学科教育的一个重要环节，测绘科学与技术如今已经向自动化、信息化、智能化全面迈进。本文以武汉大学测绘学院为基本研究对象，通过问卷调查、访谈走访、学生评价等方式，对其编程教育教学现状进行初步探讨分析，并给出面向智能测绘的编程教育改革措施建议，对进一步推进测绘类专业教与学改革具有一定启发性。

【关键词】本科测绘类；编程教育；学科建设；教与学的革命

【作者简介】李锦韬（2000— ），男，新疆库尔勒人，武汉大学测绘学院测绘工程专业 2022 届本科生，E-mail：lijintao@whu.edu.cn。

一、引言

在 2020 年中国测绘学会年会上，陈军、李德仁、刘经南等多名院士及专家学者共同提出"智能化测绘"概念。强调测绘向信息化与智能化转型是必然趋势，智能化测绘的目标是随时随地解决各行各业的各类时空位置问题，满足用户对地理信息的动态需求，其具有集成、互联、泛在、创新等重要特征，智能化测绘要以知识和算法为核心要素，构建以知识为引导、算法为基础的混合型智能计算范式，实现测绘感知、认知、表达及行为计算。[1~3]其实现基本路径如图 1 所示。

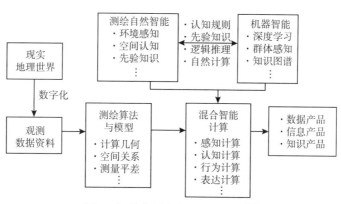

图 1 智能化测绘实现基本路径[1]

对于开设测绘类专业的高校而言，推进行业发展与科学研究，为学科领域培养优秀人才，是进行学科建设的使命所在，而培养塑造学生的编程能力无疑是支撑这一愿景的关键抓手。在以往的测绘学科教育教学研究中，多数关注于测绘专业知识的教学改革研究，论述较为概括，鲜有专门对于测绘编程教育这一细分领域的调研式思考。[4-6] 在如今智能化测绘发展的背景下，机器学习、大数据、知识图谱等技术飞速发展对测绘学科教育提出了新挑战，[7] 如何更好地规划编程培养体系、打牢学生编程能力、推进编程教学改革，使其跟上时代满足要求，成为一个急迫且值得深入调研探讨的命题。

二、测绘学院编程教育现状调研

(一) 问卷设计

为了全面调查学院的本科编程教育现状，本文制作了面向大一至大四所有年级的通用问卷。问卷设计遵循社会科学调查基本原则，[8] 题目数量适中，可直接通过移动手机端进行发放收集，涵盖单选、多选、排序、量表等多种题型，题目之间可进行交叉分析。

问卷的发放工作得到测绘学院学工办、教学办的大力支持，通过年级群与各年级学习委员帮助宣传到每一位同学，覆盖学院 2017—2020 级 4 届本科生。2021 年 9 月 15 日至 9 月 22 日问卷发放期间，共收到 310 份填写问卷，经过错误问卷剔除后，得到 304 份有效问卷，学院本科生总数约为 1300 人，问卷在学院人数抽样比达到 23%以上，保证了问卷结果具有一定代表性。

(二) 问卷结果

(1) 样本构成。304 份问卷在各年级上分布不均匀，见表 1，2021 级由于刚入学还未接受学院的编程教育，故没有纳入考虑。问卷在各年级之间的收集情况异质性比较大，后续讨论分析会在年级间对比进行。

表 1 　　　　　　　　　　　各年级填写数量与占比情况

年级	问卷数量(份)	问卷占比
2017 级 (大四毕业)	35	11.5%
2018 级 (大三修完)	63	20.7%
2019 级 (大二修完)	125	41.1%
2020 级 (大一修完)	81	26.6%

(2) 语言倾向。学院学生在编程语言倾向上表现出显著的特点，如图 2 所示，被统计同学中 95%都学习过 C++，这符合学院规定的 C++为必修课的现实情况，另外 C#、MATLAB、Python 是最受学生们欢迎的其余三类语言。没有罗列出的其他语言主要有：

VB、JavaScript、Html5、Swift、SQL。

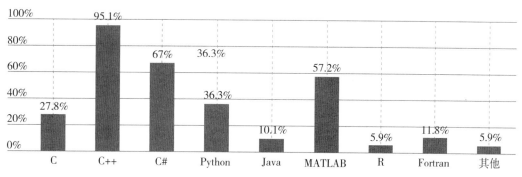

图2 编程语言学习情况占比

（3）自我评估打分。编程能力评估中很重要的一项是学生的自我能力认知，图3、图4、表2统计了学生们对于自我编程能力的量化打分，5分被衡量为"能构建复杂程序"级别，1分被衡量为"仅仅可以阅读"代码级别。

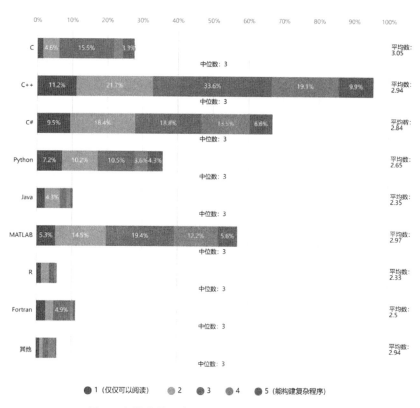

图3 全学院学生编程学习语言情况与自我认知

从学院整体来看，普遍自我认知居中，平均数略小于3，学生们的自信心不强。从不同编程语言倾向来看，学生们对于 C 语言的自我评估分最高，处于中上水平 3.05，自我评估最低分出现在 R 语言，为偏下水平 2.33。

表 2　　　　　　　　　学生编程能力自我打分（加粗项为受学生欢迎的语言）

编程语言	1（仅仅可以阅读）	2	3	4	5（能构建复杂程序）	总计
C	5	14	48	8	10	85
C++	34	67	102	58	30	291
C#	29	56	57	43	20	205
Python	23	32	32	11	13	111
Java	7	13	6	3	2	31
MATLAB	16	44	61	37	17	175
R	4	7	5	1	1	18
Fortran	9	7	15	3	2	36
其他	3	3	5	6	1	18
总计	130	243	331	170	96	970

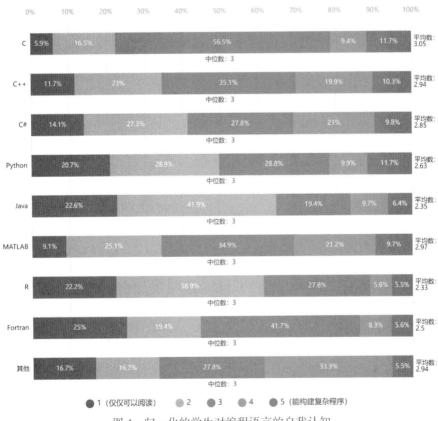

图 4　归一化的学生对编程语言的自我认知

在归一化的学生对编程语言的自我认知上，头部精英学生占比趋同，按学生自我认为的熟练程度对各编程语言排序如下：C>MATLAB>C++>C#>Python>Java≈R，值得注意的是学院的必修编程语言 C++ 排序仅为第三，C 语言排序第一，而学院没有开设选修课的MATLAB 在学生中的熟练度达到第二。

(4) 自我评估打分年级交叉分析。如图 5 所示，不同年级对于编程语言的偏好也不同，越往高年级，学习 MATLAB 与 Python 的同学就越多，可见这两种解释性语言在学生学习生活中重要程度越来越高。

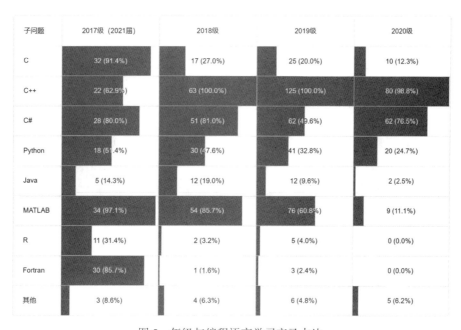

图 5　年级与编程语言学习交叉占比

从本科四个年级的编程学习与自我认识对比分析来看(见表 3、图 6)，可以得到以下结论：不同年级的学生编程语言学习情况区别很大，从大一到大四存在明显的编程语言学习变化，Python 与 MATLAB 学习者占比从大一到大四快速增加，且其自我评估平均数也在上升；自我评估为满分(能构建复杂程序)的学生占比随年级增加而增加；高年级仍存在很大一部分学生，对于必修的 C++ 仅仅停留在能阅读层面；各编程语言自我认知能力水平随年级上涨，但是自我评估平均数存在波动。

表 3　　自我评估平均分、自我评估满分占比与年级、编程语言的交叉分析

编程语言	2020 级自我评估平均分/满分占比	2019 级自我评估平均分/满分占比	2018 级自我评估平均分/满分占比	2017 级自我评估平均分/满分占比
C	2.30 / 0.0%	2.88 / 1.6%	3.41 / 6.3%	3.21 / 10.8%
C++	2.63 /3.7%	2.98 /8.8%	2.94/ 9.9%	3.50 /14.3%

编程语言	2020 级自我评估 平均分/满分占比	2019 级自我评估 平均分/满分占比	2018 级自我评估 平均分/满分占比	2017 级自我评估 平均分/满分占比
C#	2.53 /4.9%	3.08 /7.2%	2.84 /6.6%	3.18 /11.4%
Python	2.05 /1.2%	2.61 /4.0%	2.65 /4.3%	3.56 /14.3%
MATLAB	2.44 /0.0%	2.76 /3.2%	2.97 /5.6%	3.71 /28.6%
Java	1.5 / 0.0%	2.25 / 0.8%	2.25 / 1.6%	3.20 / 2.7%
R	—	2.2 / 0.0%	1.5 / 0.0%	2.55 / 2.7%
Fortran	—	1.67 / 0.0%	1.0 / 0.0%	2.63 / 5.4%
其他	2.4 / 0.0%	3.17 / 0.0%	2.5 / 0.0%	4.00 / 2.7%

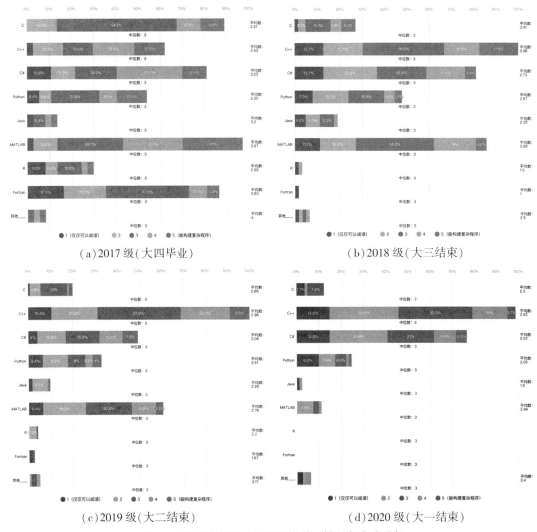

（a）2017 级（大四毕业）　　（b）2018 级（大三结束）

（c）2019 级（大二结束）　　（d）2020 级（大一结束）

图 6　本科四个年级的编程语言学习情况与自我认知

（5）编程必修课绩点。由于 2017 级培养方案不同，其数据参考性有限，笔者在表格中用"＊"标记，其余三个年级唯一的一门编程必修课为"C/C++程序设计"，从数据来看存在"给分"越来越好的趋势（见表 4）。但这种结果可能受到新年级学生入校前对编程的了解程度改善的影响，在入学前接触过编程的同学人数随年份增加。

表 4 　　　　　　　　　　C/C++程序设计课程绩点与年级的交叉分析

年级	绩点（百分比分母为各年级被统计总人数）				
	4	3.7	3.3	3	2.7 及以下
2017 级＊	19（15.2%）	7（9.3%）	4（9.3%）	3（7.9%）	1（4.5%）
2018 级	20（16.0%）	23（30.7%）	10（23.3%）	9（23.7%）	1（4.5%）
2019 级	50（40.0%）	30（40.0%）	16（37.2%）	15（39.5%）	14（63.6%）
2020 级	36（28.8%）	15（20.0%）	13（30.2%）	11（28.9%）	6（27.3%）

（6）进校前编程了解情况。总体来看，绝大部分学生在入校前对编程几乎没有了解，平均打分 1.3，见图 7，接近于仅仅知道编程这个概念，其中系统学习过某一语言的学生则是少之更少，只占全部问卷数量的 2%，但是这部分提前接触过编程的学生后续接触的编程语言较别的同学多，掌握程度也更好。

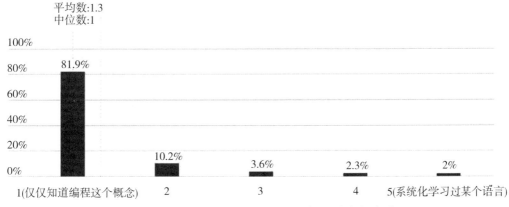

图 7　进入测绘学院前对编程的了解程度（所有年级合计）

（7）必修编程课效果。如图 8 所示，经过大一编程课培养后，学生们面对专业课上的编程大作业时的心态评估分呈现偏正态分布，绝大部分同学自我定位在"可以在参考资料支持与他人帮助合作下完成"，超过 25% 的同学定位于"可以在参考资料支撑下独立完成"，但仍然有 12.5% 的同学认为自己在面对编程大作业时觉得"完全无从下手"，说明大一的编程必修课还没有达到把所有同学"先领进门"的效果。

1（完全无从下手）	38 (12.5%)
2	57 (18.8%)
3	65 (21.4%)
4	80 (26.3%)
5（可以在参考资料支持下独立完成）	64 (21.1%)

图 8　在经过大一编程必修课培养后，面对专业课编程大作业时的心态

（所有年级合计平均数 3.2）

（8）希望学院解决的问题排序。在学生们认为的当前最应当解决的问题上，排序倾向于："学时不够">"大一编程课与后续专业课实践衔接不好">"专业课大作业缺乏指导">"缺乏解释性语言选修课">"缺乏开始的领进门帮助"，见图 9。但实际上，不同学生类型对于排序的优先度也不同，一开始编程基础较好的同学认为问题主要在于缺乏大作业反馈和选修课开设，而开始基础较差的同学认为最紧迫的是改善入门教学，总体上均认为编程课学时不够。

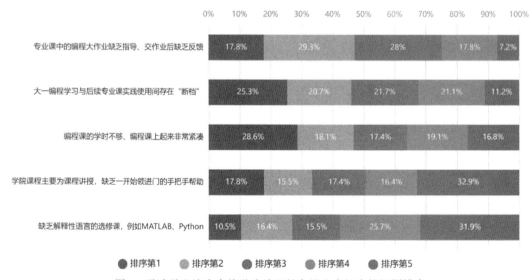

图 9　学院学生认为当前学院编程教育最应当解决的问题排序

（9）未来职业选择。在未来职业与编程相关度分析上，45.7% 的学生愿意从事与编程、算法、软件相关的工作，但有近 25.6% 的学生持负面态度，甚至达到"再也不想编程"的地步，而中立持观望态度的学生也有 28.6%，见图 10，可见学院学生对未来在计算机领域上的职业兴趣呈两极分化趋势。

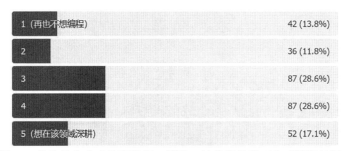

图 10　学院学生未来从事编程、算法、软件相关的工作或研究的倾向
（所有年级合计平均数 3.2）

（三）访谈走访

在大范围问卷式的调研之外，笔者还进行了单点式的访谈调研，对象分别为高校老师、中科院研究员、测绘科技企业员工代表各一名。下面将访谈的要点罗列出来，以反映不同领域人士对学生编程能力的不同期望，见表 5。

总体来看，高校老师与中科院研究员的意见趋同，所期待的是研究型人才，编程作为一种科研素养能力，需要根据研究内容进行导向。Python 之所以热门主要是因为深度学习的大量应用需求，而对测绘科技企业而言，所期待的是应用型人才，希望学生具有良好的项目实现能力，书写稳健的代码为企业和团队带来利润。

表 5　　　　　　　　　　　　　　　访 谈 要 点

对象类型	希望学生掌握的编程语言	学生学习编程语言的目的	最期望学生具备的编程能力
高校老师	Python C++ MATLAB	进行科学研究 构建项目所需软件	移植、复现已有成果 良好的代码书写习惯 熟练的调试能力
中科院研究员	Python C++ MATLAB	参与国家重点项目 编写程序验证理论与算法 进行科学研究	移植、复现已有成果 良好的代码书写习惯 熟练的调试能力 从英文文献或开源代码中改进的能力
测绘科技企业员工	C++ Java	企业软件维护 企业软件功能开发	快速参与项目构建 编程基础知识扎实 良好的代码书写习惯

（四）学生评价

本文通过问卷收集了学生们对于学院编程教育的意见与反馈，① 内容非常丰富，许多

---

① 由于篇幅限制，调查问卷及学生对于学院编程教育的全部建议未在文中进行展示，若想进一步了解调研情况，请与本文作者李锦韬联系，E-mail：lijintao@ whu. edu. cn。

建议比较中肯，下面摘录几条具有建设性的意见，如图 11、表 6 所示。

图 11 学生意见汇总词云

表 6   典型学生评价意见

问卷编号（年级）	意见要点	意见原文
303（2017 级）	（1）增加解释性语言选修课。 （2）每学期都要有编程实践。 （3）从理论到实践需要有更多衔接。 （4）高年级增加科研向编程课程	一方面需要加入 Python 和 MATLAB 这种目前更为广泛使用的语言；另一方面最好每学期都有需要编程实践的课，以保持手感；从简单的基础知识到实际的需要使用大量函数等的大作业应用之间的跨越需要更多的指导，很多人对编写长的程序感到无从下手；最好在高年级针对想读研究生的同学开设实际科研中的编程实例（特别是关于文献中各种包含很多信息的精美的图，包括各类数值图，概念图的制作）
299（2017 级）	（1）缺乏对于计算机原理的整体讲解。 （2）缺乏对于编程环境配置的讲解	就个人而言，大一刚入学的时候完全不知道什么是编程，相信大多数同学应该都是这样。感觉需要很多更基础的、入门级的指导，比如简单介绍一下编程背后的计算机原理之类的，可能更有助于理解。此外，希望每一门编程课都能够将语言本身和编译器安装、编译环境配置、编程软件的操作并重，很多同学都是在课堂学习编程语言，但由于不知道怎么实际操作，根本没办法实践
190（2020 级）	（1）大一基础讲解不扎实。 （2）助教反馈不及时或者对学生作业没有反馈。 （3）缺乏对于想要进一步学习同学的帮助指导。 （4）增加助教	一是希望学院能增加对基本编程概念或专业名词的讲授便于没有基础的学生迅速理解掌握，避免似懂非懂地直接上机；二是建议学校增加助教，对编程课的日常作业和结课大作业能给出反馈或建议，否则作业交了之后只有成绩也不知道自己做的怎样；三是希望学院能对课程结束后想要继续加深对编程学习的同学提供一些学习的指导与建议，学生学完后由于没有应用需求，很容易放弃遗忘

续表

问卷编号（年级）	意见要点	意见原文
179（2018 级）	（1）缺乏程序概念、流程设计基础入门教学。 （2）缺乏 GUI 窗体程序教学。 （3）缺乏从程序整体出发的完整教学	在特定编程语言具体的语法、特性、实现之外，缺乏程序概念、流程设计等基础的入门教学。应该向同学们明确：在编程入门时所编写的控制台程序，不同于日常生活中接触最多的 GUI 程序，对前者而言最重要的是流程的设计。需要构建从程序启动、数据读取，到计算处理、结果输出，直至程序退出为止的大体思路，并细化完善各步骤的细节，而编程语言只是该流程的具体实现而已
69（2019 级）	（1）课程课时过少，建议分阶段、拆分成模块增加教授。 （2）增加与数据结构、算法相关的选修课。 （3）增加课程引导	关于学院的编程教育提几点建议： （1）可以将某种语言的学习拆分为几个模块，在学期的不同阶段进行讲授，尽量避免像网络程序设计这门课那样不断压缩课程学时，教学也只是浅尝辄止，仿佛是为了拿学分而学，而不是为了真正掌握一门技能。（2）多增设与编程相关的基础课。据了解，如遥感院，电信院等，他们对编程知识的学习总感觉比我们测绘院要深入，如数据结构，算法之类的内容。大一上的一门 C++ 也是因为课时安排导致很多东西不得不让学生后来去查漏补缺。确实，自主学习是一个大学生必备的能力，但是在入门阶段，我们大部分人其实还是更希望有长时间对编程的接触和老师的引导。（3）如果没有加设编程必修课的必要，可以增加编程选修课，个人希望每个学期都能有学习编程的机会

三、综合分析

根据本次调研结果，笔者总结出当前学院测绘编程教育的一些痛点。

（一）编程教学存在基础不牢的问题

部分学生感到入门困难，基础知识掌握不扎实，多数需要靠自己自学，缺乏引导与帮助。助教的作用不明显，甚至少部分学生一开始就因为难以上手而对编程产生畏惧感，这种负面情绪甚至会影响学生四年之久，少数学生产生职业规划中完全放弃编程相关工作的打算。

（二）编程教学存在衔接不稳的问题

从大一到大二、大三，从编程必修课到专业编程大作业，学生反映"断档感"明显。

不同课程之间的老师没有进行沟通，使得学院的编程教育没有形成整体，课程的要求比较混乱，难以用体系化的教学模式帮助学生走得更远。并且专业课上的编程作业缺乏指导，仅仅为作业而作业，教学与塑造学生能力偏离，有"学生为了学分而学，教师为了课程而教"的趋向。

(三) 学院当前编程教学存在拓展不足的问题

在高年级阶段，未来有研究深造意向的学生"吃不饱"，特别是 Python、MATLAB 等语言缺乏选修课进行系统性讲解。我们可以从数据上看到，从大一到大四学生学习这些语言的占比越来越高，从学生的意见反馈上来看，这些语言的应用范围也很广泛。另外，在数值图、概念图等论文制图绘制上也缺乏指导。

四、建议措施

(一) 面向基础能力

建议学院面向基础能力，统筹安排大一学生的教学，帮助学生打牢对编程与软件的基本认知，增加课程上的讲授内容与时长，提供较好的编程自学资料资源，真正从学生出发进行课程构建。

(二) 面向实践衔接

建议学院从面向实现衔接，统筹安排大二、大三学生的教学。增加从理论认知到实践实战的衔接。统一整合全学院各专业课的编程大作业，构建系统化的编程实践培养体系，并使课程助教真正发挥作用，不能仅仅是收收作业就完事了，要及时反馈学生作业情况，和学生沟通指导编程，公布优秀作业案例供大家学习。

(三) 面向智能测绘

建议学院面向智能测绘，统筹安排大三、大四学生的教学，帮助学生在未来职业发展或科学研究上奠定基础，增加相应的与科学前沿相关的编程实践选修课，增加解释性语言的系统化教学选修课或自学资源，增加对编程能力较好学生的进一步指导与培养。特别应当注重当前智能化测绘趋势，用全新视角改进学院的编程教学理念，以培养更符合智能测绘时代的创新人才。

◎ **参考文献**

[1] 陈军，刘万增，武昊，等.智能化测绘的基本问题与发展方向[J].测绘学报，2021，50(8)：995-1005.

[2] 刘经南，郭文飞，郭迟，等.智能时代泛在测绘的再思考[J].测绘学报，2020，49

（4）：403-414.

［3］李德仁.论时空大数据的智能处理与服务［J］.地球信息科学学报，2019，148（12）：1825-1831.

［4］高井祥.智能时代测绘高等教育的几点思考［J］.测绘通报，2018，498（9）：139-143.

［5］臧玉府，祝善友，金双根.面向智能测绘培养目标的课程改革与实践——以南京信息工程大学数字摄影测量课程为例［J］.测绘通报，2021，526（1）：142-147.

［6］张静，梁同立，邓超.基于人工智能发展的测绘人才培养体系改革［J］.测绘工程，2019，28（3）：76-80.

［7］朱建军，宋迎春，胡俊，等.测绘大数据时代数据处理理论面临的挑战与发展［J］.武汉大学学报（信息科学版），2021，46（7）：1025-1031.

［8］蒋志辉，朱哲，马爱艳，等.社会调查研究方法［M］.北京：北京邮电大学出版社，2017：6-8.

从学生视角看当今本科外语跨学科人才培养的优势、不足及应对建议

——基于对接受外语跨学科教学本科生的问卷调查与访谈分析

时 尚

（武汉大学 外国语言文学学院，湖北 武汉 430072）

【摘 要】教育部高等教育司在 2020 年、2021 年工作要点中均明确提出，要持续深化新文科建设，培养"一精多会""一专多能"的高素质国际化人才，[1~2]外语跨学科培养已成新趋势。基于对同时学习外语与另一专业的本科生的调研和访谈，笔者发现：大多数受访者期待内容语言结合授课、运用外语研究、实践另一专业的意愿较强，但也面临着课业繁重、时间冲突等问题。基于发现的问题与学生的需求，本文对外语跨学科教学的开展和改进提出了建议。

【关键词】学科交叉；外语跨学科教学；复合型人才

【作者简介】时尚（2002— ），女，河南驻马店人，武汉大学外国语言文学学院翻译专业本科生，E-mail：2019301020062@ whu. edu. cn。

一、研究背景

（一）"外语复合型人才"的提出

1989 年，曹光久教授有感于我国常需要多个工作人员担负别国一个工作人员担负的工作，提出了"外语院校应该致力于培养出一身兼几任的复合型人才"的观点。在当年的时代背景下，他认为培养复合型人才的目标是"使毕业生能独立地担任紧密相关专业在对外交往中的工作任务"，是"培养应用型人才"，强调运用外语的实践能力。他还认为，"所要培养的复合型人才，不是任意专业相加（或混合）的，而是掌握紧密相关而工作上难以分开的"。[3]

（二）外语复合型人才的培养模式的探索

孙玉华（2003）详述了大连外国语学院在复合型外语人才的培养模式进行的实践探索。该学院共采取以下几种模式："外语+专业倾向""外语+外语"、与国内高校优势互补、与国外高校优势互补、"外语+职业资格证书"模式，通过实践检验，这些方式是合理的，取

得了良好的效果。[4]靖杨萍，亓文涛(2014)结合已有国外培养模式的成功经验和本科生已有的复合培养模式：分流培养、推行主辅修制、开设公共选修课、实施本硕博连读培养方案、创办跨学科复合型人才试验班，为高校复合型人才的培养提出了合理的培养途径和建议：加强基础课程、增加教学灵活性、兼顾实践教学和科研、运用校园文化培养学生的自主精神。[5]教育部高等教育司司长吴岩(2019)认为，科技发展和"懂专业、懂语言"的高层次国际回流人才正倒逼外语教育改革，他提出应"培养精通一门外语、会用多门外语沟通交流，掌握一种专业、具有多种外语能力的复合型人才"。[6]蒋洪新(2019)从当今国家大政方针、翻译科技进步的现状和国际局势出发，认为新时代呼唤外语复合型人才，总结了我国外语复合型人才培养的实践与探索以及此过程中的不足，如"过于注重外语教育的专业性，课程设置的开放程度不高，人才培养口径过窄"，就外语复合型人才的培养途径提出了建议。[7]

(三) 问题的提出

通过分析总结大量文献与报告，可以发现以往关于外语复合型人才培养的研究多是基于国家发展、时代要求、国际形势等客观因素，提出外语人才的素质培养目标或是外语人才培养的缺陷，并据此提出应对方案；也有研究根据教学实践，以及学生就业状况探索培养模式。当今，许多学校开办了可供外语专业学生选择的辅修课程以及创办了外语跨学科培养方案。当前未有研究就同时接受外语和另一专业教学(即接受外语跨学科教学)的学生的主观体验进行调查，并据此为外语复合型人才培养提出建议(本文中的"外语复合型人才培养""外语跨学科教学"既包括外语专业学生通过辅修、自行选课或者以其他方式利用学校资源学习非外语专业，又包括外语跨学科培养方案，即培养方案统筹安排外语专业和非外语专业课程，还可能包含两种专业交叉融合的课程)。

通过对以往文献的回顾以及对现状的思考，笔者提出以下研究问题：在接受外语跨学科教学的本科生眼中，现有培养模式还存在哪些需要解决的问题，有哪些措施值得沿用，他们对此有何建议？现有培养模式是否能够满足他们未来发展的需求？接受不同的培养方式的学生对于教学的主观体验是否存在差异？

二、研究方法

本研究采用问卷调查与个体访谈相结合的方式，探究学生对自己接受的外语和另一专业教学方式的感受、需求及建议。问卷投放对象包括以下本科生：语言专业，因培养方案没有安排其他专业课程，主动通过辅修、自行选课或者其他方式学习另一门非外语专业的2018、2019级本科生；培养方案统筹安排外语与另一专业教学(以下简称为"跨学科培养方案")的2018、2019级本科生；再从选择人数最多的两类教学方式(辅修、跨学科培养方案)的受访者中分别选择四位学生进行访谈，详细了解他们对自己学习经历的满意之处、不满意之处和相关建议。由于新型冠状病毒肺炎疫情，人员不便流动，问卷调查采用问卷星发布线上问卷的方法，访谈采取线上聊天的方式。

本研究设计的问卷主要分为四个部分：（1）被试者的基本信息。（2）对自己接受外语与另一专业教学的满意程度。（3）今后的规划。（4）对教学方法的看法及建议。问卷实际发放 125 份，剔除无效问卷后，本研究最终获得有效问卷 107 份。

本研究访谈了四位通过辅修学习非外语专业的外语专业本科生：西安交通大学英语（俄语方向）专业学生，于本校辅修 ACCA；南开大学法语专业学生，于本校辅修金融学；上海海事大学英语专业学生，于复旦大学辅修法学；武汉大学翻译专业学生，于本校辅修法学（在下文中分别用"学生 X""学生 H""学生 L""学生 S"指代）。本研究访谈了四位参与跨学科培养方案的本科生，分别来自吉林大学的物理学专业（中外合作专业）（同时学习俄语和物理专业）、上海交大-巴黎高科卓越工程师学院法语专业（信息工程方向）、哈尔滨工业大学英语-机械设计制造及其自动化主辅修学位、① 中央财经大学财经翻译专业（在下文中分别用"学生 Z""学生 W""学生 M""学生 Y"指代）。

三、问卷结果分析

（一）频率分析

问卷结果见图 1 至图 4。

82.2% 的受访者学习的非外语专业都是学校（若为跨校辅修，则为辅修所在的学校）的强势专业；60.38% 的受访者为校内辅修，共 66 人；18.87% 的同学为跨学科培养方案，共 19 人；13.21% 选择校外辅修，共 14 人；7.55% 为自行选课或自行选择与专业班级一起上课（包括旁听），共 8 人；93.46% 的受访者选择本科后继续读研深造；6.54% 的受访者选择本科后就业。

您学习外语专业之外另一专业的方式？（这里的辅修学士学位属于广义上的双学位/第二专业，是高校自行开设的，对学有余力的学生以学分制形式对主修专业之外的其他专业进行课时学习，毕业时，对于完成辅修专业课程并达到相应条件的，会在学位证书上注明主修学位禾辅修学位。）

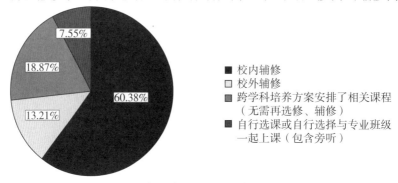

图 1　学习外语专业之外另一专业的方式

① 注：虽然学生 M 专业名含"主辅修学位"这一说法，但由于培养方案已经安排了学生外语专业及非外语的另一专业课程的学习，故归为"跨学科培养方案"，即"培养方案统筹安排外语及另一学科培养"。

　　仅有 53.27% 的受访者对自己学习外语与另一专业的方式表示满意，仅有 42.99% 的受访者表示用外语使用或研究另一专业知识的能力提升较大，这说明本科阶段的外语跨学科教学仍需改善。

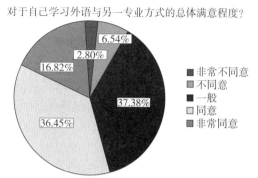

图 2　对于学习外语与另一专业方式的总体满意程度

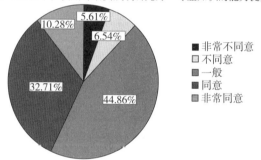

图 3　在学习过程中，使用外语实践或研究另一专业知识的能力提升情况

　　受访者所在高校情况如图 4 所示。

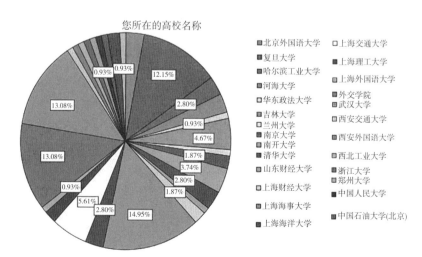

图 4　所在高校名称

(二) 卡方检验分析

卡方检验得出题目"在您的学习过程中，使用外语实践或研究另一专业知识的能力提升较大"和"对于自己学习外语与另一专业方式的总体满意程度"有显著相关性($X^2 =$ 90.393，$p<0.01$)，这表明对于同时学习外语和另一专业的学生，于另一专业运用外语能力的提升程度关系到学生对于自己整个学习方式的满意度。

在这次问卷调查中，有76.6%的学生赞成"用外语来学习另一专业的知识"，经卡方检验后，"是否赞成用外语来学习另一专业的知识"与"更喜欢哪种同时学习外语和另一专业的方式"无相关性($X^2 = 1.446$，$p = 0.836>0.05$)，这说明不论更青睐哪种教学方式，大多数学生都期待着能够在学习中将另一专业的知识和语言结合起来。

经卡方分析，题目"您学习另一专业的方式"与"您读研的方向""您就业用到的知识"均无相关性($X^2 = 12.578$，$p = 0.183>0.05$；$X^2 = 2.917$，$p = 0.233>0.05$)。决定读研的受访者中，有46%选择于正在学习的另一专业进修，28%选择外语与(正在学习的)另一专业结合型专业，20%选择正在学习的外语专业；在决定就业的受访者中，57.14%在未来的工作中会用到外语与另一学科结合知识，这说明，目前接受外语跨学科教学的学生大多数都不会从事只需要外语能力的领域，而是选择彻底踏入非外语领域或外语与另一专业结合领域。具体如图5、图6所示。

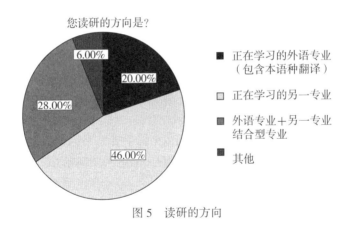

图5　读研的方向

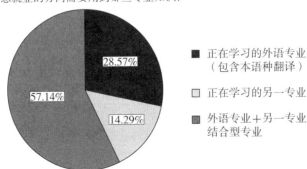

图6　就业的方向需要用到的专业知识

笔者预测，不同的跨学科培养方式中，学生将外语知识运用于非外语专业的能力提升程度也不同，二者应具有相关性，并假设了跨学科培养方案的学生将语言和另一专业结合的能力会有较大提高。但经卡方检验，"学习另一专业的方式"与"语言能力在另一专业的提升"无相关性($\chi^2 = 6.795$，$p = 0.871 > 0.05$)，与笔者的预测不符，就此笔者将通过访谈探究造成此种现象的原因。

(三)填空题分析

共有 52 位受访者就自己跨学科的学习方式给出了建议。给出建议的学生中自行选课或自行选择与专业班级一起上课(包含旁听)的有 4 位，分别有 2 位提到了"需要学校科学安排课程，否则会有很多课程时间冲突而无法选修"和对"学科与英语专业词汇的渗透"的期许；校内辅修的有 32 位，有 9 位提到了诸如"使用英文教材""使用外语授课""希望外语专业能设置相关课程辅助其他学科""不是单纯的语言学习和其他学科学习分开"等期待非语言专业与语言结合教学的建议，有 4 位提到需要合理安排课程、减少课程压力，3 位认为要"选择语言相关的课程进行适当结合"；校外辅修 4 位，有 2 位认为辅修课程也可以分具体的方向，为不同规划的同学们开放不同的道路；跨学科培养方案的有 12 位，2 位同学认为专业之间应当互相相关、渗透，相互结合才更有优势，2 位认为课程安排需要尽量减少学生的压力，2 位提到希望选课、选择上课的时间可以更加自由。可以看出，受访者的建议主要集中于课程安排的科学性、灵活性和语言结合另一专业进行教学。

关于受访者对自己接受教学模式的优势或劣势的看法，由于受访者的回答内容差异较小，可一并归纳为以下几点。优势有：方便阅读该国语言的文献；进入外企工作，工作前景良好；在一些工作上具有求职竞争力，如涉外律师；国外相应学科的教材编写、研究会更加严谨、先进，方便接触到此学科的前沿知识。劣势有：课业繁重；两种专业兼顾可能导致"两不精"的状况。

四、访谈分析

(一)外语可与相应学科内容结合时，用外语授课满足学生期待

"我挺希望国际公法、WTO 法这种课采用英文教学的，不过中国宪法、民法这种课我觉得是否用英文授课倒是无所谓。国际仲裁这种课也很适合英文教学，因为国际仲裁的工作语言就是英文。"(学生 S)

"在学生语言能力没有问题时，ACCA 课程用英文授课更好，由于 ACCA 专业的教材、考试都为英文，我的英文能力也在辅修中得到了一定发挥。"(学生 X)

"感觉英文授课应该会挺好的，但是有点怕听不懂。"(学生 L)

Z、W 和 Y 都表示对自己培养方案安排的内容语言结合的教学较为满意，并希望此种方式继续沿用下去。

笔者假设了跨学科培养方案的学生将语言和另一专业结合的能力会有得到较大提高，

但在这一类别访谈的四位学生中，M 认为他这方面的能力并没有得到较大提升。虽然工科和英语都是哈尔滨工业大学较为强势的专业，但由于没有任何交叉，使得这位学生的英语能力无法在机械课程中得到锻炼，在机械专业中运用英语的能力无法得到提升。

"我们学校英语和工科都是强势专业，但我对课程设置不太满意的地方是这两个学科没有任何融合交叉，工科专业的英语术语课也没有，两个学科只是生硬地被放在了一起。希望以后能有更多用英语讲授的理工科的课。"（学生 M）

而辅修的受访者中，也有同学通过自己的努力来接触更多的跨学科知识。

"至于外语专业和金融能力的结合还是看自己吧，因为在上课的时候老师就会讲相关专业知识，我比较想把自己的本科专业知识和辅修的结合起来，可以通过一些国创项目，或者一些比赛结合一下。"（学生 H）

就总体的访谈情况来看，外语跨学科培养方案的受访者内容语言结合课程的程度相较于辅修受访者更深。

(二) 外语跨学科培养方案中，学科融合的程度基本循序渐进，符合学生期待

接受小语种跨学科培养方案的受访者 Z、W 的课程安排都是采取逐步过渡到外语教授内容的教学方式的。在大一时，由于学生对于外语运用不够熟练，需采取过渡措施，要系统学习这门语言中另一专业的外语术语、表达，或是采取中外语结合授课的方式。"大二期间除了十四学时的俄语课以外，还有一门电工学（物理课程）由外教授课，大三会安排更多的物理课交由俄方老师授课，如大三上的热力学统计物理和数学物理方法，大四全部由俄方授课。"（学生 Z）"数学物理所有课都是用法语讲的，刚开始的确听着费劲，学院会安排中国老师用法语讲一遍以后再用中文讲一遍，大一下以后就是法国老师上课，体验还不错。"（学生 W）而 Y 表示自己各个年级用英文授课的财经课程数量没有较大差别，但在翻译课程中，学科融合的程度也会循序渐进，低年级阶段注重打听、说、读、写、译的基础，之后才会逐渐安排财经翻译课程。

(三) 中外合作办学模式具有较大优势

"俄罗斯的教育一直以数学物理等理工科为强项，一直处于国际前列，和俄方的基础教育合作正是响应国家强基计划的重要内容。"（学生 Z）"法国那边教学我还不太清楚，但用法语学数学物理确实有好多跟国内不一样的概念，定义更为严谨，学起来也挺有意思，法国人研究问题比较严谨吧！"（学生 W）

此种教学方式扩展了实习、就业面，学生更容易进入跨国公司、外企。"在对未来的发展意义上，个人觉得可以去一些法国或者法语国家的外企，比如雪铁龙这种，学院也会安排去这样的公司实习。"（学生 W）"我们比纯俄语专业的学生有技术优势，更加符合科技型企业，尤其是跨国公司对复合型人才的需求，其次目前俄罗斯和中国友好关系达历史最好时刻，我认为在中俄合作方面需要大量的拥有专业技能同时又能用俄语交流的人才，这可能是我将来的就业方向。"（学生 Z）

问 M："那你觉得除了用英语授课，还有什么好的方式能让英语和你的机械专业融合吗？"

"可以有交流项目，去外国的大学学习机械有关的课程，就和我们俄语专业差不多。"（学生 M）

（四）两类学生中多数认为课业繁重

四位接受外语跨学科培养方案的学生均反映了课业压力过大的情况。

"不合理之处就是学院大一大二不分专业，学的数学物理太难了。"（学生 W）"由于是第一年办学，有很多不合理的地方，课业负担很重，大一上学期，我们从周一到周日每天白天都是满课。"（学生 Z）"我们课业太繁重了。"（学生 M）"我们大一大二的课几乎是全校最重的。"（学生 Y）

而对于压力重的问题，这四位学生看法不一，学生 W 给出了建议，认为可以尽早分流，M 认为，自己的培养方案应当变为"五年制"，而学生 Z 和 Y 均表示毕竟要学习两个专业知识，课业压力大实属无奈之举。

"尽早分专业，物理数学完全可以降低难度。"（学生 W）"原来我们是五年学制，现在改成四年了。五年的话会好很多。"（学生 M）"学的都是主要课程，没法再删减了，课业压力大的话学生习惯就好了。"（学生 Z）

而四位参与辅修的外语专业学生有三位也表示了学习压力很大，分别是 X，H 和 S，只有 L 表示课业压力不算大。X 和 H 均表示自己没能想到改进的方法，而 S 同学认为，辅修课程设置应当提纲挈领，避免不必要的任务。

"既然你选择了辅修，就要承受压力。"（学生 X）"课上没必要的任务可以删减掉，如一些无意义的小组合作展示，其实对于知识的学习没太大帮助，反而增加了学业压力，不如老师继续深入讲解重点知识。"（学生 S）"我觉得还好，毕竟我们辅修课程全程线上，也不算很累。"（学生 L）

五、讨论与结论

根据调研和访谈，虽然受访者群体接受外语跨学科教学的方式有所不同，但他们提出的问题、建议和需求有着共通性，可以借助共通的方法加以解决。

（一）课程设置

1. 设置 CLIL 课程，并循序渐进增加 CLIL 课程在另一专业教学的比重

鉴于多数受访者赞成用外语讲授别的学科的知识，希望外语能够与所学另一专业有更多融合，可大力推广 CLIL 教学法，即内容—语言融合式教学（Content and Language Integrated Learning）。CLIL 强调知识、语言的融合，语言帮助知识内化，知识给予语言意义内核；[8]有助于解决教学中语言与专业能力发展脱节问题，也有助于语言和思维的协同

发展。[9]在 CLIL 教学法中，外语发挥的不仅仅是工具属性，更是有助于学生思维上学科融合程度的提升。基于 W 和 Z 对自己的培养方案中 CLIL 课程安排较为满意的事实，可参照其培养方案中 CLIL 课程数量逐渐增加、并采取一定过渡措施的方法。

2. 开设辅助另一专业学习的外语课程

为了让学生尽快适应 CLIL 课程，需要让其系统学习这门语言涉及另一专业的术语和表达。在 CLIL 课程中，学生需要运用外语学习专业知识、听懂老师讲授内容、与老师互动、完成相应作业，这一切都需要着学生增加外语术语的词汇量、熟悉表达、增强涉及专业知识的听说读写的外语运用能力。

(二) 培养安排

1. 课程安排需"提纲挈领"，必要时增加学年

此举可减轻学生同时学习两门专业知识的压力，如法国文学课之于"法语+信息工程"专业，化学课之于"外语+物理"专业，可以取消或列为选修。适当降低基础课程难度，注重与专业课程的衔接。当课程实在无法再删减且学生压力巨大时，可考虑增加学年。

2. 将其他学科与外语结合的前提是适合结合，而非"生搬硬凑"

在调查、访谈后笔者在这里总结了两种适合与外语融合教学的学科或课程：(1)对应语种国家的优势学科，如俄罗斯的物理、法国的工程师。(2)需要同时精通外语和非外语专业知识的课程或科目，如国际商事际仲裁、计算语言学等。学科和课程只有在适合与外语融合时，才可以释放出"1+1>2"的力量。

3. 加强院系合作，加强中外联合培养

"要创新人才培养机制，开展校内交叉培养、校外协同培养、国际联合培养，加强院系间、学校间、国际间的交流合作。"[10]加强院系合作，可以充分发挥学校自身资源的优势，邀请别的院系的师资授课，针对外语专业学生系统开设各个学科的 CLIL 课程，且可以统筹安排课程时间，尽量不与相应外语专业的其他课程冲突；加强中外联合培养，可以取长补短，甚至可以安排从外方师资、学生交换以及到该国公司实习"一条龙"服务，充分发挥外方的传统强势学科优势。由于培养用外语讲授专业知识的师资需要时间，中方学校会面临一段时间的师资不充足问题，而直接引入外方教师授课，可以迅速解决中方 CLIL 课程的师资问题。

◎ 参考文献

[1] 教育部. 教育部高等教育司 2020 年工作要点（教高司函〔2020〕1 号）［EB/OL］.
　　［2020-02-20］. http：//www. moe. gov. cn/s78/A08/tongzhi/202002/t20200220_422612.

html.

［2］教育部. 教育部高等教育司 2021 年工作要点（教高司函〔2021〕1 号）〔EB/OL〕. 〔2021-02-04〕. http：//www. moe. gov. cn/s78/A08/tongzhi/202102/t20210205 _512632. html.

［3］曹光久. 关于外语院校培养复合型人才的思考［J］. 四川外语学院学报(高等教育研究专版)，1989(2)：48-52.

［4］孙玉华. 复合型外语人才培养的理论探讨和实践探索［J］. 辽宁教育研究，2003(5)：38-39.

［5］靖杨萍，亓文涛. 高校本科复合型人才培养模式现状研究［J］. 教育教学论坛，2014(42)：96-98.

［6］吴岩. 新使命 大格局 新文科 大外语［J］. 外语教育研究前沿，2019，2(2)：3-7，90.

［7］蒋洪新. 新时代外语专业复合型人才培养的思考［J］. 中国外语，2019，16(1)：1，11-14.

［8］伍彩芬. 新国标下商务英语精读内容与语言融合型教学模式的建构——从"语言中心化"到"内容与语言双聚焦"［J］. 西南交通大学学报(社会科学版)，2017，18(5)：20-27.

［9］张莲，李东莹. CLIL 框架下语言、思辨和学科能力的协同发展［J］. 外语教育研究前沿，2019，2(2)：16-24，90-91.

［10］吴岩. 新使命 大格局 新文科 大外语［J］. 外语教育研究前沿，2019，2(2)：3-7，90.

本科生视野中的图书馆学人才培养发展新方向

——基于专业认知情况与课堂教学的思考

康凌菲　宋　颖　王　梦　李堉菁

（武汉大学　信息管理学院，湖北　武汉　430072）

【摘　要】随着社会发展与时代变化，社会对图书馆学人才的需求也相应发生了一定转变。笔者通过专业认知与课程学习、查找相关文献资料，在实践中思考业界人才需求及其转变，思考如何满足社会对人才的新需求，并由此明确图书馆学人才培养新方向。当前图书馆学人才培养应着重于大数据环境下的信息技术赋能与新文科背景下的跨学科综合性人才培养，应继续加强面向未来、适应需求的专业建设，培养出具有职业精神、能为国家与社会发展做贡献的图书馆学高素质人才。

【关键词】图书馆学；人才培养；社会需求；信息技术；新文科

【作者简介】康凌菲（2001— ），女，青海人，武汉大学信息管理学院图书馆学本科在读，E-mail：3541094862@ qq. com；宋颖（2000— ），女，湖北人，武汉大学信息管理学院图书馆学本科在读，E-mail：1119227098@ qq. com；王梦（2001— ），女，河南人，武汉大学信息管理学院图书馆学本科在读，E-mail：wangmeng_011227@ 163.com；李堉菁（2001— ），女，湖北人，武汉大学信息管理学院图书馆学本科在读，E-mail：2764640061@ qq. com。

一、实践中思考社会对人才的需求

（一）图书馆实践对人才的需求

随着时代的变化，业界对于图书馆员的需求也在不断改变，不同类型的图书馆在受众对象、服务内容等的定位区别也影响了本馆所需人才的画像情况。以武汉大学信息管理学院图书馆学在南京市的认知实习为基础，我们通过结合实地调研与文献研究等方法，总结出图书馆业界对于人才的需求定位，主要可以分为"科学基础""技能核心""职业精神"三个方面。

"科学基础"主要体现在现代图书馆从采访、编目组织到排架借阅及各种二次、三次文献服务之中。我们不仅在新的时代使用最先进的机器设备，也保持科学严谨态度秉承图书馆的基本服务理念，以科学的方法管理图书馆的知识集合。在具体的图书馆场景和工作岗位上，对于馆员的"技能核心"也有着不同的要求。无论从书籍整理的不同流程纵向划分，还是学科馆员针对性的知识服务横向划分，都需要图书馆员在工作平台上发挥更具有针对性的技术技能。在此工作基础上，图书馆作为公共文化事业的一部分，在其"职业精神"方面，[1]职业伦理所追求的基本图书馆精神需要在馆员之间代际传承，使单个图书馆有绵续之力，也从宏观上使图书馆在社会文化、人类整体精神层面留下印记。

(二)学界业界接轨可行性探索

以本科生教育为例，"职业精神"方面的教育主要通过概述类和研究方法等基础课程的学习施以潜移默化影响。"科学基础"方面则通过基础课培养科学精神以及专业课介绍图书馆工作方方面面的学术课程进行。而"技能核心"方面则相对欠缺体系，主要通过本专业选修课以及学生自发感兴趣的选修课加以培养。然而在实践之中，对于基本的工作匹配而言，"技能核心"则最先作为人才选用的筛选标准，图书馆学本专业学子就业、图书馆业界招聘所产生的"学用不匹配"情况，也主要根源于这一方面的缺失。

武汉大学信息管理学院图书馆学专业人才的培养路径大致如下：首先需要在入学之初以对口就业为目的介绍图书馆员的培养路径，从概述型课程培养基本认知，到哪种岗位需要哪些选修课程，系统体系地介绍相关情况。同时增加实践机会，如认知实习、工作实习等，从不同类型图书馆、不同岗位馆员工作日常等加以感性体验，让有志于此的学生针对性地设计自身成长轨迹。同时引导学子职业定位，以上海交大图书馆人才类型为例(见图1)，[2]大学需要培养哪一种人才、学生自身目标为哪一种人才，应在本科阶段加以清晰规划。同时越往高层的人才类型培养越应加强"职业精神"相关熏陶，以培养具备行业发展责任心与使命感的学生，为图书馆界及国家社会的文化发展贡献领导型人才力量。[3]

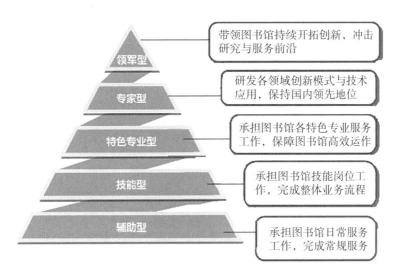

图1　上海交大图书馆人才队伍金字塔结构

二、公共图书馆人才需求的转变——以南京图书馆采访实习为例

图书馆学是从公共图书馆中诞生的。历经百年，图书馆学同人类社会一起进步，同时代一起转变。而图书馆馆员也从传统"书籍管理员"这样一个浅显普通的概念转变为拥有了更多的职业内涵和社会责任的职业者。如今为了适应时代需求，图书馆学向图书馆输送的人才也必须拥有更高的职业素养和职业水平。学院为让图书馆学专业学生更适应社会需求，多次组织学生前往图书馆采访学习。以 2019 级图书馆学同学前往南京图书馆实地勘察学习为例，我们可以看到新时代下图书馆对于图书馆馆员、图书馆学人才的更多需求。

首先，基于传统公共图书馆的文献采访以及资源组织建设，图书馆馆员面向的是成倍增长的图书馆文献资源以及种类愈加丰富的资源类型。并且随着技术发展和信息化时代深入社会的每个角落，在公共图书馆采购的文献资源中，数字资源占比越来越大。除通过信息化手段对实体文献资料进行编辑入库外，对于复杂多样的数字资源的采访利用也是公共图书馆员必备的素质之一。在南京图书馆中，图书馆员筛选购买了多种数据库供本馆读者和工作人员选取使用，南京图书馆还根据自身丰厚的馆藏自行编辑制作了特色数据库、特色数字资源（例如江苏省地方作家数据库和南京图书馆古籍数据库等）。由此我们可以看到，如何根据图书馆的特殊馆藏，利用公共图书馆的特色资源，承接地方特色与社会记忆，这将是公共图书馆馆员的重要职责之一。

其次，在公共图书馆中发挥社会教育职能也有了更具体更深刻的要求。以往，我们喜爱并推崇图书馆绝对安静的学习氛围，但这不过是公共图书馆为广大读者提供服务的冰山一角。在此次调研实习中，我们了解到南京图书馆每周都会安排针对不同年龄阶段的讲座活动，内容丰富多样，对于青少年，活动以科普、人文知识为主，形式注重亲子互动；对于成年读者，南京图书馆利用自身优势为他们开展基于特色馆藏的相关讲座，提供诸如文化沙龙等活动；南京图书馆还和南京其他公共文化设施交流开展活动，而这些课外课堂都为全民学习的社会氛围做出了贡献，有助于全民终身学习。

基于以上实现全民学习、终身学习的需要，提高社会平均文化水平的重要意义，公共图书馆还需要不断调整自身的馆藏资源结构，这对图书馆馆员如何采买社会所需要的文献资源有了更深更复杂的需求。在此方面，南京图书馆长期开展读者采买活动"陶风采"。从南京图书馆管理人员处我们得知，"陶风采"项目开设的这些年来，实现了读者借阅与图书资源采购的同步进行，满足了读者个性化、即时性的阅读需求，得到了社会各界的广泛认可。

此外，随着人们对信息服务的需求越来越大，对于信息服务的质量要求也越来越高，所涉及的信息服务种类也变得更加复杂。对于图书馆来说，如何借助自身优越条件，开展诸如科技查新、专利检测报告、政府决策支持等一系列活动，如何利用图书馆丰富的馆藏资源，实现数据利用挖掘，提供数据服务，进行决策支持，也是图书馆馆员需要拥有的基本素质之一。

最后，作为吸纳多名武汉大学图书馆学专业优秀毕业生的南京图书馆在近些年结合自身活动、自身馆藏，进行了以本馆业务为主的科研调查，结果优异显著，20 年内南京图书馆在 CSSCI 来源期刊上发表文章 498 篇，涉及多个主题领域（见图 2）。事实证明图书馆需要从自身出发，进行并开展有价值、有质量的优质科研活动，为图书馆事业的发展做出更大的贡献。图书馆员在图书馆中工作时，也需要不断增进自我，保持终身学习的态度，更好地履行图书馆员的职责，为图书馆事业添砖加瓦。

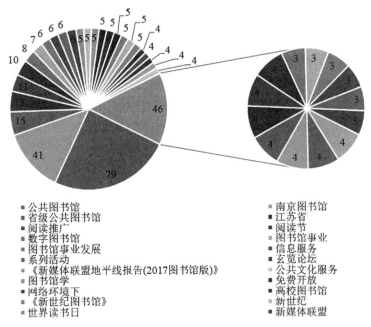

图 2　南京图书馆 2001—2020 年在 CSSCI 来源期刊上发表的文章主题构成
（数据来源：中国知网，2001 年 1 月 1 日—2020 年 12 月 31 日）

三、大数据环境下，注重信息技术赋能人才培养

现代信息技术的飞速发展改变了社会形态与人们的生活方式，21 世纪是一个互联的、数字的、信息的社会，数字阅读与信息技术不断发展的同时，也推动和促进图书馆不断变革，社会各大图书馆必须在信息环境下探索更好的服务形式，淘汰如以往手工编目时代的目录卡片等传统低效的图书馆管理与服务方法，思考并创造更适应于新时代的管理手段。

基于图书馆的转变，图书馆学自然也要在大数据环境下进行转变，必须从自身改变出发，引领、指导图书馆行业的变革，培养出适应时代发展需求的高素质人才。作为国家一流 A+级学科，武汉大学信息管理学院图书馆学在学生本科阶段也高度重视当代信息环境的变化，在如何培养学生的信息素养和提高技术水平上做出了以下措施：

首先，课程注重培养学生在大数据环境下进行数据分析的技能。图书馆本身就是提供信息服务的场所，在以往，信息载体单一，流通效率低，但现代技术变化大幅度改变并增加了信息的载体形式，数字资源呈现爆炸式的增长，呈现规模庞大、种类繁多、流通速度快、信息密度低等特点，因此，图书馆需要进行线上资源建设。故本学科开设了 Python、数据库等技术型专业课程，利用这些工具实现对大量数据的收集、组织、管理；信息检索课程实现对各种数据信息的搜集和构建更高效的检索方式；信息描述实现对各种信息资源的规范化描述；信息系统则培养学生对信息系统的整体认知与构建；数据分析与管理着重锻炼学生对大数据的挖掘与分析；信息可视化让繁杂的数据具备可读性和美观性，方便专业人员理解，诸如此类，不一而足。这些课程都注重培养大数据与网络环境下同学们处理数据、信息的能力。"强调数字素养教育，如何快速获取解决问题所需的数据和信息并快速对数据和信息进行加工处理成为了数字时代的核心能力，这种能力对于图书情报学人才尤为重要。"[4]

其次，使理论教学与实验探索相结合。图书馆在向数字化，智慧化方向发展，线上线下资源建设并行，数字资源采购，建设线上图书馆和图书馆专属数据库，自动预约办卡，自助借还书等新形式层出不穷，因此本科生学习并掌握计算机、网络技术是必要的。本学科的课程设置中，不仅开设有 Python、数据库这些理论与实践相结合的技术型课程，还有"信息组织——利用线上线下中图法等分类方法分类组织图书""信息描述——计算机图书编目与线上资源的描述""信息系统分析与设计——分析并自己制作一个信息系统""社会调查与统计分析——用科学的调查方法进行社会调查并统计分析"等具有本专业特色的信息课程。这些课程在一定程度上保证了同学们的信息技术素养，通过理论与实验相结合的方式帮助学生加深了对知识的理解与运用。

此外，为解决图书馆数字化转型而带来的一系列新问题，我们还设置了知识产权管理、信息政策与法律等课程。与时代对接，与社会实时沟通交流，在实际问题中思考解决图书馆数字资源建设的知识产权问题。

学院图书馆学的课程设置不仅注重打牢学子的知识塔基，为以后的研究深造打好专业基础，还有助于跨越技术鸿沟，打牢信息技术基础，使图书馆学专业学子能够利用新兴技术工具来解决本领域的实践与研究问题。

四、以新文科为着力点，培养跨学科综合性人才

近年来，科技飞速发展，新技术和新方法推动社会发展的同时，也对传统学科的建设提出了新要求和新方向。[4] 在此背景下，图书馆学专业应当积极探讨如何推进新文科建设。武汉大学信息管理学院也于 2021 年向学校申报并获批"大数据赋能时代图情档专业建设创新研究"新文科研究与改革实践项目。

图书情报与档案管理新文科建设的基本趋向是积极对接数据科学、数字人文，进一步培养从业者在文化服务中的人文情怀等。[5] 图书馆学需在新文科建设过程中，积极主动寻求跨界融合，突破传统图书馆学的专业壁垒，不断开创学科新领域。[6] 近年来信息管理学院教学内容也正符合这样的精神，在开设课程中，为推动图书馆学专业与计算机科学、数

据管理、管理学、文学等学科交叉融合，开设有数据库原理、Python 语言、数据分析与管理和数字图书馆原理与技术等必修课程；为推动人文社会科学与信息科学、医学、生物科学等学科在更深和更广意义上交叉融通，培养综合性人才，学院开设了经济学原理、社会网络分析、生物医学信息学概论、文化遗产创新创业等优秀选修课程作为补充。2021 年暑期，2019 级图书馆学本科生在教师的带领下开展专业认知活动，在与不同的专业领域的专业人员交流下，我们逐步了解到大数据、人工智能等技术走入各门各户，给图书馆整个业界也带来了巨大的冲击，我们也愈发感受到学科专业交叉的必要性与意义，如何培养一批高素质的跨学科跨专业人才以满足社会需求，服务社会发展，也是本专业必须考虑的内容。

总的来说，推动"技术理性"与"人文价值"耦合，培养跨学科综合性人才，不仅有利于提升学生的思维与能力，还可赋予图书馆学新的活力，打破学生就业、社会服务等限制，赋予其更多的实战力。[7]但同时，我们也需要积极思考，如何明确、增强图书馆学专业的独特性，使其在学科融合、人才培养中做出其独有的、更大的贡献。

图书馆学专业如何继承与创新是所有时代都存在的重要问题，在如今快速发展变革的环境下更是如此。只有立足当下，总结过去，展望未来，在实践中了解社会需求，才能培养出适应时代新要求、新方向的图书馆学高素质人才，为国家与社会发展做出贡献。

◎ 参考文献

[1] 范并思. 图书馆专业人才培养：科学精神、核心能力与专业主义[J]. 图书馆建设，2020(6)：18-20，34.

[2] 尤晶晶. 大学图书馆面向年轻馆员的人才培养策略探析——以上海交通大学图书馆为例[J]. 大学图书馆学报，2021，39(3)：34-39.

[3] 王新才. 图书馆需要什么样的人才？[J]. 图书馆建设，2020(6)：15-17.

[4] 马费成，李志元. 新文科背景下我国图书情报学科的发展前景[J]. 中国图书馆学报，2020，46(6)：4-15.

[5] 周文杰. 从多元异构走向融合归一——图情档新文科建设的趋向评析[J]. 情报资料工作，2021，42(2)：14-21.

[6] 金波. 紧抓新文科建设机遇　推动学科转型发展[J]. 图书与情报，2020(6)：6-9.

[7] 孙建军，李阳，裴雷. "数智"赋能时代图情档变革之思考[J]. 图书情报知识，2020(3)：22-27.

新时代地理信息科学专业教育的几点体会

林一帆

（武汉大学　资源与环境科学学院，湖北　武汉　430072）

【摘　要】随着自然资源部的成立，对地理信息相关行业的需求提升，如何在新时代下创新教学模式，提升教学质量，完善"大类平台+通识平台+专业理论+专业实践"的综合性地理信息科学本科教学体系建设，是当下地理信息科学专业教育的关键问题。本文以武汉大学资源与环境科学学院的地理信息科学专业培养为例，深入探究了当下专业教育的现状，讨论了其在理论与实践结合等方法上的优势，以及在线上线下混合教学、通识与专业教育平衡等方面的问题，并提出了切实可行的解决方法，助力于进一步提升地理信息科学专业本科教育水平，提升学生的地理信息专业素养与科研创新能力。

【关键词】地理信息科学；本科教育；综合培养

【作者简介】林一帆（2000— ），男，福建三明人，武汉大学资源与环境科学学院2018级本科生，E-mail：837095120@qq.com。

一、引言

地理信息科学专业建设主要依托地理学、测绘科学和信息科学等学科，具有综合交叉、理工并举的特点。面向规划、国土、测绘等自然资源管理需求和互联网地理信息服务发展，该专业旨在培养兼具地理信息科学基础知识（理学思维）与工程实践思维（工学思维），掌握地理学、测绘科学与信息科学等基本科学理论与工程技术方法，具有国际视野、人文情怀、创新精神的高级专门人才。[1]其专业应用领域更加广泛，该专业学生除了可以从事地理学相关的理论研究以及综合地理信息系统的应用开发之外，还可以广泛地参与到历史文化地理学、[2]区域经济学、[3]健康地理学、[4]生态学、[5]全球气候变暖[6]等方向的研究。而地理信息大数据时代的到来，也将推动数字地球、孪生数字空间等工程与技术的快速发展。[7]综上所述，地理信息科学的专业特点要求其专业教育需要同时注重通识领域知识面的拓广、专业知识的深入、技术实践能力的培养。

随着自然资源部的成立，对地理信息相关行业的需求提升，如何在新时代下创新教学模式，提升教学质量，完善综合性地理信息科学本科教学体系建设，是当下地理信息科学专业教育的关键问题。邓敏等在中南大学的地理信息科学专业建设中，探索了建设精品课程体系、全面提升教师技能、开拓全新培养模式的方法，并取得良好实践效果；[8]边馥苓则深入讨论了 GIS 课程体系以及人才层次定位问题，并提出在教育体制、模式和方法上的创新需求；[9]乐阳等则认为地理信息教学体系要适应融合性的研究趋势，提出了一种新的本科专业培养方案设计思路；[10]张新长等则对于慕课和翻转课堂等新兴的教学模式进行了实践探索；[11]任福等讨论了在新媒体语境下对学生空间思维培养的问题；[12]连达军等以"一干两轴三维"搭建了测绘地理信息类本科专业的人才培养模式，以优化教学资源配置，提高教学效率。[13]

武汉大学资源与环境科学学院涵盖地理学、环境科学与工程、测绘科学与技术、公共管理 4 个一级学科，是一个多学科交叉的综合性学院。学院开设地理信息科学专业，并入选首批国家级一流本科专业建设点，其本科生主要学习地理信息系统、遥感技术方面的基本理论和基本知识，接受应用基础研究和技术开发方面的科学思维和科学实验训练，培养良好科学素质。目前在武汉大学通识教育 3.0 的背景下，各院都逐步形成"通识平台+专业理论+专业实践"的综合性专业教育培养体系，资源与环境科学学院地理信息科学专业依照专业特点，发挥专业优势，进一步形成了具有专业特色的课程体系与科研竞赛实践教育体系。

本文在武汉大学通识教育 3.0 的背景之下，整理地理信息科学专业"通识平台+专业理论+专业实践"的培养体系，发现其结合专业特点形成的特色和优势；随后通过对专业在读学生的问卷调查进一步发现目前专业培养存在的挑战，并有针对性地提出若干建议。

二、武汉大学地理信息科学专业现状

武汉大学资源与环境科学学院地理信息科学专业"大类平台+通识平台+专业理论+专业实践"的培养体系，如图 1 所示。

具体而言，通过大类平台课程、跨学科课程与专业课程的要求统领"成才"教育，通过通识教育平台课程以及专业实践类课程统领"成人"教育，"成才+成人"教育共同培养兼具专业知识和人文素养，博学多识，具有更高发展潜力的高素质人才。

大类平台课程，塑造三观，巩固基础。思想道德修养与法律基础、马克思主义基本原理概论、中国近现代史纲要等思政课程，帮助学生提升思想水平和思维素质；C 语言程序设计，高等数学，线性代数等课程帮助本科生打好数理基础。

通识平台课程，博学多识，见多识广。在武汉大学通识教育 3.0 体系之下，学院培养方案中要求学生修读"人文社科经典导引"与"自然科学经典导引"两门必修基础通识课程，同时要求学生必修"中华文化与世界文明""艺术体验与审美鉴赏""社会科学与现代社会"相关模块的课程。在专业通识选修部分，学院开设了诸如"数据统计分析 SPSS""运筹学""健康地理学"等与交叉学科实践应用息息相关的课程。

专业理论教学，循序渐进，体系完备。学院对地理信息科学专业的专业课程培养设计开展遵循一套循序渐进的课程体系。

首先，从"地理信息科学概论"课程起步，建立初步认知。了解地理信息科学的定义；

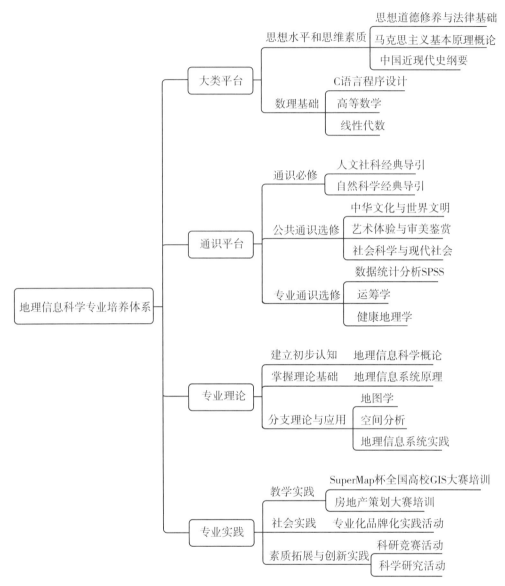

图 1 地理信息科学专业培养体系

回顾地理信息科学的发展历程；梳理地理信息科学的广泛应用场景与在辅助政府决策、提升大众智慧生活水平中的关键地位；聚焦专业前沿领域，从人工智能谈到智慧城市建设；放眼交叉学科发展，展望未来。

其次，通过"地理信息系统原理"课程，掌握理论基础。从栅格图像到矢量图像，再到矢栅转换与矢栅结合分析；从迪杰斯特拉最短路径算法，谈到拓扑关系与拓扑分析；从遥感影像地图，谈到空间数据集成的空间数据库……相比概论课程，更进一步打开地理信息科学理论的大门，帮助同学建立起科学的理论知识框架，为之后细分专业课程和分支理论的学习奠定坚实基础。

再次，进一步开展"地图学""空间分析""地理信息系统实践"等课程，落实到地理信息科学专业的分支理论与理论应用。掌握地图制图的规范，这是地理信息科学专业的基本功之一；打开 ArcGIS、QGIS 与 SuperMap 超图软件，看纸页上的公式如何完成地理信息的数字化处理；将椭球形的地球投影在纸面上，看不同投影方式下地图形态的千变万化……

最后，专业实践教学，将理论联系实际，综合锻炼提升学生的各方面能力。学院开展丰富多样的实践活动提升学生的动手能力，培养创新能力和思维能力。在教学实践上，学院开展庐山实习实践课程，同时在第三学期开设 SuperMap 杯全国高校 GIS 大赛培训和房地产策划大赛培训两门科研实训课程，为学生科研竞赛提供帮助；在社会实践上，学院鼓励本科学生积极开展与专业知识运用相关的品牌化实践活动，其中"一苇以航"水资源污染与治理情况调研活动，结合了学院地理信息科学专业与环境科学等专业的特色，获得了省级暑期实践表彰；在素质拓展和创新实践上，学院鼓励大家参与各类科研竞赛活动及科学研究活动，拓宽视野、丰富阅历，本科生曾获多项专业类赛事的全国一等奖。

综上所述，武汉大学资源与环境科学学院地理信息科学专业将武汉大学通识教育 3.0 背景下搭建的"大类平台+通识平台+专业理论+专业实践"的培养体系，赋予了地理信息科学的专业特色，较为丰富和完善，能够更好地助力本科生成长成才。

三、学习满意度调查

(一) 调查问卷设计

为了对地理信息科学专业的本科教育情况有更直观的认识，笔者获取了一手的数据进行更深入的分析，以期能够自下而上地发现目前学院地理信息科学专业本科教育所存在的问题和挑战，并有针对性地解决问题和提升本科教育质量。

问卷调研的调查对象：2017 级、2018 级、2019 级三个年级的地理信息科学专业本科生。

问卷回收情况如图 2 所示。

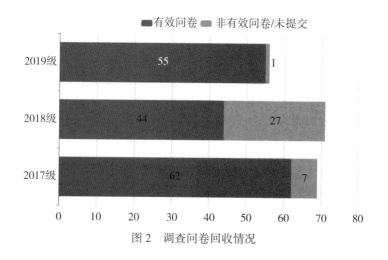

图 2　调查问卷回收情况

笔者共收到有效问卷 161 份，其中 2017 级 62 份，2018 级 44 份，2019 级 55 份，问卷回收率达 82.14%，数据具有分析价值。

整体的问卷框架如图 3 所示。

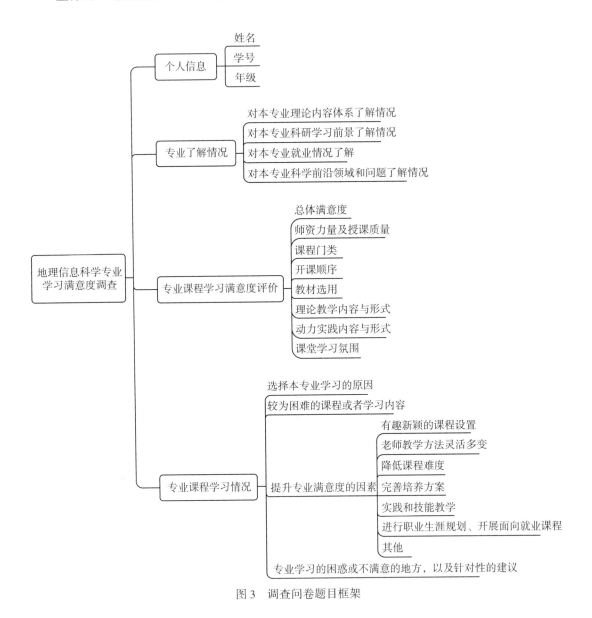

图 3　调查问卷题目框架

问卷主要从个人信息、专业了解情况、专业课程学习满意度评价、专业课程学习情况这四个方面对各级地理信息科学专业在读本科生进行调查。其中学习满意度评价通过四级量表形式调查，专业课程学习情况调查中设置了三个主观题以帮助笔者进一步了解学生的体会、需求和建议。

(二)结果与分析

针对专业内容、专业科研学习前景、专业就业情况及前沿趋势的了解情况的调研来看，随着专业学习的深入，年级越高的同学对于这几方面的了解情况越深。

我们定义"较少了解"为基本不清楚地理信息科学专业的专业内容、学习前景、就业情况与前沿趋势；定义"有一定了解"为了解相应内容，但是存在缺漏或存在知识性错误，基本没有清晰的专业理论框架；定义"比较了解"为基本清楚相应内容，但仍存在一定的知识局限，且并没有清晰的整体理论框架；定义"有充分了解"为充分清楚相应内容，尤其能够表达地理信息科学专业的整体理论框架，清楚专业前沿领域，并能对专业的交叉学科发展提出一定见解。

从整体比例来看，大部分同学是"有一定了解"或者"比较了解"，而"有充分了解"的同学较少。说明学院可以在专业认知和专业规划上多为同学提供帮助和了解渠道。

针对本专业课程设置、课程内容、学习情况的调研结果如表 1 所示。

表 1　　　　　　**专业课程设置、课程内容、学习情况的调研结果**

选项	非常满意	比较满意	一般	不太满意
总体满意度	28(17.39%)	82(50.93%)	47(29.19%)	4(2.48%)
师资力量及授课质量	57(35.40%)	81(50.31%)	21(13.04%)	2(1.24%)
课程门类	36(22.36%)	65(40.37%)	58(36.02%)	2(1.24%)
开课顺序	22(13.66%)	42(26.09%)	68(42.24%)	29(18.01%)
教材选用	35(21.74%)	75(46.58%)	46(28.57%)	5(3.11%)
理论教学内容与形式	51(31.68%)	80(49.69%)	29(18.01%)	1(0.62%)
动手实践能力与形式	44(27.33%)	76(47.20%)	38(23.60%)	3(1.86%)
课堂学习氛围	44(27.33%)	76(47.20%)	40(24.84%)	1(0.62%)

从表 1 中可以看出，地理信息科学专业同学对学院本科教学总体质量较为满意，对于"师资力量及授课质量""动手实践能力与形式"满意程度高，对于"教材选用""理论教学内容与形式"较为满意，对于"课程门类""课堂学习氛围"满意程度一般，对于"开课顺序"满意程度较低。后三类指标则是学院可以采取各类方法提升的方面，学校需要对课程门类和顺序设置，以及课堂学习氛围调动进行进一步的斟酌完善。

针对专业学习满意度提升的影响因素的调研结果如表 2 所示。

表 2　　　　　　**专业学习满意度提升影响因素的调研结果**

选　项	计数(比例)
有趣新颖的课程设置	74(45.96%)

续表

选　项	计数(比例)
老师教学方法灵活多变	76(47.20%)
降低课程难度	27(16.77%)
完善培养方案	83(51.55%)
实践和实习教学	103(63.98%)
进行职业生涯规划，开展面向就业的课程	93(57.76%)
其他	3(1.86%)

从表 2 中可以看出，大部分同学认为实践教学十分重要；职业生涯培训和面向就业类的课程应该更多的开设；课程的设置应该更加有趣；老师的教学方式可以更加灵活。

除此之外，同学们也对目前学院地理信息科学专业的本科培养方案，学习上的困惑或不满，以及对学院教学和课程设置等方面提出了建议。建议都聚焦于以下几个方面：其一，实践课程较为欠缺，无法更好地适应专业发展趋势或者就业趋势；其二，部分课程设置和顺序设置存在些许问题，需要更好地遵循专业理论发展的顺序或构建知识体系的顺序；其三，培养方案中存在部分课程理论知识或实习内容重复的现象。

四、几点挑战

虽然有较为完善的培养体系和框架作为支撑，但在部分细节层面或执行层面上，基于笔者自身的体会与问卷调查得到的结果，尤其是主观题部分各位同学所提出的方方面面的内容，我们认为目前学院的地理信息科学专业本科教育仍存在以下几点问题。

(一) 地理信息科学主干课程与相关专业课程的整合问题

在概论认知到基础理论再到分支理论的培养体系中，容易出现课程理论内容和课程实践内容不平衡的问题。

如 2018 级徐同学指出：地信班的学生对技能方面的运用不够，尤其是课程改革后，希望可以更加系统地学习课程。很多老师会觉得"同学们大三了还不会某种技术"，但是我们接触的编程课程较少，希望可以增加 Python 等相关编程语言的系统性学习。

2017 级高同学指出：我觉得在对于编程语言的学习上力度有些不够，就是在还没能掌握这项技能时，后期课程就开始要求进行系统开发，对于部分同学来说比较吃力，可能会打击学习热情。

目前学院的地理信息科学专业的课程更加偏重理论内容的学习，而对于一个以实践应用作为重要发展方向的学科而言，缺少理论联系实际解决问题的训练，易让本科生脱离实际，学生难以对未来的专业规划乃至就业规划有更加明确的认知。

(二)通识教育课程与专业教育课程的平衡问题

这个问题更加抽象的表达，就是处理专业深度与认知广度的本科教育平衡性问题。专业深度不够可能导致学生学艺不精，无法面对更加困难的专业应用挑战；而认知广度不够，可能导致学生无法将已有的地理信息科学的分析模型、软件工具等应用到更加实际的跨学科、交叉学科的专业问题之中。目前学院的专业本科教育更多倾向于将学科内容的广度呈现，而课程应用开发实践有而不精，缺少深度和对前沿理论知识的讲解等。

同学的反馈也证明了这一点问题的存在。如2019级王同学指出：专业分流后我们所学知识应该更偏向于专业性质，导论课大一时已经上过很多了。2018级都同学指出：可以设置一些接轨就业或科研的课程，也可以结合学生的广泛兴趣通力合作共创个性化课程；较无意义的通识课程如大物、无机及分析化学等的学分可匀给更有意义的专业课程。

(三)实践课程缺乏及时的更新

同学们对此都有较多切身的感受和体会。2017级廖同学指出：课程选用的教材和教授的很多内容有些落后，很多比较新的计算和处理方式没有纳入教学范围。2017级黎同学指出：可以将 GIS 的理论学习和基础编程课放在一起，GIS 进阶和编程进阶放在一起，并且插入工程学习，最后进行各种框架下系统的开发以及 WEBGIS，移动 GIS 延伸，少一点制图方向的东西，目前重复工作有些多。

总而言之，目前实践课程存在三个方面问题：一是实践课程的资料陈旧，可以根据专业前沿的变化和时代的变化对课程实习内容做进一步的更新；二是实践课程所采用的软硬件工具较为落后，可以应用更加先进和前沿的技术；三是较为缺乏对学生主观能动性的调动，完全统一的实践内容和题目，较难以适应当下纷繁复杂的地理信息科学应用场景。

(四)课堂形式较为单一，教学模式急需创新

目前学院的专业教学模式还是以传统的课堂教学以及在实验中心的实践教学为主，缺少其他的教学形式，如"慕课"等线上补充教学模式，以拓宽知识面或者深入学习专业知识，如"翻转课堂"的形式，让学生巩固知识的同时锻炼沟通与表达能力，如讲座和论坛在内的多种能让学生接触专业科研前沿理论和方法的途径。

同学们对此有诸多建议。2017级冯同学指出：应在大一、大二的时候开展就业教育指导，让学生找到自己以后的方向，是选择就业还是升学，而不是大家都随大流地去考研。2018级陈同学表示：学院以后或许可以在课程设置上多一些基础入门的课程。我同时也比较希望学院在选调方面，实习指导方面，能多开一些就业导向的活动，希望能够多解决一些与学生切身利益相关的问题。

五、几点建议

(一) 满足社会需求为目的的课程重塑

课程体系的进一步完善，要解决主干课程与相关专业课程的整合矛盾，要适应新时代下的社会新需求与技术方法的创新变革。在地理信息科学专业科学的知识体系框架下，经典的分支内容理论不可或缺的基础上，要进一步增加大数据、深度学习、科学可视化、虚拟现实和智慧计算等方面的新课程或新实践，一些具体运用于计算机视觉与自然语言处理的典型技术和方法，如目标检测、中文分词、网络爬虫、语音识别等也可以在夯实计算机应用开发的基础上进行进一步的延伸。

但同时课程的重塑，意味着对原有课程的全面梳理，梳理的内容不仅应包括课程的理论体系框架，还应包括课程相应的配套实习内容，以进一步平衡课程的量与质的问题。如地图学 A 与新媒体地图学在理论知识和实习内容上存在重叠，可以进行合理的取舍或者将课程合并，这样不仅能够减少已有的课程量以补充更需要的课程，使地图学的课程体系更加完善，同时还可以避免重复的理论知识学习和重复的课程实习。

(二) 平衡通识课程与专业教育课程，并提升学生的技术素养

地理信息科学是能够直接面向社会问题和社会需求的专业，运用技术解决问题的能力尤为关键，这就意味着在培养科学素养和人文素养的同时，技术素养的培养比重更应加大。学院应更多地利用前沿的，开源的学习框架和工具，使学生掌握新途径、新技术和新方法。通过具体的跨学科、交叉学科应用实践的方式，将通识学科内容融入其中。同时吸纳更多的社会和企业资源，构筑协同育人和产学一体的教学模式。

建议学院要时刻跟进课程更新的学习内容，不断评估课程的时效性和前沿性。同时教师自身也要有较强的自我更新意识。一方面，通识学科的内容可以融入专业课程的教学中而不必新开课程，如将景观生态学、社会分析学等理论知识和开源 WebGIS 的方法融入空间分析的课程体系中；另一方面，可以引入更多的资源参与到课程教学中来，如邀请遥感院的专家、自然资源部门的专家或者地信企业的技术负责人参与地理信息系统原理的授课，完善遥感、国土规划以及民生应用与 GIS 的相关内容，等等。

(三) 创新课程形式，跟踪教学状态

对教师团队展开培训，通过互联网应用改善教学条件，升级教学实践平台，充分利用"互联网+"开放课程，开展慕课、微课堂等；开展更多样的课程理论学习和实践学习内容，让学生有机会走出校园，走进实际的应用场景，走近社会前沿的专业应用，把理论教学和科研实践的课堂搬到社区，搬进合作企业；开展更加深入的师生教学互动，双向反馈，定期评估，多维质量监控，以评促教。

建议学院能够提出一个更全面的考核指标，包含课程体系、实习内容、教学形式与学

生反馈等诸多方面。但同时也要注意不要因为追求一个全面的考核方式而使教师和学生的负担加重，注重整体效益的平衡和多元的评价标准，更好地发挥教师与学生的主观能动性。

(四) 深化交流，拓宽国际化视野

学院应更加注重运用学生在学校第三学期的培养时间，进一步开展国内外的交流活动，通过引进论坛和讲座等形式，帮助学生更好地了解科技前沿的知识和提高学术水平。通过合作办学，推进高水平联合办学，选拔优秀学子参与国际交流活动；通过各类访学学习，促进科研团队与国际接轨，提高科研队伍综合水平；通过国际化实习实践项目，使学生的专业应用有更广阔的实践天地；参与国际化科研竞赛，展现学院专业教学风采的同时与各国优秀团队进行深入交流，促进认识与了解。

同时也应注意：其一，要充分考虑学生的学习情况。不能一味地硬性要求学生参与相关的活动或国际交流，应考虑到学生本身的时间安排、课程安排和学习进度，如不宜要求需要争取保研或者进行考研复习的大三学生参与活动；其二，对项目质量要严格把关，动态筛选，对学生反馈较好的项目可以继续推进，而对于整体反馈较差的活动要考虑放弃。

◎ **参考文献**

[1] 杜清运，任福，沈焕锋，等 . 综合性大学一流 GIS 专业建设的探索与实践[J]. 地理信息世界，2021，28(1)：2-6.

[2] 李凡 . GIS 在历史、文化地理学研究中的应用及展望[J]. 地理与地理信息科学，2008(1)：21-26，48.

[3] 杜挺，谢贤健，梁海艳，等 . 基于熵权 TOPSIS 和 GIS 的重庆市县域经济综合评价及空间分析[J]. 经济地理，2014，34(6)：40-47.

[4] 宋利娟，王莉 . 基于 GIS 的居民健康状况不均衡时空差异分析[J]. 中国健康教育，2021，37(1)：37-41，66.

[5] 王耕，苏柏灵，王嘉丽，等 . 基于 GIS 的沿海地区生态安全时空测度与演变——以大连市瓦房店为例[J]. 生态学报，2015，35(3)：670-677.

[6] 王莹，苏永秀，李政 . 1961—2010 年广西气温变化对全球变暖的响应[J]. 自然资源学报，2013，28(10)：1707-1717.

[7] 裴韬，黄强，王席，等 . 地理大数据聚合的内涵、分类与框架[J]. 遥感学报，2021，25(11)：2153-2162.

[8] 邓敏，陈杰，刘慧敏 . 中南大学地理信息科学专业建设的探索与实践[J]. 测绘通报，2021(7)：156-159.

[9] 边馥苓 . 我国高等 GIS 教育：问题、创新与发展[J]. 地理信息世界，2007(2)：4-8.

[10] 乐阳，李清泉，郭仁忠 . 融合式研究趋势下的地理信息教学体系探索[J]. 地理学报，2020，75(8)：1790-1796.

［11］张新长，箭鸽，王猛．地理信息科学基于慕课和翻转课堂教学模式的探索与实践［J］．地理信息世界，2021，28(1)：12-15.

［12］任福，唐旭，胡石元，等．新媒体语境下地理信息科学专业学生的空间思维培养［J］．测绘通报，2019(1)：159-164.

［13］连达军，张兄武，张序，等．测绘地理信息类本科专业"一干两轴三维"人才培养模式建设［J］．测绘通报，2016(10)：137-140.

新工科背景下多学科交叉融合的电气工程及其自动化人才培养模式研究

司甜芳

（武汉大学　电气与自动化学院，湖北　武汉　430072）

【摘　要】新工科是基于国家战略发展新需求相对于传统工科而言更符合时代发展需求的专业建设。新工科建设面临多学科交叉融合、跨学科发展等问题，目标是打通单一院系、单一学科、单一专业之间的壁垒，推动文科、理科、计算机等学科或专业与工科类专业的结合，其中也包括工科大类中的不同专业的交叉相融，实现学生思维、素质和能力的进一步提升。本文以武汉大学工科类专业中的电气工程及其自动化专业为研究对象，结合学校专业人才培养方案与目标、课程设置体系、教研团队授课方式等探讨了新工科背景下多学科交叉相融的电气工程及其自动化专业的人才培养模式。

【关键词】新工科；多学科交叉相融；电气工程及其自动化；人才培养模式

【作者简介】司甜芳（2002— ），女，安徽安庆人，电气与自动化学院 2020 级电气工程及其自动化专业本科在读，E-mail：2939107003@qq.com。

一、引言

新工科的提出和发展对现在的人才培养提出新的要求，要求以"互联网+人工智能"为核心，通过将云计算、物联网、大数据技术、智能制造、虚拟现实、区块链等新技术用于传统工科专业的提升，培养适应新经济需要、具有较强实践能力与创新能力、具备国际视野的复合型新工科人才。[1]新工科的主要特点为多学科交叉融合，旨在打破单一学科、单一专业之间的壁垒。所谓多学科交叉融合是指理工结合、工工交叉、工文渗透，在其发展过程中将会产生交叉专业，最终将培养能够跨院系、跨专业、跨学科的新时代复合型工程人才。

电气工程及其自动化专业在新时代对国家的发展具有重大作用。对于电能的使用更是推动一个国家成为工业强国的关键。近几年提出的智能电网、新时代乡村电气化、汽车电气化等都需要大量电气工程及其自动化专业方面的人才。为响应国家政策、满足行业需求，各高校也在积极探索新工科背景下的各种人才培养模式。

本文将以武汉大学电气工程及其自动化专业（以下简称本专业）为研究对象，深入探讨新工科背景下应该如何设置相应的课程体系，教研团队又该如何制定教学方案以保证学生在拓宽知识广度的同时也能保证专业学习的深度，新工科教育建设既是对学生能力的更高挑战，也是对授课老师的教学能力和教学质量把控能力的更高要求。其中教学师资力量又该作何调整和分配，最终教学效果如何检测和反馈都是本文的主要研究问题。

针对上述问题，本文以本专业为研究对象，结合学院现行的培养方案和教学方案的实践，探索在新工科背景下成果导向教学[2]的动态关系，以及以此为依据对新的人才培养方案和教学方案应该做出怎样的调整；然后根据现有的课程体系设置，从跨学科设置的角度，进一步探索在新工科背景下多学科交叉相融的课程设置应做出的调整。

二、多学科融合的新工科电气工程及其自动化专业课程体系建设

学院培养目标是旨在培养具有国际视野，强烈社会责任感和使命感，人格健全，具有创造、创新、创业意识和能力，掌握电工与电子基础理论、系统分析与控制理论、高电压技术、电力系统技术、电能变换技术以及计算机应用等方面较为宽广的专业知识和技能，能够从事电气工程和自动化相关领域的规划、设计、运维与管理工作的宽口径、厚基础、高素质、强能力的复合型专业人才。[3]据此，学院制定了相应的课程设置体系。

随着新工科教育的开展，多学科交叉融合成为人才培养模式中的一个关键指导。学院在设计课程体系或者人才培养方案时，要考虑到拓宽学生的知识面，即要进行一些适当的跨学科课程设置。学院遵循学校"创新、创造、创业"的教育理念和"宽口径、厚基础、强能力、高素质"的本科人才培养目标，合理设计通识课程教育，落实大学教育理念，在电气工程专业教育中坚持夯实学科基础、强化专业根本、引导专业方向原则，加强学生的工程素养教育。[4]武汉大学自 2020 年起开始实施工科试验班政策，即是对新工科政策的响应。电气工程与自动化学院、动力与机械学院、水利水电学院和土木工程学院四个学院联合办学，四个学院学生大一时所学课程均为基础课程，至大二再进行专业分流。大一课程主要包括高等数学、概率论与数理统计、线性代数、大学物理、计算机编程等基础学科，与之前课程设置不同的是将这些基础学科课程全部改为了必修课程，区别于之前部分是选修课程，甚至有的学院未开设其中的某些课程。随着近年来新技术的高速发展和广泛应用，新的学科不断涌现，各学科专业的范围不断融合，使得各专业的专业范畴边界不断漂移与变换，这是学科广度拓宽的重要体现。

在拓宽学科广度的同时，也要保证专业深度，努力在学科的广度和专业深度之间寻求一个平衡点。学生从大二开始具体学习电气工程及其自动化的专业课程，这就更能体现多学科交叉融合的优势。大一基础性学科的学习既是为后面深入专业课学习做铺垫，也对学生思维、能力和综合素质的提升具有极大帮助。学科交叉融合更有利于综合素质的提升。比如计算机编程知识可以在电气工程的科研中用于建立数学模型、解决实际问题；高等数学、线性代数的知识可应用于电气工程专业中的信号与系统、电路原理等课程的学习；人工智能与电气工程及其自动化专业结合对于智能电网的建立有重大作用。多学科交叉融合

关系图如图1所示。

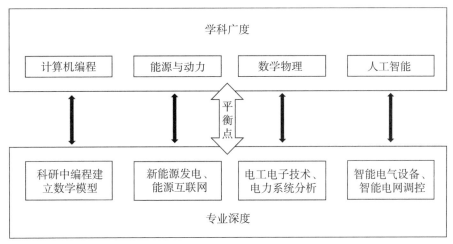

图1　多学科交叉融合关系图

在这个过程中遇到的一些主要的问题有：学生课程任务过重，接受能力有限，虽然所学学科很多，但是知识吸收效率不高，或者有的学生认为学科太多，时间有限，学的不深入等。针对这些问题，一方面，老师需要重新对教学质量、进度、考试难度等进行合理把控，另一方面，也需要给学生进行思想指导，让学生明白通过后续的专业学习，学生也要学会合理利用时间、学习资源等，在学科广度与专业深度之间寻找平衡点，培养自学能力，提升自我综合素质。

三、成果导向教学——教与学的动态关系与及时调整

国家提出的新工科战略要求我们在跨学科专业的人才培养过程中，应对各个工科专业在教育手段及教学方式上做相应改变，从基层教学管理者到学校管理层要统一思想，同步认识。[1]多学科交叉融合建设既应该渗透在人才培养方案中，也应该体现在教育手段及教学方式的改变上。在培养复合型人才的过程中，需要来自不同专业、不同学科的老师进行联合教学，兼顾本专业深度及相关专业的联系，拓宽学生视野并增加学生与相关专业结合的深度。针对电气工程及其自动化专业，除了本专业必修的电机学、电磁学等，还可以联合能源与动力、人工智能等专业的老师进行联合备课与授课，在与其他专业教师联合上课过程中，注重课程质量，提高联合效率与效果。在此过程中，老师可以通过课堂与学生交流互动、课后进行考试等方式检测教学效果，然后再以教学成果反馈为导向对教学方案、模式等进行调整，最后对检测成果再稍做调整，从而形成一个动态的良性循环过程。基于成果导向理论，教与学则能成为一个相互促进的动态过程。其动态关系图如图2所示。

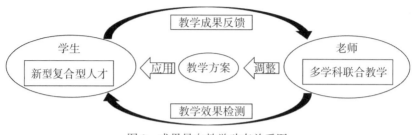

图 2　成果导向教学动态关系图

四、结语

新工科背景下的人才培养注重多学科的交叉融合，旨在培养满足国家战略需求的新型复合型人才。本文以电气工程及其自动化专业为例，结合武汉大学相关专业的培养方案与课程设置，探讨了以多学科交叉融合为指导课程设置的巨大优势，以及在新工科背景下新的课程设置与教学方案应当做出的调整，这必将对电气工程及其自动化专业人才培养具有重要意义。

◎ **参考文献**

[1] 司亚超，孙皓月，徐小君. 新工科背景下多学科交叉融合的人才培养模式研究——以计算机学科为例[J]. 中国多媒体与网络教学学报(上旬刊)，2021(4)：77-79.

[2] 王浩森，张礼刚，王树平，等. 新工科背景下多学科融合的教学方法——以电法测井教学为例[J]. 高师理科学刊，2021，41(4)：93-96.

[3] 武汉大学电气与自动化学院. 电气类专业培养方案[Z]. 2020.

[4] 查晓明，孙元章，陈厚桂. 基于教学团队运行的人才培养体系构建——武汉大学电气工程及其自动专业的本科教学实践[J]. 中国电力教育，2014(16)：26-29.

遥感学科混合实践教学的思考

——以数字测图与 GNSS 测量综合实习课程为例

王华毅

（武汉大学　遥感信息工程学院，湖北　武汉　430072）

【摘　要】"混合实践教学"，即用实践的方法开展交叉学科教学工作。本文基于数字测图与 GNSS 测量综合实习课程实例，从学生视角分析混合教学内容以及教学模式的科学性、合理性，从专业知识以及人生成长两个层面分享实践学习过程中的心得体会，最后针对本课程中存在的一些问题提出发展性建议。

【关键词】混合式教学；遥感实践；GNSS 测量；数字测图

【作者简介】王华毅（2002— ），男，江苏盐城人，遥感信息工程学院本科生。

2021 年 6 月 27 日至 7 月 11 日共 14 天时间里，作为一名遥感信息工程学院的大一学生，我怀着一份兴奋惊喜的心情参与了数字测图与 GNSS 测量综合实习课程学习。之所以感到"兴奋惊喜"，最主要是因为这门课程的前 9 天为户外实习，实习地点在湖北省应城市爱漫文旅小镇。相较于熟悉而热闹的武汉大学校园，应城市陌生又安静的乡村旷野气息更具吸引力，同时也更富有挑战性、趣味性。总体而言，这次实习的最终效果相当不错。我熟识的同学们大多顺利完成了各自的实习任务，对此次实习的评价也较为满意。

所以，我希望通过此次实习的亲身体验，"以小见大"——以数字测图与 GNSS 测量综合实习课程为案例，从中提炼出受益匪浅、值得借鉴的"混合实践教学"模式。此外，我也会依据学习本课程时的个人经历，针对实习课程中或许存在的问题，提出一些较为主观的看法与建议，仅供参考。

一、"混合式"教学发展背景

2018—2019 年，随着《教育信息化 2.0 行动计划》与《中国教育现代化 2035》等文件相继发布，国家积极推动"互联网+教育"发展，加快教育现代化。2020 年，在新型冠状病毒肺炎疫情蔓延的背景下，老师和学生通过各类网络平台进行线上教学，将网络技术与教学工作实际结合，进一步促进了"互联网+教育"发展。较多学者认为，以课堂教学和网络课程相结合的"混合式"教学，将会成为未来大学课程的主流教学模式。[1]

这类"混合式"教学，实质上是一种"线上线下"教学形式上的混合，我将其作为"混合"的第一层内涵。"混合式"教学的第二层内涵则为"理论与实践"相结合，通过这种形式能够更为有效地让学生掌握理论知识，提高对理论知识的应用能力。经过多数学者的实践论证，这种"混合式"教学在遥感、[2]计算机[3]等多种学科领域中均取得了良好的教学效果。

将"混合式"教学放在遥感等交叉学科的语境下，便衍生出"混合"的第三层内涵，即多学科内容间的交叉融合。[4]无论是在遥感原理与应用课程中，[5]还是 GIS 相关领域的课程中，[6]多数院校均成功开展了此类"混合式"实践教学，并形成了相对稳定的教学体系。[7]

二、实习课程综述

数字测图与 GNSS 测量综合实习课程主要面向大一学生群体，是遥感信息工程学院的一门平台实践必修课程，在学生心目中具有较高地位。本课程涉及了遥感原理（RS）、全球导航卫星系统原理（GNSS）、测绘学、数学等多个领域的相关知识，极具代表性地体现了遥感专业"学科交叉"的特点。[8]

课程内容按时间可划分为两阶段：从 6 月 27 日至 7 月 5 日为外业测量阶段，7 月 7 日至 7 月 11 日为内业数据处理阶段。其中，外业测量部分可按内容分为四大块：全野外数字测图、DOM 调绘、GNSS 测量、无人机影像数据获取。全野外数字测图部分所使用到的全站仪如图 1 所示。

图 1　全野外数字测图部分所使用到的全站仪

在课程实习过程中，我们亲身领略到了遥感这门交叉学科的魅力，感受到了混合实践教学过程的科学性与合理性。

三、混合实践教学中的学生体验

(一) 科学的混合教学内容

数字测图与 GNSS 测量综合实习，从课程名称上可以看出是两部分知识内容的综合。"数字测图"相关知识，在第二学期的普通测量学课程中已经讲授；而"GNSS 测量"的相关内容对于我们同学而言则是完全陌生的知识，需要在第四学期的 GNSS 原理课程中才会详细介绍。任课老师在解读本次实习课程教学大纲时谈道："前者是从认识到实践的过程，而后者则是从实践到认识的过程。"

虽然"数字测图"与"GNSS 测量"属于两门课程的不同知识，但是在这次实习过程中，多数同学并没有感觉两门课的知识点衔接生硬或者不自然。通过 GNSS 测量得到的控制点与检查点被应用于 DOM 影像纠正以及图像精度检查，最终实现了从前期无人机航空数据获取、DOM 影像生成，到中期 DOM 调绘、GNSS 测量，再到后期影像纠正、绘图处理、精度检查这一整套数字线划图制作流程的教学。

倘若老师们在课程设计时未能将这两门课程的知识点有机地统一到一门混合实践课程中，我们在学习时便难以掌握宏观一体化的遥感制图操作流程。所以，科学而合理的混合教学内容有助于使同学们明晰某一领域的知识具体应当应用于生产实践的哪一阶段，进而形成整体化的思维模式。

(二) 合理的混合教学模式

在具体教学模式上，老师们采取了"线上与线下相结合""户外与室内相结合"的混合教学模式。

先说"线上与线下相结合"，在本次实习中主要表现为软件操作讲解，如数据工厂 iData、Agisoft 等。在出发去应城市之前，学院组织了一次线下的课程内容讲解，陈老师、付老师分别对实习课程概况以及 iData 软件操作进行了讲解，但由于时间较短，多数学生难以在一堂课内完全消化一款软件的具体操作，基本上都是对 iData 的使用有了一个大致的认识，很多细节操作还有待强化练习。因此，考虑到同学们接受知识的实际情况，老师们后来又在 QQ 群内上传了官方 iData 教学视频，供大家下载后反复观看学习。经过前期课堂教学与群文件视频这种"线上线下结合"的教学方式，同学们最终能够较为熟练地使用软件了。

再谈"户外与室内相结合"，即前 9 天外业测量，后 5 天内业数据处理的教学模式。这样做的好处首先是使得大家外业实习的时间更为紧凑，避免了大量空余时间浪费；其次，集中进行内业绘图与数据处理有利于同学们集中反馈问题并解决问题；此外，"户外与室内相结合"在使得同学们放松身心、强身健体的同时，不至于过度辛劳，属于科学而合理的教学规划。

四、实习课程学习心得与感悟

(一) 专业知识方面

首先，这次综合实习对我最大的提升在于初步掌握了"宏观一体化"的遥感制图操作流程，并形成了整体化的思维模式。从前期无人机航空数据获取、DOM 影像生成，到中期 DOM 调绘、GNSS 测量，再到后期影像纠正、绘图处理、精度检查，每一项实习任务的操作流程、具体细节都能够了然于心。这得益于科学合理的混合教学模式。

其次，在这样一种"知识多维化"的实践中学习对我们同学而言大有裨益。通过此次综合实习，平台专业课程之间的壁垒被打破，各门学科的知识从互相独立转变为互相融合。以"全野外数字测图"这一部分为例，我们从全站仪中拷贝得到的数据文件为文本 TXT 格式，要想对数据进行批量操作的话，除了导入 Excel 表格编辑公式这种较为便捷的方法外，还可以在 Visual Studio 2019 环境下使用 C 语言进行文件读取和数据操作。相比于课堂上相对独立的知识学习过程，将各门专业课程的知识进行迁移并综合运用的做法能够更为快速地掌握书本知识的精髓。

再次，测量和制图相关操作更加规范化、专业化。比如，在全野外数字测图中，图根导线的附和不宜超过两次；计算坐标时，角度应取至秒，长度应取至厘米。[9] 又如在进行绘图操作时，若有两地物相重叠或立体交叉，则按投影原则下层被上层遮盖的部分断开，上层保持完整。[10]

此外，仪器操作和软件使用也越发熟练。还记得刚拿到仪器的时候，我甚至都不知道棱镜应该怎么使用，还傻乎乎地在无棱镜模式下用全站仪瞄准一根光秃秃的标杆进行数据采集工作。后来，在付老师的指导下，我们才知道原来可以将棱镜架设在三脚架和标杆上，这样便于望远镜照准，精度上也会有所提升。软件使用的提高体现在两个方面。一是学习了许多数据处理与绘图操作的专业软件，如 iData，GNSSpro，Agisoft 等；二是相关办公软件使用能力也得到了提高，比如 Office，Photoshop 等。

(二) 人生成长方面

在实习过程中，我们所有实习任务都是以小组为单位开展的。所以，要想圆满顺利地完成各项实习任务，团队合作能力、统筹规划能力显得尤为重要。

DOM 调绘是所有实习任务中相对辛苦的一项，需要每个组对一块 1000m×1000m 大小的区域进行勘探，勘探时主要记录地物类型和地貌特征。我们组测区的地物多为农田、菜地、湖泊、村落等，需要大家深入田野，穿行在田埂、泥路上。尽管任务较为艰巨，但是经过组内讨论规划后，我们将区域划分为三部分，合理规划了行进路线，从而大大减轻了工作量。调绘测区影像如图 2 所示。

图 2　调绘测区影像

除此之外，实习期间同学们表现出来的一些细节能够让我真切地感受到师生间的真情。比如，调绘途中会遇到很多泥地，不便行走，有些热心的同学就会自发组织大家统一购买雨靴；又如，在辅导员和老师们的提醒下，早归的同学会在餐桌座位上等待同桌的其他人到齐后再用餐，因实习任务而不能准点就餐的同学也会提前和他人说明情况，避免长时间等待。

从短期来看，专业相关知识、技能的提升能够使我们顺利通过某一门课程，初步掌握某几种方法，但从人生长远发展的角度而言，在实习过程中收获一份可贵的友情，锻炼自己人际交往的才干，学会互相帮扶，懂得团结合作也许更为重要。在未来的发展过程中，每位同学都会有各自所擅长的方向，在相互合作中取长补短、走向共赢是时代的必然选择。

五、实习课程中存在的问题与建议

在仪器使用教学方面，建议可以参照软件教学的方法，改进为"线下指导+线上视频讲解"的模式。老师们在室外使用仪器讲课的时候，由于同学人数较多，部分同学难以靠近仪器屏幕，听讲效果不佳。在此次实习过程中，我们队的付老师在几个小组间辛苦地来回走动，单独复述仪器部分的使用方法，最终才让大家能够得心应手地进行数据采集工作。倘若老师们能够提前近距离录制仪器操作视频并上传到群文件里，那么，同学们听完一遍现场教学，对操作有了基本的认识之后，再去看视频里的一些操作细节，此时就能轻松地掌握大部分内容了。

在全野外数字测图部分,由于首级控制点数量较少,很多小组的同学会早起"抢占"首级控制点。建议老师们布设首级控制点时,尽可能保证每一个测区内都有一个控制点用于架站,避免本组同学跑到其他小组去"借点"使用。同时,在控制测量部分,建议将图根控制点的检验作为一个必做环节,纳入成果报告。一些小组为了节省时间,未进行图根控制点检验,直到碎部测量开始后才发现前面图根控制点出了问题,这时候只能再重新架点,反而浪费了大量的时间。

在 DOM 调绘部分,学院下发的参考书中主要介绍了需要调绘哪些部分的内容,但是并没有具体说明像地物、地貌这些内容需要被调绘到怎样的详细程度。部分小组的同学一开始调绘时甚至还拿出微信识图把每个品种的树名记录下来,后来才发现并没有必要这样做。建议在调绘开始前发一份已经制作好的最终成图(mdb 文件),让同学们通过 iData 打开后大致浏览一下会常用到哪些地物,了解地物之间需要做怎样的区分,区分到怎样的详细程度。这样便于大家更有针对性地开展调绘任务。

数字线划图成果如图 3 所示。

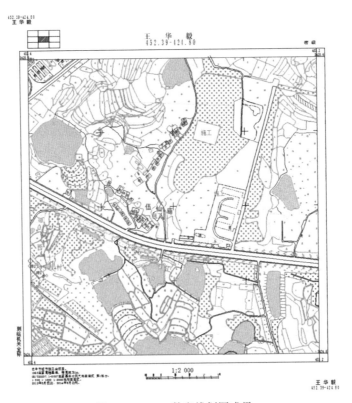

图 3 1:2000 数字线划图成果

六、实习课程对后续教学的影响

前文中谈到，关于"GNSS 测量"的相关原理，将会在后续课程 GNSS 原理与应用中具体学习。为了探究"本实习课程对于后续课程学习的影响和效果"，我就这一话题采访了几位大二年级的学长，并综合了他们的观点。

一方面，实践先导课程有助于梳理知识逻辑，理清知识脉络。从"控制点"和"检查点"数据观测，到控制网基线解算，最终到三维、二维平差及高程拟合。把这一系列的操作流程弄清楚以后，学生学习理论课程时，哪一章节对应于哪一部分的应用便能够了然于心。因此，这种实践先导课程对于理论学习大有裨益。

另一方面，实践课程极大增强了同学们对理论知识的学习兴趣。在采访过程中，一位同学谈道："经过暑假里的课程实践，我觉得在学习 GNSS 原理与应用课程中的观测方程、定位方法等知识点时尤为亲切，也更有信心和动力去学好这门理论课程。"

七、关于"混合实践教学"的创新内涵

在前面介绍"混合式"教学发展背景时，我将"混合"的内涵总结为三个层面，即"线上线下"相结合，理论实践相结合，多种学科知识相结合。本文的创新之处在于聚焦于"混合式"教学的实践部分，在遥感学科理论体系的语境下，分析其意义和影响。

从以往的"混合式"教学到本文中提出的"混合实践教学"，这一变化并不是原有理论体系下对"实践"教学部分的简单截取，而是强调突出了学生参与"实践"过程的价值，从而总结归纳出一种以"实践"课程为"枢纽"，贯通交叉学科教学理论体系的新型模式。这在原先的"混合式"教学过程中是鲜有的。

八、结语

关于"混合实践教学"，本质上是用实践的方法开展交叉学科教学工作。"混合"的优势在于知识范围广，易于形成整体上的认知，对于我们大一学生而言是一个拓宽视野的良机，但范围广的同时也会带来一些缺点，比如难以面面俱到，导致对很多专业知识仅仅是有了一个粗略的认识，形成一种粗糙的观念。而"混合"的这一缺点恰恰能够被"实践"的优点所弥补，"纸上得来终觉浅，绝知此事要躬行"，实践的过程使得课内知识得到复习与应用，从而加深了同学们对相关概念的理解。

综上所述，混合实践教学的思路值得借鉴。最后，感谢遥感信息工程学院开设了这门综合性实习课程，它在大一的最后时光里给予了我丰富的喜悦与收获，让我对未来三年的学习生活充满了期待。同时，我还想感谢参与本课程教学的各位老师以及与我一同学习课程并互相帮助的同学们，正是大家共同的努力才使得这门实习课程异彩纷呈。

◎ 参考文献

[1] 刘美玲，吴伶．"遥感地学应用"课程混合式教学模式初探[J]．地理空间信息，2021（2）：109-112.

[2] 沈焕锋，李慧芳，曾超，等．大类培养模式下遥感概论课程的教学内容设计[J]．测绘通报，2021(1)：148-151.

[3] 李建荣．线上线下混合式教学探索与实践[J]．教育教学论坛，2019(37)：164-165.

[4] 王丹丹，王跃宾．"遥感原理与应用实习"研究型教学模式探索与实践[J]．科教导刊，2021(20)：135-137.

[5] 方圣辉，张熠，潘励．国家精品课程"遥感原理与应用"创新教学实践[J]．测绘通报，2015(6)：127-130.

[6] 刘凯，曹晶晶，卓莉，等．遥感与 GIS 综合实践教学与科研训练教学改革探讨[J]．教育教学论坛，2018(11)：82-84.

[7] 李刚．武汉大学遥感信息工程国家级实验教学示范中心创新型实验教学改革[J]．测绘通报，2017(8)：138-141,149.

[8] 高旭光，施贵刚，廖振修．数字测图实习教学质量控制与成果评价体系的探索[J]．测绘与空间地理信息，2020,43(5)：27-29.

[9] 中华人民共和国住房和城乡建设部．城市测量规范[M]．北京：中国建筑工业出版社，2011：61.

[10] 中华人民共和国国家质量监督检验检疫总局，中国国家标准化管理委员会．国家基本比例尺地图图式第一部分：1：500 1：1000 1：2000 地形图图式[S]．2007-08-30.

教学模式改革之科教相长

梁竞艺　罗媛媛　韦清枫　雷慧妹

（武汉大学　基础医学院，湖北　武汉　430072）

【摘　要】 近些年来，高校教学与科研的平衡被严重打破，成为制约高校发展的一种突出矛盾。如何平衡矛盾，是所有教育者一直思考和探索的重要问题。本文将通过笔者自身所见所闻，结合本校现有的教学模式，简述基础医学专业的科研反哺教学、教学促进科研的教学现状。现有教学模式以本科教学为基础，强调科研创新反哺教学，把科研成果融入教学，及时更新更正教学内容，以教学成果启示科学研究，培养学生创新精神与实践能力。

【关键词】 教学模式改革；科研；数字化

【作者简介】 梁竞艺(2002—　)，女，汉族，河南平顶山人，基础医学院 2020 级基础医学专业本科在读，E-mail：2020305231014@ whu. edu. cn；罗媛媛，（2002—　），女，布依族，贵州贵定人，基础医学院 2020 级基础医学专业本科在读，E-mail：2576777845@ qq. com；韦清枫(2002—　)，女，壮族，广西贵港人，基础医学院 2020 级基础医学专业本科在读，E-mail：2020305231049@ whu. edu. cn；雷慧妹(2000—　)，女，壮族，广西南宁人，基础医学院 2020 级基础医学专业本科在读，E-mail：qiqikeli2021@ 163. com。

一、引言

随着高等教育从精英化向大众化过渡，大学课程在传授知识、指导实际应用、寻求创新突破之间存在脱节现象。例如，教学与科研在时间分配上相互矛盾，但在促进学生掌握知识上又相互依存，教师在人才培养的过程中，教授书上的内容是理所当然的，但如果完全脱离了科研，教师的学术水平提升有限，教学效果也会大打折扣。所以，除了教学外，也应该将科研中的成果引入课堂，实现科教相长。这样才能最终搞好教学，培养出符合社会需求的优秀人才。

教学是所有高校的第一要务，向学生传播知识，为学生奠定坚实的基础是教学的根本。在这个网络发达，知识飞速更新换代的时代，书本上的内容不足以满足现在的学生对知识的渴求，而科研不仅能够拓宽学生的视野，而且能及时更新过时的观念并且生产新的知识。教学和科研并不是两个完全独立的部分，而是相辅相成的，只有将二者结合起来，教学带动科研，科研反哺教学，才能发挥出二者的最大优势。本文将以武汉大学基础医学院现有的教学模式为对象，结合本专业的学科特点以及笔者自身的所见所闻，简述本院科研融入课堂的情况，展示相关科研教学平台的建立，科研相关活动开展的重要意义，并对本院做出的科研教学成果进行阐述，探索科研反哺教学的意义，希望可以助推科教相长的进程，加快学校培养人才的速度。

二、科研融入课程的情况

将科研成果融入教学不仅仅体现在课堂上展示最新科研成果，更体现在讲课过程中实时更新教材和授课内容，尤其是在有关生命科学的课程中，知识的更新迭代速度是极快的。在本院基础医学专业开设的课程中，基础医学导论是引领学生进入学习的重要课程，刘万红老师不拘于教材，邀请了不同领域的专家来给学生分享相关的研究课题与前沿成果，如刘胡丹老师讲解的癌症的新增特征，[1] 刘忠纯老师讲述抗疫中的心理救援故事以及如何对抑郁症进行精准治疗，[2] 章晓联老师分享的糖免疫学前沿研究概况以及病毒表面糖基化修饰在疫苗研发中的作用。[3] 学术与研究课上，老师先进行文献阅读技巧与方法的讲解，并通过学生分组讨论和自主展示的方式加深学生对文献的理解，同时把更多的时间用于自由探索。在细胞生物学，生理学，生物化学等医学专业课程上，老师首先提出教材上的内容可能是过时的观念，不让学生的思维被书本的知识束缚，同时，老师会在授课过程中为学生阐述某个领域的研究热点或者某个机制的前沿研究，如原核生物的 RNA 聚合酶中 σ 因子的重要作用。[4] 课堂上也会提出一些问题，引导学生去主动思考，激发学生的兴趣，使学生更充分地参与到课堂中。

三、科研教学平台及相关活动

在教学过程中，学院也增设了一些相应的数字化平台辅助教学。例如中国数字人，医学形态学数字化平台，实验室虚拟仿真游戏等，均对我们专业学习有很大的帮助。在中国数字人中，学生可以清晰地看到人体每个结构，并把它们分离出来，为我们学习相关知识提供了便利，而其相关数据也会随着相关研究的推进进行更新，紧跟科学研究的前沿步伐。在医学形态学数字化平台中，使用者可以看到各种高清的形态学切片，如组织切片，寄生虫标本等，这为使用者的相关研究提供了参考，同时平台根据使用者的反馈及相关知识内容的更新等及时更新数据，以便提高用户的使用感受。而实验室虚拟仿真游戏则是给使用者提供了一个在游戏中了解 P4 实验室使用流程的机会。类似的平台数不胜数，但总而言之，它们都是在现有研究的基础上，为使用者的相关学习与研究提供了参考，同时也根据使用者的需求及相关研究的深入而不断更新，使得教学内容更加生动形象，易于被学生接受。当然，除了此类线上平台，学院里也开设了相关的线下基地，如医学研究院，动物实验中心，病毒研究所等，都可以为师生提供科研和教学的平台，为学生和老师的实践操作提供机会，而且也有进行实地考察的相关基地，如血吸虫基地等。

学院还会邀请老师或在校同学分享其科研经历，同时，学院开设的学术讲座，既有利于学生了解科研生活，也有利于激发学生对相关研究的兴趣，推动学生在相关领域的研究进展，进而推动学生在相关领域的不断探索，达到教学与科研相互促进的效果。比如，汪晖老师在2021年度梦想课堂中与我们分享她的研究经历和科研生活及其意义。同时，大学生创新创业训练计划（简称大创）也是科教相长的典型体现。除此之外，学院还提供了许多的国际交流机会，例如此次武汉大学基础医学院与新加坡国立大学联合举办的"微生物组与癌症免疫治疗"交流项目，在向我们展示其研究成果的同时，也让我们了解了相关领域的前沿知识。

四、教学成果展示

学院在2016年增设了基础医学本科专业，并确立了小班化、个性化、国际化和导师制的"三化一制"的培养模式，已经毕业的2016级本科生取得的累累硕果证明了相关制度的可行性。学生兼顾学习与科研，在导师的指导和训练教育下取得不俗的成绩。不少同学曾参加过全国医学生创新创业论坛、全国大学生创新研究暨实验设计论坛等国家级大赛，也多次参加国际或国家级大型学术会议，积极开阔科研和国际视野，还前往北京可瑞生物科技有限公司实习，并在武汉大学中南医院开展3个月的科室见习，赴加拿大英属哥伦比亚大学（UBC）开展1个月的交流学习。并且2016级本科生无一人挂科，成绩优良率超过90%，可以说是科研反哺教学的优良典范。

目前来讲，本院2020级的科研实践机会还不多，但在今年的大学生创新创业训练计划中，也有同学共同申报了"湖北地区鼠携带沙粒病毒的分子流行病学研究"的项目，已经着手开展实验，并将于明年进行答辩。尽管明确2020级本科生还没有取得突出的科研成果，但相信在科研与教学的互相影响中，学生将不断领略科研的魅力，开阔眼界胸怀，逐渐加深学习兴趣，也会更加坚定投身基础医学科研事业的决心。

五、教科结合与科教相融的意义与展望

(一)正确处理教科关系的意义

1. 科研反哺教学有利于提高学生的专业知识储备，培养学生的科研能力，提高科研素养[9]

由于时间等各方面的滞后性，为确保科学的严谨性，教材的审核要经过相当长的时期，这导致了教材中缺乏最新的研究成果甚至可能存在陈旧观念，而科研反哺教学可极大地弥补这方面的缺陷，拓展学生的知识面。同时培养学生求真求是的学习态度，为学生今后的科研道路打下基础，同时激发学生对科研的兴趣，为学生今后的学习提供方向，提高学生的科研素养。并且导师制的实行可以让学生选择心仪的导师，根据自身的兴趣和能力

选择研究的方向。

2. 科研反哺教学有利于提高教师水平，不断突破自我

在教学过程中融入科研，要求教师拥有扎实的专业知识，时刻关注最新研究成果，不断补充教材中的缺失和疏漏。由于医学知识和技术一直在不断更新发展，教师对前沿研究的关注可以扩大学生知识面，并不单单局限于单一的教材知识，既保证了课堂的创新性，又促进了教师和学生的共同进步，达到教学相长的效果。

3. 科研反哺教学能加强教师科研队伍的力量，为我国的科研注入新的活力[10]

教师实验室基本由教师团体和学生团体组成，学生也是科研团队里的重要力量，本科生的加入可以为团队注入新生力量，同时新的成员也能带来新的思想，促使团队从不同的角度思考问题，可能得到意想不到的结果。同时，学生加入教师的科研团队也可以让教师接触到不同时代人的想法并了解到教学过程中存在的问题，有益于在课堂上及时更正，达到更好的教学效果。

科研反哺教学可以让基础医学甚至是临床医学的学生在本科生阶段就得到很好的科研实践，大大提高了学生的能力，有利于培养学生强大的人格，完善其理论基础。同时对于教师的教学和维持科研团队的活力具有重要意义，因此科研反哺教学对本科生具有重大意义。

(二)对科教相融的展望

本文阐述了科研反哺教学在课堂、学习平台、科研活动以及教学成果方面的创新与实践，并分析了科研反哺教学在提高学生知识储备、提高教师水平和加强科研团队力量中的重要意义。但学院在科研反哺教学方面仍有许多本文并未涉及的政策与措施，且科研反哺教学还有更深远的意义值得探索，希望未来能在教学模式以及意义方面有更多了解，以完善相关研究。

◎ 参考文献

[1] Hanahan D, Weinberg R A. Hallmarks of cancer: the next generation[J]. Cell, 2011, 144 (5): 646-674.

[2] Ramos M, Berrogain C, Concha J, et al. Pharmacogenetic studies: a tool to improve antidepressant therapy[J]. Drug Metab Pers Ther, 2016, 31(4): 197-204.

[3] Shajahan A, Supekar N T, Gleinich A S, et al. Deducing the N- and O-glycosylation profile of the spike protein of novel coronavirus SARS-CoV-2[J]. Glycobiology, 2020, 30(12): 981-988.

[4] Mazumder A, Kapanidis A N. Recent advances in understanding σ70-dependent transcription

initiation mechanisms[J]. J Mol Biol, 2019, 431(20): 3947-3959.

[5] 张艳, 姚琼, 沈为民, 等. 科教相长 优化结构 培养特色创新人才[J]. 教育教学论坛, 2016(26): 113-114.

[6] 刘玲, 武胜昔, 薛茜, 等. 科研反哺在神经生物学本科教学中的实践探索[J]. 基础医学与临床, 2021, 41(12): 1848-1851.

[7] 方利国. 浅析课程教学与教学相长[J]. 广州化工, 2014, 42(19): 190-192.

[8] 朱陈松, 朱昌平, 张晓花, 等. 加强管理学教学应用实践, 实现教学相长[J]. 实验技术与管理, 2012, 29(10): 146-149.

[9] 王峰, 陈雪芹, 陈健, 等. 科研带动教学、促进学生创新能力培养的教学实践——以哈工大微纳卫星学生团队培养模式为例[J]. 大学教育, 2020(3): 146-148.

[10] 张喜东, 王红艳, 姚爱林, 等. 基于科研促进教学的应用型工程大学教学初探——以热工课程为例[J]. 科教文汇(下旬刊), 2021(4): 81-82, 85.

国际化培养模式对护理本科生创新能力及临床思维能力的影响

耿 聪 罗轶青 谢田瞿 陈晓莉*

（武汉大学 护理学院，湖北 武汉 430072）

【摘 要】目的：从学生的视角对武汉大学护理专业改革后的创新型国际化人才培养模式的效果进行评价。方法：采用问卷调查法，招募自愿参与研究的武汉大学护理专业本科毕业生进行调查。结果：共调查了自武汉大学护理专业毕业的护理本科生 101 名，平均年龄为 26.81±4.66 岁，其中女性占比 84.2%；26 位从事临床护理工作的护理毕业生中，25 位均在三甲医院工作；93.1% 的被调查者认为本科阶段的培养模式对国际化视野有影响，其中 34.7% 的毕业生认为影响很大；调查对象的总体个人创新能力得分较高，为 3.89±0.44；被调查者的总体临床思维能力得分较高，为 3.58±0.53；国际化活动高参与度的被调查者的系统性思维得分高显著高于国际化活动低参与度的被调查者，且差异具有统计学意义（$p=0.042$）。结论：护理专业国际化人才培养模式取得了良好的成效，护理本科毕业生具有较强的创新能力及临床思维能力。

【关键词】国际化；培养模式；护理本科；能力

【作者简介】耿聪（1996— ），女，汉族，山东菏泽人，武汉大学护理学院 2018 级护理学硕士研究生，E-mail：gengcong@whu.edu.cn；罗轶青（1996— ），女，汉族，湖北武汉人，武汉大学护理学院 2018 级护理学硕士研究生，E-mail：593743952@qq.com；谢田瞿（1998— ），女，汉族，湖北荆州人，武汉大学护理学院 2019 级护理学硕士研究生，E-mail：xietianqu@whu.edu.cn；* 通讯作者：陈晓莉（1972— ），女，汉族，宁夏吴忠人，武汉大学护理学院教授，E-mail：846730310@qq.com。

【基金项目】武汉大学"十四五"规划前期研究课题。

一、引言

国际护士会（ICN）确定 2020 年国际护士节主题为"护理-世界健康"，体现了护理国际化的趋势，且为响应 2030 年跻身创新型国家前列这一目标，培养创新型国际化护理人才是护理学科的未来发展重点。[1]

在护理教育全球化的趋势下，国内外高等教育模式的构建研究成为焦点。国际化护理教育可能会占用大量资源，它涉及跨文化和语言方面的挑战，需要采用创新的教学方法，获得制度变革方面的支持，同时需要考虑如何实现最佳的学术质量及内容。[2]中国目前常用的国际化培养手段包括开设跨文化课程、增加国际交流项目，促使护理人员接受多种健康观念来满足社会需求，以达到维持整体护理的目的并且避免文化的不敏感性。[3]同样，在护理教学中引入模拟，采用发达国家的临床实习及授课模式等一系列措施，也在国际化教育中得到了一定的运用。[4]在国际化人才培养的研究中，对于课程的改革描述较多，但对于效果的评估较少，而且欠缺对于"临床思维"与"创新能力"方面的评估。

本研究旨在从学生的视角对武汉大学护理专业改革后的创新型国际化人才培养模式的效果进行评价，分析该培养模式对于学生创新能力以及临床思维能力的影响，为中国护理专业一流本科人才培养提供新的思路。

二、研究方法

(一) 调查对象

2020年3—5月，笔者采取目的性抽样方法，招募自愿参与研究的武汉大学护理专业本科毕业生参与毕业生信息调查。该校自2006年起开展创新型国际化人才培养模式改革，故本研究纳入标准为：(1)护理专业毕业生。(2)毕业年份为2010—2020年。(3)自愿参与该研究。排除标准为：问卷中超过20%未完成者将直接被剔除。同时，毕业后从事护理工作或继续攻读护理专业硕士及博士学位的调查对象被要求完成个人创新能力评估量表以及临床思维能力量表，共计46位调查对象完成该部分问卷调查。

(二) 创新型国际化人才培养模式

该校顺应社会发展要求和专业发展趋势，借鉴西方发达国家护理教育改革的成功经验，以实践创新能力培养为中心、以概念式教学为基础、以仿真模拟为桥梁，强调理论和实践的有机结合，构建了具有护理专业特色的课程体系。

1. 国际化培养方面

(1)设立英文专业课程教学。学习英语是发展学术研究能力的关键，是教育的核心组成部分。武汉大学护理学院的国际化措施之一是建设系统的英文护理课程。在护理本科生入学以后，学院通过英文面试检验其英语能力，并根据结果将学生分为国际班及中文班。国际班在护理学基础、护理计划与实施、护理研究、健康评估、人类发展、社区护理等多项专业课程中实施全英文教学，综合使用英文教材、英文教案、英文授课、英文考核完成知识及能力的训练。同时，学院针对全体护理本科生开展特色课程——专业英语，以提升学生专业领域英文水平，发展其英文阅读及表达能力。

(2)开展国际化活动。该学院与美国凯斯西储大学、北卡大学、夏威夷大学等建立了长期合作关系，每年会遴选优秀学生进行一到两学期的学术交流活动，促进学生国际化视野的发展。同时,学院长期聘请外籍专家为本科生授课,一方面引进国际先进的教育理念和教学方法,另一方面也对学院教师起到了示范作用。本科四年教学期间,大部分学生会拥有与外教面对面学习的机会。并且,学院多次开展学术交流活动,邀请国内外知名学者开设讲座,为学生提供获取专业发展前沿知识的机会。

2. 创新能力和临床思维能力培养

(1)开展概念式教学。武汉大学护理学院借鉴美国新墨西哥州护理教学联盟的概念式课程体系,于 2006 年起率先在国内实施概念式教学,逐渐形成了特色的护理教学体系。该校不再采用基于人群(妇女、儿童、老人等)和主题(内科、外科、妇产科、儿科等)的护理教学体系,而是基于概念式教学将内科护理学、外科护理学、妇产科护理学、儿科护理学、精神科护理学等专业课程进行结构重组及内容优化,融合各科要点形成护理计划与实施课程。该课程提炼出护理、照护、安全和舒适 4 个核心概念,将个体层面细分为生理、心理、社会功能以及发展 4 个层面,同时根据本科生的培养目标及护理教学内容,分别在每个层面中提炼出相应的概念(见图 1)。教师结合案例分析、小组讨论、角色扮演等以学生为中心的教学方法进行理论知识授课,帮助学生掌握所学概念的相关理论知识,鼓励学生运用 PPT 汇报、情景剧、视频多媒体、调研报告等多种创新方式进行理解并运用相关知识。

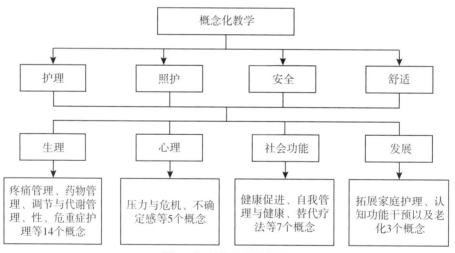

图 1　概念化教学结构图

(2)构建同步式教学模式。该校针对护理学基础及护理计划与实施课程构建了"理论教学—虚拟仿真—临床实习"三位一体的教学模式(见图 2)。教师借助 Blackboard 教学平台积极引导学生完成理论知识及临床技能的学习。学生完成学习后,首先会在实验室中进行模拟仿真练习,在虚拟临床环境中扮演"护士"角色处理实际问题,以锻炼护理技能及临床思维。模拟结束后,教师根据学生表现进行评估,评估合格者方可参加临床实习。在一周内,学生会在带教老师的指导下进入临床实践本周所学习的内容,学生被要求运用所学的知识、技能进行个案管理，并且在实习结束后完成概念图和个案概念报告的书写任务，以巩固学习效果，从而达到理论联系实际的效果。

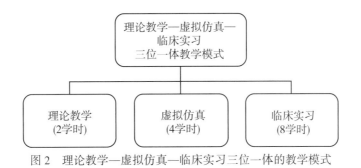

图2　理论教学—虚拟仿真—临床实习三位一体的教学模式

（3）发展仿真模拟培训。武汉大学护理学院在美国政府 ASHA 项目的资助下，建立了"模拟实验室与研究中心"以及"社区康复模拟实验中心"，引进了 SimMan 3G 高仿真模拟人以及 Vsim 虚拟模拟系统。同时，在查阅文献、专家咨询和教学实践的基础上，学院形成护理模拟案例设计标准化模板，并且发展了包含 198 例常见病、多发病的护理模拟教学案例库。护理本科生在护理计划与实施课程中，每周均需要参与一次模拟实验，学生被分为包含 6~7 位成员的模拟小组共同完成 3 个模拟场景。模拟案例教学的具体流程为：模拟开始前，护生在 15 分钟内完成讨论、分工及模拟准备，然后参与约为 15 分钟的模拟案例运行，并在模拟结束后完成约 30 分钟的引导性反馈。案例运行阶段由每组的 2~3 名护生作为"护士"参与者进行实际操作，本组其他护生在教室通过监控系统观摩，引导性反馈阶段则由全组护生共同参与。3 个场景可保证各组所有护生每周至少有 1 次机会作为"护士"进行模拟演练。通过仿真模拟临床案例，组织同学进行实操，并通过引导自我反思、同伴评价以及共同讨论来完善改进不足之处，以提高临床思维能力。

（三）调查方法

本研究采用问卷调查法，在取得调查对象同意后，使用问卷星完成在线调查，并要求参与者独立完成问卷。

1. 毕业生信息调查问卷

该问卷由研究组成员自行开发，以收集护理毕业生的基本信息，包含人口社会学特征（年龄、性别、毕业年份、最高学历等）和国际化活动参与程度高低评价标准：（1）有无出国学习交流经历。（2）有无参加国际学术会议经历。（3）有无参与国际专家授课经历。（4）是否是国际班。以上四个事件均无者的国际化活动参与程度低、有一到两项者的国际化活动参与程度中等、有三项及以上者的国际化参与程度高。

2. 个人创新能力评估量表

本研究采用刘艳[5]修订的个人创新能力评估量表。该量表包括创意产生及创意执行 2

个维度，共 12 个条目。采用 Likert-5 级评分，从"非常不同意"到"非常同意"依次计 1~5 分，得分越高表明个人创新能力越高，总量表 Cronbach'α 系数为 0.918。

3. 医学生临床思维能力评估量表

本研究采用宋俊岩[7]设计的医学生临床思维能力评估量表，包括批判性思维能力、系统思维能力、循证思维能力 3 个维度，共 24 个条目。该量表采用 Likert-5 评分，回答选项范围为"1 = 非常差"到"5 = 非常好"，得分越高表明临床思维能力越强，总量表 Cronbach'α 系数为 0.91。

(四)数据分析

笔者使用 SPSS 22 软件对研究数据进行分析。定性资料用频数和百分比(%)表示；定量资料采用均数和标准差($x\pm s$)进行描述性统计。并且 Kruskal-Wallis 检验及 Mann-Whitney U 检验被用于确定不同国际化活动参与程度对护理毕业生个人创新能力以及临床思维能力的影响，检验水准 $\alpha = 0.05$。

三、研究结果

(一)毕业生信息资料

本研究共调查了自武汉大学健康学院护理专业毕业的护理本科生 101 名，平均年龄为 26.81±4.66 岁，其中女性占比 84.2%。毕业年份分布在 2010—2020 年，超过半数的被调查者为近五年的毕业生。目前有 20 名护理毕业生正在就读护理学的硕士或博士学位，26 位正在从事临床护理工作；其余被调查对象目前已经脱离护理行业。具体见表 1。

表 1　　　　　　　　　　　　　　毕业生信息调查表

变量		$N(\%)$
年龄(岁)	均数(标准差)	26.8(14.66)
性别	男	16(15.8%)
	女	85(84.2%)
本科毕业年份	2006—2010	23(22.7%)
	2011—2015	14(13.7%)
	2016—2020	64(63.3%)
学习或工作状态	护理专业硕士/博士在读	20(19.8%)
	非护理专业硕士/博士在读	24(23.8%)
	临床工作	26(25.7%)
	非临床工作	31(30.7%)

变量		$N(\%)$
已获得的最高学历	本科	73(72.3%)
	硕士	28(27.7%)

(二)临床工作的毕业生情况

26 位从事临床护理工作的护理毕业生中，仅有 1 位在非三甲医院工作，其余 25 位均在三甲医院工作。12 位被调查者的聘用方式为合同制，另外 14 位被调查者的聘用方式为正式在编(见表2)。

表2 临床工作毕业生基本情况

变量		$N(\%)$
医院等级	三甲医院	25(96.2%)
	非三甲医院	1(3.8%)
技术职称	护士	10(38.5%)
	护师	9(34.6%)
	主管护师	6(23.1%)
	副主任护师	1(3.8%)
行政职务	无	20(76.9%)
	护士长	4(15.4%)
	护理部主任	1(3.8%)
	其他	1(3.8%)
聘用方式	合同制	12(46.2%)
	正式在编	14(53.8%)

(三)本科期间国际化水平

1. 国际化活动情况

在调查对象中，48 名为国际班毕业生，53 名为中文班毕业生。本科期间有出国交流经历的人数为 6 人(5.9%)。有 86.1% 的调查对象在本科期间未参加过学术会议，72.3% 的被调查者不同程度地参与过国际专家的授课。93.1% 的被调查者认为本科阶段的培养模式对国际化视野有影响，其中 34.7% 的毕业生认为影响很大。具体见表3。

表3　　　　　　　本科期间学生参与国际化教学与活动的情况

变量		N(%)
是不是国际班学生	是	48(47.5%)
	否	53(52.5%)
本科期间出国交流经历	有	6(5.9%)
	无	95(94.1%)
本科期间学术会议经历	无	87(86.1%)
	1次	12(11.9%)
	2次	2(2%)
本科期间国际专家授课次数	无	28(27.7%)
	1次	20(19.8%)
	2次	14(13.9%)
	3次及以上	39(38.6%)
认为本科阶段培养模式对国际化视野的影响	很大	35(34.7%)
	一般	53(52.5%)
	很小	6(5.9%)
	没有	7(6.9%)

2. 国际化活动参与度

依据国际化活动的参与情况(见表4),在毕业后从事护理工作或继续攻读护理专业硕士及博士学位的46位调查对象中,国际化活动高参与度的有3人,中参与度的有16人,低参与度的有7人。

表4　　　　从事护理工作或继续攻读护理硕/博士学位毕业生国际化活动参与度

国际化活动参与度	临床工作(n)	护理专业硕士/博士在读(n)	合计(n)
低	7	0	7
中	16	19	35
高	3	1	4
合计(n)	26	20	46

(四)护理国际化人才培养模式下的个人创新能力

如表5所示,46位调查对象的总体个人创新能力得分较高,为3.89±0.44。Kruskal-

Wallis 检验结果显示，不同国际化参与度的被调查者的个人创新能力的差别没有统计学意义。

表5   **不同国际化活动参与度学生的个人创新能力比较**

	低参与度 （$n=7$）	中参与度 （$n=16$）	高参与度 （$n=3$）	合计 （$n=46$）	K-W test	
	X±SD	X±SD	X±SD	X±SD	X^2	P
创意产生均分	3.90±0.51	3.90±0.49	4.17±0.56	3.92±0.49	0.037	0.831
创意执行均分	3.71±0.58	3.87±0.43	4.13±0.63	3.86±0.47	0.948	0.622
个人创新能力总均分	3.81±0.46	3.89±0.42	4.15±0.59	3.89±0.44	0.627	0.731

（五）护理国际化人才培养模式下临床思维能力

如表6所示，46位被调查者的总体临床思维能力得分较高，为3.58±0.53。Kruskal-Wallis 检验结果显示在系统性思维维度，不同国际化参与度的被调查者得分有差异，且具有统计学意义（$p=0.048$）。使用 Mann-Whitney U 检验进一步进行两两比较的结果显示，国际化活动高参与度的被调查者的系统性思维得分显著高于国际化活动低参与度的被调查者，且差异具有统计学意义（$p=0.042$）。

表6   **不同国际化活动参与度学生的临床思维能力比较**

	低参与度 （$n=7$）	中参与度 （$n=16$）	高参与度 （$n=3$）	合计 （$n=46$）	K-W test		M-W U-test
	X±SD	X±SD	X±SD	X±SD	X^2	P	P
批判性思维	3.21±0.76	3.68±0.58	3.92±0.62	3.62±0.63	3.318	0.190	
系统性思维	3.16±0.89	3.61±0.45	4.18±0.43	3.59±0.58	6.061	0.048	0.042 （高>低）
循证性思维	3.24±0.82	3.55±0.52	4.00±0.82	3.54±0.61	2.065	0.356	
临床思维能力总均分	3.20±0.82	3.61±0.41	4.06±0.57	3.58±0.53	3.864	0.145	

四、讨论

（一）国际化培养模式为护理学科建设输送多元化人才

本研究对护理本科毕业生现状进行调查发现，43.6%的毕业生目前仍在继续学业，处于护理行业的学生不足一半。在国际化的培养模式下，学生对于高等教育的重视程度较高，对于自身的择业或就读院校选择并不局限于护理专业，有更加广泛的选择空间。且该校现于临床工作的毕业生绝大多数选择三甲医院，其聘用方式超过半数为正式在编，综合工作现状可发现该校毕业生具有良好的后续发展潜力。护理国际化培养的模式不仅有助于学生多学科发展，且在本学科继续发展者后续都能进入三甲医院得到较好的发展，在学校深造和临床者又都是本学科的科研主力，可以说该培养模式为护理学科的科研学术和临床实践都输送了人才，促进了学科的建设。

(二)国际化培养模式提高整体教学质量，有助于护理学生的创新能力和临床思维能力的培养

1. 国际化培养模式有助于护理学生创新能力的培养

创新型护理人才是本科护理教学的重要培养目标，本研究对 46 名仍处于护理行业的本科毕业生进行创新能力的调查，其结果显示毕业生的总体个人创新能力处于较高水平。本研究中护理本科生的创新能力均分高于陆涵等人的研究中山东省某高校护理学院 132 名护理本科生创新能力的得分(3.89±0.44 VS 2.99±1.0)。[8]目前国际医学教育的趋势是将科研能力培养整合到本科教育中，本科生创新意识和科研能力的培养被视为高等教育的核心。[9]创新能力是人们运用已经积累的知识和经验，经过科学的思维进行加工和再造，产生新知识、新思想、新方法和新成果的综合能力。[10]该校的概念式教学将各个学科的护理知识梳理整合，课程设置的灵活性与程序性相结合，有助于建立有丰富内在联系的课程体系，从而促进学生创新能力的发展。[11]此外，有研究表明良好的护理实践环境有利于增强护士创新能力。[12]理论学习-实验室模拟-临床实践相结合的同步式学习为理论知识、护理实践之间的有机结合提供了可能性，这种连贯的课程体系使得学生的科研思维和创新能力得到系统性培养，学生被允许在临床实践的过程中去发现问题，启迪创意。

对不同国际化活动参与度的本科毕业生的创新能力进行比较发现，国际化参与度越高，创新能力得分越高，但三者之间的差异没有统计学意义。这可能是因为国际化程度更高的学生，通过参加国(境)外合作交流项目、外教课程、学术讲座等国际化活动，拓宽了专业以及科研学术视野，自身综合素质得到明显提升。[13]

2. 国际化培养模式可提高护理学生的临床思维能力

同时，参与调查的护理毕业生，均表现出良好的临床思维能力。武汉大学护理专业的创新型国际化人才培养模式为临床思维的训练提供了良好的平台。首先，模拟教学将基于系统的实践整合到教育环境中，并将患者置于医疗系统的核心，学生有机会在安全的环境中进行操作，全面地考虑临床情况并通过检查护理系统中各个组件的连接来动态地处理问题，以达到提升系统思维能力的目的。[14]此外，学生也需要在模拟中充分运用循证思维，准确地使用现有的最佳证据，结合专业技能并考虑患者的意愿以做出全面的判断，然后选择最合适的护理操作。[15]其次，概念式教学是一种将概念贯穿于理论及实践教学各个环节

的一种循证教学策略，在知识迁移方面起着关键作用。[16]研究表明概念式教学能够加深学生对健康模式的识别，帮助学生系统地管理知识，从而提高学生的评判性思维能力。[17~19]而同步式的教学方式，缩小了理论与实践的差距，使学生较早地进入真实的临床环境，在实践中不断学习新知识、新观念，对其临床思维能力的培养起到了重要的作用。[20]

与此同时，在不同程度国际化活动参与度的护理研究生的临床思维能力的比较中，国际化活动高参与度的被调查者比国际化活动低参与者的系统性思维得分更高。这可能是因为国际化活动高参与度的学生有更多机会以及更长时间的接触国际化的培训，学生对于教育策略的积极参与增进了其对系统思维的理解。[21]因此，后续的改革应进一步地增加国际化交流活动，提升学生国际化讲座的参与度。

(三)国际化培养模式下护理本科生国际化参与度有待提高

大多数仍处在护理行业的毕业生的国际化活动参与度处于中等水平，仅有4位毕业生的国际化活动参与度为高等水平，学院应考虑为学生提供更多的国际活动与渠道，提高学生国际化活动的参与热情，切实提升学生的国际化水平。

五、小结

总而言之，武汉大学的创新型国际化人才培养模式取得了良好的成效，特别是同步式教学模式和仿真模拟训练，有助于提高护理本科毕业生创新能力及临床思维能力；但在国际化方面可能需要加强英语课程建设和国际交流活动，提升学生参与国际化活动的热情。随着国际专业知识的增长和资源的允许，教育工作者可以寻求更多的国际合作机会，以实现教学目标，并且需要在确定学习者的相关能力之后促进进一步的课程改革。全球化正在从多个方向挑战护理教育，实施国际培养体系侧重于鼓励本地护理工作者与全球同行之间产生联系，以共同承担改善健康的重担。

◎ 参考文献

[1] World Health Organization. Nursing and midwifery key facts [EB/OL]. [2019-07-22]. https：//www. who. int/news-room/fact-sheets/detail/nursing-and-midwifery.

[2] Wihlborg M, Friberg E E, Rose K M, et al. Facilitating learning through an international virtual collaborative practice：a case study [J]. Nurse Education Today, 2018, 61：3-8.

[3] Almutairi A F, Adlan A A, Nasim M. Perceptions of the critical cultural competence of registered nurses in Canada [J]. Bmc Nursing, 2017, 16：1-9.

[4] 张英艳, 张海丽, 李强, 等."三导向"人才培养模式下国际化护理实验教学体系的实践与研究[J]. 中国高等医学教育, 2019(6)：73-74.

[5] 闫影, 刘艳. 应用型本科人才创新意识与创新能力培养的探索与实践[J]. 学理论, 2009(10)：157-158.

[6] 梁宇颂. 大学生学业自我效能感与心理健康的相关性研究[J]. 中国临床康复，2004，8(24)：4962-4963.

[7] 刘明. Colaizzi 七个步骤在现象学研究资料分析中的应用[J]. 护理学杂志，2019，34(11)：90-92.

[8] 陆涵，张芬芬，孙红妮，等. 护理本科生创新能力与一般自我效能感的相关性分析[J]. 卫生职业教育，2018，36(14)：27-29.

[9] 王冰飞，高倩倩，单金元，等. 护理本科生科研能力及科研困难现况调查分析[J]. 齐鲁护理杂志，2018，24：15-18.

[10] 雷琳，王壮，邹焕新. 谈本科生创新能力培养制度化建设的几点体会[J]. 高等教育研究学报，2009，32(2)：93-94，97.

[11] 毕明霞，王若维，林辉，等. 护理本科生创新能力培养探讨[J]. 全科护理，2015(24)：2420-2421.

[12] 宫莉，刘巧美，相月芹，等. 护理实践环境对临床儿科护士临床创新能力的影响[J]. 中华现代护理杂志，2020，26(25)：3516-3520.

[13] 邹海欧，郭爱敏，李玉玲. 护理本科生科研创新能力培养的探索与实践[J]. 基础医学与临床，2020，40(2)：278-280.

[14] Sanko J S, Gattamorta K, Young J, et al. A multisite study demonstrates positive impacts to systems thinking using a table-top simulation experience[J]. Nurse Educator, 2020, 46(1)：29-33.

[15] Foronda C L, Hudson K W, Budhathoki C. Use of virtual simulation to impact nursing students' cognitive and affective knowledge of evidence-based practice[J]. Worldviews on Evidence-Based Nursing, 2017, 14(2)：168-70.

[16] 杨冰香，夏双双，蔡纯，等. 美国新墨西哥州护理教学联盟概念式教学介绍及启示[J]. 护理学杂志，2017，32(3)：91-95.

[17] Kantor S A. Pedagogical change in nursing education：one instructor's experience[J]. Journal of Nursing Education, 2010, 49(7)：414-417.

[18] Getha-eby T J, Beery T, O'brien B, et al. Student learning outcomes in response to concept-based teaching[J]. Journal of Nursing Education, 2015, 54(4)：193-200.

[19] Duncan K, Schulz P S. Impact of change to a concept-based baccalaureate nursing curriculum on student and program outcomes[J]. Journal of Nursing Education, 2015, 54(3)：S16-S20.

[20] 张青，裴先波，罗先武.《护理学基础》理论结合早期接触临床的同步式教学方法的效果探讨[J]. 护理研究，2011，25(31)：2902-2903.

[21] Janet M. Phillips, Ann M. Stalter, Mary A. Dolansky, et al. Fostering future leadership in quality and safety in health care through systems thinking[J]. Journal of Professional Nursing, 2016, 32(1)：15-24.

"新文科"建设背景下哲学学科实践问题探讨

覃颖琪

（武汉大学　哲学学院，湖北　武汉　430072）

【摘　要】 在新时代的背景下，为适应党和国家事业的发展需要，高等教育的培养受到国家和社会的重视。高等教育要培养对时代有用的人，哲学学科不应沉溺于"哲学无用论"中逃避应负的社会责任。加强哲学实践，是哲学学科顺应时代发展的要求，也是破除"哲学无用论"最为直接有力的办法。

【关键词】 哲学无用论；哲学实践；"新文科"建设

【作者简介】 覃颖琪（1998— ），女，广西柳州人，武汉大学哲学学院本科生。

2021 年 4 月，习近平总书记在清华大学考察时重点强调："党和国家事业发展对高等教育的需要，对科学知识和优秀人才的需要，比以往任何时候都更为迫切……我国高等教育要立足中华民族伟大复兴战略全局和世界百年未有之大变局，心怀'国之大者'，把握大势，敢于担当，善于作为，为服务国家富强、民族复兴、人民幸福贡献力量。广大青年要肩负历史使命，坚定前进信心，立大志、明大德、成大才、担大任，努力成为堪当民族复兴重任的时代新人，让青春在为祖国、为民族、为人民、为人类的不懈奋斗中绽放绚丽之花。"[1]大学是育人之所，培养什么样的人是大学立命之所在。绝大多数学生必然会从高校走向社会，因此，大学的培养不能脱离社会现实。对青年的较低要求是能够适应社会，而较高的要求是要做一个对社会有用的人、一个对国家和民族有贡献的人。

一、破除哲学无用论

哲学专业的学生总是存在着"哲学有什么用"的疑问。新生入学时向老师发问，学习哲学有什么用？家长发问，学习哲学毕业后能做什么工作？招聘面试时，面试官发问，哲学专业的为什么来竞聘这个岗位？从新生的疑问，到家长的担忧，甚至是用人单位的质疑，似乎"哲学有什么用"这一问题在提出时就隐含着哲学无用的信念。哲学是否是无用的呢？在面对这一问题时，常常有人说，无用之用方为大用，但何为大用却并未解释。赵林教授认为，哲学是致知之学，不是致用之学，哲学本身就是目的，大谈哲学之用，是哲学的悲哀。[2]苏德超教授指出，哲学无用论的流行与朴素工具思维模式有关，哲学也许不能满足朴素工具思维模式所要求的生物本能的欲望，但也许哲学能够满足被朴素工具思维模式所遗忘的高阶的欲望。[3]

自然科学所研究的是自然规律和现象，研究的是物。自然科学研究的成果用于改善人们的生活及环境，是将规律为人所用、物为人所用。哲学更多的是研究人，研究人的思维、人与自然的关系、人与社会的关系等。自然科学研究成果在被实现之前，人们就不能利用成果所揭示的自然规律，不能正确或高效地使用被自然科学所研究的物。哲学的研究则与自然科学的研究不同，完全不了解哲学的人同样也能思维、能处理人与自然的关系、能处理人与社会的关系。这就使得人们认为，自然科学是有用的，而哲学是没有用的。但这一认识却并不是正确的。哲学真正的作用被忽略了，哲学将人自身及人与外界的联系变成自觉的，哲学分析和研究人们的下意识或无意识，剖析人们日常生活中所忽略的东西。对于一个需要吃饭的人来说，了解消化系统的工作原理似乎是没有用的，但当这个人吃坏东西时，关于消化系统的研究就十分重要了。同样，当人自身及人与外界处于和谐的状态中时，哲学看起来是没有用的，但当人的精神、人与自然、人与社会发生矛盾，需要通过研究而解决矛盾时，就不能说哲学无用了。

以上关于哲学无用的讨论，都是观念上的，而最为彻底地破除"哲学无用论"的方式是实践。当哲学真真正正"用"起来时，自然不会再去问哲学有什么用了。而哲学"用"起来的可能性，自马克思以来，哲学就已不仅仅是致知之学而开始实践了——"哲学家们只是用不同的方式解释世界，问题在于改变世界。"[4]

二、"新文科"建设引领哲学学科实践

2018 年，中共中央在文件中提出要努力发展"新工科、新医科、新农科、新文科"，即"四新"建设。文科在国家战略中并不是无用的，教育部 2020 年的《新文科建设宣言》中明确地指出了文科教育对于时代的重要性。文件指出，哲学社会科学的发展水平与国家综合国力、发展水平密切相关，为提升国家文化软实力、增强国家综合国力，新文科的建设责无旁贷。同时，文件强调"新文科"建设中培养人的重要性，并指出"新文科"建设应当培养怎样的人："面对世界百年未有之大变局，要在大国博弈竞争中赢得优势与主动，实现中华民族复兴大业，关键在人。高等文科教育作为培养青年人自信心、自豪感、自主性的主战场、主阵地、主渠道，坚持以文化人、以文培元，大力培养具有国际视野和国际竞争力的时代新人，新文科建设任重道远。"

(一) 哲学学科当代实践的重要性

实践一般指的是通过人力劳动，对一定的原料进行加工为产品的过程。由于具体的实践具有一定的特殊性，因此能够分为各种不同的实践，既可以是物质生产实践，也能是社会实践、经济实践等。大学的教育本身也是一种实践，大学对学生进行培养、教育，对学生进行有计划、有方向、有目标的改造，大学教育是将学生改造为具有更高水平的道德修养、知识素养、专业能力的个人的过程，是一种教育实践。从这一方面来看，哲学学科首先具有教学育人的实践功能。作为一个大学教育的学科，尤其是作为基础学科的哲学学

科，对学生的培养是十分重要和必要的，不仅要培养哲学家，也要培养受过哲学训练的其他人。

武汉大学哲学学院在"教与学的革命"的背景下，对本科生培养方案进行了探索和改革。目前哲学专业本科生分为四个班级：哲学强基班、哲学博睿班、国际班和宗教班。哲学强基班依托教育部开展的"强基计划"，以学研结合、学科交叉、课堂内外"教与学"的新模式，培养服务于国家战略的青年学生；哲学博睿班以"广博"为培养导向，以"中西贯通、史论结合、原典研读、学科融合"为培养理念，致力于培养具有基本哲学素养的青年学生；国际班培养方案重逻辑、层次分明、核心突出、灵活多变却又有系统性，培养形式与国际教育模式接轨；宗教班以社会宗教文化现象为研究内容，以宗教中国化为研究方向，培养熟悉宗教理论、信教群众、宗教工作的青年学生。每一个班级设计，既能够培养从事哲学研究的专业人才，又能发挥基础学科的优势，培养具有哲学思维、哲学方法的有更多潜在发展方向的人才。

如果说大学是一座象牙塔，那么哲学就是象牙塔的塔尖，是最为远离俗世生活的地方。部分做哲学研究的学者和学生，都不愿意离开哲学的高度，去讨论现世的问题，似乎这样做了，就不够哲学了。但哲学的问题就是从现实中来的，无论是怎样抽象的哲学，其中都反映了一定的现实问题，都具有一定的时代性。哲学的发展也离不开与现实的结合，苏格拉底讨论的哲学问题与今天哲学学者所讨论的问题似乎变化不大，但今天的哲学仍然因为时代的变化而较以往的哲学而有进步了。哲学与现实并不是割裂的，相反，哲学因为与现实结合而富有生命力。在"新文科"建设中，要培养的是服务于国家、服务于社会的人才。而只有通过实践，才能全面、深刻、感性地认识和了解国家和社会；只有通过实践，才能将学科优势转化为对现实有益的行动，实现对现实的改造。由此可得，哲学的实践对于书斋中的学者来说也是有必要的，更毋论那些以哲学学院为平台，未来具有更丰富的可能性的人才了。

哲学实践除了对接受哲学教育的个人有重要作用之外，对于其他学科也有着重要的作用。从方法论的角度来看，具有哲学思维的方法论能够给予其他学科研究相应的思路和支持，对其他学科具有普遍的指导意义，例如逻辑的方法、矛盾分析法、历史的研究方法、分析的研究方法等。以辩证法为例，恩格斯在《自然辩证法》中论述了哲学与自然科学的关系。自然科学是研究经验的领域的科学，自然科学通过研究积累了大量的数据和材料，而自然科学要上升为理论，取得理论上的突破，则需要将所掌握的数据和材料整理起来，从数据和材料中找出内在的联系，总结出该领域的规律，而这些是运用与经验思维不同的理论思维才能够实现的。理论思维并不是与生俱来的，理论思维是在哲学学习中培养起来的，因此哲学对于自然科学的研究是必要的。从哲学关注的问题来看，传统哲学探讨世界，也探讨人自身，以及人与世界的关系，近代以来的哲学关心社会及人与社会的关系。哲学所关注的问题几乎涉及其他学科的问题领域。19世纪的物理学革命，电子的发现震荡了整个物理学界，而对于原子是否可分问题的讨论，在古希腊哲学家德谟克利特处就能找到。因此，如果科学家们对哲学史有足够的了解，就能在其中得到有益的启示。

哲学实践对于国家重大战略的实施也有着重要的作用。教育部、财政部和国家发展改革委在 2020 年制定的《"双一流"建设成效评价办法（试行）》中第二章"成效评价重点"的第六条强调："学科建设评价，主要考察建设学科在人才培养、科学研究、社会服务、教师队伍建设四个方面的综合成效。"在具体要求中，又强调了社会服务评价、文化传承创新评价和国际交流合作评价。这三个评价都离不开实践，而这三个评价也是哲学学科能够完成，也需要去完成的服务和实践。社会服务要求高校建设成果转化，要求学科服务国家重大战略发展需求，要求学科围绕国民经济社会发展情况加强重点领域学科专业建设和人才培养。哲学学科是把握时代精神的学科，是能够把握时代问题、反映时代问题和回答时代问题的学科，因此，为使哲学研究成为真正有生命力的哲学，不能忽略社会服务的诉求，而社会服务的诉求，也不能不重视哲学的观点和洞察力。文化传承创新要求传承严谨学风和科学精神、中华优秀传统文化和红色文化。哲学学科的理性精神是传承严谨学风和科学精神的基石，中国哲学在传承中华优秀传统文化中的作用不言而喻，而马克思主义哲学则能更深刻地理解红色文化、更生动地传播红色文化。哲学是具有世界性的，哲学所思考的问题是全人类的共同问题，是超越国家、超越民族的。因此，哲学学科在促进和实践国际交流合作中是具有先天优势的，进一步说，哲学学科、哲学问题的研究和发展也能够推动国际的交流与活动。

哲学学科在迎来新时代的中国中，在"新文科"建设中是有用的，是被要求进行实践的。哲学学科加强实践教学，既是时代的要求，又是哲学学科本身的要求。只有通过实践，才能彻底而又直接地破除"哲学无用论"。

(二) 加强哲学学科实践办法的设想

1. 加强课程内容与现实问题相结合

将现实问题融入教学课堂。在课堂内容中增加现实实例，把现实事例穿插入教学之中，加强哲学问题的现实感，加深学生对哲学问题以及现实问题的认识和理解，在现实问题中学习哲学。在哲学课堂中思考和讨论现实问题，以哲学的智慧，解答时代问题，为现实问题提出新思路、新方案、新创想。在哲学课堂中加强学生对时代的责任感，引领学生担负起时代责任，使其所学所思紧系国家发展，关注人民幸福生活。

2. 构建跨学科合作平台

构建跨学科合作平台及机会。以问题为导向，加强哲学学科与其他学科的交流与合作。在交流对话中，研究哲学学科的学者及学生认识和了解时代科学的最新发展，把握时代的精华；其他学科的学者及学生，在认识哲学，与哲学对话的过程中，跳出固有思维模式，为问题的思考及解决路径打开思路。

3. 加强学科实践引导

创造学科实习实训机会。增加学习实训在课程教学中的占比，既要读万卷书，也不可废行万里路，逐渐破除唯理论的教学方式。学院加强实习实训建设，根据学科及学生需求，与社会机构进行合作，建设多个实习实训基地，为学生进行学科实践提供场所。推动校外导师的设立，邀请各行业中的杰出校友作为在校学生的职业导师，传授学生必要的职业知识、职业技能及职业素养，为学生提供活生生的学科就业实例。举办知识学习之外的多样的讲座和经验分享，如职业生涯规划、简历撰写等。

4. 鼓励学生自主进行学科实践

肯定学生的学科实践成果。坚决破除"唯论文""唯学历"，引导学生走出 GPA 至上的怪圈。对学生的学科实践进行考察和评估，对优秀的学科实践进行表彰及宣传，鼓励学生积极自主进行学科实践探索。增加学科实践在学生成绩评估中的占比，对于优秀的学科实践，应在评优评先、评选奖学金及推免时酌情予以加分。设立社会服务及社会实践要求时长，将学科实践纳入教学方案，要求学生均进行一定的社会服务及学科实践。

◎ 参考文献

[1] 习近平在清华大学考察时重点强调的内容[N]. 新华网，2021-04-19.

[2] 赵林. 哲学的用处与哲学的灵魂[J]. 中国大学教学，2007(11)：4-7，2.

[3] 苏德超. 哲学无用论为什么是错的？[J]. 四川师范大学学报(社会科学版)，2018，45(4)：14-21.

[4] 马克思恩格斯文集[M]. 北京：人民出版社，2009：502.

[5] 习近平在科学家座谈会上的讲话[N]. 新华社，2020-09-11.

[6] 陈先达. 哲学社会科学的作用和学者的责任[J]. 中国社会科学，2004(4)：4-12，205.

网络教育资源在高校历史学习中的运用探讨

孙 琳

（武汉大学 历史学院，湖北 武汉 430072）

【摘 要】现代科学技术的发展和其在社会各个领域的广泛应用，既向高校历史教育工作提出了手段现代化的要求，也为学生进行历史学习提供了新的方法。随着互联网的普及，数据库检索、网络慕课学习、纪录片观摩、公众号文章阅读等网络手段依托强大的数据平台、多样化的呈现方式、无时空限制的便捷操作成为历史教育、学习的重要实现路径。探讨网络教育资源在历史学习中的运用情况，对高校历史教育工作丰富输出手段、提升内容供给、构建学习引导体系具有重要意义。

【关键词】历史学习；网络资源；高校；学习引导体系

【作者简介】孙琳（1999— ），女，汉族，山东莱阳人，硕士在读，武汉大学历史学院学生，研究方向为中国专门史，E-mail：1187594586@ qq. com。

网络教育法是指根据网络以及人们在网络领域的思想与行为特点，为网络教育目标的实现、内容的传播、任务的完成，所采用的方式、程序和手段的总和。互联网已经成为当代大学生获取信息、社交生活的重要平台。大学生思想和个性活跃，他们的世界观、人生观、价值观、学习方式、思维习惯等都会受到网络的影响，发生或多或少的变化。互联网这一平台逐渐受到高校教育工作者的关注，网络教育资源在高校历史学习中发挥着越来越大的作用。党的十九大以来，网络教育资源的运用越来越受到重视，李克强总理在全国教育大会上鼓励各级各类学校与时俱进，创新教育理念和人才培养模式，发展"互联网+教育"。要办好继续教育，加快学习型社会建设，充分发挥互联网功能，拓宽学习渠道，创造人人皆学、处处能学、时时可学的环境。网络教育资源融合多媒体手段，囊括历史学习的诸多门类，满足多样化、自主化、碎片化的学习需求。顺应时代发展潮流和满足学生多样化学习需求的网络教育资源在高校历史学习中的运用规模逐渐扩大，影响力也逐步增强。

一、网络教育资源在高校历史学习中的运用现状

目前，多样化的网络教育资源在高校历史学习中逐渐崭露头角，传统课堂讲授中逐步融入新兴媒体手段，网络教学平台建设不断建立完善，网络教学人才培养问题得到重视，

网络教育资源更加丰富。

数据库是历史学习应用的重要网络教育资源，中国基本古籍库、中国历代石刻史料汇编、鼎秀古籍全文检索平台等数据库满足了学生对学术检索的需求，也方便历史学研究者阅读相关史料，使文献来源渠道更加通畅。除数据库外，"两微一端"的网络资源在高校的历史学习中也发挥着重要作用。"两微一端"即微博、微信和客户端，这些新媒体平台的建设满足了学生碎片化阅读的需求，帮助学生更好地了解学术前沿动态，及时获取讲座、学术论坛等一手资料。以学科微信公众号为例，历史学研究通讯、澎湃私家历史、历史学研究等公众号具有极高关注度，文章浏览量也逐步呈现上升趋势。史学数据库及"两微一端"等新兴网络平台利用即时性、便捷性优势，丰富学生的历史学习渠道。

除新兴媒体平台外，网络慕课、纪录片、文化综艺等融媒体也在高校历史学习中发挥了重要作用。超星学习通和哔哩哔哩平台中的历史类慕课播放量激增，部分名家的慕课广受好评，不仅丰富了历史专业学生的学习素材，也带动了社会人士学习历史、了解历史的积极性。习近平总书记在致第二十二届国际历史科学大会的贺信中指出："重视历史、研究历史、借鉴历史，可以给人类带来很多了解昨天、把握今天、开创明天的智慧。所以说，历史是人类最好的老师。"十八大以来，各类历史相关的文化纪录片、文化综艺层出不穷，"我在故宫修文物""国家宝藏"等成为人民大众喜闻乐见的学习历史的新途径。作为教学主体的学生通过融媒体的运用，可以更好地发挥主动性、积极性，自主地参与到历史学习中。

二、网络教育资源在高校历史学习中的运用案例分析

超星客户端是为期刊编辑部提供的可用于学术资源"域出版"的唯一移动出版平台，也是为移动终端用户提供的集阅读、科研、学习、交流、管理等用途为一体的现代化综合移动服务终端，包括文献、图片、音频、视频、论坛和授课等多媒体互动功能。学习通App 内的资源，总体偏理论学术方向，对大学生的历史通识教育及专业教育都有所裨益。同时，作为辅助教学平台，学习通还可以提供签到、作业、通知、主题讨论、问卷、投票、随堂测验、抢答、作业互评等功能，使课堂在线教学更高效、反馈更及时、评价更精准。在高校历史通识教育中，引入学习通 App 的网络教育资源，可以极大地丰富学习内容，更好地检验学习成果。

MOOC，即 Massive Open Online Class，译作大规模在线开放课程。具有学习内容范围广、空间开放性强、便携易得、使用成本低的特点。MOOC 承担了部分知识传播的功能，并且具备低成本以及无时空限制等诸多优势。此外 MOOC 还拥有规模化的教学优势，同学们可以通过 MOOC 观看各类学术前沿讲座及各高校的历史精品课程，从而实现教学资源的有效共享。以武汉大学历史学院潘迎春教授的简明世界史为例，目前已有近 2 万人次通过 MOOC 平台完成相关学习，对历史学习的推进具有重要意义。

三、网络教育资源应用于高校历史学习的意义

网络教育资源应用于高校历史学习，是历史课程教学实现改革的方法路径，更有利于引导学生在纷繁芜杂的网络生活中明确核心指导思想，对高校历史教育工作丰富输出手段、提升内容供给、构建学习引导体系具有重要意义。

(一)有效增加内容供给，丰富相关故事案例

网络教育资源囊括诸多门类，开设诸多频道及专栏，拥有大量权威的教学资料、当前的研究前沿内容，更新及时，理论思想全面。既丰富了信息来源的渠道，也实现了内容供给多元化、学科门类齐全化。融合文献资料、影音纪录片、展馆参观等形式，全方位地提供相关学习素材，同时，相对于传统的"照本宣科"的填鸭式学习，网络教育资源改变了传统课堂教育乏味刻板的固有印象，具有知识性、思想性的同时，也兼具趣味性。慕课、纪录片、博物馆线上参观等文化频道，将"思政课程"与"课程思政"结合，有效整合传统媒体领域中的历史学教育及网络媒体中的学习资讯，使其成为学生学习的"第二课堂"，提升历史学教育的社会实践性与有效性。

(二)没有时空限制，合理利用碎片化时间，有效开展自主学习

传统的高校历史学教育，主要通过教师在课堂上授课的方式进行。在这一过程中，学生主要是被动地接受知识的灌输，需要大块的课程时间，缺乏自主性和积极性。因此传统课堂往往授课方式并不是很理想，经常出现学生课堂上只注重笔记记录、缺少理解归纳等情况。依托网络教育资源，可以突破时间、空间的限制，学生可以随时随地通过手机、电脑等设备进行自主学习，也可以利用课余的碎片化时间学习，在阅读公众号文章、观看相关慕课视频中紧跟前沿，充实自我。通过网络教育资源的筛选，学生也可以自主选择自己感兴趣的板块内容，满足个性化需求的同时也可以提高学习效率。由此可以激发学习者参与历史学习的积极性与主动性，进而养成自主学习的意识，丰富自身的知识结构体系。

(三)推进高校历史学习、教育工作开展路径的创新，促进历史教育工作队伍建设

习近平总书记在网络安全和信息化工作座谈会上指出："可以发挥互联网优势，实施'互联网+教育'、'互联网+医疗'、'互联网+文化'等。"网络教育资源在高校历史学习、教育工作中的使用拓宽了学科学习培养的开展路径，有效利用了网络媒体等新兴手段，推动高校历史学习教育的长远发展。同时，网络教育资源的广泛应用推进了新媒体和历史教育工作队伍之间的融合，实现了二者之间无障碍交流和高效衔接，新媒体技术人才融入历史教育工作队伍，体现了高校教育工作队伍的多元化构成，高校历史教师利用网络教学资源规划教学设计、教学模式及教学内容，有效提高了课程的趣味性和吸引力。

四、网络教育资源应用于高校历史学习的问题

网络教育资源应用于高校历史学习，丰富历史学习内容供给的同时，不可避免地带来了相关的问题。教学成果无法有效衡量、师生交流减弱、可能出现的"泛娱乐化"等问题也制约了网络教育资源的有效运用。

(一) 网络教育资源重教学内容呈现，轻学习环境设计

大部分网络课程仍强调"教"，强调知识的传授，一进去就开始知识教学，而没有给予一定的情境导入。无法让学习者进行小组协作、角色扮演、讨论、问题解决学习。学习者在学习时，只能被动接受教学内容或去讨论组发表自己的一些看法。师生交流减弱，教育过程中的师生互动性下降。高校传统课堂中，由于平时成绩的存在，师生之间会进行相应地互动交流，学生的课堂参与度大大提升。应用网络教育资源，师生之间的有效沟通频率及深度都会受到一定程度的影响。大部分学生缺乏主动性，即使遇到问题，也鲜少自觉寻求老师的解答。网络教育资源带来时空便利、缓解教师教学压力的同时，也减少了学生和教师之间交流的机会，师生之间逐渐缺乏互动性，也没有充分体现学习者的主动性。

(二) 网络教育资源的教学效果无法有效衡量，纪律涣散等问题时有发生

相较于课堂学习，运用新媒体手段进行历史学习更加依赖学生的自觉性和主动性。学生的学习态度成为影响学习成果的重要因素，部分学生学习纪律较为涣散，出现一次性补刷"慕课"等情况。此外，相较于传统课堂，网络教育资源的教学成果无法进行量化考核，只能作为教学补充手段，由学生依据自己的个人兴趣进行选择性学习了解，无法进行广泛应用。

(三) 网络教育资源可能带来泛娱乐化等不良影响

历史不能任意选择，也无法改变。如何对待历史，是一个关乎民族过去、现在和未来的严肃问题。习近平同志指出，"对历史，我们要心怀敬畏、心怀良知。"学习历史是十分严肃的事情，当下与历史学习有关的网络教育资源良莠不齐，部分文化综艺及非官方公众号的文章中，不可避免地出现了泛娱乐化等不良倾向。部分文章打着"还原历史""反思历史"的幌子，用歪曲的历史观重新解构中国历史上特别是近代史上的英雄人物，消解人们对历史的正确认识，没有牢牢坚持历史发展的主题和主线、主流和本质，这些对高校历史学习教育工作的开展具有极大的负面影响。

五、网络教育资源应用于高校历史学习的改进建议

网络教育资源应用于高校历史学习的过程中，应充分发挥自身的内容优势、便捷性优势，取其精华、去其糟粕，合理规避问题，推动构建历史学科的学习引导体系。

首先，高校要推动建立合理的历史学教育课程体系，有效利用网络教育资源内容供给方面的优势，培养学生使用积极性。高校应通过制度规范的方式，提升老师、学生对网络教育资源的重视程度，处理好传统教学课堂与新媒体平台之间的关系，引导学生通过网络教育资源平台提出与课堂相关的问题或者利用新媒体网络资源完善当前课程的教学内容，加大网络课程与传统课程的协同力度，使网络教育资源真正成为高校历史学习教育的重要组成部分。

其次，高校教师应提升网络教育资源的运用意识，转变传统教学理念，切实加大培养学生历史素养的力度。鼓励学生参与到历史学习网络教育资源的内容生产领域，使学生将对历史学科内容的理解应用到网络新媒体平台的产出中，并将点击量与分享量渗透到学生评价体系中，使学生在获得成就感的同时，深化对所学知识的认识。在鼓励学生参与内容生产领域的同时，加强与学生间的互动交流，通过言传身教等方式予以引导，形成良好的交流氛围，也进一步带动提升社会对历史学习的关注，形成良好的社会效应。

最后，对学生个人而言，要发挥主动性，积极利用网络教育资源开展个性化学习；要提升对网络教育资源的辨别能力，充分利用数据库、慕课学习等积极向上的学习资源，从历史学习中汲取经验的智慧；要有效甄别错误史观、错误倾向的传播平台与路径，增强全面、历史、辩证地看待和分析历史的能力。

随着信息技术的发展，融合传统媒体与新媒体、自媒体优势的网络平台方兴未艾，充分利用好相关的网络手段，让传统教育和网络教育资源相结合，有利于充分发挥学生作为教学主体的积极作用，促使历史学科的教育改革的不断深入，深度契合高校"三全育人"工作体系。

◎ **参考文献**

［1］朱国仁．筑牢民族复兴的基础工程——学习习近平总书记关于建设教育强国的重要论述［J］．人民论坛，2019(6)：13-15．

［2］习近平．习近平致第二十二届国际历史科学大会的贺信［J］．中学历史教学参考，2015(17)：1．

［3］袁松鹤，刘选．中国大学 MOOC 实践现状与共有问题——来自中国大学 MOOC 实践报告［J］．现代远程教育，2014(4)：3-12．

［4］曾凡梅，魏延．基于问题的碎片化学习模式探究［J］．成人教育，2018(2)：15-18．

［5］王作冰．人工智能时代的教育革命［M］．北京：北京联合出版公司，2017．

［6］王雷．社会教育原理［M］．北京：中国社会科学出版社，2015．

［7］郭文革．中国网络教育政策变迁［M］．北京：北京大学出版社，2014．

推进专业内涵发展，提升专业建设质量

——国际化与知识经济背景下经济学专业建设与人才培养

王 熙 胡 晖

（武汉大学 经济与管理学院，湖北 武汉 430072）

【摘 要】专业是高等教育与人才培养的基本单元，加强专业建设，是适应新时代对人才的多样化需求，提升高校办学质量的必然路径。在当今国际化与市场化背景下，培养适合新的时代发展需求的人才是高等教育的题中之义，更是专业发展"航标"。本文立足于国际化与市场化的宏观背景，明确"推进专业内涵发展，提升专业建设质量"的含义，探讨专业发展与建设的重要性和意义，以及如何培养出能够适应与改变新环境的人才。

【关键词】专业建设；国际化；知识经济；人才发展；经济学

【作者简介】王熙（2001— ），女，汉族，湖北宜昌人，武汉大学经济与管理学院2019 级经济学基地班本科在读，E-mail：1181475686@ qq. com；胡晖（1981— ），男，汉族，湖北武汉人，武汉大学经济与管理学院副教授，博导，武汉大学经济发展研究中心主任助理，经济系副主任，湖北省"楚天学者"，武汉大学"珞珈青年学者"。主要研究方向为产业经济与政策（能源与环保产业、产业绿色发展），E-mail：huizai1368@ 126. com。

一、推进专业内涵发展，提升专业建设质量的含义

（1）推进专业建设与发展，首先是专业自身各项资源与设施的建设与完善。优秀的学术资源、良好的学习环境是创造出浓厚学术氛围的必要条件，也是专业建设的核心。任何先进的专业教育都是建立在丰富的学术资源与先进的设施之上的。在此基础上，打造良好的学习氛围，创造更多的学术机会以便专业内部交流与外部沟通是实现专业内涵发展与质量提升的必由之路。经济学是研究理论的学科，推进理论与实践相结合，创造更多实践机会，让经济学理论更好地指导实践，在实践中不断发展完善经济学体系，是经济学专业发展的必然要求。结合经济学一流本科专业建设相关要求，深入分析和探讨如何建设面向未来、适应需求、引领发展、理念先进、保障有力的专业，培养出适应国际化与市场化的人才，不断提升建设质量十分重要。

（2）推进专业的建设与发展，不仅是本专业自身的完善，更要与其他专业融合发展，

培养出思维具有发散性的多元化人才。这不仅是专业发展的路径，更是知识经济时代人才发展的方向。积极研讨如何以新文科建设为着力点，打通学科、专业之间的壁垒，推动文、理、工、医相融合，开展更大跨度的学科专业交叉，实现学生思维、素质和能力的进一步提升，无疑具有重要意义。

（3）人才培养是专业建设与发展的第一要务，在人才的选拔、培养上，深入研究如何结合学生自身的情况与客观实际需求，如何让学生充分利用优秀的教育资源积极主动地参与学术研究，最大限度地发挥专业资源的作用是推进专业发展与人才培养融合的必由之路。此外，要在教学过程中帮助学生合理规划学习生涯与职业生涯，找准自己的定位，明确自己的需求，实现因材施教，人才差异化、多元化发展。根据社会对人才的需求进一步探究如何优化培养方案，合理确定基础课程与专业课程、必修课程与选修课程、理论教学与实践教学的比例，加强课程体系、教学内容、教学方法和手段等方面的改革与建设，体现专业教育的先进性和科学性。

二、专业发展与建设的重要性与意义

从整个宏观背景来看，专业是目前高等教育的基本单元。在信息化与知识经济时代，在当今国际化与经济全球化背景下，加强专业建设是提升中国国际影响力与竞争力的必然要求，优秀的专业有助于吸纳全世界各地的人才，集思广益，促进中国高等教育与经济学的持续发展；而人才是知识经济背景下最具活力和生命力的因子，人才的聚集对中国经济的可持续健康发展以及现代化建设有不可估量的正面效应。从学术角度来看，良好的专业建设有利于形成专业化、系统化、科学化的研究体系与学科体系，不断发现研究与学科建设中的不足，促进学科与专业可持续发展。从人才培养与发展来看，专业实力与人才培养质量相辅相成，优秀的专业建设有利于人才的培养。

当前，我国一流本科专业建设环境下大学生国际化能力培养还面临一定挑战，具体表现在以下方面：一是培养大学生国际化能力的教育观念较为落后，二是学校国际化师资力量建设不完善。[1]

三、加强专业建设的措施

针对当前国际化与知识经济背景下我国高校专业建设出现的问题，学校与学院作为培养大学生国际化能力与学科融合能力的顶层设计主体，要将国际化人才教育与多元化人才教育渗透到人才培养实践活动的方方面面。在当今经济全球化与国际化深入发展的大环境下，学生的多元化发展与国际化培养已成为当今高校教育与专业建设的必然环节。

从经济学专业建设来看，加强专业建设，首先，要完善相关学术研究设施，不断引进相关学术资源。经济学是一门社会科学，其最早形成完整的体系，并被纳入科学的范畴是在国外，对于国内外优秀的学术资源，我们要充分引进并加以利用，并在此基础上不断推陈出新。其次，经济学是一门系统的、体系化的学科，对于各个领域我们都应该有所涉及，然而由于资源的有限性而无法做到每个领域都精通，因此国内在专业建设时应在各高校中合理分配资源，充分利用各高校的优秀资源，形成各具特色的专业研究。尤其应该推动各高校不同优势专业之间的交流，推动学科融合发展。再次，考虑到经济学的起源以及国内外研究的差异，应加强国内外沟通交流，通过期刊、座谈、论坛等形式，不断创造条件加强学术交流，这样一方面研究学者们可以在沟通交流的过程中各抒己见，求同存异，共同推进经济学发展；另一方面，通过讲座等形式有助于拓宽学生接触顶尖学术资源的渠道，使学生可以更加形象地了解到各项学术理论，也有助于激发其主动学习的积极性，营造高校良好的学习氛围。国际化背景下，各项资源都是可以流通的，消除学术资源流通壁垒，创造更加开放包容的学术研究环境是推动经济学专业持续健康发展的必然要求。最后，理论联系实际是经济学研究的目的，经济学是研究理论的学科，但是其最终目的是指导实践，是为实际服务的，脱离实际的理论研究是没有任何意义的，加强经济学理论与经济社会互联互通，让理论更好地落到实处才是研究的意义所在。

从学科互通性来看，在知识经济时代，如果学科研究仅限于本学科内部，其发展空间必然大大受限甚至会脱离实际。经济学是一门社会科学，其研究的灵感与依据都来自现实生活与经济社会，社会中包含的内容是广泛的，涉及的学科是多样化的。学科的交叉性研究，可以推动不同专业的资源在研究过程中互融互通，促进各个领域研究学者不断交流，从而可以推动经济学的外延发展，拓宽经济学的边界，也可以促进其他学科的发展。学科交融来源于实际需要，最终也以解决实际问题为目的，经济学在发展过程中已经在不断地与其他学科融合，形成了一些独立学科，如统计学、计量经济学，等等。此外，学科交融不仅是学科发展的需要，更是人才培养的需要。在当今国际化与市场化背景下，所需要的人才绝不仅仅是单一的理论性人才，而是能够应用各项研究方法研究不同问题，深入经济生活的方方面面的人才。

从人才培养来看，要想保证经济学持续健康发展，人才的选拔、培养、发展都是不可或缺的环节。新文科建设重在人才培养体系的构建，[2~3]在知识体系上具有更为综合的学科专业属性，在能力素养上具备更高层次的人才培养要求。[4]首先，在人才的选拔上，要坚持兴趣为导向，结合学生自身的条件以及意愿来选拔人才。然而在当今市场化背景下，就业导向的潮流让学生盲目地选择商科专业，越是如此，在人才的选拔上更要严格。并非每个人都适合学经济学，真正对经济学有兴趣，并且自身潜质适合做研究的人才是我们真正需要的经济学后备人才。因此，在人才选拔阶段要不断创造学生接触经济学的机会，让其对自身的发展有清晰的定位与认知，为其选择提供良好的客观条件。其次，在人才培养上，自上而下，从理论到实践的培养都是必不可少的。OBE(Outcomes-Based Education) 理念即以学生的学习结果为导向的教学理念，其聚焦教育中的每个环节，以学生的学习结果为驱动力进行教学设计，使学生在学习过程中实现预期目标。[5~6]可以通过专家讲座、论坛等形式，不断拓宽学生视野，增加其直接接触顶尖学术资源的渠道，创新学习方式，以生动的方式传播严谨的理论，让经济学真正深入到学生的学习生活中。加强校际交流和国际交流，创造学生接触国际学术资源的机会，让其有机会体会不同国家、不同学校的教学形式与教学氛围，帮助其找到适合自己的学习方法，也便于其为日后的学习和研究生涯做出可行的规划。实行导师制,让学生科研伴随学生的学习生涯,加强理论的应用,让学生在科研中进一步体会与理解经济学理论的内涵,提出自己的创新点与疑问点,同时也能够不断提升学生的科研能力。同时也要加强学生与老师之间、学生与学生之间的互动交流,让知识真正"活"起来,当然这一切都是建立在学生真正对经济学感兴趣的基础之上。最后,创造实践机会,让学生在不断地应用中去深入理解经济学的内涵与意义。近年来,国家高度重视创新创业教育,国务院办公厅《关于深化高等学校创新创业教育改革的实施意见》指出,深化高等学校创新创业教育改革,是推进高等教育综合改革、促进高校毕业生更高质量创业就业的重要举措。[7]不仅是科研,走进企业以及各个经济主体,只有从不同角度去发现和理解经济学的研究对象,推进产学研相结合,这样才能将理论与实践相结合,让经济学理论不断指导实践,提升人才的实践能力与综合素养。

从制度层面来看,加强基础研究需要更多的制度层面上的革新以便盘活资源与人才,消除资源流通壁垒,创新制度,给研究主体更多的自主权以激发其研究的积极性。引进国际上先进的制度,为研究创造良好的客观条件。

四、武汉大学经济与管理学院国际化与创新型人才培养措施与成果

为培养具有国际视野和国际竞争力的创新型人才,推动国际化人才发展战略和新文科建设,武汉大学与武汉大学经济与管理学院共同出台了一系列相关措施推动国际化交流与联合培养。

武汉大学和世界众多一流大学建立了合作交流项目、国际课程以及联合培养项目,美国、英国、加拿大、澳大利亚、新加坡、中国香港等国家和地区的世界一流高校都是武汉大学长期合作的对象。武汉大学还根据不同院系不同专业的不同需求建立了适合不同专业的交流合作项目。学院除了与世界众多一流高校商学院建立合作交流项目外,还根据《武汉大学本科生出国(境)交流学习专项奖学金管理办法》文件精神,实施"本科生出国(境)交流学习专项奖学金",奖学金分为珞珈卓越交流奖学金、珞珈优秀交流奖学金以及国际组织实习奖学金,旨在推动学生参与国际课程与国际组织实习。学院每年到境外攻读硕士研究生和博士研究生的人数在各院系中名列前茅。

除此之外,学院会定期邀请国内外知名商科大类专家到学院举行讲座、交流活动,旨在引进优秀的学术资源,为学生接触到一流学术资源创造更多的机会,推动学院复合型人才与国际化人才培养。学院也在不断寻求机会,帮助学生根据自己的兴趣选择研究生攻读方向,推动跨专业保研等,推动复合型人才培养。

迄今为止,学院的国际交流项目与国际化人才培养取得丰厚成果,但学院推动国际化人才培养的步伐绝不止于此,未来学院在学校的带领下还会寻求更多的合作交流机会,将学生推向更高的国际平台,培养更加适应国际化与市场化背景的复合型人才。

五、总结

"推进专业内涵发展，提升专业建设质量"不仅是一句口号，也并非一朝一夕能够完成的目标。就目前情况来看，国内外在基础学科的建设上还存在较大差异，资源不足、积极性不够等问题都会影响专业建设的目标实现。因此，国家、学校、学院、专业、老师、学生等各个主体需要加强沟通，共同推动专业发展与建设的目标实现。

◎ 参考文献

[1] 李靠队，祖静琴，蒋雯．一流本科专业建设环境下大学生国际化能力培养[J]．中学政治教学参考，2021(35)：98.

[2] 樊丽明，杨灿明，马晓，等．新文科建设的内涵与发展路径(笔谈)[J]．中国高教研究，2019(10)：10-13.

[3] 谢文俊．学科交融：法学教育变革的必由之路[J]．广西政法管理干部学院学报，2021(1)：116-122.

[4] 周杰，林伟川．地方院校新文科专业建设的掣肘及路径[J]．教育评论，2019(8)：60-65.

[5] 顾佩华，胡文龙，林鹏，等．基于"学习产出"(OBE)的工程教育模式——汕头大学的实践与探索[J]．高等工程教育研究，2014(1)：27-37.

[6] 凤权．OBE教育模式下应用型人才培养的研究[J]．安徽工程人学学报，2016(3)：81-85，95.

[7] 国务院办公厅关于深化高等学校创新创业教育改革的实施意见[EB/OL]．(2015-05-13)[2021-04-11]．http://www.gov.cn/zhengce/content/2015-05/13/content_9740.htm.

协同育人视角下行政管理专业实践教学建设探究
——以武汉大学政治与公共管理学院行政管理专业为例

李清源　　黄景驰

（武汉大学　政治与公共管理学院，湖北　武汉　430072）

【摘　要】行政管理专业作为一门具有鲜明的实践导向性的学科，其人才的培养要做到理论与实践相结合，做到多元主体协同育人。目前，武汉大学政治与公共管理学院行政管理专业已经从课程设置、实践调研、实习实训多方面开设了实践教学环节，取得了较好的成效。但是仍然存在实践活动的组织性和深度不足、实习单位较为单一、缺乏有效的评价监督机制等不足。下一步可以从多元主体共建实践教学基地、丰富实践教学内容、完善评价反馈机制等方面入手，推动实践教学环节的完善，在学科建设、人才培养方面发挥更好的作用。

【关键词】行政管理；实践教学；协同育人

【作者简介】李清源（2000—　），女，河南洛阳人，武汉大学政治与公共管理学院2018级行政管理专业本科在读，E-mail：2018301151067 @ whu. edu. cn；黄景驰（1979—　），男，河南新密人，博士研究生，武汉大学政治与公共管理学院行政管理系2018级行政管理专业导师、讲师，主要研究方向为公共财政管理，E-mail：huangjc @ whu. edu. cn。

一、引言

实践教学能够帮助学生将所学理论应用于实践，培养适应社会需求的人才。要更好地推进行政管理专业学科建设，构建协同育人机制非常重要，因此推进理论与实践协同育人、多方主体共同参与的教学改革是当前的重要任务。

行政管理专业作为公共管理类下的二级学科，具有鲜明的实践导向性，要求学生能够将所学理论知识与社会实际相结合。这就要求行政管理专业要构建多主体参与的实践教学模式，坚持理论和实践协同育人。近年来，脱贫攻坚、乡村振兴、环境保护、社会治理等问题受到党和国家的高度关注，也成为公共管理领域研究的热点问题。此外，新型冠状病毒肺炎疫情给政府的管理带来了更大的挑战。面对突发性的公共危机事件，政府怎样才能迅速反应并采取恰当的措施，又该如何动员社会组织等多方主体参与其中，构成了公共管理领域新的研究重点。要尝试运用所学理论解决实际问题，要求学生必须真正参与公共管理的实践，才能发现公共组织在实际运行过程中存在的问题和困境。

武汉大学政治与公共管理学院行政管理专业水平在全国名列前茅，在实践教学环节也卓有成效，同时也还存在一些待完善之处。完善实践教学环节，更好地做到协同育人，是进一步促进武汉大学行政管理学科发展、提高学生综合素质和能力的重要举措。就这一议题，本文以武汉大学政治与公共管理学院行政管理专业的本科生为研究对象，结合行政管理专业师生对相关问题的认识和访谈，基于协同育人理论，探索理论与实践结合的教学方式和方法，不断提升教学水平和教学效果，为全校乃至全国的本科生教学改革提供经验参考。

二、研究设计与数据收集

本次调查问卷主要通过线上的方式发放，调查对象为武汉大学政治与公共管理学院行政管理专业的本科生。通过对该专业本科生的问询和调查，本研究聚焦学生参与社会调查和实践调研的具体情况、专业认知与知识获取、实践教学的作用、外部支持评价、存在的问题和学生整体满意度（具体调查问卷参见附录）。本次共发放问卷 50 份，发放对象主要为 2018 级、2019 级行政管理专业本科生，最终回收有效问卷 30 份。

（一）整体参与情况

由表 1 可知，行政管理专业的实践教学环节中，学生的整体参与度较高。30 位参与调查的同学中，29 位同学都依托专业课开展过独立的社会调查和实践调研，19 位同学选修过具有实践性质的课程，而参与过实习实训活动的同学相对较少，仅有 4 位同学。可以看出行政管理专业的实践教学环节主要依托课堂教学开展。

表 1 　　　　　　　　　　社会调查和实践调研的整体参与情况

题目	选项	数量	比例
截至目前，你参加过的行政管理专业实践教学环节有哪些	A. 具有实践性质的课程设置（如公文处理与写作、行政案例分析等）	19	63.33%
	B. 独立的社会调查和实践调研（如市政学、社会调查原理与方法、社会统计学所要求进行的课程调研）	29	96.67%
	C. 实习实训活动（如行政管理专业组织的实践参观）	4	13.33%
	D. 其他	1	3.33%

（二）培养目标及达成认知

由表 2 可知，大部分学生对专业的培养目标和要求有较为清晰的认知。40% 左右的同学对行政管理专业对学生实践能力的培养目标和要求比较了解，但也有 20% 的同学不了解培养目标和要求。在目标达成方面，所有的同学都认为行政管理专业实践教学环节的设置基本上贴合了行政管理人才培养的目标。

表 2　　　　　　　　　　培养目标及达成认知情况分析

题　　目	选项	数量	比例
你是否了解行政管理专业对学生实践能力的培养目标和要求	非常了解	0	0
	了解	13	43.44%
	一般	11	36.67%
	不了解	4	13.33%
	非常不了解	2	6.67%
行政管理专业实践教学环节的设置贴合行政管理人才培养的目标	非常同意	3	10%
	同意	18	60%
	一般	9	30%
	不同意	0	0
	非常不同意	0	0

(三) 实践教学环节作用评价

由表 3 和表 4 可知，行政管理专业的学生在实践教学环节的必要性和实践教学环节对能力的提升上持较为积极的态度。在实践教学环节的必要性方面，所有同学都认为行政管理专业实践教学环节的设置是有必要的，有 90% 的同学认为实践教学环节提高了自身的专业素质和技能。在具体能力方面，超过 70% 的同学认为实践教学环节提高了自己对专业知识的理解和掌握、沟通表达能力、团队协作能力以及数据分析软件的使用能力，还有同学在主观题中补充说该环节激发了自身对专业的热爱。

表 3　　　　　　　　行政管理专业实践教学的必要性和有效性

题　　目	选项	数量	比例
你认为行政管理专业实践教学环节是否有必要	非常有必要	13	43.33%
	有必要	13	43.33%
	一般	4	13.33%
	没有必要	0	0
	非常没有必要	0	0

题　目	选项	数量	比例
行政管理专业实践教学环节提高了我的专业素养和技能	非常同意	5	16.67%
	同意	18	60%
	一般	4	13.33%
	不同意	3	10%
	非常不同意	0	0

表4　　　　　　行政管理专业实践教学的能力培养效果分析

题目	选项	数量	比例
行政管理专业实践教学提高了你的哪些能力或素养	A. 专业知识的理解和掌握	24	80%
	B. 沟通表达能力	22	73.33%
	C. 团队协作能力	24	80%
	D. 创新精神	14	46.67%
	E. 分析工具的使用(例如 SPSS、Stata 等)	27	90%
	F. 其他	1	3.33%

(四)实践教学环节外部支持评价

问卷调查了同学们对实践教学环节的指导老师、实习实训单位、软硬件设施等外部支持方面的评价。由表5可知,在实习实训单位方面,仅有8位同学认为行政管理专业提供了专业相关的实习实训单位和机会,与上文较少有同学参与过实习实训活动相结合,可以看出行政管理专业在实习实训活动的开展方面较为薄弱;在教师指导方面,绝大多数同学都认为教师对实践教学活动的开展提供了必要的支持和指导,这也与行政管理专业的实践教学环节多依托课堂教学开展有关;在软硬件设施方面,超过60%的同学认为实践教学的软硬件设施能满足自己的需求。

表5　　　　　　行政管理专业实践教学的外部支持分析

题　目	选项	数量	比例
行政管理专业提供了专业相关的实习实训单位和机会	非常同意	2	6.67%
	同意	6	20%
	一般	10	33.33%
	不同意	12	40%
	非常不同意	0	0

题　　目	选项	数量	比例
教师对实践教学活动的开展提供了必要的支持和指导	非常同意	5	16.67%
	同意	12	40%
	一般	12	40%
	不同意	1	3.33%
	非常不同意	0	0
实践教学环节的软件和硬件设施是否能够满足你的需求	完全能满足	2	6.67%
	基本能满足	17	56.67%
	一般	8	26.67%
	不太能满足	3	10%
	完全不能满足	0	0

(五) 实践教学环节存在的问题

由表 6 和表 7 可知，行政管理专业实践教学环节依然存在着一些问题。超过半数的同学认为实践教学环节存在缺乏系统性、提供的实习实训单位较少、缺乏有效的评价和反馈机制、与实际应用结合较少等问题。在实践教学与理论教学的贴合度方面，超过 60% 的同学认为理论教学和实践教学较为贴合；但在评价和反馈机制方面，超过半数的同学持中立或较为消极的态度。

表 6　　　　　　　　　　行政管理专业实践教学存在的问题

题目	选　　项	数量	比例
你认为行政管理专业实践教学环节存在哪些问题	A. 实践教学活动的开展缺乏系统性	18	60%
	B. 提供的实习实训单位较少	20	66.67%
	C. 实践教学活动与专业联系不够紧密	15	50%
	D. 实践教学环节缺乏有效的评价和反馈机制	20	66.67%
	E. 实践教学环节与实际应用结合较少	19	63.33%
	F. 其他	0	0

表7 行政管理专业实践教学的理论性与反馈

题　目	选项	数量	比例
行政管理专业实践教学环节内容贴合理论教学	非常同意	6	20%
	同意	13	43.33%
	一般	10	33.33%
	不同意	1	3.33%
	非常不同意	0	0
行政管理专业实践教学环节有良好的评价和反馈机制	非常同意	1	3.33%
	同意	12	40%
	一般	11	36.67%
	不同意	6	20%
	非常不同意	0	0

(六)实践教学环节整体满意度

由表8可知，所有同学都对行政管理专业实践教学环节的评价较好，可以看出实践教学环节得到了同学们一定的认可，所有同学都对行政管理专业的实践教学环节持较为积极或中立的态度。

表8 行政管理专业实践教学的整体满意度

题　目	选项	数量	比例
你对行政管理专业实践教学环节的整体评价	非常满意	3	10%
	满意	14	46.67%
	一般	13	43.33%
	不满意	0	0
	非常不满意	0	0

三、行政管理专业的实践教学：课程设置和具体措施

行政管理专业作为武汉大学政治与公共管理学院最早开办的本科专业，具有悠久的历史和深厚的学科底蕴，并在实践教学环节已经采取了许多措施，取得了较好的效果。

(一)具有实践性质的课程设置

行政管理专业的培养目标之一，便是培养能够在党政机关、事业单位等公共部门从事

管理或服务工作的应用型、复合型人才。因此在课程设置方面，行政管理专业也开设了对接培养目标和日后工作需求的课程。例如，在行政管理专业选修课程公文写作与处理中，每节课都会进行一种公文的写作和展示，内容涉及通知、通报、讲话稿、简报简讯等常见公文类型。学生需要自己查阅公文知识、真正上手撰写公文，并在课堂上以学术研讨会的形式展开点评和讨论，老师会对同学们的问题和疑问做出解答，并补充一些实际工作中公文应用场景。在结课方式上则采用申论的方式。这样的课程设置不仅仅局限于对公文理论知识的学习，更能让学生感受到公文的写作方式和实际运用场景，同时让同学们尝试撰写申论，也与日后的工作进行初步的对接。又如，在专业选修课行政案例分析中，每节课老师都会布置一个行政管理领域的实际案例让同学们进行思考和分析，还设置了模拟政协的环节，让同学们了解实际场景中政治与行政体制的运转。与理论学习不同，在实际的行政案例和场景中总是伴随问题和冲突，通过让学生对案例进行思考和分析，能够引导学生关注社会实际，并将所学理论运用到社会实际问题的分析当中。

综上所述，行政管理专业开设的具有实践性质的课程，能够引导学生将理论和实践结合，并为学生日后的职业发展奠定一定的技能基础。

(二) 独立的社会调查和实践调研

行政管理专业课程设置的一大特色，便是许多课程都鼓励学生完成独立的社会调查和实践调研，让学生在实地调研的过程中发现问题，并尝试运用所学知识提出解决措施。例如，行政管理专业开设了完整的研究方法类课程，社会科学研究方法作为入门级课程，系统介绍了社会科学研究的相关理论以及常用方法；社会调查原理与方法则侧重社会科学研究中社会调查方法的原理和运用，并介绍了数据分析软件 SPSS 的使用；社会统计学则更注重从概率论的数理方法角度介绍定量分析方法，并介绍了另一种数据分析软件 Stata 的使用。这三门课程具有较强的实用性，并且都要求学生以个人或小组为单位，聚焦校园生活内的某一问题，开展一项独立的小型社会调查，并尝试对结果进行分析和解释。这类课程极大提高了学生的研究设计能力，使学生能够真正在实践中完成一项社会调查。

同时，除了在校园内进行调查之外，一些专业课程还鼓励学生真正走入社会，关注社会中的热点问题并开展调查研究。例如，专业必修课程市政学，要求学生以小组为单位，选择城市管理过程中的某一项热点问题进行调研。在 2018 级行政管理专业的课堂中，调研主题涉及垃圾分类管理、城中村改造、地铁文化建设、城市群发展等多个热点问题。在专业必修课程行政监督学中，老师带领学生到法院旁听职务犯罪类案件的审判，让学生在法律运行的实际中感受监督的效力。这些专业课程和教学环节的涉及，帮助学生走出校园、深入社会实际，培养学生以专业眼光看待社会现象和社会问题的能力，提高了学生的实践能力。

(三) 实习实训活动的开展

除了专业理论课程的学习，政治与公共管理学院还为学生提供了实习实训的机会。每年寒暑假，学院都鼓励学生在保证安全的前提下开展各类社会实践活动，关注社会发展的热点问题。每年暑假会组织到学校所在区政府实习，为学生提供感受政府工作的机会。此类实习实训活动，特别是政务实习工作，与行政管理专业的培养目标和课程设置非常吻合，既帮助学生在工作实际中提升了自己的工作技能，又能让学生联系运用所学理论知识思考社会实际问题，有利于学生的成才和发展。此外，政治与公共管理学院还给每个学生配置了一位职业导师，为学生提供就业指导和职业发展规划。这些职业导师大多就职于政府机构和国有企事业单位，能够为行政管理专业的学生提供帮助和指导，实现了良好的协同育人效果。

综上所述，行政管理专业已经开设了较为丰富的实践教学和活动环节，涉及课程设置、实践调研、实习实训等多个方面，做到了理论与实践相结合，且通过引入政府、职业导师等多元主体，实现协同育人，取得了良好效果。

四、行政管理专业实践教学的意义

行政管理专业实践教学活动的开展，无论是对于学生发展，还是课堂教学、学科建设，都有着非常重要的作用。

(一) 提升了学生的专业素养和技能

目前，行政管理专业的实践教学大多依托课堂教学环节开展，要么在课堂上直接进行一些实践教学环节，要么在课堂上主要进行专业理论的学习，引导学生在课后开展调研和实践环节，然后在课堂上进行展示和讨论。这种形式实现了理论与实践协同培养的良好效果，既不会让学生的学习仅仅停留在书斋中而脱离社会发展的实际，又不会让学生沉溺于某一表面现象和具体操作技能而不能联系理论进行深入分析思考，使学生加深了对专业理论的理解和运用。此外，90%的受访学生都认为自己在实践教学环节中锻炼了运用数据分析软件的能力，这也体现出实践教学环节对学生专业素养和技能的培养和提升。

(二) 促进课堂教学模式的创新，激发学生积极性和主动性

传统的课堂教学模式中，通常以老师讲授为主，学生对课堂的参与较少，且学习内容大多以单一的理论学习为主。这种教学模式会影响教学效果和学生的学习热情。而行政管理专业开设的许多课程加入了实践教学的环节，学生除了要学习了解专业理论知识，还要开展社会调查和实践调研，学会运用专业理论知识分析和解决社会热点问题，并且在课堂上与老师、同学分享自己的调研成果。实践教学环节的加入实现了教学模式的创新，丰富了课堂内容和课堂形式，实现了将老师作为单一教学主体向老师学生共同参与课堂的方向转变，讨论环节的加入也极大地活跃了课堂氛围，极大地调动了学生的积极性和主动性。

(三) 扎实建设一流学科，培养一流行政管理人才

行政管理专业开设的实践教学环节，多与社会实际发展和热点问题相结合，鼓励学生开展实地调研，并且注重引导学生运用行政管理专业理论知识分析问题、解决问题。从问

卷中可以看出，多数学生都认为实践教学环节培养了自己的沟通表达能力、团队协作能力，这些都是现代社会高素质人才不可或缺的品质。此外，行政管理专业的实践教学环节融入了课程思政的理念和精神，引导学生深入一线、深入基层，关注社会发展，承担社会责任，有利于培养具有公共精神、勇于承担公共责任的一流行政管理人才，扎实推进行政管理专业作为国家级一流本科专业的建设，切实提高本科教学和人才培养的质量。

综上所述，无论是具有实践性质的课程的开设，还是鼓励学生开展独立的社会调查和实践调研，抑或是各类实习实训活动的开展，这些实践教学和活动环节都有利于帮助行政管理专业的学生走出书斋，在社会实践中发现问题、分析问题、解决问题，提升专业素养和核心竞争力，提高课堂教学的效果，提高人才培养的质量和助推一流本科专业的建设。

五、行政管理专业实践教学的待完善之处

虽然行政管理专业已经开设了较为丰富的实践教学环节，但是依然存在一些待完善之处。

(一) 专业实践活动的组织性和深度不足

行政管理专业目前开设的实践教学环节涉及课程设计、实习实训等多个方面，但是这些环节大多以学生自主进行为主，一方面可能导致实践开展的组织性和系统性不足，学生走马观花，不能深入进行，达不到预期成效；另一方面，行政管理专业的实践教学地点和调研对象大多以党政机关为主，学生在自主联系时，对方单位接收意愿不强，给实践环节的开展带来了困难。政治学类曾集中组织 2018、2019、2020 级的同学前往社区、交通大队开展调研，主题涉及党建引领下的新乡贤治理、国际维和行动、基层社区抗疫实践等，这些主题与政治学专业紧密相关，也能让学生接触到平时可能无法接触到的资源。而且师生共同开展实践活动，也能增强组织性和实践环节学习思考的深度。但是行政管理专业类似的活动开展相对较少。

(二) 实习实训单位较为单一

目前，行政管理专业的学生系统参与实习实训的单位以政府为主。不可否认，政府是行政管理专业最重要的研究对象之一，开展政府实习活动也能为行政管理专业的学生提供较好的理论应用场景。但是，行政管理专业的研究对象不仅限于政府，社区、事业单位、非营利组织等同样重要，且会有学生想要在此类单位实习的需求。但是与政府相比，此类实习资源相对较少，不能满足部分学生的兴趣和需求，也不利于协同育人目标的更好实现。

(三) 实践教学环节缺乏有效的评价监督机制

无论是学院层面还是学校层面，评教制度更多针对常规的理论课程教学环节。但是，实践教学环节对于行政管理专业学生的发展同样具有重要意义，也需要一个有效的评价机

制对实践教学环节的开展和成效进行反馈，对反馈结果中出现的不足予以监督和改进。但是目前行政管理专业开设的实践教学环节缺乏专门性的监督评价机制，实践教学内容和实习实训只是停留在"开展"的层面，具体的成效如何却缺乏有效的反馈机制，导致一些实践教学环节的开展不能达到良好的预期效果。

综上所述，行政管理专业重视实践教学环节，也采取了卓有成效的措施，但是在实践教学开展过程中仍然存在一些需要完善的问题，可能会给实践教学环节的成效带来影响，不利于协同育人效果的发挥。

六、行政管理专业实践教学的改进建议

(一)对行政管理专业实践教学的开展给予保障，并丰富教学内容

对于行政管理实践教学活动的开展，可以予以一定的经费、人员方面的支持，保障实践教学活动的顺利进行。同时，可以依托行政管理专业课程开展特色的实践教学活动，在基层治理、电子政府建设等方面集中组织一些实践调研活动。这样的实践教学环节往往能够帮助学生接触到更多难得的机会和资源，同时教师协同、学生集体参观研讨的方式也能够引导学生深入思考，丰富实践教学的内容，增强实践教学活动的系统性和深度。

(二)校企校府协同共建实践教学基地

行政管理专业具有鲜明的实践导向性，行政管理专业人才的培养也应当以社会需求为导向。然而，专业人才的培养如果仅仅依靠高校这一单一主体，难以实现其培养目标和预期成效。在协同育人的视角下，除了高校育人，更需要政府、企事业单位等多方主体共同参与到学生的培养当中。行政管理专业可以整合已有的多方主体资源，共同搭建实践教育平台，这不仅能够为学生提供更加丰富、更加专业的实践教学资源，也能促进学科的建设，使其与社会发展的实际联系更加紧密，也能为合作单位的建设和发展提供不同的建议和视角，促进多元主体合作共赢、和谐发展。

(三)完善行政管理专业实践教学的反馈评价机制

只有有效的评价反馈机制，才能有效反映出实践教学过程中存在的短板和不足，为下一步的完善和改进提供方向。实践教学环节可以借鉴已有的评教机制，通过问卷、访谈等方式，征求学生的意见建议，从学生的角度对实践教学环节存在的问题、改进的建议提供方向。同时，还可以引入教师、教学管理部门、实践单位等多方主体共同参与评价机制，保证评价反馈结果的全面性和客观性。对于实践成效不佳的教学项目，应当及时予以动态调整；对于好的意见建议，则可以充分吸收采纳，这样才能更好地做到以评促建，推动实践教学环节的进一步发展完善。逆水行舟、不进则退，在当前全国高校开展教学革命、协同育人改革的大背景下，如何将实践与理论相结合，不断提升教学水平、推进素质教育，武汉大学政治与公共管理学院行政管理专业的经验和不足可以为同类型专业的有关改革提

供有益借鉴。

◎ 参考文献

[1] 刘碧强.协同实践育人视角行政管理专业实践教学基地建设探究[J].实验室研究与探索,2018,37(5):248-253.

[2] 张云英,刘艳斌.校府合作育人:行政管理专业实践教学新模式的构建[J].高等农业教育,2014(3):82-84.

[3] 邓裕芬.基于"八个相统一"视角的新时代思政课程教育模式研究[J].现代职业教育,2021(41):122-123.

[4] 冯刚,陈梦霖.高校思政课实践教学的内涵、价值及其实现[J].学校党建与思想教育,2021(18):4-9.

[5] 李亚美,姜天宠.高校思政课实践教学与第二课堂的功能定位及其协同[J].学校党建与思想教育,2021(18):18-20,38.

[6] 刘媛,李熙."分层次分方向"与"协同育人"相结合的人才培养研究[J].中国商论,2021(18):180-182.

[7] 董芝杰."产教赛研融合"协同育人师资队伍管理研究[J].科技视界,2021(25):109-110.

[8] 江玲.大思政视域下高校创新实践教育协同育人机制研究与探索——以安徽三联学院为例[J].中国多媒体与网络教学学报(上旬刊),2021(9):172-174.

[9] 张静.多元协同育人视角下社会工作课程闭环式教学模式探索[J].大众文艺,2021(16):195-196.

[10] 陈大伟,徐纯.产教融合协同育人背景下大学生创新创业教育体系构建与实践[J].科教文汇(上旬刊),2021(8):19-21.

[11] 王奎国,汪婷婷."双创"背景下创新型法治人才培育路径研究[J].科技创业月刊,2021,34(7):119-122.

[12] 毛莉敏.基于产教融合的高等院校实践教学平台建设路径研究[J].中国成人教育,2021(12):48-51.

[13] 王寅峰,蔡铁,钟慧妍.产教融合视域下新型实践教学基地建设探讨[J].深圳信息职业技术学院学报,2021,19(3):38-41.

[14] 张瑞,佟有才.基于OBE教育理念背景下地方高校实践教学保障体系的构建研究[J].黑龙江教育(高教研究与评估),2021(6):13-14.

附录　武汉大学行政管理专业实践教学建设调查问卷

亲爱的行管同学：

你好！非常高兴你能参与到此次调查当中，对你的支持和合作表示由衷的感谢！本次调查依托 2021 年武汉大学"教与学的革命"珞珈论坛开展，主题为行政管理专业实践教学建设。调查以不记名的方式进行，回答无所谓对错。本次调查收集的数据仅作论文撰写之用，不会涉及具体的个人信息，你的回答将会绝对保密。你提供的信息将对研究结论至关重要。

如果你对行政管理专业实践教学环节还有更多的想法，欢迎将你的看法和建议发送至我的邮箱：2018301151067@whu.edu.cn。

再次衷心感谢你的支持！

1. 截至目前，你参加过的行政管理专业实践教学环节有哪些？［多选题］

    A. 具有实践性质的课程设置(如《公文处理与写作》《行政案例分析》等)

    B. 独立的社会调查和实践调研(如《市政学》《社会调查原理与方法》《社会统计学》所要求进行的课程调研)

    C. 实习实训活动(如行政管理专业组织的实践参观)

    D. 其他_____

2. 你是否了解行政管理专业对学生实践能力的培养目标和要求？［单选题］

    A. 非常了解　　　　　　B. 了解　　　　　　C. 一般

    D. 不了解　　　　　　　E. 非常不了解

3. 你认为行政管理专业实践教学环节是否有必要？［单选题］

    A. 非常有必要　　　　　B. 有必要　　　　　C. 一般

    D. 没有必要　　　　　　E. 非常没有必要

4. 行政管理专业实践教学环节内容贴合理论教学［单选题］

    A. 非常同意　　　　　　B. 同意　　　　　　C. 一般

    D. 不同意　　　　　　　E. 非常不同意

5. 行政管理专业提供了专业相关的实习实训单位和机会［单选题］

    A. 非常同意　　　　　　B. 同意　　　　　　C. 一般

    D. 不同意　　　　　　　E. 非常不同意

6. 教师对实践教学活动的开展提供了必要的支持和指导［单选题］

    A. 非常同意　　　　　　B. 同意　　　　　　C. 一般

    D. 不同意　　　　　　　E. 非常不同意

7. 实践教学环节的软件和硬件设施是否能够满足你的需求？［单选题］

    A. 完全能够满足　　　　B. 基本能够满足　　　C. 一般

    D. 不太能够满足　　　　E. 完全不能满足

8. 行政管理专业实践教学环节提高了我的专业素养和技能［单选题］

    A. 非常同意   B. 同意   C. 一般

    D. 不同意   E. 非常不同意

9. 行政管理专业实践教学提高了你的哪些能力或素养？［多选题］

    A. 专业知识的理解和掌握

    B. 沟通表达能力

    C. 团队协作能力

    D. 创新精神

    E. 分析工具的使用(例如 SPSS、Stata 等)

    F. 其他：_____

10. 行政管理专业实践教学环节的设置贴合行政管理人才培养的目标［单选题］

    A. 非常同意   B. 同意   C. 一般

    D. 不同意   E. 非常不同意

11. 行政管理专业实践教学环节有良好的评价和反馈机制［单选题］

    A. 非常同意   B. 同意   C. 一般

    D. 不同意   E. 非常不同意

12. 你认为行政管理专业实践教学环节存在哪些问题？［多选题］

    A. 实践教学活动的开展缺乏系统性

    B. 提供的实习实训单位较少

    C. 实践教学活动与专业联系不够紧密

    D. 实践教学环节缺乏有效的评价和反馈机制

    E. 实践教学环节与实际应用结合较少

    F. 其他：_____

13. 你对行政管理专业实践教学环节的整体评价？［单选题］

    A. 非常满意   B. 满意   C. 一般

    D. 不满意   E. 非常不满意

14. 你对行政管理专业实践教学环节还有哪些意见建议？［填空题］

    _____

论新媒体技术素养与思想政治教育专业
本科人才培养

徐诺舟　王硕蒙　韩雨龙

（武汉大学　马克思主义学院，湖北　武汉　430072）

【摘　要】新媒体时代对于思想政治教育工作者和思想政治教育专业人才培养提出了新的要求。武汉大学马克思主义学院在新媒体技术素养与思想政治教育专业本科人才培养结合中提炼实践经验，积极推动本科人才培养方案和措施的创新。立足武汉大学马克思主义学院思想政治教育专业在本科人才新媒体技术素养维度培养的成就与经验，思考新媒体技术素养与人才培养结合的深刻内涵与现实意义；结合武汉大学马克思主义学院本科人才培养新的目标任务，创新具体措施，探讨新媒体时代思想政治教育专业本科人才培养的新方案。

【关键词】新媒体技术素养；思想政治教育专业；本科人才培养

【作者简介】徐诺舟(2001—)，江西九江人，武汉大学马克思主义学院 2020 级本科生，E-mail：1360387601@qq.com；王硕蒙(2003—)，河南驻马店人，武汉大学马克思主义学院 2020 级本科生，E-mail：965262419@qq.com；韩雨龙(2001—)，河北邯郸人，武汉大学马克思主义学院 2018 级本科生，E-mail：704717279@qq.com。

2016 年 12 月，习近平总书记在全国高校思想政治工作会议上强调："思想政治理论课要坚持在改进中加强、在创新中提高，及时更新教学内容、丰富教学手段。"新媒体技术素养与思想政治教育本科人才培养相结合正是一项兼具理论层面前瞻性与实践层面创新性的工程，旨在使思想政治教育专业的本科生重视信息素养能力的学习、掌握新媒体技术、切实提升新媒体技术素养、能够自主且熟练运用新媒体技术参与思政教育实践活动、增强自身对于思政教育的参与感与获得感，在思想政治教育专业本科人才培养中具有深刻的内涵与现实意义。

一、新媒体技术素养与思想政治教育专业本科人才培养结合的内涵与意义

新时代新形势下，深入理解新媒体技术素养与思想政治教育专业本科人才培养相结合的深刻内涵与现实意义，有助于在把握其规律的基础之上进一步探寻二者相结合所取得的

成就和经验，并作出切合实际且具有指导意义的未来展望和相关举措。

(一)新媒体技术素养与人才培养结合的深刻内涵

深刻把握新媒体技术素养与思政教育专业本科人才培养结合的内涵，必须从认知与实践层面上理解新时代具备新媒体技术素养的本科人才发展样貌。认知层面上，思政教育专业本科生应主动接纳并认可对新媒体技术的学习，意识到技术素养与人才培养的融合是一项具有可行性、前瞻性的工程；实践层面上，通过积极参与培养方案、课程设置、师资力量、考核方式、重要赛事等提供的实践探索，思政教育专业本科生应掌握基本的新媒体技术素养与能力，并能将其灵活运用于自身专业学习过程。

1. 认知层面上，重视、接纳新媒体技术的学习

新媒体技术是指借助新时代新的传播媒介进行信息传播时所运用的技术手段，例如：微视频、微电影、vlog 的制作技术，微信微博推文与小程序的上架操作，等等。以往的思政教育专业本科生往往认为应将全部精力投入学理论、读经典、研著作中，但在新时代新形势下，媒体技术的迅速发展为马克思主义理论的传播和其对舆论的正向引导提出了新要求。思想政治教育专业本科生应深刻认识到"形势在变、任务在变、工作要求也在变，必须准确识变、科学应变、主动求变"；更应认识到，随着媒体技术的迅速变革，在技术门槛逐渐降低、人人都有"麦克风"的时代，新媒体技术素养与思政专业本科人才培养相结合具有强烈的现实可行性，应主动接纳并重视对于新媒体技术的学习，破除思想桎梏，从而更好地进行马克思主义理论的传播和为其对舆论的正向引导做好准备，凸显思政教育专业对人才培养的前瞻视角与开阔视野。

2. 实践层面上，掌握新媒体技术运用能力

新媒体技术素养与思政专业本科人才培养相结合需要思政专业本科生通过实践举措掌握新媒体技术运用能力。武汉大学马克思主义学院的相关课程纳入人才培养方案，微视频拍摄纳入"毛泽东思想和中国特色社会主义理论体系概论"等课程考核方式，举办讲思政课大赛等多种实践举措纷纷落地，真正做到了"造就一支政治坚定、学养深厚、有重要影响的思想理论建设队伍"。借助学院提供的实践训练，思政教育专业本科生可利用新媒体技术进行具有思政教育意义的视频拍摄、剪辑、发布等深化学习成果、加深对固有知识理解、更好地发出专业声音、讲好专业所学。

(二)新媒体技术素养与人才培养结合的现实意义

新媒体技术素养与思想政治教育本科人才培养相结合具有较强现实意义，对人才本身、专业教育、信息化时代教育变革等方面能够产生深远影响。就人才本身素质而言，二者相结合能够提升人才信息能力素养，促进人才全方位发展；就专业教育而言，二者相结合满足了新时代新形势对于专业教育的要求，增进了专业教育的先进性；就教育变革而言，二者相结合推进了信息化时代下教育内容与手段的现代化，进而推动信息化时代教育

变革。

1. 提升信息能力素养，促进人才全方位发展

人才培养是建强建优马克思主义学院的重中之重。培养什么样的马克思主义者成为当前马克思主义学院人才培养中必须思考的问题。就目前全国数所重点马院针对思想政治教育本科专业的人才培养方案来看，其主要侧重于要求学生通过读原著、学原文、悟原理等方式深入研读马克思主义经典著作，深入学习马克思主义中国化成果，从而具有扎实的马克思主义理论功底。借助新形式新手段将所学的理论更好地运用亦是新时代背景下马克思主义者能力的一种体现。新媒体技术素养与人才培养相结合，能够提升人才的综合素养，"形成实践育人长效机制，增强学生社会责任感、创新精神和实践能力"。通过新形式、新方法将所学理论进行更好地运用，学生将成为既能深刻掌握经典原理与方法，又能运用新媒体技术素养更好地讲原理、能发声、懂思政的新时代马克思主义者，是促进人才全方位多方面发展的切实体现。

2. 适应时代发展所需，提高专业教育先进性

近日，中共中央办公厅印发的《关于加强新时代马克思主义学院建设的意见》中提到，"与新时代新要求相比，马克思主义学院在教育教学、研究宣传、队伍建设、人才培养等方面还存在差距"。新媒体技术素养与思政专业本科人才培养相结合既能够在教育教学中补充辅助思政理论学习的信息技术的相关内容；又能够通过借助新媒体技术进一步加强院务公开、学院微信公众号等网络新媒体建设，进一步提升思政专业及其相关内容的新闻宣传水平，打造学院建设、宣传内容、新媒体平台三方的良性结合。同时对新媒体技术的重视能够强化思想政治理论课教师对于相关技术的使用与信息素养的提升，切实补足马克思主义学院在教育教学、研究宣传、队伍建设、人才培养等方面的差距，更好地适应时代发展所需。积极探索创新，形成紧随时代发展、充满活力、富有效率、更高质量发展的专业教育。提升专业教育的先进性，扎实推进高校思想理论建设，真正做到"把加强马克思主义学院建设作为基础性、战略性工程，推动实现高质量发展"。

3. 推动教育内容手段现代化，加快信息化时代教育变革

新媒体技术与思政本科专业人才培养相结合要求将相关课程纳入培养方案，建立掌握新媒体技术的师资队伍等。其中既包含对相关技术的学习应用，又包含对新型信息传播手段的广泛运用。例如，思政专业本科生需熟练掌握并运用如何打造制作精美、内容精良的思政课微视频的相关技术；相关任课老师需要使用小程序问卷等信息技术，更好地调动思政专业本科生对于深奥理论的多维度理解等。充分利用现代视听工具和网络等新型信息传播手段，提高教育教学效率；丰富并创新课程内容与课程形式，响应加快信息化时代教育变革的号召，更好地提升教育质量，推动教育现代化。

二、新媒体技术素养与思想政治教育专业本科人才培养结合的成就与经验

随着新媒体技术的迅猛发展，新媒体时代也对思想政治教育工作者和思想政治教育专业的人才培养提出了新的要求。立足武汉大学马克思主义学院在新媒体技术素养与思想政治教育专业本科人才培养结合中所取得的既有现实成就成效，从中提炼具有价值的实践经验，对于确定思想政治教育专业在新形势下的发展方向具有重要参考借鉴意义。

(一) 新媒体技术素养与人才培养结合的现实成就

在新媒体时代改进与创新高校思想政治教育本科专业人才培养体系，提升相关专业学生技术素养水平，是急需研究和解决的新课题。武汉大学马克思主义学院在本科专业人才培养过程中守正创新，积极适应时代变化要求，逐步探索适应时代要求的特色培养方案。

1. 教师示范，以新型化教学模式整合教育资源

教师自身对于新媒体技术素养掌握的程度，运用新型化教学模式的熟练程度，在影响学生对于新媒体技术知识的认可与接受、学习与应用层面至为关键。武汉大学马克思主义学院教师积极创新自身教学模式，深入学习网络为中心的新媒体运营机制，发挥其内容丰富、形式新颖、互动性强的优势，整合教育资源，在线下教学中运用PPT、视频等方式展示教学资料，通过QQ、微信、腾讯会议等诸多形式与学生进行资料分享、答疑解惑等联络沟通交流。同时，积极开展慕课录制工作，将毛泽东思想与中国特色社会主义理论体系概论、马克思主义基本原理、中国近现代史纲要、思想道德修养法律基础或思想道德与法治思想政治理论课录制视频上传至"中国大学MOOC"官网，总选课统计量位居前列，为促进学生了解新媒体技术、学习新媒体技术起到表率示范作用。

2. 融课创新，以互联网思政作品助力氛围营造

积极运用新媒体技术，以崭新的方式讲好新时代的思政课，营造接受新媒体、利用新媒体、推广新媒体的文化氛围和价值观念，在思想政治专业学生的专业素养拓展和提升中发挥着示范和指导作用。武汉大学马克思主义学院精心打造推出师生圆桌谈话节目——"马上见"思政融课，以"思政课+互联网+跨学科"为独特定位，打造内涵式互联网思政作品。通过"选定对话学科、选定对话嘉宾、征集对话主题、创作对话脚本、录制对话视频"流程，强调生产"互联网作品"，即有干货、重设计，打通院内外、校内外、课内外的各类资源，让思政学科真实有效地面向青年学生和社会公众。"马上见"思政融课的推出，激发了广大思想政治教育专业学生对于"如何利用新媒体讲好做好新时代的思想政治教育"的新思考，主动探究、积极探索、认真思索提高新媒体知识技能的方式方法。

3. 课程引导，以新媒体成果展示打造实践平台

武汉大学马克思主义学院思想政治教育专业本科教学课程积极主动融入新媒体元素，在思想道德修养与法律基础、毛泽东思想与中国特色社会主义理论体系概论等课程中将"微电影拍摄"作为考核重要环节，针对各小组所拍摄微电影质量予以相应分数评定计入期末考评，激励学生自行学习与运用新媒体技术并进行成果展示。承办"我心中的思政课——全国高校大学生微电影展示活动"同样是武汉大学马克思主义学院的工作之一。在鼓励引导学生以"我心中的思政课"为主题，用微电影的方式，展现学生心目中理想的思政课的过程中，运用新媒体技术呈现思政课学习过程中的精彩故事。武汉大学马克思主义学院用课程与赛事激发学生对于新媒体技术的兴趣，通过新媒体成果展示活动为学生打造实践平台，提供发展空间。

4. 技能培训，以学分制专业课程推进个体培育

武汉大学马克思主义学院在2020级马克思主义理论大类培养方案中增设"新媒体与马克思主义大众化"专业教育选修课程，通过学分制专业课程推进本科生个体培育，在本科专业人才培育中融合新媒体技术素养与专业基本素养培养，系统化学习PS、PR、AU等新媒体工具运用技能，并邀请校外技术专家开办讲座，介绍拍照、摄影、剪辑等技巧，以培养"在微电影展示、社会实践纪录中有一定自产能力""在慕课录制、会议拍照等活动中有专业能力""能善用新媒体平台出精品传播正能量"的思想政治教育专业学生为目标，实现新媒体技术素养与思想政治教育专业本科人才培养有效结合。

(二) 新媒体技术素养与人才培养结合的实践经验

新媒体时代，运用新媒体技术讲好"大思政课"是思想政治教育专业本科生的必备技能与专业素养。在新媒体技术素养与人才培养结合的现实成就中总结提炼实践经验，对于思想政治教育专业在新的时代条件和社会背景下的发展创新，提升思想政治教育工作的亲和力、吸引力与感染力发挥着至关重要的作用。

1. 树立科学观念，遵循教育规律促进理念传达

遵循基本教学规律与教育规律，促进理念传达与技能传授，是新媒体技术素养与人才培养结合的基本要求。认知规律、接受规律等作为教育学基本规律，在新媒体技术素养提升过程中应得到顺应和遵循。开展教学环节的过程中，首先应普及新媒体技术的基本知识，帮助学生建立对于新媒体技术认知的框架与结构，形成对于新媒体运用的时代特征与技术特点的初步认识。其次在具体教学的过程中遵循循序渐进、由浅入深的基本规律，树立科学观念促进教育教学理论的传达。奥苏贝尔认为"有意义的学习过程实质，就是用符号所代表的新知识与学习者认知结构中观念建立非人为的实质性的联系"。具体学习过程中，通过此类知识照应将新知识与新技能和个人曾经所熟悉的知识领域相联系以降低学习信息获取的难度，在渐进性思维成长塑造的逻辑规律下，更好地实现教育活动的顺利

开展。

2. 提升媒介素养，发挥环境功能强化教育效果

媒介素养是指"人们获取、分析、衡量和传播媒介中讯息的能力"。在新媒体技术迅猛发展与普及的时代，提高思想政治教育专业学生利用媒介的意识和使用媒介的能力是新时代的要求与期盼。在提升媒介素养的要求下，学生置身的学习生活环境同样对学生起潜移默化、深远持久的影响，对于思维观念的塑造与思想意识的建构发挥着关键作用。环境是指"围绕在一定主体周围并对主体产生影响作用的各种客观事物和条件"。在新媒体技术的教学环节，倡导学生积极运用新媒体技术完成相应专业课作业要求的同时，教师也应主动接受、使用、倡导新媒体技术，在课堂基础教学、慕课录制、思政融课等众多领域主动开展方式方法创新，善于利用新媒体建立与学生的有效沟通平台，让学生在教师的积极引导下和新型教学环境和氛围中在思想上提高对新媒体技术的兴趣、丰富对新媒体技术的思考、加强对新媒体技术的重视。从而主动学习相关知识理论，熟悉媒介讯息使用策略，意识媒介对于个人与社会的多面影响，提升自身媒介素养。

3. 深化实践培养，运用多维机制提高技能水平

着力于新媒体技术应用能力的培养，在学习基本传播学理论与新媒体知识的基础上提高自身实践操作能力与工作实效，是实现新媒体技术素养与人才培养结合的必由之路。在深化新媒体技能实践培养的过程中，在拥有学习新媒体技术技能主动性的同时，应运用多维机制提高学生的技能水平。在课程设置方面增设新媒体技术培训课程，将其纳入专业课课程范围，进行系统化学习、体系化学习和综合化学习的集中培训，发挥课程培养机制的引导作用；在专业教育课程方面，适当安排需要使用新媒体技能的学业任务，建立成果考核标准，发挥任务机制的强化作用；积极开展"微电影""微视频"等作品展示竞赛活动，发挥竞赛机制的激励作用，将新媒体技术素养培养真正落实到人才培养的方案之中，实现人才培养方案与方略的因时而进、因事而新。

三、新媒体技术素养与思想政治教育专业本科人才培养结合的未来展望与措施

党的十八大以来，习近平总书记和党中央高度重视思想政治工作、思想政治理论课建设。习近平总书记主持召开高校思想政治工作会议、学校思想政治理论课教师座谈会等会议，党和国家发布《关于深化新时代学校思想政治理论课改革创新的若干意见》《关于加强新时代马克思主义学院建设的意见》等文件，为未来相关工作的开展提供了遵循、指引了方向。进入新发展阶段，对标对表，武汉大学马克思主义学院本科人才培养有着新的目标和任务；分析形势，武汉大学马克思主义学院本科人才培养迎来了新的机遇与挑战。

(一)主要目标

本科一年级学生初步了解新媒体技术，认识到新媒体技术的内涵与重要性，能够在老师引导和高年级学生帮助下开展简单的新媒体实践；本科二、三年级学生进一步了解新媒体技术，在相关课程中学习新媒体技术，在课外自主学习新媒体技术，开展丰富多样的新媒体技术实践，全面提升新媒体技术素养；本科四年级学生巩固拓展前三年学习成果，在实习中运用新媒体技术，能够实现新媒体技术与思想政治工作的有机结合，为将来深造与就业奠定坚实基础。

(二)基本原则

坚持形式服务内容、技术服务实际工作。正确处理好内容与形式的关系，实现内容与形式相互促进，不偏离或偏废任何一方。做到技术服务实际工作，处理好服务与被服务的关系，使新媒体技术为思想政治工作和本科人才培养提供有效助益。

坚持教师主导地位和学生主体作用相统一。恰当处理好师生关系，在新媒体技术培养过程中发挥好教师的教导、指导、引导作用，发挥好学生的主体性、积极性、创造性，使新媒体技术更加焕发生机活力，形成平等、活跃、创新、创造的良好氛围。

坚持全员育人、全过程育人、全方位育人。整合各类教育力量，发挥各类教育主体积极作用，坚持全员育人；把新媒体技术培养工作贯彻到本科全阶段、全过程、全方位，坚持全过程育人、全方位育人，力求实现春风化雨、润物无声。

(三)具体措施

1. 科研上，推动新媒体相关内容融入学科体系、学术体系、话语体系

构建中国特色哲学社会科学学科体系、学术体系、话语体系，是习近平总书记在哲学社会科学工作座谈会上提出的重要要求，是当代哲学社会科学工作者的重要使命。马克思主义理论和思想政治教育学科具有哲学社会科学的一般属性和自身的特殊属性。在新媒体融入社会生活各方面的时代背景下，不同的哲学社会科学或多或少地和新媒体发生了联系，出现了一系列变革，相关学术研究也受到了新媒体的影响。思想政治教育与新媒体也有着密切关联，在开展本科人才培养工作的同时，要把新媒体相关内容融入思想政治教育学科体系、学术体系、话语体系。具体措施有：在思想政治教育学原理、思想政治教育方法、比较思想政治教育学等基础理论研究领域深化拓展与新媒体有关的研究，深化对媒体融合发展背景下思想政治教育原理与方法的认识；在相关学术期刊中设置专栏研究新媒体与思想政治教育；组织相关学术研讨会；凝练与新媒体有关的思想政治教育新概念、新表达等。

2. 教学上，推动新媒体相关内容融入教材体系、课程体系、教学体系

高等学校承担着教学与科研的双重任务。在构建学科体系、学术体系、话语体系的同

时，也要构建与之适应的教材体系、课程体系、教学体系，实现教、研之间的衔接贯通。在新媒体技术素养培养方面，要把有关内容融入教材体系：在修订《思想政治教育学原理》《思想政治教育方法论》等重要教材时，更新和加入有关内容；编撰专门的《新媒体与马克思主义大众化》教材，为学生系统学习相关知识提供遵循；引导学生参考阅读《新闻传播学》等相关学科教材。要把有关内容融入课程体系：开设专门的新媒体专业课程；鼓励学生选修其他学院课程，充分利用学校各类课程资源；通过 MOOC 等方式实现课程资源高效利用。要把有关内容融入教学体系：除开设专门的新媒体课程外，还要在其他课程中渗透和体现新媒体色彩。

3. 大力挖掘活动资源，实现"第二课堂"与"第一课堂"协调联动

与理论知识相比，新媒体技术具有鲜明的实践性。提升学生的新媒体技术素养，需要大力挖掘各类活动资源，使学生在丰富的实践中提升技能水平，实现活动"第二课堂"与课程"第一课堂"的协调联动。在思想道德与法治(原思想道德修养与法律基础)、毛泽东思想和中国特色社会主义理论体系概论课程中，通过拍摄微视频等活动锻炼学生的技能水平、团队协作能力。在"大学生讲思政课""我心中的思政课"微电影等活动中，提升学生运用新媒体手段服务思想政治教育的本领。引导学生参与大学生创新创业训练项目、挑战杯、互联网+、大广赛、武汉大学思想政治教育活动超市、武汉大学社团文化节、寒暑假社会实践等活动，在活动中运用新媒体技术，进一步提升能力。鼓励学生自主探索开展相关活动，在丰富学生精神世界、繁荣发展校园文化的同时，引导学生进行自我教育。

4. 建立健全机制，确保相关工作扎实有序高质量开展

要通过完善的体制机制推动相关工作扎实有序高质量开展。建立领导机制，由负责本科学生工作的副书记与负责本科教学的副院长共同负责该项工作，把本科人才新媒体技术素养培养工作纳入学院工作范围，确保在学院领导班子的领导下顺利开展。建立保障机制特别是物质保障机制，提供必要的硬件设施(场地、设备)，为学生开展实践提供基础的物质条件。建立激励机制，鼓励教师开设相关课程、运用新媒体手段授课，鼓励学生学习新媒体技术、参与相关活动。建立反馈调节机制，及时总结成就与经验、问题与教训，在实践中不断完善发展，为实现 2022 年近期目标、2025 年中期目标、2035 年远景目标不懈奋斗。

◎ **参考文献**

[1] 中共中央，国务院．中国教育现代化 2035 [EB/OL]．[2019-06-29]．http：//www. gov. cn/zhengce/2019-02/23/content_ 5367987. htm.

[2] 习近平．思政课是落实立德树人根本任务的关键课程[M]．北京：人民出版社，2020：5.

[3] 中共中央，国务院．关于加强新时代马克思主义学院建设的意见[EB/OL]．（2021-09-

21）［2021-09-28］. http：//www. gov. cn/xinwen/2021-09/21/content_5638584. htm.

［4］中共中央，国务院. 加快推进教育现代化实施方案（2018—2022 年）［EB/OL］.（2019-02-23）［2021-09-28］. http：//www. gov. cn/xinwen/2019-02/23/content_5367988. htm.

［5］中共中央，国务院. 关于进一步加强和改进新形势下高校宣传思想工作的意见［EB/OL］.（2015-01-19）［2021-09-28］. http：//www. gov. cn/xinwen/2015-01/19/content_2806397. htm.

［6］梁超锋. 思想政治教育专业课程建设若干问题研究［J］. 学校党建与思想教育，2021（5）：9-12.

［7］王少. 马克思主义理论本科专业建设问题初探［J］. 思想理论教育，2021（3）：65-69.

化学专业的教学革命

张浩然

（武汉大学　化学与分子科学学院，湖北　武汉　430072）

【摘　要】时代的发展与进步导致一部分专业的兴起与另一些专业面临窘境，越来越多的学生在填报选择专业时更为慎重，这也说明对专业做出相应改变势在必行。笔者认为，应从推动学科交叉、学科应用化的方向增进教学改革适应时代潮流，同时由近及远从本科教学开始，通过引进师资、开设特色课程、课堂常态化反馈等途径增加化学专业学生对专业发展前景的信心。

【关键词】化学专业；学科交叉；应用化；引进师资；常态化反馈

【作者简介】张浩然（2000—　），男，汉族，安徽铜陵人，武汉大学化学与分子科学学院 2018 级本科生，E-mail：2018302030076@ whu. edu. cn。

一、引言

谈起化学，自人类使用火便有了最早的化学实践，可以说是历史悠久。随着人类社会与科技的发展，这类知识也被应用在人类生活的方方面面，可以说人们从那时起已经离不开化学。尤其是在近代 1500 年左右的化学萌芽时期，以及 18—20 世纪近现代化学发展的黄金时期，化学这一学科发展突飞猛进。它对人们生活的方方面面产生着影响，同时对人才的需求量也很大。但就当下而言，很多学生在填报大学志愿时，更倾向于选择一些热门专业，主要还是出于学生对自己未来的考虑，希望未来专业发展更好，就业率更高。所以，真正在这门学科中坚持下来的，在化学领域内想要获得更好发展的学生，还需要满怀对化学的热爱，抱着一腔热血更加沉下心来刻苦学习，努力实践自己对这门学科的贡献。

二、化学专业的教学改革势在必行

为了进一步提高化学专业发展质量，推进化学专业内涵建设，提升人才培养水平，需加强对化学专业的教学改革。通过增加交叉学科的融合，推进化学研究应用化进程，改进教学模式等方式持续推动专业建设与发展。

(一) 循序渐进实现学科交叉融合

目前看来，加强学科交叉是各个高校都在走的大方向，只不过大多数存在于研究生阶段。例如北京大学 2006 年成立的前沿交叉学科研究院，或是本校的高等研究院，等等，均取得了不错的成果。以北京大学前沿交叉学科研究院为例，2013—2018 年就业率基本维持在 95% 以上，除去无法正常毕业的学生，就业率接近 100%，且就业选择多，就业范围较广。[1]但对于本科生来说，由于学生时间和精力的限制，并没有大规模地采用交叉学科的培养模式，不过近年来，在课程选择方面，学校逐渐鼓励对于多学科课程的选修。这个想法如何得到实现确实需要花一番功夫思考，因此目前看来精简课程，浓缩合并旧课为新课是不可避免的。因为这一过程需要循序渐进，所以在当下可以从各个学院之间的交流融合入手，多开展一些学院间的交叉讲座或许是大有裨益的。当增加了交叉融合之后，学生们在面临未来选择时可发挥的空间便大了许多，甚至当老牌学科与当今热门学科进行融合后或许会碰撞出不一样的火花。例如，电子信息与化学的融合——制备光刻胶，既是顺应时代潮流，也是让那些抱有一腔热血的青年在国家面临困难之时能够拥有更多挺身而出的机会。

(二) 科学研究应用化的推进

大多数高校的科研成果，距离转化成为可实际应用的工业产品都有着很长的一段路要走。这段路怎么走，谁来走，要走多长时间成了一个问题。所以从这方面入手，推动科学研究的应用，无疑是部分同学很好的选择。除了增加相应的课程外，张万峰等人在对化学专业应用型人才培养模式的创新研究中提出化学应用型人才的培养是为了服务社会与地方经济发展，因此，人才培养立足区域性的发展理念是值得借鉴的。[2]充分调动地区的相关资源，利用地区的优势进行教育教学更能锦上添花。例如，武汉市周边甚至湖北省内的化学相关企业的参观与实习实践体验，或是在第三学期开设的与之相关的课程，通过利用地区的资源与优势，完成了"沉浸式的教学体验"，不仅能够提高同学们的积极性，同时还开阔了学生们的眼界，丰富了同学们的知识面。

(三) 本校化学专业教与学改革建议

上述两类建议或许在若干年之后会起到一定的效果，这本身也是提升专业内涵，顺应发展的趋势。解决当下化学专业对学生的吸引力问题或许才是目前的重中之重。

1. 引进教师，提高课堂质量

从老师的角度着手，老师在课堂上讲课的质量是尤为重要的，这也就造成了部分老师的课程在学生心中是炙手可热的"抢手课"，而极少数老师的课程却无人问津。通过引进一批更加适合授课的教师来教授知识，引导学生，激发学生们对于专业学习的兴趣，我认为无疑是值得的。他们热爱教学，愿意花更多的时间在教学当中。我认识的老师，就有一些将大部分时间精力放在课堂教学中，他们的付出也得到了回报，往往能获得同学们的一致好评。

2. 灵活安排课时，丰富教学内容

针对不同课程是否压缩课时应该分别对待。对于部分课程可以压缩课时，但部分课程的课时数应维持原先甚至有所增加，这些可以通过采纳学生们的反馈进行调整，以避免部分课时被压缩而造成课程质量可能受影响的情况。特别是对于很难的专业课程，需要一定的理解才能入门，若压缩课时，则可能导致在有限的时间内并不能完全使学生理解知识，学生难以跟上课程进度，就会造成部分学生在之后的学习中学习兴趣减退，老师的讲课热情可能也会随之消减。因此，适当对课程学分或是课时数进行调整，能够更好地完成教学目标，丰富教学内容。

3. 开设特色课程，激发学生兴趣

带有专业特色的兴趣课程无疑是吸引学生的最好途径，让学生们充分了解自己所学专业的特点，通过有趣的课堂或是实验激发学生的兴趣。而这一类课程往往能收获同学们的一致好评。

对于化学专业而言，已经开设的"魅力化学"课程也取得了不错的效果。后续也可以有部分新课程的增加，包括实践实验课，如化学院目前已经开设的针对低年级学生的周末开放实验，可以增加学生对于自己专业的了解与兴趣，使学生更有动力在这些专业进行深入的学习。同时，马艺等人对无机化学实验教学培养大学生良好学习习惯与兴趣也发表了自己的看法。[3] 他们认为多样化的教学模式可以培养良好的学习习惯，而在接受新鲜事物中，兴趣往往起到非常关键的作用，所以他们觉得多角度聚焦实验课程能激发学生们的学习兴趣，带给学生新鲜感，提高学生的求知和探索欲。

4. 举办高质量活动，展现专业风貌

从学生角度来看，大多数学生在上大学之前对自己所学的专业一知半解，对未来的规划也很迷茫。那么大一学年的学习生活就对他们来说尤为重要，是他们顺利适应大学生活节奏，适应专业学习的重要阶段。虽然很多院系有一些新生入学活动来帮助大一学生尽早代入大学生的身份，但大多数却收效甚微。所以精简活动，举办高质量的专业引导活动显得尤为重要。这不是一两场讲座、交流会就能解决的问题，而是应该全面地让同学们了解专业的现状。同时也应该加强院系间的交流，让不同学院、不同专业的同学互相了解各自专业的异同，帮助学生们更好地作出自己的判断。

5. 常态化反馈打破沟通屏障

学生的反馈也是能够帮助提升专业教学以及特色活动质量的关键。由于高中教育的原因，很多大学生在课堂上处于一种羞涩的状态，与老师沟通甚少，那么课后或者活动结束后的反馈就尤为重要了。在我看来，反馈的常态化才能更好地让老师或者活动的举办者及时调整，以取得更好的效果，而不是每年每学期一次的反馈评选。这样的反馈已经失去了

大部分的时效性，或许只能起到评选作用，并不能改变教学效果，甚至有的同学因为反馈问卷过长而只是敷衍了事。最有效的反馈可能就是每次课后的一份有质量且精简的问卷，或是同学间的沟通并将其意见进行整理。这在一些课程或者活动中已经取得了较好的效果，所以常态化反馈是非常值得一试的教学改革。

三、结语

化学专业的教学改革任重而道远，推进专业内涵发展，提升专业建设质量在于大家所付出的一点一滴的努力。当我们由近及远，一步一步地进行教学改革，提高教学质量，完善教学体系，社会对本校化学专业的认可度也会随之提高，进而不断提升该专业的吸引力，进一步完善专业建设内涵。

◎ 参考文献

[1] 赵瑞颖，蔡旻恩. 理工类交叉学科人才就业状况分析——以北京大学前沿交叉学科研究院为例[J]. 中国大学生就业，2019(15)：34-38，49.

[2] 张万锋. 化学专业应用型人才培养模式创新研究[J]. 教育现代化，2018，5(2)：20-21.

[3] 马艺，刘志宏，焦桓. 浅谈从无机化学实验教学中培养大学生良好的学习习惯与兴趣[J]. 教育教学论坛，2017(4)：46-47.

浅谈高校生物学实验本科教学方法

付随文　屈湘湘

（武汉大学　生命科学学院，湖北　武汉　430072）

【摘　要】在高校生物学科的学习当中，生物实验课程是主要的教学内容之一。与理论课程相比，实验课程通过实践操作来加深对理论知识的理解和掌握，也为将来学生的科研之路奠基。实验课程的安排和设计往往反映出学科的教学重心和教学水平，其实验教学方法直接影响到对学生综合能力的培养。在本文中笔者通过对武汉大学生命科学学院本科生进行调研访谈，对高校生物实验本科教学当中存在的优缺点进行分析与研讨，从教学参与者的角度阐述了对生物实验教学改良的思考，以期能够为高校生物教育工作提供一些有益的参考。

【关键词】生物；实验教学；实验设计；本科专业建设

【作者简介】付随文（2000— ），男，汉族，湖北随州人，武汉大学生命科学学院 2018 级生物技术专业本科生，E-mail：2018302040127@whu.edu.cn；屈湘湘（2001— ），女，汉族，湖南永州人，武汉大学生命科学学院 2018 级生物技术专业本科生，E-mail：2018302040126@whu.edu.cn。

一、前言

生命科学是以大量实验为基础的学科，实验课程能够有效提高学生的实际操作能力，加强理论运用于实际的综合素养，真正培养适应当前科研需求的实用型人才。在我国当前社会发展趋势下，对人才的要求更加注重综合素养、创新意识、个人能力，因此能否合理地结合理论与实际、增强课程创新、提高学生自主实验的能力等是评价生物实验课程质量的重要标准。但目前高校生物实验教学仍存在诸多局限，对教学内容、教学方法的探讨具有重要意义。本文将通过分析武汉大学生命科学学院本科实验教学情况，给高校生物实验教学提供一些参考意见。

二、以武汉大学生命科学学院为例的调研情况

武汉大学生命科学学院作为生物学科的人才培育基地之一，其本科实验课程的安排贯

彻着教学质量为先的主旨，意在提高学生实验技能、实验结果分析以及科研报告撰写等实验综合能力。为了解生物学科专业建设的实验教学建设情况，笔者以武汉大学生命科学学院本科三年级学生为对象进行调研访谈，梳理出对生物实验课堂的评价与建议，总结出生物实验课程安排的优缺点，调研情况汇集了参与实验课堂教学的同学的切身体会与深刻思考。

(一) 实验课程实际开展情况

通过对实验课程的实际参与者进行调研访谈，笔者重点关注课程的课程设置、授课形式、考核方式以及其中是否具有开放设计实验等特点，具体情况如表 1、表 2 所示。

表 1　　　　　　　　　**武汉大学生命科学学院本科实验课程教学安排**

	课程名称	课程设置	时间安排	理论考核	课堂讲解
专业必修课程	动物生物学实验	若干小实验	基本遵照课表	期末笔试	
	植物生物学实验	若干小实验	遵照课表	期末笔试	
	微生物学实验	若干小实验	遵照课表	期末口试	
	生物化学实验	若干小实验	遵照课表	期末口试	
	细胞生物学实验	若干小实验	基本遵照课表	期末口试	
	遗传学实验	若干小实验	遵照课表	无	
	分子生物学实验	综合性实验	基本遵照课表	期末笔试	
专业准出课程	植物发育生物学实验	多主题同时推进	基本遵照课表	无	
	动物发育生物学实验				
	病毒学实验	若干小实验	占用大量课余时间	综述/展示	PPT 讲解
	生态学实验	若干小实验	基本遵照课表	无	
专业选修课程	生理学实验	若干小实验	遵照课表	无	
	植物生理学实验	若干小实验	遵照课表	无	
	免疫学实验	综合性实验		无	
	微生物技术实验	综合性实验	占用大量课余时间	无	
	生物化学技术实验	若干小实验		无	
	动物实验技术	若干小实验		期末笔试	
	高级细胞生物学实验	相对独立课题		无	
	病毒学技术实验	综合性实验		无	

表2 武汉大学生命科学学院本科实验课程考核方式

	课程名称	理论考核	自主设计开放性实验	实验报告形式
专业必修课程	动物生物学实验	期末笔试	有限选题	普通报告+开放实验论文
	植物生物学实验	期末笔试	自主选题	普通报告+开放实验论文
	微生物学实验	期末口试	有限规模有限命题	普通报告
	生物化学实验	期末口试	无	普通报告
	细胞生物学实验	期末口试	无	普通报告
	遗传学实验	无	自选	普通报告+开放实验论文
	分子生物学实验	期末笔试	无	长篇普通报告
专业准出课程	植物发育生物学实验	无	无	长篇专题实验报告
	动物发育生物学实验			
	病毒学实验	综述/展示	无	普通报告
	生态学实验	无	有限范围内自主选题	普通报告
专业选修课程	生理学实验	无	无	普通报告
	植物生物学实验	无	开放实验+综合设计性研究方案论证	普通报告+开放实验论文
	免疫学实验	无	研究课题设计	普通报告
	微生物技术实验	无	无	微生物学通报格式论文
	生物化学技术实验	无	无	普通报告
	动物实验技术	期末笔试	无	普通报告
	高级细胞生物学实验	无	无	
	病毒学技术实验	无	包含实验设计内容	

本次调研共统计了19门实验课程，包括7门专业必修课程、4门专业准出课程和8门专业选修课程。通过课程安排和考核方式可以看出，武汉大学生命科学学院生物学实验教学中心作为首批国家级实验教学示范中心，对于学生综合能力的培养以及对于实验课程的安排已形成较为完备的体系。同时，不同生物学科的实验教学，因其课程内容、侧重点不同又有所差异。

(二) 实验课程开展中的优点

通过总结对本科生的调研情况，生命科学学院本科生实验课程教学具有以下几个突出的优点：

第一，各实验课程教学大纲的制定与课程内容的设置较为契合，能够很好地实现其教学目标。实验课程与理论课程同步进行，相辅相成，较好地体现了理论联系实际的教学方法，深化了教学效果。

第二，从必修到选修课程的变化体现了从学生基本实验技能的掌握、基础知识的熟悉到实验设计能力、综合分析能力以及创新意识的循序渐进的培养训练体系。

第三，多数课程都会安排学生进行自我展示，例如综述的撰写、PPT的展示、开发性实验等。这类开放性的教学内容可培养学生独立思考、发现和解决问题的能力。实验课中开放性内容的设置使得武汉大学生物专业在一流学科的建设中表现出惊人的活力，显著提高了学生实践研究能力、创新精神与能力以及对于生物学思考能力，为学生将来在生物学领域的科研之路打下优良的基础。

(三)生物实验课程的不足与思考

关于生物实验课程的不足，被调研本科生主要提出了如下几点问题：

第一，实验时间安排与课程安排时间会有一定的差异，尤其是某些需要连续数天进行的实验，比如病毒学实验和微生物技术实验，会对课余时间有一定影响。部分课程实验延续到学期末、考试周，在一定程度上可能会挤占其他学科的学习时间。这几类时间要求较多的实验情况应在课程说明里提前给予介绍。

第二，实验教学内容往往因场地、设备等实际条件的限制而有所妥协，在现实条件难以有很大改变的情况下，借助信息化平台可在一定程度上提高教学的质量。当下的思路一般是开展操作的视频教学、数字课程资源共享、虚拟仿真实验[1]等。但在实际教学中，教学资源的更新存在一定的滞后性，虚拟仿真实验的实际效果还需加强。

第三，课程教师之间还要进一步加强交流，课程内容需要更好地照应。应加强实验课同理论课之间、各科实验课之间的联系交流，从任课教师到教学内容各方面进行融合、互联，构建完善的综合性实验课程体系，使学生更为全面地掌握学科内容。

第四，部分实验内容较多、材料比较杂，部分实验数据多，实验过程和原理内容较多。建议实验报告交电子版，保存性也比较好，提交方便。

第五，部分实验课程教师还需进一步加强对学生能力和学习状况的了解，对一些必要的知识要在课程中做好教学铺垫，及时进行数据统计。数据分析是生态学研究领域使用非常普遍的一种研究方式，教师也应在相关教学过程中着重讲解。

以武汉大学生命科学学院本科生实验教学情况来看，随着社会的发展和要求的改变，以及近年来《教育部关于深化本科教育教学改革全面提高人才培养质量的意见》[2]等多项教育相关文件出台，高校在实验课程教学创新、自主实践等方面都有一定的探索和优化。同时，在新时代信息化技术的运用和普及，实验课程体系的设计和把握，教学过程中教师之间、师生之间的交流和沟通等方面还可以进一步加强与完善。

三、高校生物实验教学优化思路

(一)打破单门课程壁垒，构建实验课程体系

构建实验课程群，结合实际教学，充分发挥各门课程教师的专业优势，科学组织，合

理分工，构建立体化教学资源平台，打破以往"单门课程的理论学习+单门课程的实践教学"的传统培养模式，为综合实验改革提供基础。并以教学平台为媒介，打通教师间、师生间的教学信息沟通渠道，并合理综合设计实验课程体系，去掉重复实验操作，增加新的实验教学内容，承接上下游课程，使实验项目整体连贯。

(二)发展"互联网+教育"模式，创新云端教育方法

不能局限于现实操作和实际条件，要让实验课程也开进云端。构建并优化信息化教学平台，通过视频教学、数字课程资源共享、虚拟仿真实验等形式提供智能教育新形态。一方面，应广泛动员院系师生积极更新教学资源，加大对教学资源整合更新的投入，另一方面，需要虚拟实验平台根据各课程实际情况进行适当推广并进一步优化升级，可增加信息化实验课程管理办法[3]予以辅助教学，如实验结果的实时记录和即时上传，学生实验报告的提交与存档等。

(三)调整生物教材内容，融入整体实验理念

传统教学方法思维中，单门课程教师多根据自身的教学内容独立选择实验教材，教学内容和教材都往往局限于课程大纲要求的部分。而多数实验教材为适应单门课程教学，教学内容知识点分散，虽针对性强，但缺乏实验整体性，[4]难以适应减少学时背景下的综合实践教学。

四、结语

总之，当前生物实验课程教学仍在不断优化改进、创新发展，在此过程中暴露出的问题应当引起教育工作者的重视，针对性地解决问题，改善方法。生物实验教学与我国生物科学领域未来发展联系紧密，更好的实验教学能够大大提高学生创新思维和综合素养，促进生物科学人才全面发展。继续深化教育改革，优化教学方法，势在必行。

◎ **参考文献**

[1] 杨杰，孙丹枫. 从高校生物实验现状及问题看虚拟现实技术的作用[J]. 艺术科技，2016，29(1)：112.

[2] 中华人民共和国教育部. 教育部关于深化本科教育教学改革全面提高人才培养质量的意见[EB/OL].（2019-10-08）[2021-12-14]. http：//www. moe. gov. cn/srcsite/A08/s7056/201910/t20191011_402759. html.

[3] 苗苗，贺晓阳，沈岚，等. 高校实验室信息化建设探索与实践[J]. 科技视界，2020（21）：38-39.

[4] 常向荣，邓维礼，周杰. 生物医学工程系统化实验教学探索与实践[J]. 实验室科学，2016，19(5)：106-108.

多方贯彻课堂改革，促进专业建设与人才培养

——武汉大学电气与自动化学院"教与学的革命"实例

邓浩程

（武汉大学 电气与自动化学院，湖北 武汉 430072）

【摘 要】 本文以武汉大学电气与自动化学院"教与学的革命"中具体的改革内容为实例，介绍了目前新工科专业课程与课程改革的基本方向，详细分析了学院目前改革的现状和教学情况，同时结合笔者的学习经历对教学革命提出了一些思考和展望。

【关键词】 新工科专业；课程思政；教学革命；信息化教学

【作者简介】 邓浩程（2001— ），男，汉族，江苏无锡人，武汉大学电气与自动化学院 2019 级电气工程及其自动化专业本科生，E-mail：1554210838@qq.com。

一、新工科专业背景与课堂改革方向

随着新一代技术革命、产业变革的到来，以及多个关于"新工科"的国家战略目标的提出，工程教育急需为新兴产业的发展提供专业人才的支撑。[1]在多学科交叉与新技术的背景下，武汉大学逐步构建起了新工科培养方案，并且已于 2020 年全面实施。新工科专业的人才培养相比于传统的培养模式，更注重学生的创新能力和实践能力，同时精简传统的专业课程，加强学科交叉思维和意识，培养学生的社会责任感。

以电气工程及其自动化专业为例，在武汉大学目前的培养模式下，专业课程可以大致分为：（1）自然科学类，如数学、物理、化学等基础课程。（2）工程基础类，如电路原理和电磁场理论。（3）工程技术类，如电气工程基础、电力系统分析、高电压工程。（4）实验实践类，如需要实操的电路综合实验以及各类软件仿真实验。[2]

电气工程专业与电力工业生产密切相关，涉及电能的产生、传输、转换、应用等方面的理论和技术，在国民经济发展中起着至关重要的作用。[3]电气工程专业历史悠久，实践成果丰富，国内高校普遍已经形成了一套较为成熟的培养体系。但与此同时，培养方案过于陈旧是许多开设电气工程专业的高校所面临的问题。[4]

一方面，随着我国"碳达峰、碳中和"目标的提出，我国以火电为主的传统电力生产模式正在进行改革，构建新型电力系统、实现清洁低碳的电力生产需要当下的电气学子具备新知识、新本领，更需要具备强烈的社会责任感和使命感。另一方面，电气工程领域的

新理论、新技术的不断涌现需要对目前的专业理论体系做修改，传统的专业培养方案已不合时宜。[5]因此，对专业培养模式的改革、对专业课程课堂的改革势在必行。一门课程的教学需要教师和学生的互相配合，最重要的是尽可能使专业课程定位目标和学生的学习目标达成一致。电气工程专业不同的专业课程有其不同的学习方法和教学方法，自然不可按照统一化的目标进行教学改革。

二、专业课程改革现状

基于上述课堂改革的方向，基于电气工程专业本科生的视角，在武汉大学"教与学的革命"中，电气与自动化学院实施了若干项重要的改革。

(一)专业课程思政从基础开始

课程思政的建设是本次学院教学改革实践的重点任务。高校的"课程思政"不同于"思政课程"，后者是对学生进行全方位、专门化的思想政治教育，注重使学生理解马克思列宁主义理论、党的路线、方针、政策，是集中时间进行的爱国主义教育；而前者则是一种教育的理念，将思政教育贯穿于学生的专业课程学习之中。其共同点是均为"立德树人"的教育教学根本任务。[6]由于电气学院的专业课程传统上大多突出数理逻辑推理的严密，以及工程目标实现的技术与技巧，在往届学生的专业培养中对于课程思政的融入程度并不高。

基于此，学院于本次"教与学的革命"中确立了落实立德树人根本任务，并要求将价值塑造、知识传授和能力培养三者融为一体、不可割裂。专业课程上，要注重强化学生工程伦理教育，培养学生精益求精的大国工匠精神，激发学生科技报国的家国情怀和使命担当。

每一类课程都有其不同的培养目标，自然需要不同的思政元素介入的模式，否则将出现思政内容"强行植入"专业课的情况，学生接受度也将大大降低。例如，在实验实践类课程中，学院的生产实习课程思政重在培养学生的职业精神和劳动技能；在工程技术类课程中，学院的电气工程基础平台课全方位介绍了我国的电力工业与国民经济、国家发展的紧密联系，让学生认识到在电力工业领域社会主义制度集中力量办大事的优势。

学院重视基础课程的建设和其对于学生专业培养的重要作用。面对全院大一新生开设的走进电世界是一门重要的专业平台课，近年来改革效果十分显著。该门课程除了详细介绍专业概况和学科内涵外，对于课程思政的贯彻较为到位。笔者在大一学习该课程时，不仅初步认识到电力工业在国民经济中的重要作用，也深刻体会到专业需要的强烈社会责任感和专业创新使命感。课程同时加入了实践模块，由学院老师带队前往湖北电力博物馆参观学习，为将来的专业学习奠定了红色基调。

明白了学习背后的使命与社会责任，便树立起了专业的风向标。学院对于基础课程的改革，必须要做到能让学生迅速纠正"学习为了应试"的错误观念，否则专业学习容易误入歧途。学生形成正确的学习目的和动机，才能够真正达到带着兴趣学习、学以致用、有所创新这三个学习的最高要求，才能实现创新型复合人才的培养。

(二) 教学形式不断创新

笔者在前两年的专业课程学习中，已然能明显体会到教学内容和形式发生了变化。在课程安排上，工程基础类、工程技术类课程由大班教学转为普遍的 60 人班级教学，给传统的课堂增加了一定的师生互动的活力。

在 2020 年春学期疫情期间，除实践课程外，学院其余专业课均转为线上教学，学院教师充分利用网络平台，开展直播、录播形式课堂。同时，多种教学手段配合，改变了传统课堂教学的"知识灌输"模式。在笔者所选的课程中，部分教师选择了"以点带面"的方法，借助直播平台帮助学生厘清理论知识的逻辑，大大增加课堂研讨、教师答疑的时间比例；借助 MOOC 平台上传部分学习难度较大、较深的理论推导模块；借助课程群上传课程相关的工程背景知识和工程伦理，贯彻课程思政，开阔学生视野。对于一些较为简单、基础或是细节的内容，要求学生通过查阅资料、阅读教材进行自学。在此种模式下，学生大大提高了自主学习、探究的能力，逐步培养起了主动学习的兴趣和习惯。

事实上，信息技术的使用正在快速推动课程建设。学院"电气工程基础（上）"作为国家精品课程，已经全面建成了成体系的 MOOC 课程。课程视频制作精良，内容翔实，参加人数众多。作为电气工程专业极为重要的平台课，丰富了本校同学课前预习、课后复习和自主探究学习的资源，各种形式的课程讨论激发了同学的学习热情。同时，在"电气工程基础（上）"的线下授课中，实施了"翻转课堂"的教学创新，引入了一系列电力工业中的新问题、新风向，引导同学自主探究、互相研讨，让同学"脑洞大开"。

此外，本次"教与学的革命"活动中，对高电压工程的国家级一流本科课程申报和MOOC 课程建设开展了研讨，针对电路原理 A1 的一流课程申请也开展了相应会议。不断丰富线上教学资源、利用好各大网络平台，是方便学生自主学习的重要措施，也是未来需要不断探索的方向。

(三) 引导学生自我管理

本科阶段的学习，无法做到由学院教师实时督促，因此学生必须加强时间管理、提高自我约束的能力。除了课堂教学内容的保证外，学生的自学能力、自律程度决定了学生学业成果的上限。为此，学院多次组织学习小组活动，成立党员答疑值班室，帮助同学自主解决学习中的疑难点，形成自主学习的"第二课堂"。

三、对于教学革命的思考和建议

(一) 加大信息化教学平台的建设

任何一门专业课程的学习，仅依靠课堂讲授是远远不够的。作为课堂学习的外延和补充，网络课程（录播或直播）等信息化教学手段起到了重要的作用。结合疫情期间实际线上教学的经验，信息化教学方式存在着自身的优点。信息化教学强调师生之间、学生之间的交流研讨，强调自主学习、探究学习，将传统的学习材料电子化、数字化，便于随时查阅、随时学习。因此，信息化教学的载体——高校信息化教学平台需要加快建设和完善。

然而，目前各高校的信息化教学平台建设面临以下困难：一是信息化教学程度低，二是高校平台运营维护能力弱，三是教学资源整合难度大，四是信息化教学考核复杂。[7]因此，目前现存的全国大学生线上教学平台往往课程资源杂乱、课程管理混乱。此外，除了一些MOOC课程以外，仍有许多现场录播的课程可供选择进行学习，这些课程有的年代较为久远，需要专门的人员进行挖掘和管理。武汉大学已经建成了自身的虚拟课堂平台，但是随着学生到校正常上课，平台的使用程度大大降低。因此，笔者建议学校可以加大虚拟课堂平台的使用力度，在平台上各门课程教师可以上传各种形式的课程学习资料，便于学生参考学习。学校除了鼓励各个学院自身开设MOOC课程以外，其他兄弟院校的课程有许多也是值得参考学习的，建议学校尽可能打通一些线上课程的壁垒，在解决版权问题的前提下给学生提供更多的学习资源。[8]

(二) 加大实验实践平台的建设

比起需要闭卷考试的专业课程，本院一些实验实践类课程往往受学生关注度较低，学习效果也并不理想。这类实验课程，往往在实验之前需要学生进行实验预习，并且撰写实验报告；在实验过程中需要学生按要求完成实验操作，获取相关数据；在实验结束后需要学生分析处理数据、得出实验结论。然而在实际课程中，存在着许多问题。第一，实验预习方式陈旧。一方面，学生预习实验仅能阅读实验指导书的文字部分，并不能看到真实的实验设备；另一方面，由于实验报告的要求，预习板块往往演变为学生机械地抄写实验指导书，因此实际上并未达到实验预习的目的。第二，现场演示环节时间过长，加之学生缺少预习环节，部分学生在需要实操的时候甚至不懂得如何使用一些简单的实验设备，更难以记住实验过程中的每个细节，因此实验的效果大打折扣。第三，实验课程通常以提交实验报告的形式结课，然而在提交报告后，纸质报告就将被收归学院保管，以便教学检查，不再有教师的反馈。在这种情况下，学生并不能对实验过程进行复习回顾，也无法知悉在哪些操作和分析上出了差错，完成实验后效果不佳，并且难以进行后续的提高。

实验课不同于理论课，抄写大段的理论公式、文字并没有实际的意义。笔者建议学院组织建设仿真实验平台，让学生在实际操作前能够预先在仿真软件上自主学习实验过程，同时学习一些实验设备的使用方法，以提高实操的效率。同时，对于一些仿真软件、数据处理工具的学习使用，学院可以录制相关的教程并上传至平台，供学生自主学习，提高实验效率，突出实验重点。

考虑到制作成本和实验室实际条件，若无法搭建实验仿真平台，也可以参考学习部分高校的实例。例如，南方科技大学将MOOC应用于高校实验教学，实现更有效的实验预习和复习。[9]MOOC视频相比纸质实验指导书，内容更为直观形象，既能够将实验所需理论知识在较短时间内引导学生回顾，也能够让学生真实体会实验设备的操作过程。此外，MOOC视频可由前文所述的信息化教学平台统一管理，既可以长时间保存，也方便学生随时查阅，能够精准地定位到某个不熟悉的知识点，是其他学习方法无法比拟的。在实验结束后，学生实验报告也可以统一上传到学校指定的平台上，教师在平台上批阅、批注，学生可以较快地接收到反馈，便于后续的复习提高。

(三) 鼓励师生互动

在专业课程教学过程中，师生往往交流甚少，这对于学生的学习是不利的。教师对于本门课程的理解程度、运用程度远大于学生，但学生有时也能提出教师未曾思考过的新问题和新角度。因此，师生的交流沟通对于教学的意义十分重大，闭门造车绝非学习的正确道路。笔者建议学校和学院鼓励师生在课后多进行交流互动，例如武汉大学部分学院已经开展的"师生午餐会"，为师生探讨疑难问题，或是交流新想法、新点子提供了平台。学院可以组织学生之间成立学习小组，对于一些需要研讨的问题，首先在组内进行互相答疑，同时定期组织组与组之间的互动答疑。当遇到学生之间无法自主解决的疑难问题时，再与教师约定研讨时间，在线上或线下进行答疑。这样既可以与教师进行积极的交流研讨，也能提高效率，节约教师科研工作的时间。

在条件允许的情况下，可以积极引导学生参与到导师的科研项目中，进行探索性、研究性学习，培养学生自主创新能力，将专业理论知识与实践结合。同时，专业教学可以建立系统化和规范化的项目库，授课教师在各课程的项目设计中尝试把所承担的科研项目细分成小的课题，嵌入实践教学过程中，使学生了解学科发展前沿，激发学生的研究兴趣。[10]

(四) 创新考核方式

实现教学改革，需要同步改革考核方式。传统模式下，对于理论性较强的课程，通常是进行闭卷笔试；对于实验实践类课程，通常是提交实验报告。笔者作为需要参加各类课程考核的考生，认为学生在平时的学习中不应以考试作为课程学习的终点。课程学习应该能够让学生打牢基础的知识，并且拓宽解决问题的思路和方法。学生应该将课本的知识作为自身的知识储备，更重要的是能够结合自身的创新和思考，更好地运用知识。因此，通过考试是教师对学生学习提出的基本要求，一个合理的课程考核应当能重点考查学生在本课程中需要掌握的核心概念、核心方法，也就是重点的部分要重点考、过时冷门的部分少量考。同时试题要能够具有一定的工程指导意义和创新意义，尽量减少学生死记硬背的内容，增加一些实际的工程应用场景。试题须尽可能贴合实际，取材于工程案例，减少"造题"现象——为了考核而考核。

四、总结

综上所述，新工科专业的教与学，主体都应该是学生，参与度最高的也应该是学生。本文从理论与实际的角度讨论了一些改革的方向，但成果如何，最有发言权的应当还是学生。课堂改革，应删繁就简、突出重点；教学方式，应推陈出新，与时俱进。在未来的形势下，唯有一次次的教学调整与改革，方能促进专业建设与人才培养，实现高校的培养目标和社会责任。

◎ 参考文献

[1] 施金鸿. 新工科背景下电气工程及其自动化专业人才培养模式改革研究[J]. 科技风，2021(30)：159-161.

[2] 富海鹰，杨成，李丹妮，等."三全育人"视角下工科课程思政实践探究[J/OL]. 高等工程教育研究，2021，5：94-99，165.

[3] 孙国富. 电气工程及其自动化：国民经济的"神经中枢"[J]. 考试与招生，2021，164(Z1)：108-110.

[4] 谭显东，刘俊，徐志成，等."双碳"目标下"十四五"电力供需形势[J]. 中国电力，2021，54(5)：1-6.

[5] 谢楠. 电气自动化在电气工程中的应用与创新[J]. 电子元器件与信息技术，2021，48(6)：76-77.

[6] 孙利芹，林剑，姜爱莉，等. 新工科背景下理工类学生实践教学课程思政实施路径探索[J]. 高教学刊，2021，192(34)：171-174，179.

[7] 万玛. 高校信息化网络教学平台建设探究[J]. 教育现代化，2020，7(25)：66-69.

[8] 王昀可. 高校 MOOC 应用中教学管理存在的问题及对策[J]. 吉林医药学院学报，2021，42(6)：479-480.

[9] 章剑波，廖成竹，李慧丽，等. 基于实验 MOOC 的混合式互动实验教学方法的分析探讨[J]. 科技与创新，2021(21)：149-150.

[10] 张文华，刘平，章顺华，等. 面向电力行业人才需求的高等院校电气工程实践教学改革探讨[J]. 江西电力，2021，247(10)：30-32.

"通"愈广则"专"愈精

——浅谈武汉大学通识教育课程教学

江雨彤

（武汉大学　电气与自动化学院，湖北　武汉　430072）

【摘　要】 随着我国综合国力的逐步提升以及科学技术的不断发展，我国的教育也进行着教与学的改革。当前我国更注重学生的综合素质教育与全面发展。国家教育制度的深化改革促进国内许多高等院校大力推进通识教育课程的实施，本文将分析在此背景下，武汉大学通识教育课程的实施，给学生和老师带来的影响，以及如何理解通识教育和专业教育的关系。

【关键词】 通识教育；素质教育；教育改革；专业教育

【作者简介】 江雨彤（2002— ），女，湖北宜昌人，武汉大学电气与自动化学院 2020 级电气工程及其自动化专业本科生，E-mail：1417923620@ qq. com。

一、教育改革背景下的武大通识教育

在过去的很长一段时间，中国普遍的教育方式为看重于考试成绩，背诵与解题的应试教育。教师教授与学生学习的目的直指考试成绩，为了更加具有竞争力，开始出现"内卷""鸡娃"等现象。老师和家长较少关注学习过程中学生的品质素养的培养，因此教与学的目标只停留在试卷上分数的提高，而分数背后的努力与过程却无人问津。显然，这种教育目标和教育模式对于引导学生把握正确的人生发展方向，培养学生的独立人格和创新能力，帮助学生在德、智、体等方面全面发展是不利的。

党和国家对教育情况的高度重视使得我国的教育制度和教育方针在不断地深化改革中日臻完善，以适应当下我国的人才需要和各个年龄阶段人民的教育需求。1999 年，中共中央、国务院发布的《关于深化教育改革全面推进素质教育的决定》，提出让学生在掌握过硬的基础知识，继续有序开展应试教育的同时，全面推进素质教育，培养适应 21 世纪现代化建设需要的社会主义新人，对学生综合素质进行考察评估。学校对学生的考量不再仅限于考试的一纸成绩，而是越发注重对学生的学习过程和学习成果的综合性考察。2014 年发布的《国务院关于深化考试招生制度改革的实施意见》中，新高考改革下设计的"3+3"新高考选科模式充分赋予了学生对学科的选择权，一定程度上说明我国教育的目标，已经渐渐从以应试教育为主导的单纯让学生取得好的分数偏向于培养一个拥有较高综合素质和独立思考能力，能担当国家大任，敬业爱党，热爱祖国，热爱人民的社会主义建设者和接班人。

武汉大学通识教育中心所开设的以人文社科经典导引，自然科学经典导引两大"导引"为基础，四大模块共60门核心选修课与100门一般选修课共同构成的通识课程体系便是对当下中国教育制度改革的遵循、先行和引领。武汉大学通识教育本着"博雅弘毅、文明以止、成人成才、四通六识"的核心理念，以养成有宏大志向的君子人格为根本目的，始终将学生的人格独立、自我成长，放在教与学目标的首位。"四通"是指"一通古今、二通中外、三通文理、四通知行"，而"六识"是指"渊博的学识、卓越的见识、经典阅读意识、文化批判意识、独立思考意识、团队合作意识"。短短十几字"四通六识"的教学理念简明扼要地将国家的教育改革的重要理念融入通识课程设计。

习近平总书记在2018年提出新时代教育目标任务，其中"着重培养创新型、复合型、应用型人才"等重要精神深刻回答了当下中国的教育应该培养什么样的人才，该如何培养的问题。武汉大学通识教育中心敏锐把握方向，组织教育专家团队，精心设计课程，以帮助学生培养"四通""六识"。以两大"导引"课程为例，通识教育中心创新教与学的方式，大班集中授课与小班分组研讨两种方式同时开展。大班教学中，教师主要介绍典籍中的主要思想观点与历史背景，使学生对所学内容有整体的把握，筑起思想的框架。小班研讨则首先由教师在课前提出问题，在助教带领下，学生被分成小组来研讨解决问题，最后在小班课堂上进行小组思考成果的展示与交流。这种教学方式锻炼了学生的辩证思考能力、团结合作能力和语言表达能力，同时，也给予了学生和老师更多的交流机会，提高了学生对课堂的参与度。课程考核方式将大班课堂考勤、随堂测验、小班研讨交流以及最终期末笔试的分数综合起来对学生的学习过程和学习成果进行考察。笔试考试则是让学生对于所学知识深入思考后，进行一次再创造，写一篇小论文。这种方式让学生们能够自由展开联想，创作出更有当代青年想法与独特性的作品，同时也提高了学生的思辨能力、创新能力、书面表达能力等。

二、通识教育与专业教育的联系

要办好高等院校的通识教育，达到教与学的目标，必须对通识教育与专业教育的联系正确把握。对于专业教育和通识教育，不能将二者完全区分成不同性质的教育，对学生的专业教育应包含通识教育。培养学生内在思维情志与"四通""六识"的通识教育和针对未来职业发展与实际应用的专门知识的教育二者共同构成专业教育。通识教育意在帮助学生形成独立人格，培养思辨能力、拥有广博才识，使学生能博雅多通，不断地向"四通""六识"的目标发展、成人成才。专业教育是培养应用型专业人才的直接途径，做好对大学生的专业教育，让大学生在本科阶段打好专业基础，之后当他们在某一专业领域进行更深入的研究时，有助于其在该领域做出创造性成果，为我国的科技事业发展做出贡献，以此培养更多的国家科技建设型人才。历史上我国的大学教育起先学习苏联大学模式，形成了专业化的大学教育体制和以培养专门人才为基本目标的课程体系。21世纪，面对我国科技水平高速发展和日益紧张的国际局势，专业教育暴露出一些弊端，我国对具有前瞻性，创新性，能够独立思考，各方面素质全面发展的复合型人才的需求量增加，通识教育越发受到重视。通识教育潜移默化之中锻炼了学生的思维能力和学习能力，有利于启发学生对专业内容进行相关的创造性联想，走出只埋头学习专业知识的思维固化，达到在各个钻研方向、学科领域间触类旁通的境界。在这个过程中也促进了学生对专业知识的深化理解，实现对学生进行综合素质教育的目标理念。所以，当下的高等院校教育应把专业教育范畴进行扩张，将通识教育涵盖进专业教育，把通识教育落到实处。

三、思考与建议

国内的通识教育课程相较于国外起步晚，国内各高校虽然已基本建立起通识教育体系，但仍然处于一个亟待改善的阶段。在对武大通识课程的观察学习之中，仍然存在一些问题，以下是笔者对当下武汉大学通识教育课程的几点思考。

其一，部分学生对通识教育目标存在困惑，对通识教育的正确性、重要性不能深入把握，导致学生把通识课程误认为是与自己专业课无关的课程。学生学习的主观能动性不高，通识教育的目标不能达成，通识教育的教师助教团队也收效甚微。其二，部分学生对通识教育没有兴趣。造成这种情况的原因是多方面的，例如教学内容过于深奥、门类单一等。其三，受当下社会形势所迫，部分大学生感到学习压力大，学习的功利性心态加重。大学虽然是一个相较于高中更加宽松自由的环境，但是，在某种程度上，越是宽松的环境，越会给人带来压力。尤其是在一些较为优秀，学术氛围浓厚的高等院校中，大学生们凭借其良好的学习习惯和极强的自律能力更加努力地投入专业课的学习和追求高绩点的过程之中，以上情况便使得部分大学生把学习、考试看得功利，甚至把花费在某一门课程上的时间直接与这一门课程的学分占比挂钩。通识教育课程学分占比较少，部分学生对通识课程缺乏重视，导致学生将通识课堂上成自习课堂，没有达到应有的教学效果。

所以，笔者认为武汉大学通识教育可以更加注重"内外兼修"。"内"即从学生主体出发，通过改善课程的内部因素来激发学生学习的内生动力，调动其主观能动性，使学生因兴趣自发地对通识教育进行学习。"外"即从通识教育课程体系设置入手，在对当下通识教育课程开展的实践工作中积累经验，发现问题，解决问题，不断深化通识课程教育制度体系的改革，形成更加严格完备且成熟的课程体系，让学生对通识教育的认识上升到一个新的水平。

对于"内"的提升，第一，适当增加通识教育课程门类，丰富教学内容，每学期课程结束对学生的学习兴趣和课程评价及时收集调查。第二，创新考核形式，合理规划成绩分数的评定规则。比如可以采取更加有趣的贴近社会生活的考核方式，例如以小组为单位撰写调查报告，拍摄有关的小视频等，以激发学生的学习热情、创造力和团队合作能力。对于"外"的改进，第一，通过适当增加通识课程学分等措施，提高学生对通识教育课程重要性的认识。第二，加大对通识教育课程的宣传力度，吸引学生对通识教育课程进行进一步了解，充分明确通识教育课程与专业课程的紧密联系和重要作用。第三，通识教育教师与助教团队也应当开展对不同专业学生所学内容进行了解的集体学习研讨会，通过了解不同专业学生的学习方向，与自己所教授的通识课程内容进行对比思考，可以对不同专业的学生进行有针对性的启发与引导。

◎ 参考文献

[1] 郑成铭，李厚本，赵晓菲，等．大学生心目中的"金课"——基于扎根理论的研究方法[J]．现代职业教育，2021(36)：24-25．

[2] 肖菊梅．改"教授法"为"教学法"——陶行知科学化教学法思想的演进及启示[J]．教师教育学报，2021，8(5)：49-54．

[3] 李建中，王怀民．何以成人，何以知天——武汉大学通识3.0的核心理念与实践[J]．通识教育评论，2019(1)：139-148．

[4] 王强，杨燕．新高考背景下化学选科影响因素研究——基于重庆市"3+1+2"方案实施情况的调查[J]．教师教育学报，2021，8(5)：70-77．

[5] 熊光清．强化通识教育是高等教育必然选择[N]．中国科学报，2021-10-19(5)．

[6] 李曼丽，杨莉，孙海涛．我国高校通识教育现状调查分析——以北大、清华、人大、北师大四所院校为例[J]．清华大学教育研究，2001(2)：125-133．

[7] 陆一，陈彬．通识教育需要面对三大挑战[N]．中国科学报，2021-08-10(5)．

[8] 陈建忠，邹一琴．新工科范式下地方高校通识教育维度和路径研究[J]．高教学刊，2021，7(28)：86-89．

[9] 陈向明．对通识教育有关概念的辨析[J]．高等教育研究，2006(3)：64-68．

[10] 黄坤锦．大学通识教育的基本理念和课程规划[J]．北京大学教育评论，2006(3)：26-37，189．

[11] 杨叔子，余东升．文化素质教育与通识教育之比较[J]．高等教育研究，2007(6)：1-7．

[12] 刘正正．2016版哈佛通识教育解析及其启示[J]．高教发展与评估，2021，37(5)：67-80，124．

浅谈学科交叉和人才培养

周硕伦

（武汉大学　电气与自动化学院，湖北　武汉　430072）

【摘　要】近年来学科交叉成为教育热点，人才培养引起广泛讨论。我国高校教育以专业教育为主流，本文以我国专业教育大环境为依据，分析学科交叉在我国的发展及对人才培养的重要性，并针对高校人才培养从课程改革和学生主观性两方面表达看法。

【关键词】专业教育；学科交叉；人才培养；教与学

【作者简介】周硕伦（2003— ），男，四川资阳人，武汉大学电气与自动化学院2020级本科生，E-mail：2020302191857@whu.edu.cn。

专业教育的目的在于培养各级各类的专业人才，主要是教授专业知识，但知识被各专业分门别类，学生往往只会对某一专业进行精细化的学习。当前我国高校学科发展模式仍是以单一学科发展模式为主导，在森严的学科组织壁垒下，学科与学科之间的交互十分有限。[1]但一项成果往往是多类专业知识相互交流融合产生的结果，由于社会进步发展的需要，复合型、创新型人才的重要性日益凸显，学科交叉概念的提出对复合型人才的培养具有重要意义，由此学科交叉广受关注。一方面，人才培养最终要落实到各个高校的培养方案上，而课程的搭配、不同教学方法的采用对提高专业教育质量、人才质量有显著作用，这是"教"；但另一方面，采用合理方式调动学生的主观能动性，让学生自发学习，对培养高精尖人才、创新型人才同样具有相当的影响，这是"学"。分析当下我国学科交叉发展，改进高校人才培养方案，用学科交叉深化人才培养，当教与学的手段获得改进，所培养出的也必然会是更优质的人才。

一、学科交叉的发展与作用

（一）我国学科交叉发展分析

学科交叉融合是在承认不同学科差异的基础上，不断打破学科边界，促进学科间相互渗透、相互交叉的活动。当下我国学科交叉也取得了一些成就，最为明显的是交叉学科专业的产生，比如物理化学、生物化学、生物物理学等。但目前我国高校多以局部、浅层次的学科交叉进行人才培养及科学研究，呈现"交而不融"的境况。在专业的学习上有辅修制、双学位制度，其虽然可勉强看成学科交叉融合培养模式，但其对学科交叉融合的作用极为有限，学科交叉人才培养体系尚未完成。

此外，学科交叉研究组织形式较为单一。当前高校的基层学术组织仍以传统单一学科组织为主，学科研究通常以建基于单一学科的院系为组织载体，在此情况下建立学科交叉研究组织来打破局势，无疑较为困难。虽然已有部分高校出资建立学科交叉实验室、研究中心、研究所等，但这种组织形式对学校资源依赖性强，通常局限于校级级别，形式过于单一。[1]

国内教育界对学科交叉的看重，国际上对融合多方面专业知识进行个人或团队的实验研究的推崇，充分证明学科交叉的积极作用与潜力。而国内学科交叉的兴起，必不可少地需要理念的改变，同时创新性地建立学科交叉研究组织，搭建相关规章制度，这样才能消除长久以传统单一学科组织为主的结构惰性，将学科交叉带入高校，带入学生之间。

(二) 学科交叉促进人才培养

在我国学者张雪、刘昊、张志强(2021)做过的有关学科交叉程度与文献影响力的相关研究中，提到学科交叉程度与所做文献的质量和文献学术影响力成正比。[2]放在人身上也同样有可取之处。如之前所述，当今社会需要复合型、创新型人才，而学科交叉对该类人才的培养具有重大意义。新工科建设如火如荼，其中新生工科专业是指由不同工程学科的交叉复合或由工程学科与其他学科的交叉融合而产生的新的工科专业，其目的就是培养满足和引领产业当前和未来发展的卓越工程科技人才。[3]又以食品工程专业为例，在科研领域与企业对食品科学与工程专业人才的要求中，呈现出了多学科化的状态，[4]在马海乐(2017)利用多学科交叉提高食品学科学生创新能力的研究与实践、[5]曾茂茂(2012)浅谈多学科交叉的食品科学课程体系建设[6]等多篇文献中也提到促进学科融合，避免出现不同学科之间的割裂现象，培养创新型、复合型人才的观念。管中窥豹，通过学科交叉培养人才已经成为专业教育与社会的共同需要。

二、人才培养的教与学

学科交叉对人才培养可谓锦上添花，但人才培养却依然要落实到各个学院的专业教育上。学院不可能只教给学生干巴巴的专业知识，学生也不可能只学会课程、考试所需的那些"干货"。推进人才培养，一方面是学院方面对课程、课程体系、教学方式的改革，这是"教"，另一方面也是学生主观能动性的产生，这是"学"。

(一) 通识课程与体验式教学

通识教育作为一种全面、协调、平衡发展的教育理念和人才培养模式，已经悄然走进了中国的高等院校，并得到了许多大学管理者的重视。[7]通识课程对学生能力提升的益处，在众多文章中均有提到，但学生对通识课程的接受程度在不同高校中均处于较低水平，长篇大论打动不了更注重实际利益的学生，但处于有效的通识教育课堂中，依然可以提升学生的学习效果。

近年来，体验式教学研究开始兴起，用"体验式教学"为篇名搜索中国知网，2000年之前仅3篇相关研究论文，但是，到了2008年以后，关于体验式教学的论文持续增多，仅2014年就多达772篇，可见体验式教学正逐渐获得我国教育学者的关注和认可。体验式教学就是让学生置身于不同的情境中，通过丰富多样的活动，感受、思考、感悟、理解、内化所学的内容，进而可以举一反三，在面对不同的情境中也能够自觉和自如地运用。[8]通识课程的教学目的不是教会学生某种具体理论和技能，而是思想、观念、心态等素养的完善提高，以适应人生道路上的社会境遇、工作境遇和生活境遇，实现素养的真正提升。而体验式教学将更多的体验带给学生，让学生在体验中获得更为直观深刻的感悟，良好契合通识课程的目的。

而面对通识课程教学质量不高的窘境，通过体验式教学，让学生必须主动地参与到课程中来，势必可以提高课堂教学的有效性。而课程采用的形式，比如视频剪辑、PPT、演讲、讨论等，形式越丰富活跃，越能产生优质的学习效果。

(二) 竞赛与走进实验室

在高校专业教育中培养出优秀的、富有思想的人才，绝对不只是高校单方面努力的结果，也是学生投入学习，最后获得收获的结果。调动学生的主观能动性，可以产生更优质的学习效果。

众多学科竞赛是大学生能参与到的含金量较高的比赛。而学生参与的竞赛，比如数学建模大赛、电子设计创意创新大赛，均不是零门槛。如数模大赛中会用到的MATLAB，或者写手写论文时需知悉的专业术语，规整格式，电创中所需的专业知识等，都需要学生去主动学习，而当学生做好投入竞赛的准备后，必然会主动地进行相关学习。学科竞赛是高校科技创新育人有效检验路径，也是体现科技创新水平的重要方式。[9]通过竞赛，完全可以提升学生的主观能动性，培养其自主学习能力、科技创新能力。

本科生提前进入实验室，也是众多高校所提倡的。以化学专业为例，雷云逸（2015）在化学学科本科生提前进入实验室的有效性研究[10]中将本科生提前进入实验室，与提高学生学习的主动性，培养大学生的创新意识与创新能力联系起来。特别是对于理工科类学生，在学有余力的情况下提前进入实验室进行学习，一方面可以适量减轻老师的实验负担，另一方面让学生提前参与科研学习，对学生的动手能力、思维能力的提升具有良好作用。学生提前进入实验室，本身是主观性学习的结果，最终也会对学生产生积极作用。

由于众多因素，学生团体中相当一部分学生对参与竞赛和提前进入实验室具有较高的积极性，而其中的部分学生虽然怀有此类向往，却因为对竞赛和实验室的不熟悉而产生畏难情绪，进而影响了其对此类活动的参与，这是十分可惜的一件事。而高校完全能够给予学生相关方面的帮助，比如对高水平竞赛的大力宣传、举办讲座、筹办关于进入实验室的双选会等。也可从两方面进行，一方面班级的导师可以帮助学生参与相关实践，另一方面学校也可以搭建有关的优质平台，帮助学生充分了解有关概念，还可以帮助学生选择指导老师，帮助老师选择中意的学生，以多种方式提高学生的参与度。通过校方的支持，以调动学生主观能动性的方式，培养优秀人才。

三、学科交叉与人才培养

学科交叉的主要目的在于复合、创新型人才的培养。而在实际中进行学科交叉，如上文所述仍相当困难，如何让学科交叉对标人才培养，真正发挥其作用来促进人才培养，仍有待商榷。

(一) 建立多学科交叉融合课程体系

最容易打破学科壁垒的方式在于将学科交叉的概念深入师生群体，而课程往往是学生和老师最常用、最主要的交流平台。根据专业质量标准，紧跟技术发展和社会需求，以能力培养为导向，探索多学科交叉融合课程体系以支撑培养目标，[11]通过明确社会需求，确定人才个体所需培养的能力来优化专业课程选择，相当于以明灯指路，既符合实际，又结合了学科交叉概念。同时，学科交叉，必然是通过多门具有联系的学科进行配合来帮助学生获得更为灵活的思维与深厚的知识基础。对于一个具备良好学习素质的学生而言，学习多门彼此相关的课程时，更容易触类旁通，举一反三，提高学习效率，获得更高的学习成果。而学科交叉带给学生的成功必然会反馈给老师，帮助老师了解到学科交叉，参与进学科交叉，从而进一步推动学科交叉发展，更发挥其对人才培养的重要作用。

在专业教育中建立多学科交叉融合课程体系来打破学科壁垒，进一步促进人才培养，是一种值得思考的方式。

(二) 建立跨学科大学、跨学科院系学科交叉模式

武汉大学本就是底蕴深厚的国内顶尖综合性大学，本身就能给学生带来多样化的学习选择。笔者建议利用综合性大学学科门类齐全和多层次科研平台资源优势，在保证课程体系结构完整性和合理性的基础上，摆脱专业背景的束缚，扩大学习内容和学习方式的选择，[12]从而培养多层次的复合型人才。

我们不能说工科的学生不能学习文科的内容，理科的知识不能与工科互补，在自由的学习环境下，学校并未批评蹭课这种行为，在不影响正常教学进度的情况下，反而是暗含鼓励。那么为何不能规范化这种跨学院跨学科的学习方式，以学科交叉的方式呈现出来？

同样，大学与大学之间，也可以跨过大学之间的距离，架起学科交流的桥梁。譬如七校联合办学模式，是由武汉本地的七所高校联合发起的七校联盟，在武汉当地，乃至全国都产生过相当的影响。通过高校联合，跨校辅修专业，取长补短，从而拓展学科学习，在当时受到相当多学生的欢迎。虽遗憾被按下暂停键，但当和有关部门协调完成，更为全面的政策出台之时，这样的模式完全可以重现。对于一些专业性强的大学，也可以通过与其他大学的联合办学，增进多样性，以多样性的学科交叉来提升学生素质。

但无论是跨学院跨学科的方式，还是类似于七校联合的方式，最终学生的学习成果依旧主要是以双学位的形式体现。但双学位并不是完整的学科交叉模式。学科交叉需要带来

的，应该是对学生多方面多层次的提升，而不应该局限于两个学科的叠加。

跨学科大学、跨学科院系学科交叉模式，不仅仅适合于武大，也适合于国内众多大学，推行和完善这种形式，对我国学科交叉发展必然具有相当大的推动作用，从而更加完善人才培养体系建设。

四、结语

目前学科交叉在我国的发展仍然是局部的、不够完善的。但学科交叉的作用，特别是对于复合型、创新型人才的培养作用已经得到国内教育界的认可，发展学科交叉意义重大。人才的培养最终会落实在高校的教育上，通过体验式教学提升通识教育的效果，通过提高学生对竞赛和提前进入实验室的参与度来调动学生学习的主观能动性，以教与学两方面的改善促进人才培养，都是行之有效的方式。而在学科交叉逐渐兴起的今天，将学科交叉融入我国教育体系，具体实际地运用学科交叉来进行人才培养，无疑是符合时代所需，紧追时代前沿的。

学科交叉是先进的教学思想，人才培养方式也在社会的发展中不断改进。谈及学科交叉和人才培养，是对面向未来的教与学革命的思考。

◎ 参考文献

[1] 焦磊. 推动高校学科交叉融合向纵深发展[N]. 中国社会科学报，2021-08-27.

[2] 张雪. 不同合作模式下的学科交叉程度与文献学术影响力关系研究[J]. 情报杂志，2021，40(8)：164-172.

[3] 林健. 多学科交叉融合的新生工科专业建设[J]. 高等工程教育研究，2018(1)：32-45.

[4] 葛梅雪. 多学科融合食品科学与工程专业人才培养的研究[J]. 黑龙江教育(高教研究与评估)，2021(9)：65-67.

[5] 马海乐. 利用多学科交叉提高食品学科学生创新能力的研究与实践[J]. 食品与机械，2017，33(9)：213-215.

[6] 曾茂茂. 浅谈多学科交叉的食品科学课程体系建设[J]. 中国科教创新导刊，2012(2).

[7] 马光焱. 通识教育在中国的发展现状及困境分析[J]. 长春工业大学学报(高教研究版)，2012，33(2).

[8] 吕斐宜. 高校通识选修课教学方法改革探索——以大学生心理健康教育课体验式教学为例[J]. 湖北经济学院学报(人文社会科学版)，2021，18(9)：144-146.

[9] 阎若思. 竞赛驱动式高校科技创新育人模式特征与实践路径[J]. 轻工科技，2021，37(9)：187-188.

[10] 雷云逸. 化学学科本科生提前进入实验室的有效性[J]. 实验室研究与探索，2015，

34(7)：181-183.

[11] 类骁．"双万计划"下信管复合型人才培养模式与专业建设思路探索[J]．计算机教育，2021(11)：6-9.

[12] 张颖．以多学科交叉融合提升科研创新能力[N]．中国社会科学报，2021-11-10(8).

以工程教育改革促进工科专业发展

古 勇

（武汉大学　电气与自动化学院，湖北　武汉　430072）

【摘　要】工科专业是一类具有技术性和实操性的学科，是以数理化的知识延伸发展至各项设备设施的研究与开发、运行系统的设计与运行、各类生产资料的获取与提炼以及生活方方面面的协调等的学科，是国家现代化的支柱性领域，保障着国民生活水平和社会的稳定。而工科领域的教学和发展，是一项单纯而又不简单的进程，所奉行的基础也是所有教学的根本，其核心要义在于工程教育的发展与完善，将工程教育的基础夯实，多角度将工科专业教育的缺陷不断消除，将工程教育的多学科完美融合，以带来长足进步。

【关键词】工科；基础；工程教育；发展

【作者简介】古勇（1997—　），男，汉族，江西赣州人，武汉大学电气与自动化学院高电压与绝缘技术专业硕士研究生，E-mail：gy1790899325@163.com。

一、前言

工科教育是高等教育的重要组成部分，在我国经济发展、科技进步以及现代化建设进程中发挥着不可替代的作用，所涵盖的各个专业的工程教育也正是最能反映工科教育的指南针。工程教育致力于受教育者的科学素养、工程意识以及应用技能的培养，培养高水平的工程师是高等工程教育的目标追求。[1]当前，随着世界形势的变幻莫测发展，科学技术的革新不断向前推进，我国在教育与科技方面还存在巨大的进步空间，不论是全球顶尖技术的限制与外国的封锁，还是工程专业领域人员整体素养与专业水平的进一步提升，都促使着我们更加关注专业教育的发展。

研究生教育作为专业教育最重要的阵地，承载着为国家培养更加优秀与更高专业素养的人才的任务，是我们专业教育发展最关键的部分。"十三五"时期，我国高等教育取得了突破性进展，发生了如第四轮学科评估、高校的"双一流"建设、召开全国教育大会等多项标志性、引领性事件。这些事件给高等教育带来了发展机遇，促使高教研究有了长足进步，也催化着高教硕士学位论文选题日益丰富。[2]从近些年研究生论文情况来看，目前的研究生教学已经向着关注现实、服务发展的方向延伸，以多样的题材和方法，促进了学科融合和成果衍生。但是，在这些好的方面背后，我们也要看到不足与隐患之处，在这些纷繁的论文中，存在着选题结论相近因而缺乏创新、学理研究欠缺因而基础不实，以及问题探讨较为宽泛因而缺乏深挖等多种缺陷，这也是我们的专业教育存在的不足之处。本文便是以工科领域的专业教育发展为例，对我国的专业教育发展阐述一些理念与方式。

二、工程教育发展中的问题

进入 21 世纪以来，我国高等工程教育的发展取得了令人瞩目的成就，教育的投入、人才的培养与教育质量都得到了稳步的提升。国内高校的教育规模不断扩大，新兴交叉学科不断出现与发展，工程教育认证体系得以建立和完善，国际化进程取得了长足的发展，这些发展都为国家的现代化建设提供了宝贵的专业人才，不断促进了中国专业教育的日臻完善与产学研融合进步。[3]然而，在肯定成绩的同时，也要看到，我国工程教育还存在许多问题和不足。

(一) 教育与人才市场需求不一致

近些年，在我国的人才市场出现了一个矛盾的现象，有相当比例的高校毕业生在面临就业困难的同时又有众多企业找不到满足需求的人才，这种毕业人才供需不匹配的最主要原因在于院校培养的毕业生与市场需求不对口。[4]一方面，随着高校招生规模的扩大，毕业生数量的增长比例达到了较高的程度，而市场规模虽然也是在不断扩大，但总体来说，即使考虑到高新产业的高层次人才需求的增长比例较大，但也不可能增长得这么快，这种不匹配、不适应就有其必然性了。[5]另一方面，随着高新技术的发展，新式科技人才的需求与国内高等院校的专业发展存在矛盾，大数据、云计算与人工智能等诸多新兴专业在院校的教育设置与教学研究尚处于初步阶段，传统工科专业的发展也存在着发展停滞与创新不足的问题，最终致使培养的人才不适应现代社会发展需要，无法满足企业的需求。[4]

(二) 教学体系与工程应用的不匹配

目前国内高等院校的工科专业教学研究基本都是按从基础课到专业基础课再到专业课的传统教学体系进行。这套体系从教授知识的层次而言，具有显著的成效，并且具有长久积累下来的传授经验。然而，随着现代化工程体系的不断完善与复杂化，工业工程的特点也在不断变化，工程型人才培养和工程实际结合不够紧密。现代化工科专业人才需要有足够的工程意识及工程素质，同时需要具备开发或设计解决方案、综合考虑非技术性因素、分析复杂工程问题、创新创造等能力，更重要的是掌握行业法律法规知识和遵守意识，[6]而这些都是现代化工程应用的重要内容，却恰恰是传统工科教学体系所缺乏的。在学科交叉、设计理念、理论与实践的结合，方案论证选择等方面，缺乏严密的组织，教学改革不够深入，这阻碍了高校在一个良性的轨道上快速而有效的发展。

(三) 国际化接轨不足

今天的世界处在全球化的时代背景中，"一带一路"倡议的推进带来了沿线国家基础设施建设的高潮，交通、水利、能源、建筑等各类基础设施建设的工程技术人才的需求只增不降，跨国工程项目的启动也对工程人才的质量与国际化水平提出了更高的要求。[7]但目前国内高等院校的教育资源存在分布不均衡的问题，国际化水平参差不齐，尤其对于需要吸纳国内外前沿技术发展精华的工科专业而言，迫切需要在国际化参与中大步向前。同时，作为拥有璀璨中华文明的我们而言，也肩负着在国际接轨中传扬我们的优秀文化，在我们的专业交流与融合中，展现中国特色文化的使命。

三、改革发展理念与方式

对于工科领域的人才培养，很大程度上是以工程教育为基础，培养专业的工程研发和操作型人才，目的在于促进工程教育向更高水平发展，使培养的人才更加专业化。在深化高等工程教育改革发展的抉择中，有以下几条值得考量。

(一) 将工程教育的结构进行再调整

我国经济发展迈向新阶段，必须坚持深化供给侧结构性改革，对于工程教育的发展亦是如此，这也是促进我国工程教育供求结构性平衡发展的必然要求，以这样的目标为基础，需要多方面的努力。

首先，在专业结构上，不仅要鼓励和推进新工科的建设，而且也要优化传统工科，深挖传统工科的潜力。[8]在这方面，需要高校进行新兴工科专业和旧式工科专业的新态整合，需要将新型科学技术融入新材料、环保节能等新兴战略化产业，培养高素质创新人才，并将大数据、云计算和人工智能等新技术应用于传统工科行业中，激发传统工科新活力。

其次，在层次结构上，既要根据党中央、国务院的决策部署，大力发展高职教育，扩大专科层次工程教育招生规模，培养更多在生产、管理和服务一线发挥作用的高级技能型人才，[9]又要适度提高工科研究生所占比例，优化工科研究生培养结构，重点扩大工科专业学位研究生的招生规模，培养大批高层次应用型专门人才。然后，在区域结构上，推进高等工程教育区域协调发展，优化工程类高校空间布局，[10]努力将优质工程教育资源向中西部地区倾斜，形成东中西联动发展高等工程教育的新格局。

(二) 人才培养模式突破

随着现代科技与信息革命发展的不断深入，工程应用所需求的人才需具备更高的专业水平与综合素养，在这种基础上，必然要突破人才培养模式。要坚持以职业能力为导向，按照"掌握知识—发展技能—提升素养"的思路调整和优化工程科技人才培养模式，着力提高工科生的核心竞争力，提升工科生的法律法规意识、工程伦理意识等人文素养。[11]在课程设置上，打破专业壁垒，将经济、法律与管理等内容融入工程教育，不断促进工科学生全面化发展，同时要加强与其他工科专业的融合，促进各专业性能的有理化与互利化。

与此同时，作为教育的引导者，教师需要积极探索新的教学模式与教学方法，大力推广以解决问题为导向，以提升能力为目标的项目教学法，学生以团队合作的形式研究项目问题，收集信息并设计解决方案。充分发挥"第二课堂"育人功效，引导工科学生参加"互联网+"大学生创新创业大赛等科技竞赛活动，[12]激发工科学生的创新精神和创业意识，鼓励工科学生积极参加科技类、职业类等社团活动，提升工科学生的沟通能力与组织协调能力。

(三) 促进工程教育的国际化

技术的发展面对国际化挑战是不可避免的，培养具有强大国际竞争力的人才是工程教育的重要目标。我国是一个工业体系完整的国家，在众多科技领域已经处于国际领先水平，研发水平与应用能力的提升也是对新一代工程人的要求。[13]在现如今这个阶段，"一带一路"倡议下我们不仅与国外的高新产业和技术有着更直接更充分的接触，而且也拥有着广大的应用平台。我们需要与沿线的各国家和地区的高校进行教育的研讨与交流经验，探索交换生的融合教育模式，同时也需要与众多国际产业公司进行人才输送与科研合作，发挥平台的桥梁枢纽作用，鼓励工程类高校扩大对外开放力度，不断提升工科学生的国际视野以及跨文化环境下的交流、竞争与合作能力，让他们在国际人力资源市场更具竞争力。

与此同时，国际化的工程教育需要深刻融入中国特色，以我们的特色文化与特色教育，成就更多技术人才，在国际舞台上展示我们国家的专业化水平，让我们在国际工程教育中拥有更大的话语权，让更多的中国模式为其他国家所借鉴，让中国标准得到国际的认可。

四、结论

在工科专业领域，电气工程 (Electrical Engineering，EE) 是一门经典学科，也是现代科技领域中的核心学科和关键学科，有着悠久的历史，在现代社会的国民经济发展中起着重要的作用。[14]首先，对于电气工程教育的改革，随着现代科技的交叉性不断提升，需要着重增强电气专业与其他专业的交叉发展，如大数据、法律管理、自动化等诸多新兴专业。其次，对于电气工程教育方式的改革也是刻不容缓的，应大力推广以解决问题为导向，以提升能力为目标的项目教学法，学生以团队合作的形式研究项目问题，收集信息并设计解决方案。最后，对于电气工程的国际化发展，要从时刻贴近电气发展前沿到引领电气发展前沿，在越来越宽广的对外开放平台中，不断提升我们的电气领域研发深度与广度，同时也要坚定高等工程教育发展自信，坚定我们的中华文化自信，使我国高等工程教育在世界上拥有更大的话语权，使更多的中国标准得到国际同行的认同。

正如科技发展是永无止境的，工程教育乃至工科教育的发展也是永无止境的，但在这个国际化水平不断提高的时代，拥有着无限潜力的中国工科行业，必然会有更多的新成果如同雨后春笋般不断涌现。在教育结构、人才培养模式与国际化的不断升华中，中国的专业科技人才会有更高的水准，进而会促进工科专业教育的再发展，在这样的良性循环中，专业教育与高新人才将会相互促进，共同成长。

◎ 参考文献

［1］李忠，王筱宁．高等工程教育中的"人"的问题［J］．教育研究，2014(9)：47-50，76.

［2］冀凡，董云川．从高等教育学专业硕士学位论文选题看研究生培养质量［J］．上海教育评估研究，2021(4)：68-72，79.

［3］朱高峰．中国工程教育的现状和展望［J］．清华大学教育研究，2015，26(1)：13-20.

［4］孟续铎．当前高校毕业生就业形势和主要问题［J］．中国劳动，2018(5)：4-13.

［5］莫荣，陈云．高质量发展阶段就业形势、挑战与展望［J］．中国劳动，2019(1)：15-24.

［6］陈厚丰，张凡稷．近十年我国高等工程教育发展轨迹、困境与路径抉择［J］．大学教育科学，2021(5)：59-68.

［7］余晓，卢宏宇，宋明顺，等．一带一路背景下我国工程教育"走出去"的场景与路径研究：教育标准的视角［J］．高教探索，2021(4)：18-23.

［8］李博．当通识教育遇到"双一流"和工科"专业化"［J］．中国科学报，2021(5)：1-2.

［9］马乐元．创新创业教育与专业教育融合的人才培养模式研究［J］．黑龙江教师发展学院学报，2021，40(8)：10-13.

［10］臧冠荣．地方高校跨学科应用型人才培养探索与实践——以上海立信会计金融学院金融科技专业为例［J］．黑龙江教育(理论与实践)，2021(9)：36-37.

［11］刘喻，朱强，高月勤．高职专业群带头人：内涵、定位与培养机制［J］．天津中德应用技术大学学报，2021(4)：85-91.

［12］张雅静．高水平专业竞赛对"新工科"人才培养的促进作用［J］．中国冶金教育，2021(4)：19-21.

［13］人民日报．战略性新兴产业支撑高质量发展［EB/OL］．(2018-11-28)［2021-02-13］．http：//www.sasac.gov.cn/n2588025/n2588139/c9871354/content.html.

［14］司徒莹．电气工程教育现状与改革探讨［J］．大学教育，2016(2)：46-47.

武汉大学临床医学专业培养方案
及课改教改的优化

——基于临床医学("5+3"一体化)专业学生视角

李美惠

（武汉大学　第一临床学院，湖北　武汉　430072）

【摘　要】随着时代的发展，健康中国战略以及最近的新型冠状病毒肺炎疫情提示医学的重点不仅在于治疗，更要涵盖公共卫生和疾病的预防。结合教育部和武汉大学对于人才培养的目标定位，如何优化培养方案和开展课程教学改革是众多教育者都在思考的问题。本文从武汉大学临床医学（"5+3"一体化）专业学生的角度出发，就学生对于培养方案和教学内容的意见和建议进行整合分析，提炼出要在重视疾病预防、开展学科交叉、体现个性化教学三个方面优化培养法，并且要在课程教学中增强专业教育的先进性和科学性。

【关键词】培养方案；课程改革；教学改革；学生视角；临床医学（"5+3"一体化）

【作者简介】李美惠（2001—　　），女，江西南昌人，武汉大学第一临床学院本科在读，E-mail：2019305232101@whu.edu.cn。

武汉大学医学部是武汉大学六大学部之一，有包括临床医学、口腔医学、基础医学等在内的八个本科招生专业。其中临床医学"5+3"一体化医学培养模式是从七年制医学生培养模式演变而来，在原有基础上增加了医师规范化培训，其培养方案前五年与临床医学五年制一致，其学生也与五年制学生一起纳入统一管理。进入该专业学习两年来，笔者认真完成学校安排的学习任务，并在大二担任临床医学五年制、"5+3"一体化大班学习委员，其间多次交流并收集过同学们对于培养方案、课程安排及教师教学方面的意见和建议。在充分了解了国家、社会和学校对于人才培养的目标和需求后，笔者整合了有关资料，并结合与同学们的交流讨论结果，在此进行分享。

一、人才培养目标定位

2015 年 4 月，教育部决定将七年制临床医学教育调整为"5+3"一体化人才培养。[1]"5+3"一体化意味着医学生在后 3 年的学习中，既要完成研究生阶段所要求的科研任务，又要完成规范化培训的临床任务。在此之前，2014 年 1 月国家卫计委、教育部等七部门发布的《关于建立住院医师规范化培训制度的指导意见》和 2014 年 11 月教育部等六部门发布的《关于医教协同深化临床医学人才培养改革的意见》从住院医师规范化培训制度的建设和临床医学人才培养改革的具体举措等多个方面入手，为"5+3"一体化人才培养的确立打下了基础。值得注意的是，在建设规培制度和人才培养改革等一系列举措背后的指导思想始终强调要立足于我国的基本国情并遵循医学教育规律和人才成长规律，将医学人才的培养与国家医药卫生事业发展紧密相连。

2017 年 6 月，教育部发布《关于进一步做好"5+3"一体化医学人才培养工作的若干意见》，进一步提出了对"5+3"一体化医学人才的具体要求，包括职业道德、人文素养、专业知识及技能、临床研究及教学能力等众多方面，对于有关高校推动教学改革起到了非常重要的指导意义。武汉大学临床医学专业（"5+3"一体化）的培养方案在专业培养目标方面除了满足上述文件中提到的对人才的要求之外，还需要学生具有国际视野、民族精神、团队合作精神、社会责任感及使命感、自主学习及终身学习能力等品质。

二、社会对人才的需求

时代日新月异，中国自改革开放以来，经济、教育、医疗水平显著提高，生产生活习惯的改变、医疗卫生环境的提升、有利健康知识的普及等方面直接或间接改变了疾病谱。这其中有好的转变，如母婴疾病、营养相关疾病情况的巨大改善；也有不好的转变，如糖尿病等慢性非传染性疾病的发生率大幅增长。尽管目前有众多渠道可以帮助人们了解健康知识，但健康行为形成率仍较低，不健康的生活方式比较普遍，健康危险因素始终萦绕在人们的身边。除此之外，传染病、心理疾病、职业病、地方病等的形势仍然严峻，其预防和控制不可忽视。[2]为此，2017 年 10 月 18 日，习近平总书记在十九大报告中指出，实施健康中国战略。

由此不难看出，为了未来临床医学学生能够满足国家社会发展的需求，临床医学专业的人才培养要坚持围绕国家战略，以人民健康为中心。学生学习的重点不仅在于临床的治疗，更要涵盖公共卫生和疾病预防能力的提升，尤其是针对慢性非传染性疾病，要认识到未来医生需要履行的教育、监测、筛查的工作和责任。2019 年暴发的新型冠状病毒肺炎疫情为医学教育敲响了警钟，面临突发疫情时，医护人员只能临时培训，现场紧急学习防护技能，因此医学教育要加强公共卫生学、预防医学等课程教学管理。

抗击新型冠状病毒肺炎疫情的战役充分彰显了中医药的重要作用，2020 年 6 月 2 日，习近平总书记主持专家座谈会，强调中西医结合是疫病防治的一大特色，是中医生动的实践。[2]中医在疫情中的优势也提示医学教育要打破陈旧的观念，接纳并学习中医的长处。中医与中国人有着几千年的羁绊，在长期的实践中，孕育了属于自己的完整理论体系，治病求本、三因制宜等中医的治病法则放在现在看来都是十分先进的。中医有着庞大而复杂的形式，现代医学想要继承它的瑰宝则需要取其精华去其糟粕，让中医在新时代焕发出新的活力。

三、培养方案的优化

在明确人才培养目标定位以及社会对人才的需求后，笔者对本专业培养方案的优化思考有如下几点。

首先，要重视疾病预防。当下我国的慢性病发病、患病和死亡人数随着人口老龄化的加快而不断增多。调查显示，中国慢性病患者已近3亿人，慢性病死亡人数占总死亡人数的86.6%，其疾病负担占总负担的70%。[2]以上轻描淡写的几个数据描述的是我国严峻的疾病状态，以及背后千千万万个面临疾病威胁的人。通过扩大医院规模和改善医疗条件来缓解百姓就医的负担是行之有效的举措，但是如果不对疾病风险人群进行预防教育，普及良好医疗服务的目标将难以实现。先有健康中国的战略作为背景，后有新型冠状病毒肺炎疫情敲响警钟，二者都是在提示着未来医生不仅仅要会治病，也要会治未病。在教育部发表的意见中也提到了要"能独立、规范地承担本专业和相关专业的常见多发病的预防和诊治"，[2]可见疾病预防的重要性。医学教育应重在厚基础、宽口径，做好顶层设计，通过科学设置相关课程，夯实学生在公共卫生、预防医学方面的知识基础。[2]因此，对于武汉大学临床医学专业("5+3"一体化)培养方案，笔者认为应加入对人才在疾病预防方面的能力要求，以提高医学生综合能力，更好地满足社会需求。

其次，要进行学科交叉。在保持医学教育的整体性和关联性情况下，医学与其他学科和领域的交叉已成为当前的一个重大发展趋势。[2]医学进步离不开其他学科的进步，在各个学科快速发展的今天，新技术的出现和老技术的革新如雨后春笋。培养方案中考虑了对医学生要有学无止境的要求，但不只医学专业知识的学习是永无止境的，其他学科中服务于医学的知识和技术的学习也同样无止境。因此，在医学领域尝试与其他学科交叉对医学的发展和人才的发展都极为重要，具体而言，可以把握新一轮科技革命，如互联网、大数据、人工智能等，探索与文、理、工交叉的"医学+X"创新培养模式。[2]综上，在培养方案中，很有必要加入对于学科交叉的要求。

最后，要体现个性化教学。临床医学的未来不只局限于医院，职业的定位不应该只有医生这一个选择，每个医学生都有探索广阔医疗卫生领域的可能，教学应注意因材施教，实现人才的个性化培养。此外，研究生的培养则更需个性化。研究生在三年的培养阶段内需要完成理论学习、临床技能学习以及学业论文三大任务，这其中的每一项都要消耗极大的时间和精力。而每位学生的自身资质和悟性不同，导师应从与学生的交流、布置任务的完成情况等方面尽快掌握学生的能力和特点，以便于进行有针对性的指导，争取能培养出独立思考、富于创新的优秀学生。[2]

四、课改教改的优化

自入学以来，学校方面一直进行着课改教改的优化，积极提出教学内容、教学方式、课程编排等方面的改革思路，在课后积极与同学们讨论，且会在学期结束后安排学生代表系统地收集学生们对于本学期各个课程的意见和建议，并积极进行调整，同学们有目共睹。尽管如此，仍有些问题亟待解决。

医学本质上并不是单纯的自然学科，也不是单纯的人文社会学科，而是一门综合性学科。医学生的成长除了需要医学知识框架的搭建和临床实践之外，还需要将医学人文素养贯穿整个职业生涯。因此在医学教育中，医学人文素养教育是十分重要的。[2]武汉大学临床医学专业所设置的课程体系已经十分成熟。不仅开设人文社科相关的必修课程，专业课程的老师也会设计与人文相关的医学案例，结合社会热点问题，开展讨论式教学，十分注重提升医学生的人文素养和职业道德；在基础学习时开展早期接触临床课程，使得临床实践能力得以在整个学习生涯中反复强化；实验、实习在课程体系所占比重充足且合理，有效地提高了实验和实践能力；积极开展了诸如临床技能大赛等比赛，提供了诸多实践机会；经常组织义诊、下乡、医疗进社区等社会实践活动和志愿服务活动，培养了服务意识和责任感；所开设的"学术与研究"课程鼓励学生进行创新性实验研究，激发学生主动参与科研；疫情环境下教学的需求让线上线下混合式教育迅速发展，基于学习通、中国大学MOOC(慕课)等平台，混合式教学贯穿课前、课中、课后三个阶段，充分利用了交互技术和互联网资源，目前来看效果是非常好的。笔者的建议是，希望学校考虑加强医科、工科、理科和文科等学科的交叉融合，全面提高学生人文素养、实践能力和创新能力。

在增加专业教育的先进性和科学性方面，医学教育方法的改革也是必不可少的一部分。目前所应用的教学模式是以讲授为主，辅之以讨论和实验。尽管讲授会与课堂PPT、教学视频等多媒体联用，但主要还是由老师单方向地传授。目前，这种教学模式在学生中已经出现了两个明显的弊端。一是低效率，两个或三个课时下来，学生头昏脑涨，真正记住的知识很少；二是信息落后，以教材为基础的讲授往往让学生无法接触到最新的知识，特别是科研、科技方面的新成果。临床医学具有信息更新快的特点。要学好这门课，医学生必须具备主动学习、收集处理信息、分析解决问题的能力。[2]尽管在讨论课中老师也准备了标准化病人进行案例教学，但多设置在相关内容讲授结束的很长时间后，学生面对病例的兴趣大大降低。如果可以在课程结束后及时衔接病例讨论教学，同时以提问-自学-讨论-展示的模式展开，就能做到激发学生学习兴趣，并培养学生临床综合能力。在自学的过程中，学生也能在查找资料的过程中，接触到最新的有关领域的知识，可以说是两全其美。

综上，随着时代的进步，社会对临床医学人才的需求也在不断增加。为紧跟时代的步伐，优化培养方案以及课改教改是提高专业教育的先进性和科学性的必经之路。在改革方面，武汉大学临床医学专业已经产生了许多优秀的成果，取得了许多突破。希望学校和教师可以积极参考同学的建议，积极发现并解决问题，不断深化改革，从而不断提高医学教育的质量，培养出高素质的医学人才。

◎ **参考文献**

[1] 教育部办公厅. 教育部办公厅关于做好七年制临床医学教育调整为"5+3"一体化人才

培养改革工作的通知［EB/OL］.［2021-09-10］. http：//www. moe. gov. cn/srcsite/A08/ moe_740/s3864/201504/t20150401_189414. html.

［2］国务院. 国务院关于实施健康中国行动的意见［EB/OL］.［2021-09-10］. http：// www. gov. cn/zhengce/content/2019-07/15/content_5409492. htm.

［3］国家中医药管理局. 充分发挥中医药独特优势和作用 为人民群众健康作出新贡献 ［EB/OL］.［2020-08-16］. http：//bgs. satcm. gov. cn/gongzuodongtai/2020-08-16/16453. html.

［4］熊智. 我国慢性病防治面临的挑战与对策［J］. 中国慢性病预防与控制，2019，27 （9）：720-721.

［5］中华人民共和国教育部. 教育部关于进一步做好"5+3"一体化医学人才培养工作的若 干意见［EB/OL］.［2021-09-10］. http：//www. moe. gov. cn/srcsite/A08/moe_740/ s3864/201707/t20170703_308435. html.

［6］贺松其，戴娇娇，孙海涛. 新型冠状病毒肺炎疫情防控背景下的医学教育思考［J］. 中国中医药现代远程教育，2020，18(4)：1-3.

［7］钮晓音，邵莉. 新形势下医学教育的挑战与应对［J］. 高教探索，2021(9)：5-8.

［8］医学教育如何应变局开新局［N］. 健康报，2021-01-07(6).

［9］施恒亮. 临床医学科学学位研究生的类型分析及个性化培养策略［J］. 临床医药文献 电子杂志，2019，6(80)：177-179.

［10］朱佳瑜，刘倩，阿仙姑·哈斯木. 浅谈对医学生临床教育的认识［J］. 教育教学论 坛，2021(32)：35-38.

［11］杨敏华，姚友杰，丁虹. 临床教学如何实现"以学定教"目标的思考［J］. 中医药管理 杂志，2014，22(7)：1011-1012.